なるほど保険業法

平成26年保険業法改正の解説

～保険販売の新ルールとその対応～

石田勝士 著

HM 保険毎日新聞社

はじめに

平成28年5月29日、保険業法は、節目の日を迎えます。保険業法等の一部を改正する法律（平成26年法律第45号。以下「改正法」。）が、平成26年5月23日に国会で可決成立し、同年5月30日に公布されました。改正法の内容は、保険商品の複雑化・販売形態の多様化、大型保険ショップの増加といった保険販売を取り巻く環境変化への対応として、保険募集の基本的ルールの創設（情報提供義務、意向把握義務）及び保険募集人に対する規制の整備（体制整備義務）を行うものです。

本改正により、保険募集の基本的ルールの創設により顧客ニーズの把握に始まり保険契約締結に至る募集プロセスの各段階におけるきめ細やかな対応が実現するとともに、保険募集人に対する規制の整備により、保険募集人自身についても業務の規模・特性に応じた体制整備がなされることとなり、一層の保険の信頼性の確保が図れるものと考えます。

保険会社・保険募集人の方におかれましては、施行までの間に、必要となる準備・対応を行っていただく必要があります。ご対応いただくに先だって、一点、皆様に、「是非とも」ご理解いただきたい事項があります。それは、金融審議会の報告書等において「基本的」と銘打っているとおり、本改正は、適正な募集ができる最低ラインの対応を法令に募集時の募集人等の義務として規定したものであり、既に、適正に保険募集を行っていただいている方にまで過度な負担を求めるものではないということです。

今回の改正に当たっては、非常に多くの方々の講演が開催され、また、マスメディアでは多様な記事が掲載されております。その中には、「体制整備義務は、中小企業ではとても対応できない」とか、「システム導入をしないと本改正に対応したことにならない」など、一部ではありますが、事実とは異なる情報が発信されているケースもあり、制度創設担当官の一人として、大変危惧している次第です。

当庁としては、本改正を受けて、全ての募集人の方に今一度、日頃の募集方法、体制整備について点検・見直しいただきたいと考えておりますが、本改正により、保険募集そのものを一部の方にしかできないようにしようとは全く考えておりません。本改正は、現在の保険募集がよりよいものとなるよう行われたものです。実際、体制整備の規定上も「規模・特性に応じた」対応を求めており、全ての保険募集人に一律画一・同水準の対応を求めているものではありません。

保険会社・保険募集人の方におかれましては、今回の改正の趣旨・内容を「正確に」ご理解いただき、ご対応をお願いしたいと思います。

本書では、当該改正に携わった担当官の立場から、本改正のうち、保険募集・販売に関するルールの見直しに係る部分を中心に、本改正を行うこととなった背景や改正の内容を紹介するとともに、現在の運用との相違点や見直しの要点、施行に向けて必要となる対応のポイントを説明します。小職としては、本稿が、各保険会社・保険募集人等が施行に向けた準備を行う上での一助となることを期待します。

なお、本書をまとめるに当たっては、生命保険協会、損害保険協会、保険代理店協議会の方々をはじめ、多くの方のご協力をいただきました。改めて感謝を記します。

最後に、本書は筆者の個人的な著作であり、本書中の意見等は当然のことながら筆者の個人的な見解であり、金融庁の公式な見解を表すものではありません。とりわけ、監督指針関係については、筆者は直接的に企画立案にかかわっておらず、監督指針の内容・パブコメ等を基に記載しているものであることにご留意願います。

平成28年1月

金融庁総務企画局企画課保険企画室 石田勝士

【目次】

資料編※…349

※　本参考資料は、各協会・各社の責任において、制作されているものであり、個々の内容について、本庁が審査・監修を行っているものではないことにご留意願います。本書の出版に当たり、保険会社・保険募集人等の体制整備等に役立つものとなるよう、ご協力を得て掲載させていただいております。

（参考）
第2部　改正保険業法
解説1問1答（問一覧表）

あるのか。

Q 11. 「その他保険契約者等に参考となるべき情報」とは具体的に何を想定しているのか。

Q 12. 重要事項の不告知（法300条）の重要事項の範囲はどう変わったのか。

Q 13. 情報提供義務違反は、不祥事件届出の対象となるのか。１件でも漏れたら届出をしないといけないか。

Q 14. 監督指針中、現行「口頭により行われているか。」が「口頭により行われる体制が整備されているか。」に改正されているが、何か変更が必要となるのか。

Q 15. 改正法における意向把握義務、情報提供義務（行為規制）に対応した取扱いを、具体的にはいつから行う必要があるか。

第３章　情報提供義務関係　団体保険

Q 16. 今回の改正で、団体保険に係る規定は何か変わったのか。

Q 17. 団体と団体の構成員との間に一定の密接な関係が「認められる団体保険」、「認められない団体保険」で、なぜ、規定をわけているのか。情報提供の内容はどう違うのか。

Q 18. 団体と団体の構成員との間に一定の密接な関係が「認められない団体保険」において、保険募集人等が行う加入勧奨における体制整備としては、どのような点に留意が必要か。

Q 19. 団体と団体の構成員との間に密接な関係が「認められる団体保険」について、団体から構成員に対して行う情報提供・意向確認としては、どの程度の水準が求められるか。また、適切な情報提供・意向確認がなされるよう、保険会社・保険募集人としては、どのような措置が必要となるか。

Q 20. 保険契約者から団体保険に加入する者に対して加入勧奨を行う

場合の取扱いにおいて、留意すべき点は何か。

Q 21. 団体と団体の構成員との間に一定の密接な関係等が「認められる団体保険」、「認められない団体保険」とは、例えば、どのような団体保険をイメージすればよいか。

Q 22. 団体と団体の構成員との間に密接な関係が「認められる団体保険」か否かはどう判断したらいいのか。団体保険はたくさんあるが、具体的には、どのような団体保険が該当するのか。

第4章　情報提供義務関係　標準的手法を用いなくてもよい場合

Q 23. 情報提供義務について、法令･指針に規定する「契約概要」･「注意喚起情報」を記載した書面等による情報提供を義務付けない場合（標準的手法を用いなくてもよい場合）にはどのような場合があるのか。

Q 24. 標準的手法を用いなくてもよい場合の保険契約に係る情報提供は、通常の情報提供と何が違うのか。具体的に、どうすればよいか。

Q 25. 標準的手法を用いなくてもよい場合に「保険契約者又は被保険者との合意に基づく方法」とあるが、情報提供の方法に係る保険契約者等との合意は必須ではないとの理解でよいか。また、顧客が合意したことについて記録を残すことは必要か。

Q 26.「個別性または特殊性が高い保険契約」に自賠責保険は該当すると考えてよいか。

Q 27. 1年で5千円以下の保険について、6千円で2年間の傷害保険など、1年を超える保険契約について、一括で6千円の振込みを行ったような場合は、この対象とならないか。また、1年未満で更新可能な保険はどう考えればよいか。

Q 28. 団体保険については、標準的手法を用いなくてもよい場合の情報提供方法でよいとの理解でよいか。

Q 29.「既に締結している保険契約（既契約）の一部の変更をすることを内容とする保険契約」には、満期を迎えた契約の更改契約も該当するとの理解でよいか。

第5章　情報提供義務関係　適用除外

Q 30. 情報提供義務に関し、情報提供を行わないことも許容される保険契約（＝適用除外）にはどのような保険契約があるか。

Q 31. 被保険者が負担する保険料の額が零であれば、被保険者に対する情報提供は行わないことも許容される（＝適用除外）という理解でよいか。

Q 32. 監督指針中、「なお、保険法に基づき被保険者の同意が求められる場合には、被保険者に対して、当該同意の可否を判断するに足りる情報が提供される必要があることに留意する必要がある。」とあるが、現行の被保険者同意の実務に追加の対応が求められるものではないとの理解でよいか。

Q 33. 団体保険について、商品の購入を行った場合等に自動的に加入となる場合には被保険者に対する情報提供義務の適用除外となりうるが、他方、加入勧奨を行い、加入するか否かについて意思を仰ぐ場合には、適用除外とならず、被保険者に対する情報提供が必要となるとの理解でよいか。

Q 34. 特定保険契約についても、規則227条の２第７項に定める「保険契約者等の保護に欠けるおそれがないもの」に該当する場合には、情報提供義務等の適用除外となるとの理解でよいか。

Q 35. 今から募集しようとしている保険において、情報提供義務がどのように課されているか、どのように対応したらよいかは、どう考えたらよいか。

第6章　情報提供義務関係　比較推奨

Q 36. 今回の保険業法改正で比較推奨販売に関するルールが導入されたと聞いたが、何か変わるのか。比較は行わず、提示・推奨だけする場合も当該規制の対象となるか。

Q 37. 比較推奨販売に関する情報提供義務が規定された背景は。

Q 38.「顧客の意向に沿って商品を選別して提案」する場合及び「募集人側の理由・基準により特定の商品を提案」する場合の情報提供義務が適用されるケースとしては、具体的にどのようなケースが想定されるか。何を情報提供すればよいか。

Q 39.「推奨理由の説明」とは具体的に何を説明しないといけないか。

Q 40. 比較する場合の説明について、現行の禁止行為（法300条）との関係性は。また、乗合代理店は、全ての顧客に対して商品比較を行わなければならないのか。

Q 41. 比較可能な保険契約の「概要」とは具体的に何を説明すればよいのか。商品の内容を全て漏れなく説明しきる必要があるわけではないとの理解でよいか。

Q 42. 顧客の意向に沿って絞り込んだ商品の数が多い場合にも、一律に、その時点で「保険契約の概要」の説明を行う必要があるか。

Q 43. 既に比較可能な保険契約の「概要」を説明している場合には、再度の説明は省略できるか。

Q 44. 顧客の判断のみによって保険商品が特定された場合や、顧客の指定のあった商品を提示する場合は、比較推奨販売の規定の対象となるか。

Q 45. 顧客の意向に沿った商品のうちから、代理店が取り扱う全ての商品を提示するのでなく、そのうちから、代理店側の事情で選定した複数のお勧め商品を提示するということは可能か。

Q 46. 比較推奨販売の規定の対象となる「二以上の比較可能な同種の保険契約」に該当し得るかどうかは、どのように判断すればよいか。

Q 47.「二以上の所属保険会社等」について、例えば、所属生命保険会社が１社、所属損害保険会社が１社の場合でも、比較・推奨販売に係る規制の適用はあるのか。

第７章　意向把握義務関係

Q 48. 今回の改正法で規定された保険募集の際の意向把握義務とはどのような内容か。何か変わるのか。

Q 49. 意向把握義務が課されない（適用除外となる）保険契約にはどのような保険契約があるか。

Q 50. 意向把握義務について、「意向把握・確認の方法（どのような方法でやるか）」や「意向把握・確認の対象（何を把握するか）」は何かで決まっているのか。

Q 51. 意向把握義務について、「意向把握・確認の方法」は、どのように行えばよいか。必ず対面で把握・確認を行わなければいけないか。

Q 52. 監督指針Ⅱ-４-２-２(３)①の「意向把握・確認の方法」について、アからカは主にどのようなケースを想定しているか。

Q 53. アの「意向把握型」とイの「意向推定型」は同じような内容になっているが、具体的に何がどう違うのか。

Q 54. 意向把握義務について、「意向把握・確認の対象」は、何か。

Q 55. 団体保険に係る契約者への意向把握における「意向把握・確認の対象」は、何か。

Q 56. 意向が明らかな場合には、意向把握の一連のプロセスを省略してもよいか。

Q 57. 保険会社と保険募集人の義務として、今回の改正で新設されている意向把握を適切に行うための体制整備とは具体的にどのようなことを想定しているか。

Q 58. 意向把握に係る証跡管理としては、意向把握に用いた帳票等以外に何を保存する必要があるか。

Q 59.「当初意向（事前の意向）」と、「最終意向」とのたけくらべについて、「当初意向（事前の意向）」は、どの程度のものを残しておく必要があるか。必ず「設計書の保存」が必要というわけではないとの理解でよいか。

Q 60. そもそも、意向推定型の場合の事前の意向とはどのタイミングの意向をいうのか。

Q 61. 意向把握に用いた帳票等については保存期限は決まっていないという理解でよいか。保存方法は、電磁的保存でもよいか。 また、帳票等について、顧客の署名や押印は必要か。

Q 62. 保険契約が成立しなかった場合には、意向把握帳票等を保存する必要はないという理解でよいか。また、保存は、全営業店分を本部で一括保存する方法でもよいか。

Q 63. 意向確認書面が必要となる対象範囲については、今回の改正前後で変わっていないとの理解でよいか。

Q 64. ダイレクトメール等を用いた募集手法のうち、顧客との書類等のやりとりが一度に限定される手法（１ＷＡＹ方式）により意向把握（推定）を行うことは可能か。

Q 65. 既存契約の一部を変更することを内容とする保険契約を取り扱う場合における意向把握・確認は、手続の特性に応じた柔軟な方法での対応が認められるか。

第８章　体制整備義務関係　一般

Q 66. 今回の改正で、保険募集人に対する体制整備義務が新たに規定された背景は。

Q 67. 体制整備義務が新たに保険募集人に課されることで、保険募集人にはどのような対応が求められるのか。

Q 68.「保険募集人の規模・特性に応じて」とはどのように考えればよいか。

Q 69. 保険会社の営業職員や保険代理店の使用人についても体制整備が必要になるのか。

Q 70. 個人代理店や小規模法人代理店においても体制整備が必要になるのか。

Q 71. 顧客情報管理措置については、基本的には、個人情報保護法令で求められている措置を講じることで足りると考えてよいか。

第9章　体制整備義務関係　比較推奨

Q 72. 比較推奨販売を行う場合に代理店が行う必要のある体制整備とは何をする必要があるのか。

Q 73.「当該保険募集人が保険会社の委託を受けた者又はその者の再委託を受けた者でないと顧客が誤認することを防止するための適切な措置」とあるが、現行法第294条の権限等明示に加えて、新たな明示を求めるものではないとの理解でよいか。

Q 74.「公平・中立」という文言を用いることは、どのような販売手法をとった場合であっても禁止なのか。

Q 75.「公平・中立」という文言を用いることは禁止なのか。「お客様最優先」「お客様と一緒に」等のスローガンについてはどうか。

Q 76. 代理店が比較推奨販売や募集人指導事業など、保険会社のマニュアルに記載されていないような業務を行う場合には、当該マニュアルに基づいて業務を行うのみでは当該規定を満たしたとはいえず、代理店自身で社内規則等を定め業務を適正に実施する必要があるという理解でよいか。

Q 77. 監督指針Ⅱ－4－2－9(5)④に「上記①から③に基づき、･･･社内規則等において定めたうえで、定期的かつ必要に応じて、その実施状況を確認・検証する態勢が構築されているか。」とあるが、これは何を求めているのか。

Q 78. 客観的な基準や理由等に基づくことなく、特定の商品を提案する場合（＝選別せずに特定の保険商品を提案する場合）についても、社内規則等に何らか規定する必要があるか。

Q 79. 一義的には、「募集人側の理由・基準により特定の商品を提案」する乗合代理店であるが、一応、他の保険会社の商品も取り扱っており、顧客の要望に応じて「顧客意向に沿って商品を選別して提案」するケースがある場合には、どのようにする必要があるか。

第10章　体制整備義務関係　フランチャイズ

Q 80. フランチャイズ展開を行う場合の体制整備が規定されているが、どのような場合に課されることとなるのか。

Q 81. フランチャイズ展開を行う場合にフランチャイザーである保険募集人が行う必要のある体制整備とは具体的に何をする必要があるのか。

Q 82. 自己の商標等の使用を他の保険募集人に許諾した保険募集人（被許諾募集人）に係る誤認防止の措置とは、どのような規定か。

Q 83. 誤認を防止するための適切な措置について、当該規定はあくまでフランチャイザーである保険募集人に対して適用されるものであり、フランチャイジーである保険募集人に直接的に適用されるものではないとの理解でよいか。

Q 84. 誤認を防止するための適切な措置については、特段実施のための方法は定められておらず、口頭で顧客に説明することで足りると考えてよいか。

Q 85. 不動産事業に関するフランチャイズ展開を行っており、フランチャイザーもフランチャイジーも保険代理店であるが、保険については特段フランチャイザーからの指導等を行っていない。その場合、フランチャイズとはいえ、保険業法に定める保険募集人指導事業の規制の対象外との理解でよいか。

Q 86. 法人である保険募集人が、当該法人の役職員である保険募集人を指導する業務は、保険募集人指導事業の規制の対象外との理解でよいか。

Q 87. 保険募集人指導事業を実施する保険募集人が指導対象保険募集人を指導する場合であっても、保険会社による指導対象保険募集人の教育・管理・指導は引き続き必要なのか。

第 11 章　帳簿書類の備付け・事業報告書の提出

Q 88. どのような者が帳簿書類の備付け・事業報告書の提出の規制対象となるのか。該当非該当の要件はどうなっているか。いつの時点で、要件への該当・非該当を判断するのか。

Q 89. 帳簿書類はいつから、いつまで保存する必要があるか。

Q 90.「保険会社等の数」は、どのように算定すればよいか。また、１法人で複数代理店登録している場合の大規模特定保険募集人該当・非該当判断は拠点ごとでなく、法人単位で行うということでよいか。

Q 91.「手数料、報酬その他の対価の額の総額」には何が含まれるか。

Q 92. 事業年度末で該当しなくなった場合には、従前まで課されていた保存義務はなくなり、事業報告書の提出義務もなくなるという理解でよいか。

Q 93. 帳簿書類の作成・保存とは、具体的にはどのような対応が求められるのか。電磁的保存も可能か。様式は問われないとの認識でよいか。

Q 94. 帳簿書類の保存の方法として、例えば、保険募集代理店において、所属保険会社が提供する専用画面で保険契約情報を常時閲覧できるような状態とする等の方法を社内規則等に定めて対応することも許容されるか。

Q 95. 事業報告書はいつまでに、どこに提出すればよいか。

Q 96. 施行日以降最初に提出する事業報告書の記載について、過去3カ年分の実績が把握できていない場合はどうすればよいか。

Q 97. 帳簿書類は全ての事務所に備え付ける必要があるのか。事務所の範囲は。本部で作成したものを支店で保管する運用も可能か。

Q 98. 帳簿書類の備付け・事業報告書の提出について、施行後の具体的な対応はどうすればよいか。

第12章 「保険募集」と「募集関連行為」関係

Q 99.「保険募集」や「保険募集関連行為」について監督指針において整理がなされているが、その背景は。

Q 100. 保険募集の意義についてはどのような明確化が図られたのか。

Q 101.「募集関連行為」とは具体的にどのような行為なのか。

Q 102. 募集関連行為従事者への報酬としては、どのような点に留意する必要があるか。

Q 103. 募集関連行為に関し、「第三者に委託し、又は、それに準じる関係に基づいて行わせる場合」とは具体的にどのような場合が該当するか。

Q 104. インターネットで、保険会社の広告として、保険会社の商品情報をそのまま転載する場合は、保険募集にも募集関連行為にも該当しないとの理解でよいか。

第 13 章　テレマーケティング関係

Q 105. 監督指針において、電話による保険募集上の留意点が定められているが、改正の背景は。何が求められるのか。

Q 106. どのような保険募集が対象となるのか。既契約者に対して、訪問アポイントを入れる場合等も対象となるか。

Q 107. 通話内容の保存期間についての記述がないが、適切性の検討等を行うことが可能と考えられる期間を、保険会社または保険代理店等が判断すればよいという理解でよいか。

第 14 章　直接支払いサービス関係

Q 108. 直接支払いサービスを行う場合の規制が新たに規定された背景は。

Q 109. 直接支払いサービスを行う場合の規制について、どのような対応が必要となるのか。

Q 110. 保険契約者・提携事業者から紹介手数料・報酬を得ていないことが留意事項として列挙されているが、この趣旨は何か。

Q 111. 情報提供が必要な項目に「保険金が財・サービスの対価に満たないときは、顧客が不足分を支払う必要があること」とあるが、実損てん補型の保険であり、不足分を支払うことがない場合には、当該項目は不要との理解でよいか。

Q 112. 保険会社に求められるのは、あくまで提携事業者を紹介できる状態を維持するための措置であり、提携事業者の経営に介入し、直接的に指導することまで求める趣旨ではないとの理解でよいか。

Q 113. 代替事業者が確保できないことなどにより、サービスの内容を変更せざるを得ない場合には、予め相当な期間をもって契約者に説明のうえで変更・停止を行うことも許容されるか。

Q 114. 例えば、ケガや事故に遭い、至急、提携事業者である病院や修理業者の紹介を求める顧客の要望が明らかであるなど、緊急性の高い場合など、保険金直接支払の選択に係る説明を行うことが適当でないケースは、説明を省略することが認められうるとの理解でよいか。

平成２６年改正保険業法施行後の募集プロセス（イメージ） 平成28年5月29日施行

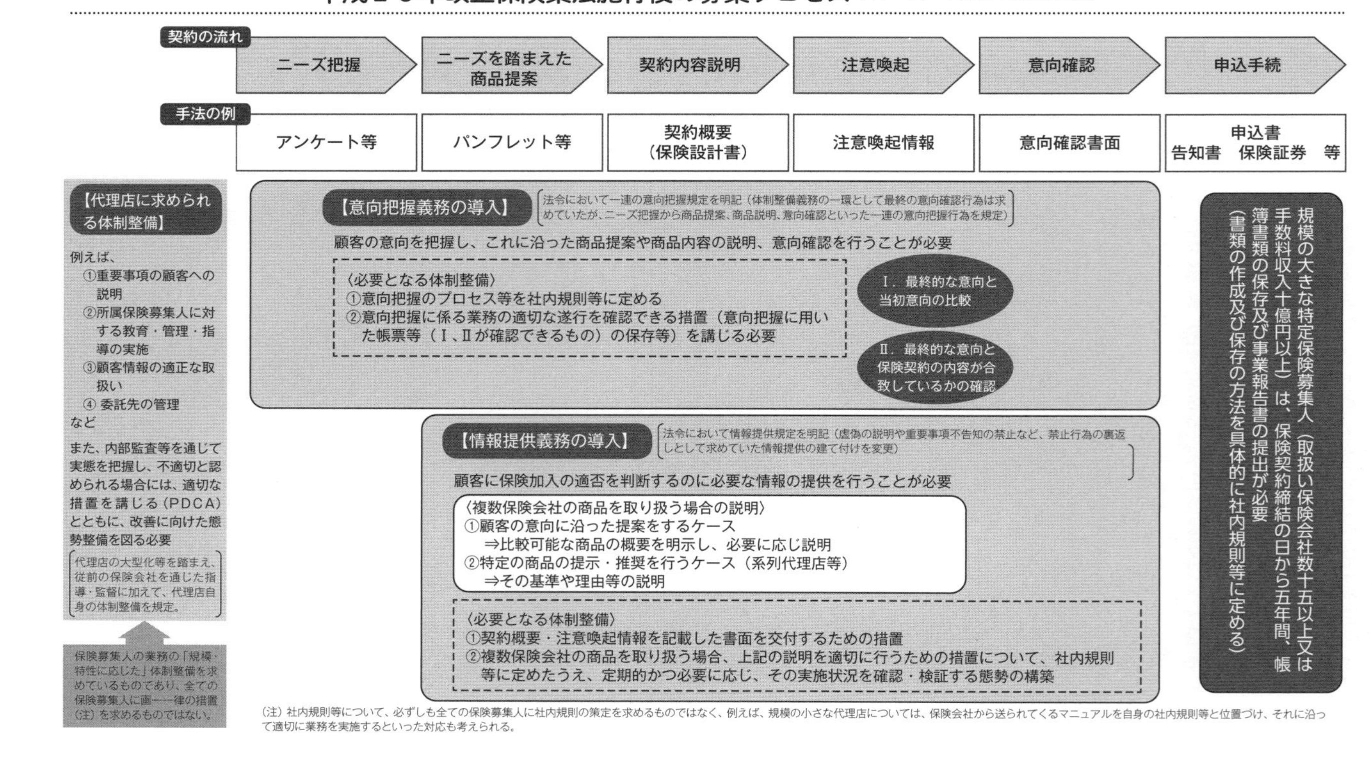

（注）社内規則等について、必ずしも全ての保険募集人に社内規則の策定を求めるものではなく、例えば、規模の小さな代理店については、保険会社から送られてくるマニュアルを自身の社内規則等と位置づけ、それに沿って適切に業務を実施するといった対応も考えられる。

第 1 部

平成26年保険業法改正の概要

第1章　改正の背景・経緯

近年、少子高齢化の進行等の社会情勢の変化を背景に、保険に対する期待が多様化するとともに新しいニーズが出現している。また、保険の販売形態・募集チャネルについても、いわゆる保険ショップ等の大型代理店やインターネット等の非対面販売をはじめとして多様化が進んでいる。

こうした変化を受けて、少子高齢化の進展等に伴う新たな顧客ニーズに対応して保険会社等がより幅広い保険商品やサービスを提供するとともに、販売形態の多様化等に対応した、保険の募集・販売等に関するルールを整備する必要性がこれまで以上に高まっている。

このような状況を踏まえ、平成24年4月11日の金融審議会総会において、金融担当大臣より、

一 保険契約者の多様なニーズに応えるための保険商品やサービスの提供及び保険会社等の業務範囲の在り方

二 必要な情報が簡潔で分かりやすく提供されるための保険募集・販売の在り方

等について、規制の全体像を視野に入れつつ検討すべき旨の諮問がなされた。

この諮問事項を検討するため、金融審議会「保険商品・サービスの提供等の在り方に関するワーキング・グループ（座長：洲崎博史京都大学大学院法学研究科教授）（以下「保険WG」という。）」が設置され、平成24年6月より計16回にわたり、

・　保険商品・サービスのあり方（新しい保険商品、共同行為制度、業務範囲規制）及び

・　保険募集・販売ルールのあり方（保険募集に係る行為規制、乗合代理店・保険仲立人に係る規制、募集規制の及ぶ範囲等）

について審議を重ねた。この保険WGにおける審議を経て、平成25年6月7日、今回の保険WGの報告書「新しい保険商品・サービス及び募集ルールのあり方について」（以下「保険WG報告書」という(注1)）がとりまとめられた。この保険WG報告書は、金融審議会に同年9月に報告されている。

金融審議会の保険WG報告書等を踏まえ、法律改正が必要な事項については、保険業法等の一部を改正する法律案が平成26年3月に第186回国会に提出し、国会審議を経て同年5月に可決成立した。

（注1）保険WG報告書については、金融庁ホームページに掲載されているのでご参照いただきたい。
http://www.fsa.go.jp/news/24/singi/20130611-2.html

図１　保険業法等の一部を改正する法律の概要（平成26年5月23日成立、5月30日公布）

保険会社を巡る経営環境の大きな変化

・保険商品の複雑化・販売形態の多様化
・「乗合代理店」（複数保険会社の商品を販売する代理店）等の出現
・海外展開をはじめとする積極的な業務展開の必要性

・新たな環境に対応するための募集規制の再構築
・金融業の発展を通じた経済活性化への貢献

保険の信頼性確保

保険募集の基本的ルールの創設

虚偽の説明等、「不適切な行為の禁止」に限定されていた従来の募集規制に加え、顧客ニーズの把握に始まり保険契約の締結に至る募集プロセスの各段階におけるきめ細かな対応の実現に向け、「積極的な顧客対応」を求める募集規制を導入。

「意向把握義務」の導入

保険募集の際に、顧客ニーズの把握及び当該ニーズに合った保険プランの提案等を求める。

「情報提供義務」の導入

保険募集の際に、商品情報など、顧客が保険加入の適否を判断するのに必要な情報の提供を求める。

保険募集人に対する規制の整備

独立系の保険代理店の増加等を踏まえ、「保険会社」が監督責任を負う従来の募集人規制に加え、「保険募集人」に対し募集の実態に応じた体制整備を義務付ける規制を導入。

保険募集人に対する体制整備義務の導入

複数保険会社の商品の取扱いの有無など、保険募集人の業務の特性や規模に応じて、保険募集人に対して体制整備を求める。

保険市場の活性化

海外展開に係る規制緩和

海外の金融機関等を買収した際の子会社業務範囲規制の特例の拡大

海外の金融機関等（例：投資運用会社）を買収した場合に、当該金融機関等の子会社のうち、法令上、保険会社グループには認められていない業務を行う会社についても一定期間（５年）の保有を認める。

保険仲立人に係る規制緩和

長期の保険契約の媒介に係る認可制の廃止

保険仲立人が「保険期間５年以上」の長期保険契約の媒介業務を行う場合に別途求められる当局の「認可」を不要とする。

実態に合った顧客対応を可能とするための規制緩和

共同保険における契約移転手続に係る特例の導入

外国保険会社支店の日本法人化等に際して行われる保険契約の移転に当たり、契約者保護上の問題がないと認められる一定の場合（共同保険(注)における シェアの小さな非幹事会社の持分移転を想定）において、移転対象契約者に対する個別の「通知」を「公告」で代替できる特例を設ける。

（注）共同保険：複数の保険会社が共同して引き受ける保険

運用報告書の電磁的交付方法の多様化

運用報告書について、顧客専用ウェブページの閲覧など、新たな交付方法を認める。

（注）現在、運用報告書の交付方法は、「電子メール等による送信」、「CD-ROM等の媒体による交付」、「顧客にウェブページからダウンロードさせる方法」に限られている。

図2　平成26年保険業法改正に係る内閣府令について（2年以内施行）

Ⅰ. 保険募集の基本的ルールの創設

情報提供義務

《改正法》

保険募集の際に、顧客が保険加入の適否を判断するのに必要な情報の提供を求める

府令事項

○ **保険募集に際し、顧客に説明し、書面交付すべき事項を規定**

- ■ 保険金支払い条件、保険期間、保険金額など【商品情報】
- ■ 告知義務の内容、責任開始期、契約の失効など【顧客への注意喚起】
- ■ その他顧客の加入判断に参考となる情報

○ **複数保険会社の商品から比較推奨販売する場合には、「比較可能な商品の概要」、「特定の商品の比較推奨を行う理由」について、情報提供を求める旨を規定**

○ **上記に代えて、以下の保険契約を取り扱う場合には、柔軟な取扱い**

- ■ 契約内容の個別性・特殊性が高い保険契約等
  【一律の要式による書面交付義務を免除】
- ■ 被保険者の保険料負担が零である保険契約や、保険期間が極めて短期間、かつ、極めて少額である保険契約等
  【被保険者に対する情報提供については適用除外】

意向把握義務

《改正法》

保険募集の際に、「顧客ニーズの把握」や「ニーズに合った保険プランの提案」、「ニーズとプランの最終確認」を求める

府令事項

○ **「意向把握」を義務付けない場合として、強制加入保険（自賠責保険）等を規定**

Ⅱ. 保険募集人に対する規制の整備

体制整備義務

《改正法》

「保険会社」が監督責任を負う従来の規制に加え、「保険募集人」に対し募集実態に応じた体制整備を求める

府令事項

○ **保険募集人に以下の措置を求める**

- ■ **保険募集人全般**
  （重要事項の顧客への説明、顧客情報の適正な取扱い、委託先の管理など、健全・適切な業務運営を確保するための措置を求める）
- ■ **複数保険会社の商品の比較推奨販売を行う場合（乗合代理店）**
  （特定の商品を提示する場合の提案理由の説明、比較する場合の誤認防止など、適切な比較推奨に係る説明を行うための措置を求める）
- ■ **フランチャイズ展開を行う場合**
  （適正なフランチャイズ契約を締結するための実施方針の策定、当該方針に基づき適切な指導を行うための措置、業務実施状況を検証し、必要に応じた改善策を講じるための措置を求める）

○ **大規模乗合代理店の募集形態や販売実績等の把握のため、事業報告書の提出や帳簿書類の作成・保存等を求める**

公布日：平成27年5月27日
施行日：平成28年5月29日

第2章　保険WG報告書の概要

第1節　保険WG報告書の概要①「保険商品・サービスのあり方」について

先述した保険WG報告書について説明したい。保険WG報告書は大きく二つの柱からなっている。一つが、「保険商品・サービスのあり方」について。ここでは、①保険会社とそのグループ会社における業務範囲の見直しをはじめ、②サービス提供業者への保険金の直接支払いや③不妊治療に係る保険、④共同行為制度の活用の促進について盛り込まれている。

まず、①については、少子高齢化による社会情勢の変化等に伴うニーズの高まりや、現行の保険会社が行っている業務との関係性等を踏まえ、業務範囲の見直しについて議論が行われた。保険WG報告書では、保育所の業務運営や古物競りあっせん業などについて新たに保険会社の子会社の業務として認めることが適当とされている。これらは、内閣府令を改正し、子会社が実施できる業務（金融関連業務）として追加している。

②については、保険業法上、もともとサービス提供業者への保険金の直接支払いは特段禁止されているものではなかったが、明示的にこれを行えることを前提とした規定もなかったことから、保険会社の対応は消極的であった。この点、今回新たに情報提供義務及び体制整備義務が導入されることを受け、保険WG報告書において、直接支払いサービスを行う場合の情報提供の内容及び体制整備の内容が盛り込まれた。これを受けて、今回の改正にあわせて内閣府令及び監督指針の中で所要の規定の整備を行った。

③については、不妊という事由の発生には偶然性が認められ、ニーズ

もあることから、保険の対象となる要素や社会的意義は認められるものの、一方で、保険料を算出するための保険数理上の検討が不可欠であることに加えて、不妊治療を受けるかどうかが専ら被保険者判断となることによるモラルリスク等の問題が指摘された。そのため、保険ＷＧ報告書では、今後、当該保険の特性を踏まえた適切な商品設計・リスク管理が行えるよう、実務的に更なる検討を行い諸課題を解決し得る商品設計とした上で、実際の保険引受けが行われることが適当とされた。

④については、社会情勢の変化等によって、これまでは保険が提供されていなかったようなリスクについても、ニーズが高まることが考えられるところ。これまで保険引受の実績がない分野については、個社では、保険料算出に必要なデータの収集が難航する場合が想定される。この点、各社が共同して保険を引き受けることで、保険料算出に必要なデータ収集に係る時間の短縮が見込まれ、これまで保険引受が行われていなかったようなリスクをカバーする商品の開発の促進につながることから今回の保険WGにおいて共同保険制度の活用の促進について議論がなされた。保険WGの中では、具体的な商品内容等への言及はなかったが、保険WG報告書では、引き続き、共同保険制度の活用促進の観点から、法的な問題を含めた実務的な検討が進められていくことが適当であるとされた。

第2節　保険WG報告書の概要②「保険募集・販売ルールのあり方」について

保険WG報告のもう一つの柱が「保険募集・販売ルールのあり方」について。ここで特に重要となる事項は、保険募集の基本的ルールの創設と保険募集人の規制の整備である。改正の背景は、先述のとおりであるが、保険募集の際に、保険募集人に課される義務として、情報提供義務と意向把握義務を、保険募集人自身に新たに課される義務として体制整備義務を、法令に新たに規定している（詳しくは第３章以降で解説する）。

これ以外の事項としては、①募集文書の簡素化、②募集規制の適用範囲の再整理・明確化と③保険仲立人に係る規制がある。

まず、①について契約概要・注意喚起情報は、当初は、一般的な消費者であれば理解しようとする意欲を失わない程度の情報量に限定した最低限の情報提供として、特に説明すべき重要事項を顧客に提供する趣旨で規律が設けられたが、現実には、一般的な消費者にとって理解可能な程度を越えた分量の情報が記載されていたり、募集人によっては、商品説明は契約概要等ではなくパンフレットで行っていたりするなど、情報量が増加するとともに内容が複雑になった結果、契約概要等が当初想定されていた役割を十分には果たせていない、との指摘があった。

このような状況を踏まえ、保険WGにおいては、生命保険・損害保険の両業界に対して、既存の契約概要等の記載項目等を検証した上で、当初、契約概要等に期待されていた役割を果たせるよう、記載内容の見直し・簡素化を行うように促した。

両業界では、こうした指摘を踏まえ、契約概要等の簡素化に向けて自主的な取組みを進めた結果、保険WG報告書においては、両業界における取り組みが進んでいるとの報告がなされた。

次に②について、比較サイトや紹介行為のように、契約見込客の発掘から契約成立に至るまでの広い意味での保険募集プロセスのうち、必ずしも保険募集の定義に該当することが明らかでない行為について、保険募集人以外の者が行うケースが増加していた。この点、保険募集を巡る環境の変化に対して、現行の監督指針等は必ずしも対応しきれていないことから、募集規制の及ぶ範囲について再整理を行うことが必要とされた。保険WG報告書においては、比較サイトや見込客紹介サービスの出現など、募集プロセスの多様化に伴い、保険業法の規制の及ぶ範囲を再整理・明確化することとされた。

次に③について、保険仲立人は平成7年保険業法改正による導入後、活用状況が十分とはいえず、特に、個人分野ではほとんど活用されていない状況にあった。そのため、保険分野においては、保険仲立人についてもその機能が適切に発揮される環境整備が必要との指摘があった。このような状況を踏まえ、保険仲立人に係る現行規制について、保険契約者保護の観点から問題のないものについては、規制を緩和することが適当とされた、具体的には、契約手続の簡素化、供託金の最低金額の引下げ等の見直しを行うことが適当とされた。これを踏まえ、今回の保険業法令改正において、本改正に係る規定の整備を行った。

以上が保険WG報告書の全体像である。保険WG報告書において、見直しを行うことが適切とされた事項については、法律、政令、府令又は監督指針において改正がなされた。第3章では、保険募集の基本的ルールの創設と保険募集人の規制の整備について改正の背景と改正の内容について解説する。

図３「新しい保険商品・サービス及び募集ルールのあり方について」の概要

【保険商品・サービスの提供等の在り方に関するワーキング・グループ報告】
（平成25年6月7日）

保険商品・サービスのあり方

少子高齢化をはじめとする社会情勢の変化に伴い、保険商品や保険会社によるサービスに対する国民のニーズ・期待の変化

新しいニーズに対応するため、以下の見直しを行う。

○新しい保険商品の販売
・不妊治療保険
・提携事業者による財・サービスの提供がキャッシュレスで受けられる保険
○保険会社グループの業務範囲の拡大
・子会社による保育所運営の解禁など
○共同行為制度の活用促進

保険募集・販売ルールのあり方

来店型保険ショップやインターネットを通じた募集の増加といった保険募集チャネルの多様化やいわゆる保険代理店の大型化など、保険募集を巡る環境の変化

保険募集を巡る環境変化に対応するため、募集・販売ルールについて、以下の見直しを行う。

○保険募集の基本的ルールの創設
・意向把握義務の導入
顧客の意向に沿った商品を提案する等の一般原則を明文化する。
・情報提供義務の法定化
保険募集時に商品情報等の説明を行うことを法令において求める。
・募集文書の簡素化（業界の自主的な取組み）
保険加入時に不要な情報は省略し、募集文書を顧客にとって分かりやすいものとする。
○保険募集人の義務
・保険募集人の体制整備義務の導入
保険代理店自身に対しても、法令等遵守のための体制整備を義務づける。
・乗合代理店に係る規制の見直し
複数の保険商品の中から比較推奨販売を行う場合に、推奨理由の説明等を義務づける。
・保険募集人の業務委託先管理責任
保険代理店に対しても、保険会社同様に、業務委託先の適切な管理を求める。
○募集規制の適用範囲
・募集規制の適用範囲の再整理・明確化
比較サイトや見込客紹介サービスの出現など、募集プロセスの多様化に伴い、保険業法の規制の及ぶ範囲を再整理・明確化する。
○保険仲立人に係る規制の見直し
・契約手続の簡素化、供託金の最低金額の引下げ　等

第３章　保険募集の基本的ルールの創設

第１節　情報提供義務

(1) 改正の背景

保険契約の締結又は保険募集における商品情報等の提供について、現行保険業法においては、法300条１項１号において、保険契約の締結又は保険募集に関して保険契約者又は被保険者に対して「保険契約の契約条項のうち重要な事項を告げない行為」が禁止され、当該規定の違反は刑事罰の対象とされている。

この点、「告げない」ことが許されない重要事項の範囲が契約内容に限られていることや、不告知自体が刑事罰の対象となるためにどうしても運用が謙抑的なものとならざるを得ないことから、柔軟な運用が難しい等の指摘があった。さらに、保険業法において積極的な情報提供義務が規定されていないことに関して、一般には、保険よりも顧客が理解しやすいと考えられる預金等について法令で情報提供が義務付けられていることに関し、バランスを欠いている、との指摘もあった。

以上のような点を踏まえ、保険WGにおいて「顧客による商品内容等の正しい理解を確保するため、保険会社や保険募集人が保険募集を行う際の情報提供義務について明示的に法令において位置づけることが適当である。」との報告がなされた。

これを踏まえ、改正法においては、顧客による商品内容等の正しい理解を確保するため、禁止行為規定のみを根拠として情報提供を行わせる現行保険業法の取扱いを改め、保険会社又は保険募集人等が保険契約の締結又は保険募集を行う場合における積極的な情報提供義務を、法律上、明示的に規定することとしている。(法294条1項)(注2)(注3)

(注2) 条番号は、対応する規定のうち、主なものを参考として記載しているもの。以下も同じ。

(注3) 情報の重要度に応じて、重要な情報の提供は刑罰法規適用により担保し、それ以外の情報の提供は、保険契約者等の保護のために、行政監督等により担保するといった形で、情報提供の義務付けのあり方に柔軟性をもたせるとの取扱いが法文上担保されることとなる。

(2) 改正の内容

① 情報提供義務の主体・適用場面

法300条1項1号の主体と同様、保険契約を締結し保険の引受けを行う主体(保険会社等又は外国保険会社等及びこれらの代表者等)又は保険募集を行う主体（保険募集人又は保険仲立人若しくはその役員若しくは使用人）を、情報提供義務の主体とすることとしている。

また、保険契約の締結又は保険募集に関して、情報提供義務が課されることは、現行保険業法300条1項1号と同様であるが、これらの場面のほか、次の②のとおり、一定の団体保険の加入勧奨等の場面においても、情報提供義務を課すこととしている。

② 団体保険に加入する被保険者への加入勧奨等に関する取扱い

現行保険業法においては、団体（＝団体保険の保険契約者）による団体構成員（＝団体保険の被保険者となる者）に対する団体保険への加入の勧誘は、保険募集（保険契約の締結の代理又は媒介）に該当しないため、保険募集に関する保険業法上の規制の対象外とされている。

しかし、団体保険については、例えば、クレジットカード団体保険（クレジットカード保有者が傷害を負った場合などに保険金が出る団体保険等）のように、団体と団体構成員との関係に照らして団体としての性質が希薄な団体保険もある。

こうした状況に照らし、改正法においては、上記クレジットカード団体保険のように、団体としての性質が希薄であり、団体と団体構成員との関係性等に照らして、その性質から類型的に、団体から団体構成員に対する適切な情報提供が期待できないものについて、保険募集人等による団体構成員に対する情報提供を義務づけることとしている（注4）。（則227条の2第1項及び第2項）

（注4）業法適用除外団体など構成員との間に密接性がある団体にかかる団体保険の取扱いに関しては、保険募集人又は保険仲立人に、当該団体に加入しようとする者への情報提供義務はかからないものの、当該団体保険の保険契約者から団体に加入する者に対する必要な情報提供や、意向確認が適切に行われることを確保する措置を講じることが必要。（則227条の8）

③　情報提供の相手方

法294条1項の情報提供は、

- 個人保険契約の締結又は保険募集の場面における、保険契約者・被保険者に対する情報提供
- 団体保険契約の締結又は保険募集の場面における、保険契約者に対する情報提供
- 団体から被保険者（団体構成員）に対する適切な情報提供が期待できない団体保険への被保険者の加入の場面における、被保険者に対する情報提供

を想定するものである。（則227条の2第3項）

④　提供すべき情報の具体的な内容、情報提供の方法等

ア　情報提供が必要な情報の具体的内容、情報提供の方法等

情報提供が必要な内容としては、まずは、現行の保険会社向けの総合的な監督指針（以下「監督指針」という。）において「契約概要」「注意喚起情報」（注5）として提供することを求めている事項を規定しており、書面を用いて行う説明と書面の交付を求めている（注6）。（則227条の2第3項第1号）

この他の情報提供が必要な事項としては、保険契約の締結に係る判断に参考となる事項を規定しており（則227条の2第3項第2号）、具体的には、例えば、付帯サービスについては、保険契約と関連性が大きい付帯サービスに係る事項（例：自動車保険の付帯サービスとしてのロードサービス）を想定している。なお、当該事項に係る提供方法については、一律の方法は規定しておらず、書面による方法以外の方法も可能である。

（注5）書面に記載すべき事項が電磁的記録により記載されている場合は、当該記録された事項を電子計算機の映像面へ表示したものを用いて行う説明を含むとしており、タブレット端末等を用いて行う説明も可能。

（注6）監督指針Ⅱ－4－3－2（3）②等で定められている。

イ　保険契約の特性等に照らして他に理解に資する方法がある場合

次の保険契約のような、保険契約の特性等に照らして、上記アの手法よりも別の方法を認めた方が、より分かりやすい説明が期待できる保険契約や、商品内容が比較的単純で、一律の方法を強制すると過度な負担になると考えられる保険契約を取り扱う場合には、上記アの手法によらない情報提供を許容することとしてい

る。(則227条の２第３項第３号)

- 契約内容の個別性・特殊性が高い保険契約（例：工場の火災保険等の事業者向け保険、自賠責保険等)
- 保険料の負担が少額（５千円以下）に留まる保険契約(例：海外・国内旅行傷害保険等)
- 団体保険に係る保険契約(保険契約者に対する情報提供部分)
- 既契約の一部の変更をすることを内容とする保険契約

ウ　乗合代理店等において、保険商品の比較推奨販売を行う場合等の情報提供

上記アの情報提供に加え、乗合代理店等においては、保険商品の比較推奨販売を行うに際し、次の情報提供を行うことが必要となる。(則227条の２第３項第４号)

(ア）顧客の意向に沿って商品を選別して提案する場合

大型保険ショップ等の乗合代理店において、複数の保険商品から、顧客の意向に沿って保険商品を選別して推奨する場合には、保険商品の概要と推奨理由の説明を行うことが必要。(同項ロ)

(イ）募集人側の理由・基準等により特定の商品を提案する場合

特定の保険会社の系列代理店において、当該特定の保険会社の商品を提示する場合など、(ア）の保険商品の選別を行わずに特定の保険会社の保険商品の推奨を行う場合には、当該商品を推奨する理由を説明することが必要[注7]。(同項ハ)

(注７）意向把握義務により聴取した保険契約の中から、保険募集人の判断でお勧め商品を提示する場合も本規制の対象。

⑤　適用除外

情報提供義務を課さなくとも、保険契約者等の保護の観点から問題がない場合については、法令に規定する情報提供義務は適用除外とすることとしている。具体的には、次のような保険契約を取り扱う場合を適用除外として規定している(注8)。(則227条の2第7項)

- 被保険者の保険料負担が零である保険契約（例：親が子に保険をかけて保険料は親が負担する場合等）(注9)
- 保険期間が極めて短期間（1ヶ月以下）かつ､極めて少額（1千円以下）である保険契約
  （例：レジャー施設管理者が入場者に付保する傷害保険、お祭りの主催者が参加者に付保する傷害保険等）
- 商品の販売、役務の提供又は行事・イベントの実施等に付随して提供される保険契約（加入の意思決定を要さず、主サービス等の提供と関連性がある場合に限る）(例：学校やPTAが主催する行事に参加する生徒全員に付保する傷害保険等)
- 公的年金制度等の運用手法として、年金制度の加入者を被保険者とする保険契約

（注8）適用除外は被保険者への情報提供のみであり、保険契約者に対する情報提供は必要。

（注9）保険法に基づく被保険者同意が必要な場合には、被保険者に対して当該同意の可否を判断するに足る情報提供がなされることが想定される。

⑥　情報提供に関する禁止行為規定（法300条1項1号）との関係

法294条1項の情報提供義務は、保険会社等又は保険募集人等が保険契約の締結又は保険募集を行う場合における情報提供についての一般的な義務を規定するものであり、同項の情報提供義務と禁止行為（法300条1項1号）は一般則と特則の関係にある。すなわち、

法294条1項の情報提供義務を課される場合における場合のうち刑罰法規の適用によりその履行を担保すべきものについて禁止行為を課すこととしている。

図4　保険募集の基本的ルールの創設①（第294条、第294条の2関係）

「禁止行為」に限定されていた従来の募集規制に加え、「積極的な顧客対応」を求める募集規制を導入

《改正前》

○ 保険募集における禁止行為を列挙
▶虚偽説明
▶重要事項の不告知　等

以下の「募集規制」を追加

《改正後》

○ 意向把握義務の導入（第294条の2）
保険募集(注)の際に、以下のような対応を求める。
▶顧客ニーズの把握
▶当該ニーズに合った保険プランの具体化
▶顧客ニーズと提案プランの最終的な確認

○ 情報提供義務の導入（第294条）
保険募集(注)の際に、顧客が保険加入の適否を判断するのに必要な情報の提供を求める。
▶保険期間、保険金額等
▶保険金の支払条件（どのような場合に保険金が支払われるか）
▶その他顧客に参考となるべき情報（ロードサービス等の付帯サービス等）
【複数保険会社の商品の比較推奨販売を行う場合には・・・】
▶取扱商品のうち比較可能な商品の概要
▶特定の商品の提示・推奨を行う理由　等

（注）保険募集と同等の行為（クレジットカード会社等が扱う団体保険への顧客の勧誘）を含む。

図５　情報提供義務の内容①

(1)　情報提供義務の内容

情報提供義務の内容・・・保険募集に際し、顧客に説明し、情報提供すべき事項として、以下を規定。

① 書面を用いて行う説明、及び書面の交付による情報提供が必要。
- ▶ 保険金支払い条件、保険期間、保険金額など【商品情報】
- ▶ 告知義務の内容、責任開始期、契約の失効など【顧客への注意喚起】

② 書面による方法以外の情報提供も可能。
- ▶ その他顧客の加入判断に参考となる情報

・・・複数保険会社の商品から比較推奨販売する場合には、「比較可能な商品の概要」、「特定の商品の比較推奨を行う理由」について、情報提供を求める旨を規定。

(2)　(1) に代えて、他の方法による情報提供を許容する場合

- ▶ 契約内容の個別性・特殊性が高い保険契約（例：工場の火災保険等の事業者向け保険、自賠責保険等）
- ▶ 保険料の負担が少額（５千円以下）に留まる保険契約（例:海外･国内旅行傷害保険等）
- ▶ 団体保険に係る保険契約（保険契約者に対する情報提供部分）(注)
- ▶ 既契約の一部の変更を内容とする保険契約

（注）業法適用除外団体など構成員との間に密接性がある団体は、保険募集人等には、当該団体契約に加入しようとする者への情報提供義務はかからないものの、保険契約者から当該者への情報提供等がなされるための措置を講じることが必要。

図6　情報提供義務の内容②
(「商品情報」「顧客への注意喚起」の記載事項の内容)

「商品情報」の記載事項
(「契約概要」の記載事項)

- 当該情報が「契約概要」であること
- 商品の仕組み
- 保障（補償）の内容
- 付加できる主な特約及びその概要
- 保険期間
- 引受条件（保険金額等）
- 保険料に関する事項
- 保険料払込みに関する事項（保険料払込方法、払込期間）
- 配当金に関する事項（配当金の有無、配当方法、配当額の決定方法）
- 解約返戻金等の有無及びそれらに関する事項

「顧客への注意喚起」の記載事項
(「注意喚起情報」の記載事項)

- 当該情報が「注意喚起情報」であること
- クーリング・オフ（法309条1項に規定する保険契約の申込みの撤回等）
- 告知義務等の内容
- 責任開始期
- 支払事由に該当しない場合及び免責事由等の保険金等を支払わない場合のうち主なもの
- 保険料の払込猶予期間、契約の失効、復活等
- 解約と解約返戻金の有無
- セーフティネット
- 手続実施基本契約の相手方となる指定ADR機関の商号又は名称（指定ADR機関が存在しない場合には、苦情処理措置及び紛争解決措置の内容）
- 補償重複に関する事項
- 特に法令等で注意喚起することとされている事項

図７　情報提供義務の内容③
（比較推奨販売を行う場合の規制）

今般の情報提供ルールの規定の整備の中で、比較推奨販売を行う場合の情報提供方法を規定

比較推奨販売を行う場合（「選別して提案」する場合）

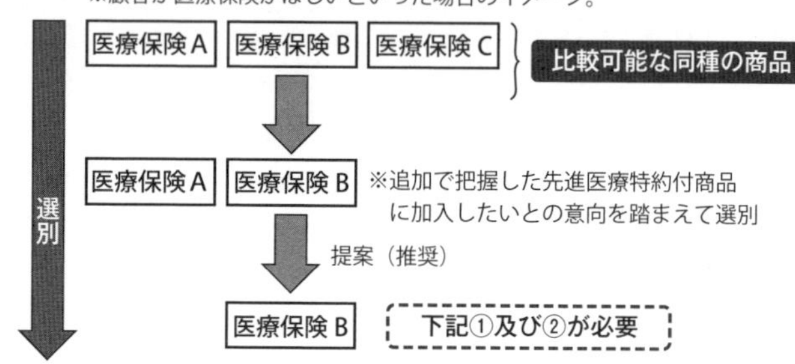

①比較可能な同種の商品の概要・内容の説明

○顧客の意向に沿った比較可能な商品について、概要を明示し、顧客の求めに応じて商品内容を説明することが必要。

▶把握した顧客の意向や関心事項等に配意しつつ、パンフレット等を用いて、例えば、各商品の商品特性（保険の種別や補償内容）や保険料水準等について説明することが必要。

②推奨理由の説明

○顧客の意向に沿った商品のうち、特定の商品を推奨する際には、推奨理由を説明することが必要。

▶特定の商品を提示・推奨する際には、商品特性や保険料水準などの客観的な基準や理由等について、推奨理由をわかりやすく説明することが必要。

比較推奨販売を行わない場合（「選別を行わずに提案」する場合）

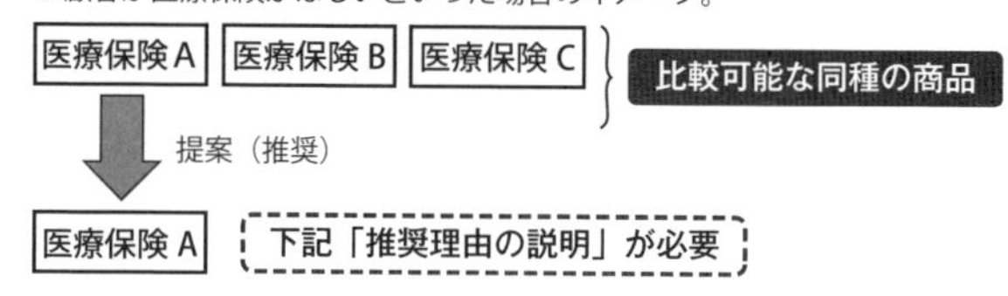

推奨理由の説明

○顧客の意向に沿った商品を選別せずに特定の商品を推奨する際には、当該商品を推奨する理由を説明することが必要。

▶商品特性や保険料水準などの客観的な基準や理由等に基づかずに特定の商品を提示・推奨する際には、その基準や理由等（特定の保険会社との資本関係やその他の事務手続・経営方針上の理由を含む。）を説明することが必要。

図8　（参考）団体保険契約の場合の情報提供のイメージ

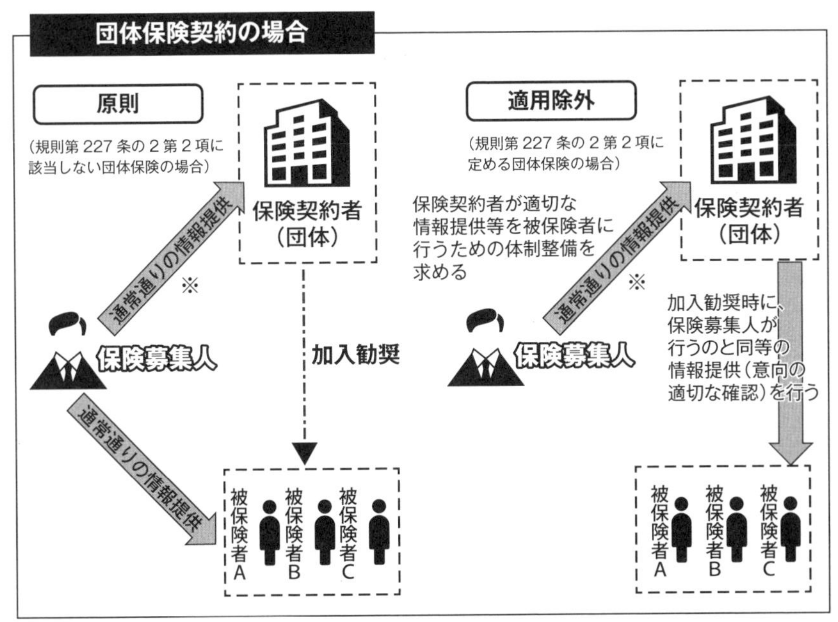

※ 他の方法による情報提供を許容（一律の要式による書面交付義務を免除）

図９　適用除外とする保険契約（情報提供義務・意向把握義務）

保険契約者の保護の観点から問題がない場合には、情報提供義務・意向把握義務は適用除外。

情報提供義務の適用除外（被保険者に対する情報提供を義務付けない場合）

- ▶ 被保険者の保険料負担が零である保険契約（例：親が子に保険をかけて、保険料は親が負担する場合等）
- ▶ 保険期間が極めて短期間（１ヶ月以下）かつ、極めて少額（１千円以下）である保険契約（例：レジャー施設管理者が入場者に付保する傷害保険、お祭りの主催者が参加者に付保する傷害保険等）
- ▶ 特定のサービス・イベントに付随して提供される保険契約（加入の意思決定を要さず、主サービス等の提供との関連性がある場合に限る）
  （例：学校やPTAが主催する行事に参加する生徒全員に付保する傷害保険等）
- ▶ 公的年金制度等の運用手法として、年金制度の加入者を被保険者とする保険契約

意向把握義務の適用除外

- ▶ そもそも情報提供義務の対象とならない保険契約
- ▶ 強制加入保険（自賠責保険）
- ▶ 財形保険（勤労者財産形成促進法第六条に規定する保険契約）

第２節　意向把握義務

(1) 改正の背景

保険については、顧客が抱えているリスクは多種多様であり、また、備えるべきリスクの中でどの部分を保険によってカバーするのかも顧客によって異なっている。そのため、保険募集に当たっては、募集人が顧客の抱えているリスクやそれを踏まえた保険のニーズを的確に把握した上で当該ニーズに沿った商品を提案し、また、分かりやすく説明することを通じ、顧客が、自らの抱えているリスクやそれを踏まえた保険のニーズに当該商品が対応しているかどうかを判断して保険契約を締結することの確保が重要である。

この点、現在は、保険会社の体制整備義務に基づき監督指針にお

いて意向確認書面の使用が定められており、顧客自身が契約締結前の段階で、推奨された保険商品と自らのニーズが合致しているかについて、最終確認の機会が設けられている。これに関し、当該手続については導入時に求められた効果が必ずしも十分には発揮されていない、との指摘があり、保険WG報告書において、「顧客が自らの抱えているリスクを認識し、その中でどのようなリスクを保険でカバーするのかを認識した上で保険に加入できる環境を更に整備するため、「保険会社又は保険募集人は、保険募集に際して、顧客の意向を把握し、当該意向に沿った商品を提案し、当該商品について当該意向とどのように対応しているかも含めて分かりやすく説明することにより、顧客自身が自らの意向に沿っているものであることを認識した上で保険加入できるようにする必要がある。」との趣旨の義務規定を法律上設けることが適当である。」との記載が盛り込まれた。

これを踏まえ、保険業法において、顧客が自らのリスクを認識し、その中でどのようなリスクを保険でカバーするのかを認識した上で保険に加入できる環境を、現状の意向確認書面のみによるよりも更に整備するため、保険会社又は保険募集人等に対して、顧客の意向を把握する一連の義務をいわゆる「意向把握義務」として規定することとしたものである。(法294条の２)

(2) 改正の内容

① 意向把握義務に係る取扱い

意向把握義務の主体、適用場面、団体保険に加入する被保険者への加入等に関する取扱いは、情報提供義務と同様の考え方をとる。

② 義務の内容

法294条の２の「意向把握義務」としては、①顧客の意向を把握する義務、②顧客の意向に沿った保険契約の締結又は保険契約への加入を提案する義務、③顧客の意向に沿った保険契約の内容を説明する義務、④保険契約の締結又は加入に際して、顧客が自らの意向と締結又は加入する保険契約の内容が合致していることを確認する機会を提供する義務を規定している。当該義務は、一般的義務規定（プリンシプル）としての性質を有するものであり、顧客ニーズを把握するための具体的な手法については、商品形態や募集形態に応じて保険会社・保険募集人等の創意工夫に委ねる取扱いとすることを想定している。

このため、当該プリンシプルを満たすための「具体的な方法」については、取り扱う商品や募集形態を踏まえて各保険会社・保険募集人等において選択されることとなるが、その「満たすべき水準」については、保険WG報告書や募集実態等を踏まえつつ、監督指針において規定している(注10)。

（注10）監督指針では、次のように規定されている。詳しくは監督指針Ⅱ－４－２－２（3）を参照いただきたい（見出し符号は監督指針のものと揃えている。）。

【監督指針Ⅱ－４－２－２（3）】

① 意向把握・確認の方法

意向把握・確認の具体的方法については、取り扱う商品や募集形態を踏まえた上で、保険会社又は保険募集人の創意工夫により、以下の方法又はこれと同等の方法を用いているか。

ア. 保険金額や保険料を含めた当該顧客向けの個別プランを説明する前に、当該顧客の意向を把握する。その上で、当該意向に基づいた個別プランを提案し、当該プランについて当該意向とどのように対応しているかも含めて説明する。その後、最終的な顧客の意向が確定した段階において、その意向と当初把握した主な顧客の意向を比較し、両者が相違している場合にはその相違点を確認する。

（注）例えば、アンケート等により顧客の意向を事前に把握したうえで、当該意向に沿った個別プランを作成し、顧客の意向との関係性をわかりやすく説明する。その後、最終的な顧客の意向が確定した段階において、その意向と、保険会社又は保険募集人が当初把握した主な顧客の意向との比較を記載したうえで、両者が相違している場合には、その対応箇所や相違点及びその相違が生じた経緯について、わかりやすく説明する。また、契約締結前の段階において、顧客の最終的な意向と契約の申込みを行おうとする保険契約の内容が合致しているかどうかを確認（＝「意向確認」）する。

イ． 保険金額や保険料を含めた当該顧客向けの個別プランを提案する都度、保険会社又は保険募集人が、どのような意向を推定（把握）して当該プランを設計したかの説明を行い、当該プランについて、当該意向とどのように対応しているかも含めて説明する。その後、最終的な顧客の意向が確定した段階において、その意向と保険会社又は保険募集人が把握した主な顧客の意向を比較し、両者が相違している場合にはその相違点を確認する。

（注）例えば、性別や年齢等の顧客属性や生活環境等に基づき顧客の意向を推定したうえで、保険金額や保険料を含めた個別プランの作成・提案を行う都度、設計書等の顧客に交付する書類の目立つ場所に、保険会社又は保険募集人が推定（把握）した顧客の意向と個別プランの関係性をわかりやすく記載のうえ説明する。その後、最終的な顧客の意向が確定した段階において、その意向と、保険会社又は保険募集人が事前に把握した主な顧客の意向との比較を記載したうえで、両者が相違している場合には、その対応箇所や相違点及びその相違が生じた経緯について、わかりやすく説明する。また、契約締結前の段階において、顧客の最終的な意向と契約の申込みを行おうとする保険契約の

内容が合致しているかどうかを確認（＝「意向確認」）する。

ウ．　自動車や不動産購入等に伴う補償を望む顧客に対し、主な意向・情報を把握したうえで、個別プランの作成・提案を行い、主な意向と個別プランの比較を記載するとともに、保険会社又は保険募集人が把握した顧客の意向と個別プランの関係性をわかりやすく説明する。その後、契約締結前の段階において、当該意向と契約の申込みを行おうとする保険契約の内容が合致しているかどうかを確認（＝「意向確認」）する。

エ．　上記ア．からウ．の場合においても、１年間に支払う保険料の額が５千円以下である保険契約における意向把握については、商品内容・特性に応じて適切に行うものとする。

オ．　事業者の事業活動に伴って生ずる損害をてん補する保険契約については、顧客の保険に係る知識の程度や商品特性に応じて適切な意向把握及び意向確認を行うものとする。

② 意向把握・確認の対象

例えば、以下のような顧客の意向に関する情報を把握・確認しているか。

ア．　第一分野の保険商品及び第三分野の保険商品について

（注）変額保険、変額年金保険、外貨建て保険等の投資性商品を含み、海外旅行傷害保険商品及び保険期間が１年以下の傷害保険商品（契約締結に際し、保険契約者又は被保険者が告知すべき重要な事実又は事項に被保険者の現在又は過去における健康状態その他の心身の状況に関する事実又は事項が含まれないものに限る。）を除く。

（ア）どのような分野の保障を望んでいるか。

（死亡した場合の遺族保障、医療保障、医療保障のうちガンなどの特定疾病に備えるための保障、傷害に備えるための保障、介護保障、老後生活資金の準備、資産運用など）

（イ）貯蓄部分を必要としているか。

（ウ）保障期間、保険料、保険金額に関する範囲の希望、優先する事項がある場合はその旨

（注）変額保険、変額年金保険、外貨建て保険等の投資性商品について

は、例えば、収益獲得を目的に投資する資金の用意があるか、預金とは異なる中長期の投資商品を購入する意思があるか、資産価額が運用成果に応じて変動することを承知しているか、市場リスクを許容しているか、最低保証を求めるか等の投資の意向に関する情報を含む。なお、市場リスクとは、金利、通貨の価格、金融商品市場における相場その他の指標に係る変動により損失が生ずるおそれをいう。

イ． 第二分野の保険商品について

（注）上記イ．に該当する保険商品は、第二分野の保険商品のほか、海外旅行傷害保険商品及び保険期間が１年以下の傷害保険商品（契約締結に際し、保険契約者又は被保険者が告知すべき重要な事実又は事項に被保険者の現在又は過去における健康状態その他の心身の状況に関する事実又は事項が含まれないものに限る。）を含む。

（ア）どのような分野の補償を望んでいるか。

（自動車保険、火災保険などの保険の種類）

（イ）顧客が求める主な補償内容

（注）意向の把握にあたっては、例えば、以下のような情報が考えられる。

- 自動車保険については、若年運転者不担保特約、運転者限定特約、車両保険の有無など
- 火災保険については、保険の目的、地震保険の付保の有無など
- 海外旅行傷害保険については、保険の目的、渡航者、渡航先、渡航期間など
- 保険期間が１年以下の傷害保険については、保険の目的など

（ウ）補償期間、保険料、保険金額に関する範囲の希望、優先する事項がある場合はその旨

(3) 適用除外

意向把握義務を課さなくとも、保険契約者等の保護の観点から問題がない場合については、法令に規定する意向把握義務は適用除外とすることとしている。具体的には、次のような保険契約を取り扱う場合を適用除外として規定している。

- そもそも情報提供義務の対象とならない保険契約
- 強制加入保険（自賠責保険）
- 財形保険（勤労者財産形成促進法六条に規定する保険契約）

図10　保険募集の基本的ルールの創設②

●従来の募集規制
＝不適切な行為の禁止

（代表的なもの）

募集プロセス全体における「虚偽の説明」の禁止

「契約の重要事項を告げないこと」の禁止

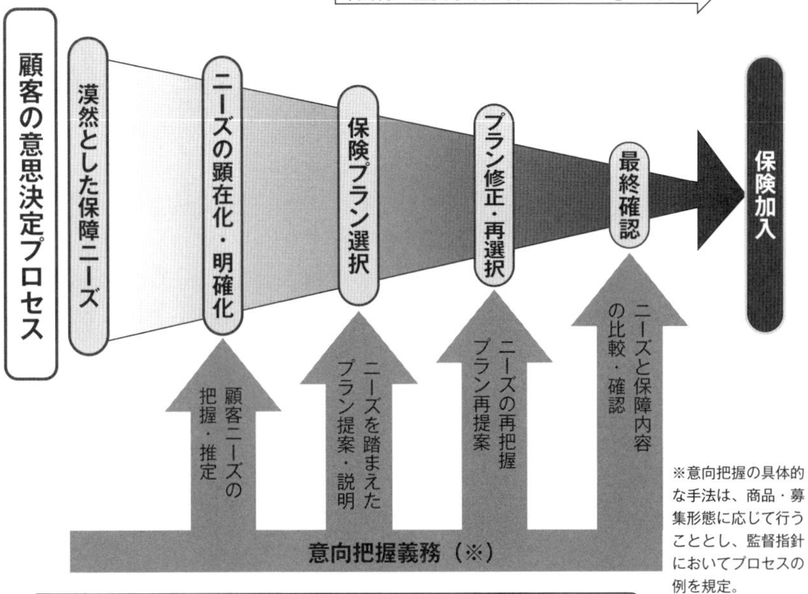

●改正後の募集規制
⇒募集プロセスの各段階におけるきめ細やかな対応の実現のため「積極的な顧客対応」を求める（意向把握義務・情報提供義務の導入）

図11-1　意向把握・確認義務について①

「意向把握・確認義務」とは

「意向把握・確認義務」とは、保険会社又は保険募集人等が保険契約の締結等に際して、① 顧客の意向を把握し、② これに沿った保険契約の締結等（保険契約の締結又は保険契約への加入をいう。）の提案、当該保険契約の内容の説明及び③保険契約の締結等に際しての顧客の意向と当該保険契約の内容が合致していることを顧客が確認する機会の提供を行う義務のこと。

改正前の監督指針では、体制整備の一環として、契約を締結する商品と顧客の意向が合致していることを確認（＝意向確認）することなどが求められていたが、今回の保険業法令及び監督指針の改正により意向の把握から提案商品の説明、意向確認までの一連のプロセス（意向把握・確認）が法令上の義務として新たに規定された。

意向把握・確認の対象

◆ 第一分野商品 ◆ 第三分野商品 （海外旅行傷害保険、保険期間１年以下の傷害保険を除く）	◆ 第二分野商品 ◆ 海外旅行傷害保険、保険期間１年以下の傷害保険
● どのような分野の保障を望んでいるか。 ・死亡した場合の遺族保障 ・医療保障 ・医療保障のうちガンなどの特定疾病に備えるための保障 ・傷害に備えるための保障 ・介護保障 ・老後生活資金の準備　等 ● 貯蓄部分を必要としているか。 ● 保険期間・保険料・保険金額等に関する範囲の希望、優先する事項がある場合はその旨	● どのような分野の補償を望んでいるか。 ・自動車保険、火災保険等の保険種類 ● 顧客が求める主な補償内容 【自動車保険】 ・若年運転者不担保特約、運転者限定特約、車両保険の有無など 【火災保険】 ・保険の目的、地震保険の付保の有無など 【海外旅行傷害保険】 ・補償の内容・範囲、渡航者、渡航先、渡航期間など ● 補償期間、保険料、保険金額に関する範囲の希望、優先する事項がある場合はその旨

図11-2　意向把握・確認義務について②

◆「意向把握・確認義務」に係る具体的な方法

	ア．意向把握型	イ．意向推定型
本文	ア．　保険金額や保険料を含めた当該顧客向けの個別プランを説明する前に、当該顧客の意向を把握する。その上で、当該意向に基づいた個別プランを提案し、当該プランについて、当該意向と、どのように対応しているかも含めて説明する。 　その後、最終的な顧客の意向が確定した段階において、その意向と当初把握した主な意向を比較し、両者が相違している場合には、その相違点を確認する。	イ．　保険金額や保険料を含めた当該顧客向けの個別プランを提案する都度、保険会社又は保険募集人が、どのような意向を推定（把握）して、当該プランを設計したかの説明を行い、当該プランについて、当該意向とどのように対応しているかも含めて説明する。 　その後、最終的な顧客の意向が確定した段階において、その意向と保険会社又は保険募集人が把握した主な顧客の意向を比較し、両者が相違している場合には、その相違点を確認する。
把握	(注) 例えば、 （ｉ）アンケート等により顧客の意向を事前に把握したうえで、	(注) 例えば、 （ｉ）性別や年齢等の顧客属性や生活環境等に基づき顧客の意向を推定したうえで、
作成・説明	（ⅱ）当該意向に沿った個別プランを作成し、顧客の意向との関係性をわかりやすく説明する。	（ⅱ）保険金額や保険料を含めた個別プランの作成・提案を行う都度、設計書等の顧客に交付する書類の目立つ場所に、保険会社又は保険募集人が推定（把握）した顧客の意向と個別プランの関係性をわかりやすく記載のうえ説明する。
	その後、最終的な顧客の意向が確定した段階において、その意向と、保険会社又は保険募集人が当初把握した主な顧客の意向との比較を記載したうえで、両者が相違している場合には、その対応箇所や相違点及びその相違が生じた経緯について、わかりやすく説明する。	その後、最終的な顧客の意向が確定した段階において、その意向と、保険会社又は保険募集人が事前に把握した主な顧客の意向との比較を記載したうえで、両者が相違している場合には、その対応箇所や相違点及びその相違が生じた経緯について、わかりやすく説明する。
確認	（ⅲ）また、契約締結前の段階において、顧客の最終的な意向と契約の申込みを行おうとする保険契約の内容が合致しているかどうかを確認（＝「意向確認」）する。	（ⅲ）また、契約締結前の段階において、顧客の最終的な意向と契約の申込みを行おうとする保険契約の内容が合致しているかどうかを確認（＝「意向確認」）する。

図11-3　意向把握・確認義務について③

◆「意向把握・確認義務」に係る具体的な方法（つづき）

	ウ．損保型
把握	ウ．　自動車や不動産購入等に伴う補償を望む顧客に対し、主な意向・情報を把握したうえで
作成・説明	個別プランの作成・提案を行い、主な意向と個別プランの比較を記載するとともに、保険会社又は保険募集人が把握した顧客の意向と個別プランの関係性をわかりやすく説明する。
確認	その後、契約締結前の段階において、当該意向と契約の申込みを行おうとする保険契約の内容が合致しているかどうかを確認（＝「意向確認」）する。

エ．　上記ア．からウ．の場合においては、規則第227条の2第3項ロに規定する一年間に支払う保険料の額（保険期間が一年未満であって保険期間の更新をすることができる保険契約にあっては、一年間当たりの額に換算した額）が五千円以下である保険契約における意向把握について、商品内容・特性に応じて適切に行うものとする。

オ．　事業者の事業活動に伴って生ずる損害をてん補する保険契約については、顧客の保険に係る知識の程度や商品特性に応じて適切な意向把握及び意向確認を行うものとする。

【監督指針：Ⅱ－4－2－2（3）①】

パブリックコメントに寄せられたご意見	金融庁の考え方
○ 当協会では、Ⅱ-4-2-2（3）①ア．～カ．又はこれらと同等と考えられる意向把握・確認の方法として、商品特性や募集形態等に応じたより具体的な対応例や留意点等を取りまとめることを検討しているが、プリンシプルベースとされる同義務の趣旨に鑑み、会員各社や保険募集人がその取りまとめた内容に基づき、必要に応じて創意工夫し、業務を遂行することは、本規定を遵守する有効な手段と考えてよいか。【No.337】	○ Ⅱ-4-2-2（3）①は、全商品・募集形態を通じて満たすべき水準と、その具体的な実務の例示を規定したものであり、実務においては、保険会社又は保険募集人の創意工夫により適切に行われることが望まれます。なお、貴見のような取組みも、そのために有効な取組みであると考えます。

図11-4　意向把握のプロセス（イメージ）

すべての保険商品・募集形態において、以下のアからオ、又はこれと同等の方法による募集プロセスをとる必要がある。

	STEP1	STEP2	STEP3	STEP4
	意向把握（推定）	提案・説明	最終的な意向と当初意向の比較	意向確認
ア（意向把握型）	アンケート等により顧客の意向を事前に把握したうえで	当該意向に沿った個別プランを作成し、顧客の意向との関係性をわかりやすく説明する。	その後、最終的な顧客の意向が確定した段階において、その意向と、保険会社又は募集人が当初把握した主な顧客の意向とを比較したうえで、両者が相違している場合には、その対応箇所や相違点及び相違が生じた経緯について、わかりやすく説明する。	また、契約締結前の段階において、顧客の最終的な意向と契約の申込みを行おうとする保険契約の内容が合致しているかどうかを確認（＝「意向確認」）する。
イ（意向推定型）	性別や年齢等の顧客属性や生活環境等に基づき顧客の意向を推定したうえで	保険金額や保険料を含めた個別プランの作成・提案を行う都度、設計書等の顧客に交付する書類の目立つ場所に、保険会社又は保険募集人が推定（把握）した顧客の意向と個別プランの関係性をわかりやすく記載のうえ説明する。	その後、最終的な顧客の意向が確定した段階において、その意向と、保険会社又は募集人が事前に把握した主な顧客の意向とを比較を記載したうえで、両者が相違している場合には、その対応箇所や相違点及びその相違が生じた経緯について、わかりやすく説明する。	また、契約締結前の段階において、顧客の最終的な意向と契約の申込みを行おうとする保険契約の内容が合致しているかどうかを確認（＝「意向確認」）する。
ウ（損保型）	自動車や不動産購入等に伴う補償を望む顧客に対し、主な意向・情報を把握したうえで	個別プランの作成・提案を行い、主な意向と個別プランの比較を記載するとともに、保険会社又は保険募集人が把握した顧客の意向と個別プランの関係性をわかりやすく説明する。	（商品特性・募集形態上、必ずしも求めない。）	その後、契約締結前の段階において、当該意向と契約申込みを行おうとする保険契約の内容が合致しているかどうかを確認（＝「意向確認」）する。
エ	上記ア．からウ．の場合においては、規則第227条の2第3項第3号ロに規定する一年間に支払う保険料額の額（保険期間が一年未満であって保険期間の更新をすることができる保険契約にあっては、一年間当たりの額に換算した額）が五千円以下である保険契約における意向把握について、商品内容・特性に応じて適切に行うものとする。			（現行どおり、意向確認が必要）
オ	事業者の事業活動に伴って生ずる損害をてん補する保険契約については、顧客の保険に係る知識の程度や商品特性に応じて適切な意向把握及び意向確認を行うものとする。			

第3節　保険募集人等の体制整備義務

(1) 改正の背景

現行保険業法においては、保険会社に対しては体制整備義務が課せられている一方（法100条の2）、保険募集人及び保険仲立人は体制整備義務の対象とはされていない。

しかし、募集形態の多様化により、保険会社と保険募集人の関係も多様化しており、保険募集人の中には、いわゆる乗合代理店を中心に数百にも及ぶ店舗で保険募集を行うものなど大規模なものが出現したり、保険募集人独自の判断で複数保険会社の商品の比較推奨販売を行う等、所属保険会社等が保険募集人の業務の全容を把握し、管理・指導を行うという、現行保険業法が想定していたケースに必ずしも当てはまらない場合が増えつつある。

また、保険募集人及び保険仲立人自身も情報提供義務や意向把握義務の行為規制の対象とされることになる。

これらを踏まえ、所属保険会社等による管理・指導に加えて、保険募集人及び保険仲立人自身もその業務を適切に行うための体制を自ら整備することが、保険募集の適切性確保の観点から必要と考えられる。

そこで、保険募集人及び保険仲立人にも、重要事項説明、顧客情報の適正な取扱い、保険募集を委託する場合等の的確な遂行を確保するための措置等を講じることとしている（法294条の3）。

(2) 改正の内容

① 体制整備義務の主体

体制整備義務の主体としては、保険募集を行う主体（保険募集人又は保険仲立人）を規定している。

保険募集人については、体制整備義務を一般的に課すこととしているが、その程度は業務の規模及び特性に応じて行うこととしている（則227条の7等、監督指針Ⅱ－4－2－9）。

具体的には、例えば、保険会社の役員・使用人等については、所属する保険会社の業務運営と離れて別個独立に、その業務運営が行われるものではないことから、所属する保険会社が体制整備義務を履行し、当該保険会社の役員・使用人等がこれに従いつつ適切に業務を運営している場合には、基本的には体制整備義務が履行されているものと考えられる。

他方、乗合代理店等において比較推奨販売を行う場合など、保険会社の業務運営と離れて、別個独立にその業務運営が行われる場合は、その業務の規模及び特性に応じて、必要な措置を講じることが必要となる。

② 適用場面

現行保険業法上、保険会社の場合は、業務範囲規制があることから、その体制整備義務は、業務範囲内の業務に関する場合に限定される（法100条の2）。これに対して、保険募集人及び保険仲立人の場合は、業務範囲規制が存在しないが、そもそも保険募集人及び保険仲立人に係る体制整備義務は、その本来的義務である保険募集業務の適切性を確保することによる保険契約者等の保護を目的としたものであることに照らし、一義的には、保険募集の業務について、法294条の3の体制整備義務の対象とすることとしている。

また、保険契約者等の保護の観点から、保険募集人の本来的業務である保険募集業務のほか、これと密接な関連性を有する業務についても、本来的業務（保険募集業務）に準じて、同様に体制整備義務の対象とすることとしている。

体制整備義務の対象となる「保険募集の業務に密接に関連する業務」としては、例えば、①団体保険への加入勧奨等に係る業務、②比較サイト等の商品情報提供サービスのうち、保険会社等からの情報を転載するにとどまるもの(注11)などが考えられる。

(注11) ②については、保険WG報告書23頁における「募集関連行為」を参照されたい。

③　体制整備義務の内容

保険募集人等が顧客に対して適切に情報提供を行うことを確保するための重要事項説明（則227条の７)、保険募集人等が保険募集の業務に関連して取得した顧客情報を適正に取り扱うこと（則227条の９)、委託業務の的確な遂行を確保すること（則227条の11）等について、体制整備義務を規定しており、必要な措置を講じることを求めている（保険募集人・保険仲立人共通)。

このほか、保険募集人のみに係る体制整備義務としては、以下(ア)(イ）を規定している。

（ア）乗合代理店の比較推奨販売における比較情報の提供を確保するための体制整備義務

情報提供義務の導入により、乗合代理店において比較推奨販売を行う場合の情報提供方法を定めたことに伴い、他の保険商品と比較することにより保険契約者等に無用な誤認を与えないようにするための措置や不適正な表示を防止するための措置等を求めるほか、比較推奨販売を行う場合の適切な説明を行うことを確保するための措置を講じることを規定している。(則227条の14)

また、法令上、保険会社から独立した立場で媒介行為を行う保険仲立人とは異なり、乗合代理店はあくまでも保険会社から委託を受けて保険募集を行う者として位置付けられており、当該複数所属保険会社等のそれぞれの保険商品の募集に当たって、公平性・中立性が担保されているわけではない。しかしながら、一部の代理店では、「公平・中立」を標榜し、多くの保険商品の中から顧客に最適な保険商品を提供することを謳い文句とする乗合代理店等が存在しており、顧客がこのような募集形態の法的性質（乗合代理店の位置づけ）について誤解することが懸念されたことから、乗合代理店に対して、顧客がこういった誤認をしないよう防止するための適切な措置を講じることを求めている。（則227条の12）

（イ）フランチャイズ業務の体制整備義務

保険募集につきフランチャイズ方式を採用している場合には、顧客は当該フランチャイズ傘下の保険代理店（フランチャイジー）からは、一定水準のサービスを受けられることを期待するのが通常であることを踏まえ、当該フランチャイズにより提供される知見・ブランドの管理及び当該フランチャイジーに対する指導を行っている本部代理店（フランチャイザー）に対しては、自ら行う保険募集に係る体制整備を求めるだけでなく、傘下のフランチャイジーの行う保険募集に係る当該フランチャイジーに対する教育・管理・指導についても、適切に行うための体制整備を求めることとしている。

具体的には、傘下のフランチャイジーに対して保険募集に係る指導を行う際の実施方針を適正に策定し、策定した実施方針に基づき適正に指導することを確保するための措置が必要となる。（則227条の15）

図12　保険募集人に対する規制の整備①（第294条の３関係）

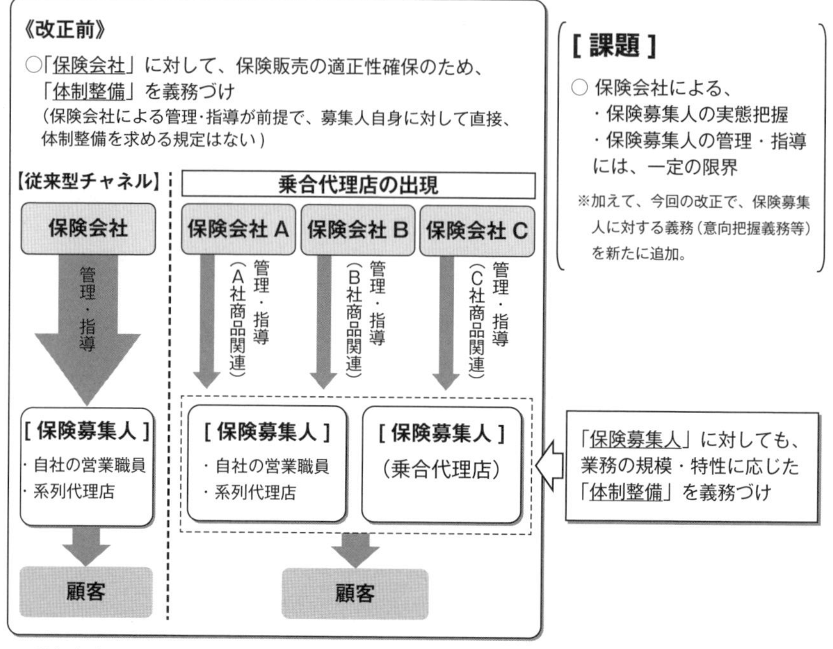

※ 従来型の保険募集人についても、保険会社による管理・指導を受けることを前提とした体制整備を求める。

図13　保険募集人に対する規制の整備②

「保険会社」が監督責任を負う従来の規制に加え、「保険募集人」に対し募集実態に応じた体制整備を求める

保険募集人全般	比較推奨販売を行う場合	フランチャイズ展開を行う場合
○ 保険募集人に求める一般的な体制整備として、以下を確保するための措置を規定。 ◆ 顧客への重要事項の説明等、その他健全かつ適正な業務運営 ◆ 顧客情報の適正な取扱い ◆ 保険募集業務を第三者に委託する場合の委託先による的確な業務遂行 ◆ 意向把握に係る業務の適切な遂行を確認できる措置 （意向把握に用いた帳票等（アンケートや設計書等）で、顧客の最終的な意向と比較した顧客の意向に係るもの及び最終的な意向に係るものを保存する等の措置）	○ 複数保険会社の商品の比較推奨販売を行う募集人（来店型保険ショップ等の乗合代理店）には、以下を確保するための措置を規定。 ◆ 顧客が、保険会社の代理店としての立場を誤解することを防止するための措置 （顧客と保険会社との間で「公平・中立」と表示することを禁止） ◆ 特定の商品を提示する場合の提案理由や比較する場合の誤解防止など、適切な商品比較・推奨を行うための措置	○ フランチャイズ展開を行う募集人（例：来店型保険ショップ等の乗合代理店）には、以下を確保するための措置を規定。 ◆ フランチャイザー（本部代理店）とフランチャイジーである保険募集人（他の代理店）との間で、所属保険会社が相違する等、取扱い保険商品が異なることもあるため、顧客が同一の業務を行うものと誤認することを防止するための措置 ◆ フランチャイジーに対する保険募集に係る指導を行う際の適正な実施方針の策定、当該方針に基づき適切な指導を行うための措置、業務実施状況を検証し、必要に応じた改善策を講じるための措置

図14　保険募集人に対する規制の整備③（イメージ）

保険募集人には、大規模保険ショップから専属大規模代理店、個人乗合代理店、保険会社の営業職員など様々な類型があるが、業務の規模・特性に応じた体制整備を行うことが必要

（参考）保険募集人の規模・特性に応じた体制整備の基本的考え方

		特　性	
		一社専属保険募集人	乗合代理店
規模	個人営業	《従来型の営業職員・系列代理店》 ・保険会社による研修・業務管理に従って業務を行うことが必要。	《個人乗合代理店》 ・比較推奨販売に係る方針を決定 ・業務が適切に行われているかについて、自主点検を実施
規模	大規模営業	《一社専属大規模代理店》 ・個別商品の説明等、保険会社による研修の内容を徹底 ・業務が適切に行われているかについて、内部監査によるチェックを実施	《大規模な「保険ショップ」》 ・比較推奨販売に係る社内規則を策定 ・個別商品の説明等、保険会社による研修の内容を徹底 ・個別商品の説明に加えて、商品間比較についても、研修等を実施 ・業務が適切に行われているかについて、内部監査によるチェックを実施

第４節　帳簿書類の備付け、事業報告書の提出

(1) 改正の背景

今般の法改正は、保険募集人と所属保険会社等の関係は維持しつつ、保険募集人に対する的確な監督を行うため、保険募集人自身を各種規制の対象とするものである。そこで、その一環として、法303条・304条については特に、募集プロセスの構築等において、所属保険会社等からの独立性が高いなど、従来の所属保険会社等を通じた態様では募集形態の実態把握が類型的に困難な規模の特定保険募集人について、所属保険会社等とは別に帳簿書類の備付け及び事業報告書の提出を義務付けることとしている。

規制対象としては、比較推奨販売等の業務を日常的に行うことが想定される規模の大きい乗合代理店等を想定しているが、具体的には、内閣府令において規定している。

(2) 改正の内容

① 規制対象となる特定保険募集人の要件

帳簿書類の備付け及び事業報告書の提出が必要な特定保険募集人は、事業年度末において保険会社等（生保・損保・少短別）の乗合数が15以上である代理店又は乗合代理店であって１事業年度の手数料収入等が10億円以上である代理店としている（則236条の２）。

これは、規制導入の趣旨や乗合代理店の実態把握の必要性、保険代理店の負担、当局による監督の実効性等を総合的に勘案して設定したものである。

② 帳簿書類及び事業報告書の内容

特定保険募集人が備え置かなければならない帳簿書類の内容は、

保険契約に係る締結年月日、保険会社名、保険料及び特定保険募集人が受けた手数料等の額となっている（則237条の2）。なお、保存期限は、保険契約締結の日から5年間となっている（則237条）[注12]。

また、事業報告書の内容は、特定保険募集人に係る様式を法人・個人にわけてそれぞれ定めており、当該様式に記載の上、事業年度末から3ヶ月経過後までに管轄財務局長等への提出が必要となる。（法304条、則238条）

（注12）帳簿書類の電磁的方法による保存については、民間事業者等が行う書面の保存等における情報通信の技術の利用に関する法律（平成16年法律第149号）及び内閣府の所管する金融関連法令に係る民間事業者等が行う書面の保存等における情報通信の技術の利用に関する法律施行規則（平成17年内閣府令第21号）等の規定に基づいて行うことが必要。

③　施行後の具体的な対応

改正法の施行後の具体的な対応としては、改正法の施行日が属する事業年度末（事業年度の最終日）において特定保険募集人に該当するか否かを判断する。

その上で、特定保険募集人に該当する場合にあっては、帳簿書類については、施行後に開始する事業年度開始日から帳簿書類を備え付けることが必要である。また、事業報告書の提出については、改正法の施行後に開始する事業年度の年度末から3ヶ月経過後までに管轄財務局長等への提出が必要となる。

参照　⇒　図21　帳簿書類の備付け・事業報告書の提出の具体的流れ　（本書286ページ）

図15　保険募集人に対する規制の整備④（帳簿書類の備付け、事業報告書の提出）

所属保険会社等からの独立性が高いなど、従来の所属保険会社等を通じた態様では募集形態の実態把握が困難な、規模の大きな保険募集人について、当局による監督強化の一環として、帳簿書類の備付け及び事業報告書の提出を義務付け。

○ 規模の大きな保険募集人に係る義務の内容

【帳簿書類の作成・保存】

・帳簿書類の内容は、保険契約に係る締結年月日、保険会社名、保険料及び保険募集人が受けた手数料等の額。

・保存期間は、保険契約の締結の日から５年間。施行後に開始する事業年度開始日から備え付けることが必要。

【事業報告書の提出】

・事業報告書の内容は、事業概要、取扱保険契約等の状況（商品ごとの手数料の額を含む）、保険募集に係る苦情の発生状況等。

・様式を法人・個人に分けて各々定めており、当該様式に記載の上、施行後に開始する事業年度末から３ヶ月経過後までに管轄財務局長等への提出が必要。

○ 規模の大きな保険募集人の基準

・規模の大きな保険募集人の基準は、事業年度末において、次のいずれかに該当する場合とする。

① 事業年度末における所属保険会社数が15以上（生保・損保・少短別）

② 乗合代理店であって一事業年度中の手数料収入等が10億円以上

第5節　保険募集人及び保険仲立人に対する立入検査等の規定の拡充

保険募集人に対してもその業務の規模・特性に応じ、所属保険会社等による管理・指導とは別途、体制整備義務等、保険募集に係る業務の適切性確保を義務付けることに伴い、保険募集人等の業務等を的確に監督するため、保険募集人等自身だけでなく、保険募集人等の取引先及び業務委託先に対しても、報告徴求や立入検査の対象とすることとしている。(法305条)

図16　保険募集人に対する規制の整備⑤
(保険募集人等の業務委託先等に対する立入検査権限等の整備)

報告徴求権限、立入検査権限

○保険募集人が業務の一部をアウトソーシングする例が増加。
→保険募集人の業務の健全かつ適切な運営を確保するためには、保険募集人自身に対する報告徴求・立入検査だけでは十分な対応が行えない恐れ。

○保険募集人だけでなく、保険募集人の業務委託先(注1)についても報告徴求・立入検査の対象(注2)とする。
(注1) 募集関連業務(保険募集に関するシステム管理等)の委託先等。
(注2) 報告徴求は、保険募集人の取引先についても対象。

※ あわせて、保険仲立人の業務委託先についても報告徴求・立入検査の対象(注3)とする。
(注3) 報告徴求は、保険仲立人の取引先についても対象。

第6節　重要事項不告知禁止規定の見直し

(1) 改正の背景

禁止行為規定のみを根拠として、情報提供を行わせる現行保険業法の取扱いを改め、顧客による商品内容等の正しい理解を確保するため、保険会社又は保険募集人等が保険契約の締結又は保険募集を行う場合における積極的な情報提供義務を、法294条1項において明示的に位置付ける一方、法300条1項1号により重要事項不告知が禁止される場面及び当該重要事項の内容の見直しを行うこととしている（法300条1項）。

(2) 改正の内容

① 団体保険に加入する被保険者への加入勧奨等に関する取扱い

情報提供義務（法294条1項）と同様の考え方をとる。

② 適用除外

法294条1項の情報提供義務に違反しない場合は、法300条1項1号の重要事項不告知の禁止にも違反しない。そのため、両規定の適用除外の範囲は連動することとなる（注13）。

（注13）法300条1項ただし書の内閣府令に規定する具体的な適用除外類型は、法294条1項ただし書きの内閣府令におけるものと同様のものとなる。

③ 不告知が禁止される重要な事項の限定

これまで、法300条1項1号の「重要な事項」は、その範囲が規定上必ずしも明確ではなく、監督指針上の「契約概要」及び「注意喚起情報」の内容を全て包含するかなり広範なものと解釈されていたが、同号に違反する行為が刑事罰の対象とされていることを踏まえれば、本来、その適用範囲は限定的であるべきと考えられる。

そのため、保険契約の締結に係る判断に重大な影響を与えるものに限定する趣旨で、不告知の対象を「保険契約の契約条項のうち保険契約者又は被保険者の判断に影響を及ぼすこととなる重要な事項」とすることとしている。

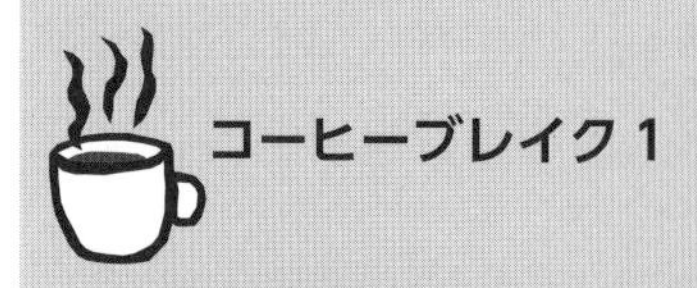

保険とは何か

「保険の役割」って何だと思いますか。老後の資金確保のためのもの、事故が起きた時に困らないようにするためのもの。答えは思い描く保険商品ごとに、また、その人ごとに違うと思います。

では、私はどう考えているか。制度改正を担当するに当たっては、その制度が社会的にどのような役割が期待されているかを常に意識して職務にあたるようにしています。私は、平成19年に厚生労働省に採用され、平成26年7月より現職に就いております。年金保険、雇用保険、介護保険と長く公的保険を担当してきたこともあり、どうしても公的保険との関係で考えてしまいます。つまり、「公的保険を補完するとともに、国民の方々の自助努力を支援する」役割です。基本的には、公的保険が保険料や税を財源として最低ラインを保障するとともに、民間保険が国民自身の自助努力による上乗せ保障をになうという建て付けを想定しています。

他方で、民間保険は、公的保険がない部分についても、幅広く顧客ニーズに対応した保険商品を提供しています。例えば、私は、以前、食中毒対策を担当しておりました。レストランで食中毒が発生した場合には、公的保険は無いことから、これを対象とする民間保険が広く提供されています。

このように、公的保険と民間保険は非常に密接な関係にあり、民間保険は、公的保険の無いところで、また、公的保険を補う形でその役割を果たしているものと考えます。

このため、産油国など、国費が潤沢で公的保険が充実している場合については、民間保険の役割は小さくなるものと考えます。わが国の場合はどうでしょうか。

少子高齢化が進む中で、国家財政は厳しい状況にあります。公的給付の重点化と効率化が進む中で、自助を促進し、公的保険を補完する民間保険の役割は今後も大きいものとなっていくものと考えます。

第2部

改正保険業法　解説1問1答

第１章　改正保険業法の概要

Q1

今回の保険業法改正（２年以内施行関係）はどのような改正か。なぜ行ったのか。

今回の改正（２年以内施行関係）は、近年の保険商品の多様化、募集チャネルの多様化、代理店の大型化等を背景として、このような保険制度を取り巻く諸環境の変化に対応できるものとなるよう、所要の見直しを行ったものです。

本改正の主なポイントは次の二つです。

①保険募集の際の情報提供義務・意向把握義務などの保険募集に係る基本的ルールの創設

②代理店などの保険募集人等に対する体制整備義務の導入

Q2

今回の改正は、どのような議論を経て行われたのか。

本改正は、金融審議会「保険商品・サービスの提供等の在り方に関するワーキング・グループ（座長：洲崎博史京都大学大学院教授）（以下「保険ＷＧ」）」における議論及び平成25年６月に公表された保険ＷＧの

報告書を踏まえたものとなっております。

保険WGは、平成24年4月11日の金融審議会総会において、当時の金融担当大臣より、「①保険契約者の多様なニーズに応えるための保険商品やサービスの提供及び保険会社等の業務範囲のあり方、②必要な情報が簡潔で分かりやすく提供されるための保険募集・販売の在り方等について、規制の全体像を視野に入れつつ検討すべき」旨の諮問がなされたことを受けて設置されたものであり、本報告書は、計16回にわたる本保険WGの検討結果をとりまとめたものとなっています。

保険募集に係る基本的ルールの創設とは何か。

「保険募集に係る基本的ルールの創設」とは、顧客ニーズの把握に始まり保険契約の締結に至る募集プロセスの各段階におけるきめ細やかな顧客対応の実現に向け、情報提供義務や意向把握義務など、保険募集の際に保険募集人等に対して積極的な顧客対応を求める義務を法令上新たに規定するものです。

Q4

体制整備義務について、小さな代理店では対応できないって聞いたけど本当か。また、体制整備義務を満たすためには、管理ソフトなど専用システムの導入が必要となると聞いたけど本当か。

ひとことで保険募集人といっても、その形態は多様かと思います。業務の規模については、例えば、何店舗もあるような大型代理店なのか、それとも個人営業の代理店なのか。業務の特性については、乗合代理店なのか、専属代理店なのかなど様々です。

この点、保険募集人等に対する体制整備については、法令・監督指針において業務の規模･特性に応じて体制整備を行うことを求めています。もちろん、個人代理店や小規模の法人代理店もこの規制対象ですが、これらの代理店については、基本的には、所属保険会社の指導・監督に従い適切かつ主体的に業務を実施する体制を整備することで足りると考えられます。

具体的には、例えば、顧客への重要事項説明など保険募集の業務の適切な運営を確保するための社内規則等の策定や個人情報取扱いに関する社内規則の策定等に関しては、仮に、独自の社内規則等の策定が難しい場合には、保険会社等のマニュアルやガイドラインを自らの社内規則等と位置付けて使用することも考えられます。

また、本改正に伴い、色々な管理ソフト等が販売されているかと思います。これらのソフト等については、体制整備義務を満たすためのツールの一つとして活用できるケースもありうるとは考えますが、これらのソフト等がなければ体制整備義務を果たせないとは考えておりません。

Q5

いつ施行されるのか。それまでにどのように対応したらよいか。

施行は、平成28年(2016年)の5月29日です。本改正に伴う改正府令・監督指針・パブコメ結果は、既に平成27年5月に公表しており、各保険会社・保険募集人におかれましては、これを踏まえ、施行までの間に、当該規定に沿って適切に業務が行えるよう十分な準備を行っていただくことが必要となります。

なお、本改正を踏まえて、生保協会では自主ガイドラインを、損保協会では募集コンプライアンスガイド〔追補版〕等を作成・公表しております。

各保険募集人の方は、これらを踏まえつつ、適切に体制整備等を行っていただくようお願いいたします。

(注1) 改正府令、監督指針、パブコメ結果（金融庁ＨＰ）

http://www.fsa.go.jp/news/26/hoken/20150527-1.html

(注2) 募集コンプライアンスガイド（損保協会ＨＰ）

http://www.sonpo.or.jp/about/guideline/

(注3) 保険募集人の体制整備に関するガイドライン・募集関連行為に関するガイドライン（生命保険協会）

http://www.seiho.or.jp/activity/guideline/

Q6

私は乗合代理店をやっているのだが、現在、各保険会社から個々に体制整備のテキストや意向把握書面のモデルが送られてきている。どれを参考に進めたらいいか。

代理店が保険業法上の体制整備義務を満たす観点のみから言えば、所属する保険会社が異なるからといって、当該代理店が整備しなければいけない体制が異なるものではないものと考えられます（あくまで、当該代理店の業務の規模・特性に応じて、体制を整備する必要があります）。

一方で、各保険会社が、自社の保険代理店として当該代理店に対して期待する（求める）体制整備レベルは、保険会社によって異なることが考えられます。また、保険会社によっては、当該代理店に対し、保険業法上の体制整備義務を超えた立派な内部管理態勢の構築を求めてくることもありうるものと考えられます。

いずれにせよ、高い水準での体制整備を求める保険会社があるのであれば、高い水準で体制整備を行っておくことが無難であるものと考えられます。

Q7

保険業法、保険業法施行令、保険業法施行規則、監督指針とはどのようなものか。

保険業法は、保険業の公共性にかんがみ、保険業を行う者の業務の健全かつ適切な運営及び保険募集の公正を確保することにより、保険契約者等の保護を図り、もって国民生活の安定及び国民経済の健全な発展に資することを目的として設けられている法律です。保険業法では、保険業の参入規制、業務範囲の規制、商品開発に関する規制、経理面の規制、監督、経営の健全性の維持に関する規制、保険会社が破綻した場合の対応、保険募集に関する規制などが定められています。平成26年保険業法改正においては、保険募集に関する規制をはじめとして、複数の箇所の改正が行われました。

また、保険業法本文には、「政令で定めるもの」や「内閣府令に定める方法により」といった記載がありますが、これらの具体的内容はそれぞれ、保険業法施行令（＝政令）、保険業法施行規則（＝内閣府令）に記載されております。

保険会社向けの総合的な監督指針（監督指針）は、保険会社の監督事務に関しての基本的な考え方、監督上の評価項目、事務処理上の留意点について細部にわたって整理したものです。

保険会社および保険募集人においては、保険業法を遵守しつつ、監督指針を参考にしながら業務運営を行ってください。

参照 ⇒ 図１ 保険業法等の一部を改正する法律の概要 （本書 26 ページ）
図２ 平成 26 年保険業法改正に係る内閣府令について（２年以内施行）
（本書 27 ページ）

第２章　情報提供義務関係　一般

Q8

今回の改正で、保険募集の際の情報提供義務が新たに規定された背景は。

保険業法は、法第300条で禁止行為を規定しており、当該規定の中で虚偽説明や重要な事項を告げない行為を禁止することにより、保険募集人による情報提供を担保していました。言い換えれば、嘘をつかないこと、重要な事項を言わないということをしないことなど、「あれをしてはいけません、これをしてはいけません」という禁止規定により、重要な事項の正確な情報提供を担保する建て付けとしていました。

これに関して、保険ＷＧ等において、告げないことが許されない重要事項の範囲が契約内容に限られていることや、不告知自体が刑事罰の対象となるために運用が謙抑的なものとならざるを得ないことから、柔軟な運用が難しい等の指摘がありました。

さらに、保険業法において積極的な情報提供義務が規定されていないことに関して、一般には、保険よりも顧客が理解しやすいと考えられる預金等について情報提供が義務付けられていることとバランスを欠いているとの指摘もありました。

以上のような点を踏まえ、顧客による商品内容等の正しい理解を確保するため、保険会社や保険募集人が保険募集を行う際の情報提供義務について明示的に法令において位置づけることとしました。

（参考）保険業法
（情報の提供）
第二百九十四条　保険会社等若しくは外国保険会社等、これらの役員（保険募集人である者を除く。）、保険募集人又は保険仲立人若しくはその役員若しくは使用人は、保険契約の締結、保険募集又は自らが締結した若しくは保険募集を行った団体保険（団体又はその代表者を保険契約者とし、当該団体に所属する者を被保険者とする保険をいう。次条、第二百九十四条の三第一項及び第三百条第一項において同じ。）に係る保険契約に加入することを勧誘する行為その他の当該保険契約に加入させるための行為（当該団体保険に係る保険契約の保険募集を行った者以外の者が行う当該加入させるための行為を含み、当該団体保険に係る保険契約者又は当該保険契約者と内閣府令で定める特殊の関係のある者が当該加入させるための行為を行う場合であって、当該保険契約者から当該団体保険に係る保険契約に加入する者に対して必要な情報が適切に提供されることが期待できると認められるときとして内閣府令で定めるときにおける当該加入させるための行為を除く。次条及び第三百条第一項において同じ。）に関し、保険契約者等の保護に資するため、内閣府令で定めるところにより、保険契約の内容その他保険契約者等に参考となるべき情報の提供を行わなければならない。ただし、保険契約者等の保護に欠けるおそれがないものとして内閣府令で定める場合は、この限りでない。
2　前項の規定は、第三百条の二に規定する特定保険契約の締結又はその代理若しくは媒介に関しては、適用しない。
3　（略）

（参考）保険業法施行規則227条の２
3　保険会社等若しくは外国保険会社等、これらの役員（保険募集人である者を除く。）、保険募集人又は保険仲立人若しくはその役員若しくは使用人は、法第二百九十四条第一項の規定により保険契約の内容その他保険契約者等の参考となるべき情報の提供を行う場合には、保険契約者及び被保険者に対し、次に掲げる方法により行うものとする。
一　保険契約の内容その他保険契約に関する情報のうち次に掲げる事項を記載した書面を用いて行う説明（書面に記載すべき事項が電磁的記録に記録されている場合は、当該記録された事項を電子計算機の映像面へ表示したものを用いて行う説明を含む。以下この項において同じ。）及び次に掲げる事項を記載した書面の交付
イ　商品の仕組み
ロ　保険給付に関する事項（保険金等の主な支払事由及び保険金等が支払われない主な場合に関する事項を含む。）
ハ　付加することのできる主な特約に関する事項
ニ～タ　（略）

レ　イからタまでに掲げる事項のほか、保険契約者又は被保険者が商品の内容を理解するために必要な事項及び保険契約者又は被保険者の注意を喚起すべき事項として保険契約者又は被保険者の参考となるべき事項のうち、特に説明がされるべき事項

二　保険契約の締結、保険募集又は自らが締結した若しくは保険募集を行った団体保険に係る保険契約に加入することを勧誘する行為その他の当該保険契約に加入させるための行為に関し、保険契約の締結又は保険契約に加入することの判断に参考となるべき事項に関する説明

4　保険会社等若しくは外国保険会社等、これらの役員（保険募集人である者を除く。）、保険募集人又は保険仲立人若しくはその役員若しくは使用人は、前項第一号、第五号、第八号、第十号、第十一号及び第十三号から第十五号までの規定による書面の交付（同項第八号の規定による書面の交付にあっては、特定保険契約の解約による返戻金がないことを記載した書面の交付を除く。）に代えて、次項に定めるところにより、当該保険契約者又は当該被保険者の承諾を得て、当該書面に記載すべき事項を電磁的方法により提供することができる。この場合において、当該保険会社等若しくは当該外国保険会社等、これらの役員（保険募集人である者を除く。）、当該保険募集人又は当該保険仲立人若しくはその役員若しくは使用人は、当該交付をしたものとみなす。

Q9

保険募集の際の情報提供義務とはどのような規定なのか。

情報提供義務は、保険募集人等が、保険募集を行う際に、保険契約者・被保険者が保険契約の締結又は加入の適否を判断するのに必要な情報の提供を行うことを求めるものです。具体的には、以下の事項を提供することが求められます。

①「顧客が保険商品の内容を理解するために必要な情報」
（保険金の支払い条件、保険期間、保険金額等）

②「顧客に対して注意喚起すべき情報」
（告知義務の内容、責任開始期、契約の失効、セーフティネット等）

③「その他保険契約者等に参考となるべき情報」
（ロードサービス等の主要な付帯サービス、直接支払いサービス等）

（参考：パブコメ268）

番号	関係箇所（監督指針）	コメントの概要	金融庁の考え方
268	Ⅱ－４－２－２（２）	保険募集の際の情報提供義務とはどのような規定なのか。	情報提供義務は、保険募集人等が、保険募集を行う際に、保険契約者・被保険者が保険契約の締結又は加入の適否を判断するのに必要な情報の提供を行うことを求めるものです。 具体的には、以下の事項を提供することが求められます。 ① 顧客が保険商品の内容を理解するために必要な情報 （保険金の支払い条件、保険期間、保険金額等） ② 顧客に対して注意喚起すべき情報 （告知義務の内容、責任開始期、契約の失効、セーフティネット等） ③ その他保険契約者等に参考となるべき情報 （ロードサービス等の主要な付帯サービス、直接支払いサービス等）

参照　⇒　図４　保険募集の基本的ルールの創設①　（本書39ページ）

Q 10

情報提供義務が導入されることで、これまでと何か変わる点はあるのか。

情報提供義務については、これまで監督指針において「契約概要」・「注意喚起情報」として提供することを求めていたものを中心に法令上の義務として規定しています。情報提供が必要となる事項を具体的に挙げると、Ｑ９中①②（則227条の２第３項第１号）については、改正前監督指針で「契約概要」及び「注意喚起情報」として書面による説明及び書面の交付を求めている事項であることから、この点に関しては基本的には、現行の運用を行うことで足ります。（③については、Ｑ11参照。）。

また、電磁的交付方法の使用の可否については、これまでは、どのような場合に活用してよいかが必ずしも明確ではありませんでしたが、今回の改正により、法令上明示的に規定しております。具体的には、保険契約者等の承諾を前提として電磁的交付を許容しています。

なお、法第300条（禁止行為）の不告知等に対して罰則が適用される重要事項の範囲は、「保険契約者又は被保険者の判断に影響を及ぼすこととなる重要な事項」として、従来より限定したものとなっています。

（参考：パブコメ269）

番号	関係箇所（監督指針）	コメントの概要	金融庁の考え方
269	Ⅱ－４－２－２（２）	情報提供義務が導入されることで、これまでと何か変わる点はあるのか。	これまで監督指針において「契約概要」・「注意喚起情報」等として提供するこ

			とを求めていたものを中心に法令上の義務として規定されます。また、法第300条第1項第1号の不告知等に対して罰則が適用される事項の範囲は、「保険契約者又は被保険者の判断に影響を及ぼすこととなる重要な事項」として、従来より限定したものとなっています。

（参考）募集コンプライアンスガイド〔追補版〕（日本損害保険協会）
Q.　既契約の契約内容変更や、満期更改（継続）のときの情報提供はどのような方法で行えばよいでしょうか？ A.　既契約の内容からの変更箇所について、商品特性や契約手続に応じて、適切な手法を用いて、顧客に対して情報提供を行う必要があります。具体的には、契約内容を変更する場合は、変更依頼書の変更箇所を示すなどの方法で行います。満期更改（継続）の場合は、重要事項説明書を交付することが一般的であり、同書面の交付や更改申込書の変更箇所を示すなどの方法で行います。

Q11

「その他保険契約者等に参考となるべき情報」とは具体的に何を想定しているのか。

保険契約者又は被保険者が保険契約の締結又は保険契約の加入の際に合理的な判断をするために必要な事項をいい、具体的には当該保険契約の種類や性質等に応じて判断されることとなります。

参考となるべき事項には、改正前法第300条第１項第１号の「保険契約の契約条項のうち重要な事項」のうち規則第227条の２第３項第１号に規定する事項以外の事項が含まれます。

また、保険契約の契約条項以外に係る参考となるべき事項としては、例えば、保険契約（保険契約の趣旨・目的、保険事故、保険給付の内容・方法等）と関連性が大きい付帯サービス（例：自動車保険における付帯サービスとしての、レッカーけん引サービス等の主要なロードサービス）の内容に係る事項や直接支払いサービスを行う場合に情報提供することとされている事項等が想定されます。

なお、Ｑ９中①②については、書面による説明及び書面の交付を要件としており、方法を限定しているのに対して、③（その他保険契約者等に参考となるべき情報）については、方法を限定しておりません。そのため、柔軟な方法（口頭含む。）により行っていただくことで構いません。

（参考：パブコメ48、49）

番号	関係箇所（施行規則）	コメントの概要	金融庁の考え方
48	第227条の2第3項第1号レ、第2号	第227条の2第3項第1号レ．と第2号とは、共にバスケット的な規定であるが、どのような差異があると理解すればよいか。	規則第227条の2第3項第1号及び第2号は、いずれも、保険契約者又は被保険者による保険契約の締結又は保険契約への加入の判断に参考となるべき情報提供事項を定める規定です。 同項第1号は、書面を用いた説明が必要となる事項を定める規定であり、このうち、同号レの事項としては、具体的には、監督指針上、契約概要・注意喚起情報として掲げられている事項を想定しております。 他方、同項第2号は、書面を用いた説明に限らず、口頭等による説明も可能な事項を定める規定であり、上記の契約概要・注意喚起情報以外の事項を想定しております。具体的には、付帯サービスについては、保険契約（保険契約の趣旨・目的、保険事故、保険給付の内容・方法等）と関連性が大きい付帯サービスに係る事項、例えば、自動車保険の付帯サービスとしてのロードサービス（但し、レッカーけん引サービス等の重要なロードサービスに限ります。）に係る事項を想定しております。

49	第227条の２第３項第２号、 第234条の21の２第１項第１号	規則第227条の２第３項第２号中、「保険契約の締結又は保険契約に加入することの判断に参考となるべき事項」とは具体的に何を想定しているのか、確認したい。	「保険契約の締結又は保険契約に加入することの判断に参考となるべき事項」（以下「参考となるべき事項」といいます。）とは、保険契約者又は被保険者が保険契約の締結又は保険契約への加入の際に合理的な判断をするために必要な事項をいい、具体的には当該保険契約の種類及び性質等に応じて判断されます。 参考となるべき事項には、改正前法第300条第１項第１号の「保険契約の契約条項のうち重要な事項」のうち規則第227条の２第３項第１号に規定する事項以外の事項が含まれます。 また、保険契約の契約条項以外に係る参考となるべき事項としては、例えば、保険契約（保険契約の趣旨・目的、保険事故、保険給付の内容・方法等）と関連性が大きい付帯サービス（例：自動車保険における付帯サービスとしてのロードサービス）の内容に係る事項や直接支払いサービスを行う場合に情報提供することとされている事項等が想定されます。

Q12

重要事項の不告知（法300条）の重要事項の範囲はどう変わったのか。

今回の改正前は、法300条1項で不告知が禁止されている重要事項は、監督指針に規定する契約概要や注意喚起情報なども含む広いものであり、当該規定の裏返しとして顧客に重要事項に係る情報提供を行うことを担保する建て付けとされていました。

この点、この重要事項の不告知の禁止は、刑事罰の適用対象となっており、このように非常に厳しい規制であることにより、保険会社・保険募集人は、顧客への情報提供を謙抑的に対応せざるをえなくなっている、との指摘が保険WG等においてありました。

このため、今回の改正においては、禁止行為とは別途の情報提供規定を新たに設けるとともに、刑罰の対象となる重要事項の範囲を限定する趣旨で、不告知の対象を「重要な事項」から、「保険契約者又は被保険者の判断に影響を及ぼすこととなる重要な事項」と改正しています。

この「保険契約者又は被保険者の判断に影響を及ぼすこととなる重要な事項」とは、当該事項が告知されないことにより、保険契約の締結又は保険契約への加入の判断の結論が異なることとなる“相当程度の可能性”がある事項を想定しており、契約の種類や、個別具体的な事情に即して当該事項への該当性が判断されることになります。

当該改正のイメージは、図17のとおりであり、重要な事項の範囲を限定するとともに、保険契約の内容その他保険加入に関し参考となるべき情報を法令で規定しています（点線→実線）。

図17　保険業法上の説明義務の対象範囲（法300条1項1号）※イメージ

【改正前】（重要な事項の範囲）

○保険契約者等に対して、虚偽のことを告げ、又は保険契約の契約条項のうち重要な事項を告げない行為

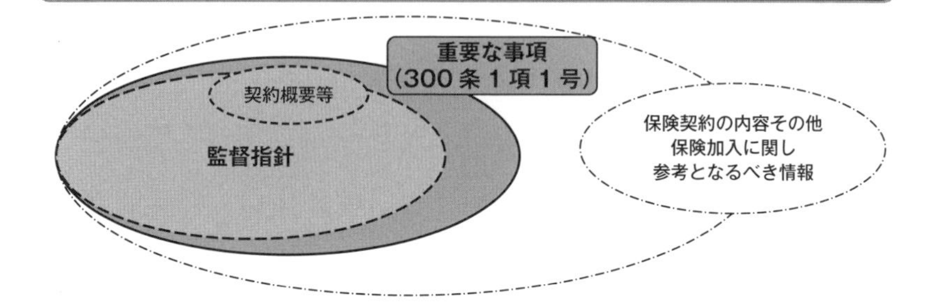

【改正後】（重要な事項の範囲）

○保険契約者等に対して、虚偽のことを告げ、又は保険契約の契約条項のうち保険契約者等の判断に影響を及ぼすこととなる重要な事項を告げない行為

一般的な情報提供義務（新設）（294条1項）

（参考：パブコメ183）

番号	関係箇所	コメントの概要	金融庁の考え方
183	その他	法第300条1項1号の重要事項不告知について、「保険契約者又は被保険者の判断に影響を及ぼすこととなる重要な事項」とは、具体的にどのような事項を指すのか。	「保険契約者又は被保険者の判断に影響を及ぼすこととなる重要な事項」とは、当該事項が告知されないことにより、保険契約の締結又は保険契約への加入の判断の結論が異なることとな

		現行監督指針における法第300条１項１号関連の準則が法第294条関連に移項したのを受け、どの程度の説明義務違反が重要事項不告知と判断されるのかが不明確となっており、この点、ご教示願いたい。	る相当程度の可能性がある事項をいいますが、契約の種類や、個別具体的な事情に即して当該事項への該当性が判断されることになります。

（参考）改正保険業法

改正後	現行
（保険契約の締結等に関する禁止行為） 第三百条　保険会社等若しくは外国保険会社等、これらの役員（中略）、保険募集人又は保険仲立人若しくはその役員若しくは使用人は、保険契約の締結、保険募集又は自らが締結した若しくは保険募集を行った団体保険に係る保険契約に加入することを勧誘する行為その他の当該保険契約に加入させるための行為に関して、次に掲げる行為（中略）をしてはならない。ただし、第二百九十四条第一項ただし書に規定する保険契約者等の保護に欠けるおそれがないものとして内閣府令で定める場合における第一号に規定する保険契約の契約条項のうち保険契約者又は被保険者の判断に影響を及ぼすこととなる重要な事項を告げない行為については、この限りでない。 一　保険契約者又は被保険者に対して、虚偽のことを告げ、又は保険契約の契約条項のうち保険契約者又は被保険者の判断に影響を及ぼすこととなる重要な事項を告げない行為	（保険契約の締結又は保険募集に関する禁止行為） 第三百条　保険会社等若しくは外国保険会社等、これらの役員（中略）、保険募集人又は保険仲立人若しくはその役員若しくは使用人は、保険契約の締結又は保険募集に関して、次に掲げる行為（次条に規定する特定保険契約の締結又はその代理若しくは媒介に関しては、第一号に規定する保険契約の契約条項のうち重要な事項を告げない行為及び第九号に掲げる行為を除く。）をしてはならない。

Q13

情報提供義務違反は、不祥事件届出の対象となるのか。１件でも漏れたら届出をしないといけないか。

「１件でも漏れたら届出をしないといけないのか。」今回の改正に係るパブコメの中で、こういった質問を多くいただきました。今回の改正において、不祥事件届出の対象に、従前より規定のあった重要事項不告知（法300条１項）違反に加えて、今回新たに追加した情報提供義務違反等を追加しています。そのため、「法違反があったら届出をしないといけないのですか。」と聞かれた場合には、「届出をしてください。」ということになります。

一方で、当該質問・ご意見は、実務負荷が増えることを懸念されてのご質問・ご意見かと思いますが、本改正によって、保険会社の実務負荷が大きく増えるとは想定していません。というのは、もともと、重要事項不告知違反については届出が必要であり、Q10で述べたとおり、今回の改正で重要事項不告知違反の対象となる重要事項の範囲を限定するとともに、新たに情報提供義務等を規定しています。本改正は、これらの規定の見直しを踏まえて行った規定の整備であり、従来どおり、法違反が生じた場合には、届出を行っていただく必要があることに変わりはないものの、現行実務においても重要事項説明書等を用いた情報提供が適切に行われているものと考えられることから、本改正により保険会社の実務負荷が大幅に増えるとは考えていません。

（参考：パブコメ12～16）

番号	関係箇所（施行規則）	コメントの概要	金融庁の考え方
12	第85条第5項第３号	情報提供義務違反（法294条第１項の違反）は不祥事件としての届出が定められているが、第227条の２第３項第１号に定められた書面交付等を被保険者に対して行わなかった場合は情報提供義務違反には該当しないと考えてよいか。	規則第85条第５項第３号又は第192条第４項第３号においては、法第294条第１項の規定に違反する行為が定められており、同各号に規定する違反行為がある場合には、届出が必要となります。 規則第227条の２第３項第１号は、法第294条第１項を受けた内閣府令であるため、同号の規定違反は、法第294条第１項の違反として、不祥事件届出の対象となります。
13	第85条第5項第３号、第192条第４項第３号	情報提供義務違反（法第294条第１項違反）の不祥事件（規則第85条第５項第３号・第192条第４項第３号）とは、保険契約の締結、保険募集又は加入勧奨に関して、情報提供義務に違反する行為が１件あった場合には、届出が必要となるのか。	規則第85条第５項第３号又は第192条第４項第３号においては、法第294条第１項、第294条の２及び第234条の21の２第１項の規定に違反する行為が定められており、同各号に規定する違反行為がある場合には、件数にかかわらず、届出が必要となります。
14	第85条第5項第３号、第192条第４項第３号	意向把握・確認義務違反（法第294条の２違反）の不祥事件（規則第85条第５項第３号・第192条第４項第３号）とは、意向把握・確認義務に違反する行為が１件あった場合に届出が必要となるのか	法第294条の２は、「顧客の意向の把握」「これに沿った保険契約の締結等の提案」「当該保険契約の内容の説明」「保険契約の締結等に際しての顧客の意向と当該保険契約の内容が合致していることを顧客が確認する機会の提供」で構成されます。

<table>
<tr><td>15</td><td>第85条第5項第3号、第192条第4項第3号</td><td>特定保険契約に係る情報提供義務（規則第234条の21第1項）に違反する行為が1件あった場合には、不祥事件届出が必要となるのか。</td><td rowspan="2">また、規則第85条第5項第6号（外国保険会社等にあっては規則第166条第4項第5号）に基づき、保険会社の業務の健全かつ適切な運営に支障を来す行為又はそのおそれのある行為であって、規則第85条第5項第1号から第5号まで（外国保険会社等にあっては規則第166条第4項第1号から第4号まで）に掲げる行為に準じるものに該当する行為を行った場合についても、届出が必要となる点にご留意下さい。</td></tr>
<tr><td>16</td><td>第85条第5項第3号、第192条第4項第3号</td><td>意向把握・確認義務に関して創設された監督指針の定めは多数に及んでいるところ、それらの定めのうちごく僅かな一部分に抵触するのみでは、意向把握・確認義務違反とまで評価する必要はないとも考えられるように思われるが、この点、意向把握・確認義務に違反すると評価すべきポイントが如何なるものであるのか、解釈の指針となる見解を示していただきたい。</td></tr>
</table>

Q14

監督指針中、現行「口頭により行われているか。」が「口頭により行われる体制が整備されているか。」に改正されているが、何か変更が必要となるのか。

監督指針中、現行「口頭により行われているか。」を「口頭により行われる体制が整備されているか。」と改正しており、パブコメにおいて、「何か新たに対応が必要となることがあるのか」とのご質問を複数いただきました。

この点、当該改正は、情報提供義務に関して、保険会社及び保険募集人に対して、適切に情報提供を行うための体制の整備を求めるものであることから、表現の適正化を図ったものです。そのため、具体的な体制としては、当該規定に基づき、これまでと同様の対応を行っていただくことで足ります（＝引き続き、十分な時間の確保等を行っていただく必要があります。）。

（参考：パブコメ281、282）

番号	関係箇所（監督指針）	コメントの概要	金融庁の考え方
281	Ⅱ－４－２－２（２）⑩エ.	現行「口頭により行われているか。」の条文の意味合いと、今般の「口頭により行われる体制が整備されているか。」の実質的な違いにつき具体的にお示し願いたい。 行動規範に加え体制整備を求める主旨であるとした場合、保険会社及び保険募集人に対し、それぞれ具体的にどのような体制整備を求めているのかお示し願いたい。	情報提供義務に関して、保険会社及び保険募集人に対して、適切に情報提供を行うための体制の整備を求めるものであることから、表現の適正化を図ったものであり、具体的な体制としては、当該規定に基づき、これまでと同様のものと考えます。
282	Ⅱ－４－２－２（２）⑩オ.	現行「十分な時間が確保されているか。」の条文の意味合いと、今般の「十分な時間が確保される体制が整備されているか。」の実質的な違いにつき具体的にお示し願いたい。 行動規範に加え体制整備を求める主旨であるとした場合、保険会社及び保険募集人に対し、それぞれ具体	

		的にどのような体制整備を求めているのかお示し願いたい。	

（参考）改正監督指針　II－4－2－2（2）⑩

改正後	現行
エ．顧客に当該書面の交付に加えて、少なくとも以下のような情報の提供及び説明が口頭により行われる体制が整備されているか。 （ア）～（ウ）（略） オ．当該書面の交付にあたって、契約締結に先立ち、顧客が当該書面の内容を理解するための十分な時間が確保される体制が整備されているか。	ウ．顧客に当該書面の交付に加えて、少なくとも以下のような情報の提供及び説明が口頭により行われているか。 （ア）～（ウ）（略） エ．当該書面の交付にあたって、契約締結に先立ち、顧客が当該書面の内容を理解するための十分な時間が確保されているか。

Q15

改正法における意向把握義務、情報提供義務（行為規制）に対応した取扱いを、具体的にはいつから行う必要があるか。

改正法において求められる情報提供義務・意向把握義務は、保険契約の募集等の際に情報提供等を行うことを求めるものです。そのため、施行日前に保険募集が完了している場合について改めての対応を求めるものではありません。

一方、施行日をまたぐ場合については、既に募集プロセスの過程において商品提案または契約概要・注意喚起情報の交付等を適切に行っている場合については、あらためての対応を必ずしも求めるものではありませんが、契約を締結する際には、改正保険業法に則って、適切に意向の確認等を行っていただく必要があります。

いずれにしましても、本改正の趣旨を踏まえた対応を、施行日前から各保険会社・保険募集人等の判断で自主的に行うことを妨げるものではありませんので、施行後の確実な実施を確保する観点からも、余裕を持った準備・対応をお願いいたします。

（参考：パブコメ333）

番号	関係箇所（監督指針）	コメントの概要	金融庁の考え方
333	Ⅱ－４－２－２（３）	主に通信販売等による保険販売において、施行日以前に意向の把握を行わずに保険契約締結に必要な書面等を送付していた顧客から当該書面等を使用して施行日以後に申込みがあり、保険契約の締結を行おうとする場合、そのまま契約を締結することは適切ではなく、あらためて意向の把握・確認を行ったうえで契約を締結しなければならないという理解で良いか。	貴見の場合においては、あらためての意向把握を必ずしも求めるものではありませんが、契約を締結する際には、改正保険業法に則って、適切に意向の確認を行う必要があります。

第３章　情報提供義務関係　団体保険

Q16

今回の改正で、団体保険に係る規定は何か変わったのか。

これまで、保険業法においては、「団体保険」や「団体保険に加入させるための行為（いわゆる加入勧奨）」については、法令上は明示的には規定されていませんでしたが、今般の法改正において情報提供義務を規定するに当たり、これらを法令上、明示的に規定するとともに、保険会社等や保険募集人等が団体保険への加入勧奨を行う行為を情報提供義務が必要となる場合として規定しています。

なお、当該団体保険については、団体と団体の構成員との間に一定の密接な関係が認められる団体保険と、認められない団体保険があります。この点、情報提供義務等の規制については、いずれの団体保険に該当するかにより、必要となる措置が異なることに留意が必要です。

（参考）保険業法
（情報の提供）
第二百九十四条　保険会社等若しくは外国保険会社等、これらの役員（保険募集人である者を除く。）、保険募集人又は保険仲立人若しくはその役員若しくは使用人は、保険契約の締結、保険募集又は自らが締結した若しくは保険募集を行った団体保険（団体又はその代表者を保険契約者とし、当該団体に所属する者を被保険者とする保険をいう。次条、第二百九十四条の三第一項及び第三百条第一項において同じ。）に係る保険契約に加入することを勧誘する行為その他の当該保険契約に加入させるための行為（当該団体保険に係る保険契約の保険募集を行った者以外の者が行う当該加入させるための行為を含み、当該団体保険に係る保険契約者又は当該保険契約者と内閣府令で定める特殊の関係のある者が当該加入させるための行為を行う場合であって、当該保険契約者から当該団体保険に係る保険契約に加入する者に対して必要な情報が適切に提供されることが期待できると認められるときとして内閣府令で定めるときにおける当該加入させるための行為を除く。次条及び第三百条第一項において同じ。）に関し、保険契約者等の保護に資するため、内閣府令で定めるところにより、保険契約の内容その他保険契約者等に参考となるべき情報の提供を行わなければならない。ただし、保険契約者等の保護に欠けるおそれがないものとして内閣府令で定める場合は、この限りでない。
2　前項の規定は、第三百条の二に規定する特定保険契約の締結又はその代理若しくは媒介に関しては、適用しない。
3　（略）

Q17

団体と団体の構成員との間に一定の密接な関係が「認められる団体保険」、「認められない団体保険」で、なぜ、規定をわけているのか。情報提供の内容はどう違うのか。

団体と団体の構成員との間に一定の密接な関係が「認められない団体保険」については、保険募集人に対して、保険契約者と被保険者の両方に対する情報提供義務が課されますが、一定の密接な関係が「認められ

る団体保険」については、保険募集人には、保険契約者に対する情報提供義務のみが課される（＝被保険者に対しては課されない）こととなります。

一定の密接な関係が「認められる団体保険」については、団体と団体の構成員との間に一定の密接な関係があり、必要な情報提供が一定なされることが期待できることから、他方と規定をわけているものです。ただし、一定の密接な関係が「認められる団体保険」においても、保険募集人に対し、保険契約者から被保険者に対する適切な情報提供が行われることを確保するための措置が体制整備義務として別途、課されることに留意が必要です。

参照 ⇒ 図８ 団体保険契約の場合の情報提供のイメージ （本書 43 ページ）

Q18

団体と団体の構成員との間に一定の密接な関係が「認められない団体保険」において、保険募集人等が行う加入勧奨における体制整備としては、どのような点に留意が必要か。

法令において、団体保険や加入勧奨を規定するに当たって、監督指針においても、団体保険に係る規定の整備を行っています。とりわけ、団体と団体の構成員との間に一定の密接な関係が「認められない団体保険」における保険会社等や保険募集人等による加入勧奨については、「保険募集と同等の行為」であると考えられることから、法300条に規定する禁止行為の防止などの募集行為に準じた取り扱いや募集規制に係る潜脱

の防止など、保険募集に準じた取り扱いを求めています。

> （参考）監督指針
> Ⅱ－４－２－２ 保険契約の募集上の留意点
> （４）規則第227条の２第２項に該当しない団体保険の加入勧奨に係る体制整備関係
> カード会社や金融機関等が契約者となり、その会員や預金者等が被保険者となる団体等、保険契約者と被保険者との間の密接性、両者の当該団体保険に係る利害関係及び団体の構成員となるための要件等に照らし、保険契約者と被保険者との間に一定程度の密接な関係が認められない団体を被保険者団体とする保険については、規則第227 条の２ 第２ 項の規定に該当しないことから、当該団体保険を締結した又は取扱った保険会社又は保険募集人（自ら団体保険を取扱った団体を含む。）が加入勧奨における情報提供及び意向把握・確認等を行う場合においては、以下のような体制が整備されているか。
> ① 加入勧奨にあたっては、例えば、法第300条第１項に規定する禁止行為の防止など、募集規制に準じた取扱いが求められ、募集規制の潜脱が行われないような適切な措置が講じられているか。
> ② カード会社や金融機関等が契約者となり、その会員や預金者等が被保険者となるような団体等においては、当該団体保険の被保険者のクレジットカードや預金口座の解約等により保障（補償）が喪失する場合は、その旨を「注意喚起情報」を記載した書面に記載し、被保険者に適切に説明する体制を整備し、対応しているか。
> また、クレジットカードや預金口座を解約等した場合、当該解約により、保障（補償）が喪失する場合は、その旨を適切に説明する体制を整備し、対応しているか
> ③ 保険募集を行う銀行等が契約者となり、その預金者が被保険者となる団体保険の加入勧奨にあたっては、Ⅱ－４－２－６－２からⅡ－４－２－６－10を踏まえた適切な措置が講じられているか。
> ④ 電話による加入勧奨を行う場合には、Ⅱ－４－４－１－１（５）を踏まえた適切な措置が講じられているか。

（参考：パブコメ416、418、420）

番号	関係箇所（監督指針）	コメントの概要	金融庁の考え方
416	Ⅱ－４－２－２（４）	規則第227条の２第２項に該当しない団体保険の加入勧奨に関し、体制整備に係る規制が新たに設けられた趣旨は何か。	規則第227条の２第２項に該当しない団体保険の加入勧奨は保険募集と同等の行為であり、当該加入勧奨の対象となる被保険者については、個人契約における保険契約者と同等の保護等が与えられる必要があると考えられるため、法第294条、第294条の２、第294条の３及び第300条第１項の対象とされ、これらに基づいた取扱いが必要となります。
418	Ⅱ－４－２－２（４）柱書	規則第227条の２第２項に該当しない団体保険において、保険会社又は保険募集人（引受保険会社と団体の間で締結された団体保険契約について保険募集を行った者）が、情報提供義務及び意向把握・確認義務の履行を、保険会社以外の保険募集人登録を行っていない者に委託することは認められないとの理解でよいか。	例えば、保険会社又は保険募集人作成・名義の説明書面を団体が被保険者に渡す行為等、保険募集人が情報提供義務に係る事実行為の一部を団体に委託することとも認められる余地はありますが、かかる場合であっても情報提供義務及び意向把握・確認義務を負うのは団体保険の締結保険会社又は取扱募集人であり、同保険会社又は保険募集人自らが義務を履行することが求められます。

420	Ⅱ－４－２－２（４）①	規則第227条の２第２項に該当しない団体保険において、保険契約者である団体が、加入勧奨を第三者（団体保険契約に関して保険募集を行った保険募集人は除く）に委託することは認められないとの理解でよいか。	規則第227条の２第２項に該当しない団体保険における加入勧奨は「保険募集と同等の行為」であると考えられるため、募集規制に準じた取り扱いが求められます。法第275条は加入勧奨に直接適用されるものではありませんが、保険会社及び保険募集人においては、法第294条の３等に基づく体制整備義務の一環として、加入勧奨が適切に実施されるための措置を講じることが求められます。 なお、情報提供義務及び意向把握・確認義務を負うのは団体契約の締結保険会社又は取扱保険募集人であり、同保険会社又は保険募集人自らが義務を履行することが求められることに留意が必要です。

Q19

団体と団体の構成員との間に密接な関係が「認められる団体保険」について、団体から構成員に対して行う情報提供・意向確認としては、どの程度の水準が求められるか。また、適切な情報提供・意向確認がなされるよう、保険会社・保険募集人としては、どのような措置が必要となるか。

団体と団体の構成員との間に一定の密接な関係が「認められる団体保

険」については、保険募集人等には、保険契約者（団体）に対する情報提供義務のみが課される（＝被保険者に対しては課されない）こととなりますが、一方で、一定の密接な関係が「認められる団体保険」については、保険募集人に対し、保険契約者から被保険者に対する適切な情報提供が行われることを確保するための措置が体制整備義務として課されることとなります。

当該措置をどの程度行う必要があるか（＝その水準）については、保険契約者である団体が被保険者となる者に対して加入勧奨を行う場合は、保険会社・保険募集人が顧客に対して行うのと「同程度」の情報提供がなされることを確保するための措置を行うこととしています。なお、当該水準は、従前、監督指針において規定しているものであることから、具体的な実務対応については現行とさほど大差ないのではないかと考えます。

（参考）保険業法施行規則
（特定の団体保険における保険契約者から加入者への情報提供等の確保）
第二百二十七条の八　保険募集人又は保険仲立人は、第二百二十七条の二第二項各号の規定による加入させるための行為が行われる団体保険に係る保険契約を取り扱う場合においては、当該団体保険に係る保険契約者から当該団体保険に係る保険契約に加入する者に対して必要な情報が適切に提供されること及び当該保険契約者による当該保険契約に加入する者の意向の適切な確認を確保するための措置を講じなければならない。

（参考）監督指針（改正後）
Ⅱ－４－２－２（２）⑩
キ．規則第227条の２第２項に定める団体保険について、保険契約者である団体が被保険者となる者に対して加入勧奨を行う場合は、上記ア．からカ．に規定する内容について、保険会社又は保険募集人が顧客に対して行うのと同程度の情報の提供及び説明が適切に行われることを確保するための措置が講じられているか。

（参考：パブコメ295）

番号	関係箇所（監督指針）	コメントの概要	金融庁の考え方
295	Ⅱ－４－２－２（２）⑩キ．Ⅱ－４－２－２（３）④イ．（注）	監督指針改正案Ⅱ－４－２－２（２）⑩キ．およびⅡ－４－２－２（３）④イ．（注）で求められている体制整備義務の水準については、従来の監督指針Ⅱ－４－２－２（５）①カ．およびⅡ－４－２－２（５）②（注２）と同程度であり、現行法令を踏まえた対応で足りるとの理解でよいか。	規則第227条の２第２項に定める団体については、規則第53条第１項第５号又は第227条の８に基づき、これまでと同様に、保険会社又は保険募集人が顧客に対して行うのと同程度の情報提供、意向確認が適切に行われることを確保するための措置を講じる必要があります。

Q20

保険契約者から団体保険に加入する者に対して加入勧奨を行う場合の取扱いにおいて、留意すべき点は何か。

施行規則第227条の２第２項に定める団体保険に該当する場合（適用除外の場合）、保険契約者から団体保険に加入する者に対して行われる意向確認については、これまでと同様に保険会社又は保険募集人が契約者又は被保険者に対して行うのと同程度の意向確認が適切に行われることを確保するための措置（例えば、重要事項説明書に意向確認の要領を記載し、その書面の交付をもって顧客の意向を確認すること）を講ずる必要があります。

一方で、施行規則第227条の２の第２項に該当しない団体における加入勧奨においては、情報提供義務や意向把握義務に係る事実行為の一部を含めて、団体が以下のような行為を行うことができるものと考えられます。

・重要事項説明書の交付
・パンフレット・加入依頼書等の交付
・電話等による資料到着の確認
・案内状・団体独自のホームページ等による商品概要の説明
・案内状・団体独自のホームページ等に加入のお勧めを掲載
・電話等による加入のお勧め
・電話等による加入希望の受付
・電話等による「商品概要説明」及び「意向把握・確認」
・商品内容概要に関する照会対応
・加入手続きに関する照会対応
・加入依頼書の回収

なお、団体が行うことができる行為の内容･範囲については、例えば、保険募集人等においては、団体の行う商品概要説明や照会対応等が加入勧奨を超えて募集に該当することにならないよう留意して募集文書・トークスクリプト・ＱＡ等を作成する等、また、団体においては、当該募集文書・トークスクリプト・ＱＡ等に記載された範囲内での商品概要説明や照会対応に留める等、保険会社又は保険募集人が情報提供義務や意向把握義務の履行主体であることに留意して、団体と保険募集人等の間でその内容･範囲について確認を行う必要があるものと考えられます。

Q21

団体と団体の構成員との間に一定の密接な関係が「認められる団体保険」、「認められない団体保険」とは、例えば、どのような団体保険をイメージすればよいか。

団体と団体の構成員との間に一定の密接な関係が「認められる団体保険」とは、例えば、会社が保険契約者となり、会社の従業員を被保険者とするような団体保険を想定しています。

他方、団体と団体の構成員との間に一定の密接な関係が「認められない団体保険」とは、クレジットカード会社が保険契約者となり、当該クレジットカード加入者を被保険者とするような団体保険（いわゆるクレジットカード団体保険）や、銀行が保険契約者となり、当該銀行の口座を保有する者を被保険者とするような団体保険（いわゆる預金者団体保険）を想定しています。

Q22

団体と団体の構成員との間に密接な関係が「認められる団体保険」か否かはどう判断したらいいのか。団体保険はたくさんあるが、具体的には、どのような団体保険が該当するのか。

どのような団体が、団体と団体の構成員との間に一定の密接な関係が「認められる団体」かについては、保険業法施行規則227条の２第２

項１号～15号において規定しています。主に、１号から14号までは、適用除外団体を法令上明示的に限定列挙して規定しており、15号では、これ以外の団体で一定の密接な関係が認められる団体を包括的に規定しています。

また、各団体保険が15号に該当するか否かについては、「団体保険に係る保険契約に関する利害の関係」、「団体の構成員となるための要件」、「団体の活動と当該保険契約に係る補償の内容との関係」等を踏まえ、個別具体的に、かつ、総合的に判断することとなります。

当該要件の具体的な考え方については、パブコメにおいて、以下のように示しています。

- 「団体保険に係る保険契約に関する利害の関係」について、利害関係が一致している場合とは、「保険事故発生によって団体と構成員の双方が損害を被り得るところを、当該保険事故により取得される保険金により、双方が利益を受ける（損失をてん補される）関係にある」ことを想定しています。
- 「団体の構成員となるための要件」については、単に会費等を支払えば構成員（被保険者）となり得るだけでなく、構成員（被保険者）となるための一定の要件が設けられていることを想定しています。
- 「団体の活動と当該保険契約に係る補償の内容との関係」については、団体の活動（役務サービスや物品の販売活動）に参加・利用したことに伴う事故等の損害を補償するなど、当該活動と保険による補償内容との間に関係性が認められることを想定しています。

パブコメの質問を受けて、団体信用生命保険、団体信用就業不能保障保険については、明示的に15号に該当する旨を回答しています。

なお、規則第227条の２第２項に定める団体と団体の構成員との間に一定の密接な関係が「認められる団体」とは、団体内において保険契約者から被保険者に対する必要な情報提供が行われることが期待できるかという観点で情報提供義務等の適用除外となる場合であり、団体保険として商品認可がなされることを前提としているものではありません。

上記の対応に係る詳細については、上記の回答を踏まえ、所属保険会社からご連絡がいくこととなると考えられますので、各保険募集人においては、それを踏まえ対応いただくこととなります。

（参考）募集コンプライアンスガイド〔追補版〕（日本損害保険協会）
Q. 団体契約の被保険者に対しては、どのような対応が必要でしょうか？ A. 団体（契約者）と被保険者に一定程度の密接な関係が認められる団体（企業・官公庁の職域団体等の類別団体等）の契約で、団体（契約者）が被保険者となる者に対して加入勧奨を行う場合は、被保険者への情報提供義務は適用除外となりますが、従来どおり、団体（契約者）から被保険者に対し、保険募集と同程度の情報提供が適切に行われることを確保するための体制整備が求められることに留意が必要です。 団体と被保険者の間に一定の密接性が認められない団体（注）について、団体保険の加入勧奨を行う場合は、代理店および保険会社が被保険者に対する情報提供義務を負います。対象となる団体の範囲や、情報提供の方法等の詳細は、所属保険会社からのご連絡をお待ちください。 （注） 監督指針では、カード会社や金融機関が契約者となり、カード会員や預金者を被保険者とする団体保険等が例示されています。

（参考：パブコメ27、30、33，34，37）

番号	関係箇所（施行規則）	コメントの概要	金融庁の考え方
27	第227条の2第2項	規則第227条の2第2項第1号から第14号については、あくまで情報提供義務、意向把握義務の適用除外となる場合を定めているに過ぎず、団体保険として商品認可がなされることを前提としたものではないという理解でよいか。	貴見のとおりです。

		また、同項第15 号においては、「「保険商品・サービスの提供等のあり方に関するワーキング・グループ」の報告書脚注40（ⅱ）」に掲げられている「構成員と団体との間の密接性」との要件も勘案されるとの理解でよいか。	
30	第227条の2第2項第15号	具体的には如何なる団体を指すのか、明確化してほしい。（具体的に示してほしい。いわゆる第4種団体は含まないという理解でよいか）。	本規定に該当する団体としては、具体的には、例えば、以下の団体が該当し得るものと考えられます。 ○被用者団体（同一企業体又は同一官公庁に所属する者の団体） ○職域組合団体（同一企業体又は同一官公庁に所属する者によって組織された労働組合、協同組合、互助会、単独設立の厚生年金基金、共済組合等の所属員の団体） ○連合設立の厚生年金基金の団体 ○共済組合の団体（地方職員共済組合、公立学校共済組合、警察共済組合、都職員共済組合、市町村職員共済組合、都市職員共済組合、農林漁業団体職員共済組合、私立学校教職員共済の所属員の団体） ○「親子関係の企業体」の職域による団体（「親子関係の企業体」に所属する者によって組織された単一の労働組合、協同組合、互助会等の所属員の団体）

			○「親子関係の企業体」における子の企業体に所属する者の団体 ○協同組合の団体 ○商工会等の団体 ○同一業種の団体 ○連鎖化事業の団体 ○総合設立の厚生年金基金の団体 ○下請業者団体 ○特定同業者団体 ○議員団体 上記以外の団体のうち、規則第227条の２第２項第１号から第14号に該当しない団体は、同項第15号の要件に照らし、個別具体的に総合的に判断する必要があります。
33	第227条の２第２項第15号	必要な情報が適切に提供されることが認められるかを判断するための要件として、規則第227条の２第２項第15号に掲げられている「団体保険に係る保険契約に関する利害の関係」、「団体の構成員となるための要件」、「団体の活動と当該保険契約に係る補償の内容との関係」について、それぞれ具体的な考え方を確認させていただきたい。	規則第227条の２第２項第15号に規定する、必要な情報が適切に提供されることが認められるかを判断するための要件の具体的な考え方は以下のとおりです。 「団体保険に係る保険契約に関する利害の関係」について、利害関係が一致している場合とは、「保険事故発生によって団体と構成員の双方が損害を被り得るところを、当該保険事故により取得される保険金により、双方が利益を受ける（損失をてん補される）関係にある」ことを想定しています。 「団体の構成員となるため
34	第227条の２第２項第15号	規則第227条の２第２項第15号においては、「一定の密接な関係があることにより、当該団体から当該加入させるための行為の相手方に対して必要な情報が適切に提供されることが期待	

		できると認められるとき」と規定されているが、具体的にどのような場合には密接な関係があり、どのような場合には密接な関係がないとされることになるのか、当局の解釈指針をお示しいただきたい。	の要件」については、単に会費等を支払えば構成員（被保険者）となり得るだけでなく、構成員（被保険者）となるための一定の要件が設けられていることを想定しています。 「団体の活動と当該保険契約に係る補償の内容との関係」については、団体の活動（役務サービスや物品の販売活動）に参加・利用したことに伴う事故等の損害を補償するなど、当該活動と保険による補償内容との間に関係性が認められることを想定しています。 上記要件等に照らして、個別具体的に総合的に判断する必要があります。
37	第227条の2第2項第15号	団体信用生命保険や団体信用就業不能保障保険は、 ー信用供与機関や信用保証機関（信用供与機関や信用保証機関の事業者団体や、いわゆる親子関係等にある複数の信用供与機関や信用保証機関の集合体を含む）が保険契約者となり、 ー債務者（債務者が中小企業の場合、その連帯保証人を含む。以下同じ）を被保険者として、その保険金額が、保険事故が発生した際の債務者の債務額や返済額に連動する保険契約であるところ。 この保険契約への加入勧	貴見のとおりです。 これらの保険は、規則第227条の2第2項第15号の各要件に照らして、団体と所属員との間に一定の密接な関係があることにより、必要な情報が適切に提供されることが期待できると認められる場合に該当すると考えられます。

		奨については、 －団体の信用供与・信用保証といった活動に伴う債務の不履行により発生する損失を補てんするため、当該団体の活動と保険による補償内容との間に関係性が認められると考えられること、 －保険事故の発生により発生しうる債務不履行の損失に対し、信用供与機関や信用保証機関は、保険金により債権の保全が図られるという利益を享受でき、同時に、債務者およびその遺族は、債務の返済を免れ、生活の安定が図られるといった利益を享受できるように、双方が利益を受ける関係にあり、利害の関係が一致しているとも考えられることから、規則第227条の2第2項第15号の要件に照らし、団体と所属員との間に一定の密接な関係があることにより、必要な情報が適切に提供されることが期待できると認められる場合に該当すると考えるが、その理解でよいか。	

第4章　情報提供義務関係　標準的手法を用いなくてもよい場合

Q23

情報提供義務について、法令・指針に規定する「契約概要」・「注意喚起情報」を記載した書面等による情報提供を義務付けない場合（標準的手法を用いなくてもよい場合）にはどのような場合があるのか。

情報提供については、原則として、法令に記載された事項を記載した書面による説明や当該書面の交付が必要であり、具体的には、「契約概要」・「注意喚起情報」による説明・交付など法令・監督指針に定められた手法で行うことが求められています。

一方、保険契約の内容が単純であり、法令・監督指針に定められた方法を求めた場合に事業者・顧客にとって過度な負担となる場合や、別個の方法を認めた方がよりわかりやすい説明が期待できる場合などには、法令・監督指針に定める一律の手法によらない情報提供を許容することとしています。具体的には、以下の場合がこの対象となります。

① 契約内容の個別性・特殊性が高い場合
② 保険料の負担が少額（年間５千円以下）の場合
③ 団体保険契約において、保険契約者である団体に対して行う情報提供
④ 既存契約の一部変更の場合（変更部分についてのみ）

具体的には、①について、例えば、工場の火災保険等の事業者向けの

保険は、事業者と保険会社・保険募集人との募集プロセスの中で、工場では何を製造しているかや、工場の規模、場所などを踏まえて、契約の内容を具体的に決めていくこととなります。これらの保険契約は、法令の中で敢えて情報提供の内容や手法を示さずとも、募集プロセスの中で、十分な情報提供が期待できると考えられることから、他の方法による情報提供を認めているものです。

次に、②については、例えば、短期で旅行したいと思って出発空港で保険に入るような場合です。そのような場合には、時間もないでしょうし、他の保険契約と同様の情報提供を求めた場合には、非常に顧客の負担となってしまうことが懸念されることから、保険契約の特性に沿った他の方法による情報提供を認めているものです。

（参考：パブコメ288）

番号	関係箇所（監督指針）	コメントの概要	金融庁の考え方
288	Ⅱ－４－２－２（２）	情報提供義務について、法令・指針に規定する「契約概要」・「注意喚起情報」を記載した書面等による情報提供を義務付けない場合にはどのような場合があるのか。	情報提供については、法令上、原則として「契約概要」・「注意喚起情報」を記載した書面等を用いるなどの一律・画一な手法で行うこととされています。一方、金融審議会保険ＷＧ報告書では、『情報提供義務の一般原則は適用するものの、情報提供の際に標準的な方法によることを求めないもの』との考え方が示されており、法令・指針に規定する「契約概要」・「注意喚起情報」を記載した書面等による情報提供よりも、別個の方法を認めた方がよりわかりやすい説明が期待できる場合や、商品内容が比較

			的単純で、一律の手法を強制すると過度な負担になると考えられる以下の場合には、一律の手法によらない情報提供を許容することが適当とされています。 ・契約内容の個別性・特殊性が高い場合（工場の火災保険等の事業者向けの保険等） ・保険料の負担が少額（年間５千円以下）の場合 ・団体保険契約において、保険契約者である団体に対して行う情報提供 ・既存契約の一部変更の場合（変更部分についてのみ）

（参考）保険業法施行規則227条の２

３　（略）

三　次に掲げる保険契約を取り扱う場合であって、保険契約者又は被保険者との合意に基づく方法その他当該保険契約の特性等に照らして、前二号に掲げる方法によらなくとも、当該保険契約に係る保険契約者又は被保険者の理解に資する他の方法があるときは、当該他の方法（ハに掲げる保険契約を取り扱う場合にあっては、当該保険契約に係る保険契約者に対する情報の提供に係る部分に限る。）

イ　法第三条第五項第一号に掲げる保険に係る保険契約のうち、事業者の事業活動に伴って生ずる損害を塡補する保険契約その他内容の個別性又は特殊性が高い保険契約

ロ　一年間に支払う保険料の額（保険期間が一年未満であって保険期間の更新をすることができる保険契約にあっては、一年間当たりの額に換算した額）が五千円以下である保険契約

ハ　団体保険に係る保険契約

ニ　既に締結している保険契約（第九号及び第七項第二号において「既契約」という。）の一部の変更をすることを内容とする保険契約（当該変更に係る部分に限る。）

（参考）監督指針
Ⅱ－４－２－２（２）
⑨　情報提供義務の適用除外（規則第227 条の２）
ア．　規則第227 条の２ 第３ 項第３ 号イに規定される場合においても、保険会社又は保険募集人は、顧客が個人事業主であるか、法人であるかを問わず、顧客の保険に係る知識の程度に応じて、適切な説明を行う必要がある。
イ．　規則第227 条の２ 第３ 項第３ 号ロに規定される額については、一契約単位（主契約＋特約）の金額（団体保険の場合には被保険者一人当たりの金額）で判断することとする。

Q24

標準的手法を用いなくてもよい場合の保険契約に係る情報提供は、通常の情報提供と何が違うのか。具体的に、どうすればよいか。

情報提供義務自体は課されるものの、法令に定める情報提供の方法以外の方法が許容される場合（標準的手法を用いなくてもよい場合）の保険契約に係る情報提供については、法令上は、「保険契約者又は被保険者との合意に基づく方法その他当該保険契約の特性等に照らして、前二号に掲げる方法によらなくとも、当該保険契約に係る保険契約者又は被保険者の理解に資する他の方法があるときは、当該他の方法」で行うこととしており、手法は限定していません。そのため、保険会社・保険募集人は、取り扱う保険契約の特性を踏まえた情報提供が求められることとなります。

情報提供義務については、法令に規定する内容を含む書面による説明と当該書面の交付が原則となっておりますが、標準的手法を用いなくてもよい場合の保険契約にあっては、これによらないことも許容されます。

Q25

標準的手法を用いなくてもよい場合に「保険契約者又は被保険者との合意に基づく方法」とあるが、情報提供の方法に係る保険契約者等との合意は必須ではないとの理解でよいか。また、顧客が合意したことについて記録を残すことは必要か。

標準的手法を用いなくてもよい場合の情報提供方法の「一例」として、「保険契約者又は被保険者との合意に基づく方法」を規定しています。当該規定については、「標準的手法を用いなくてもよい場合の情報提供については、その情報提供方法について必ず合意をとる必要があるのか」との照会をいただきましたが、法令においても「当該保険契約に係る保険契約者又は被保険者の理解に資する他の方法」でもよいと書いているとおり、必ずしも合意を得た方法である必要はありません。

なお、「合意に基づく方法」を採用した場合であっても、必ずしも、保険契約者又は被保険者の理解に資する他の具体的な方法やその方法について顧客が合意したことについての記録を残すことまでを求めているものではありません。

（参考：パブコメ53、54）

番号	関係箇所（施行規則）	コメントの概要	金融庁の考え方
53	第227条の２第３項第３号柱書	「保険契約者又は被保険者との合意に基づく方法その他当該保険契約の特性等に照らして、」とあるが、情報提供の方法に係る保険契約者等との合意は必須ではないとの理解でよいか。	貴見のとおりです。
54	第227条の２第３項第３号	規則第227条の２第３項３号に規定する「理解に資する他の方法」について、どのような方法に依ったのかについての記録及びその方法について顧客が合意したことについての記録を残す必要はないという理解でよいか。	貴見のとおりです。必ずしも保険契約者又は被保険者の理解に資する他の具体的な方法やその方法について顧客が合意したことについての記録を残す必要までを求めているものではありません。いずれにしても、保険契約者等の保護の観点から、各社にて適切に情報の提供がなされることが重要であり、また、規則第227条の７に基づき適切に体制整備を行う必要があります。

Q26

「個別性または特殊性が高い保険契約」に自賠責保険は該当すると考えてよいか。

自賠責保険については、意向把握義務については、明示的に適用除外

(＝意向把握義務は課されない）として規定されていますが、情報提供義務については、どうなるのかとの照会をいただきました。

この点、自賠責保険については、加入が義務づけられているなど、「保険契約の個別性又は特殊性が高い保険契約」として整理しており、情報提供義務については、標準的手法を用いなくてもよい場合の対応が求められることとなります。したがって、自賠責保険の場合には、自賠責保険の特性を踏まえた情報提供を行うことで差し支えありません。

（参考：パブコメ57）

番号	関係箇所（施行規則）	コメントの概要	金融庁の考え方
57	第227条の２第３項第３号イ	「その他その内容の個別性または特殊性が高い保険契約」に自賠責保険は該当すると考えてよいか。	貴見のとおりです。

Q27

１年で５千円以下の保険について、６千円で２年間の傷害保険など、１年を超える保険契約について、一括で６千円の振込みを行ったような場合は、この対象とならないか。また、１年未満で更新可能な保険はどう考えればよいか。

標準的手法を用いなくてもよい場合の保険契約として、「１年間に支払う保険料の額が５千円以下である保険契約」を規定しており、５千円の算定に当たっては、「保険期間が１年未満であって保険期間の更新を

することができる保険契約にあっては、1年間当たりの額に換算した額」とすることとしています。つまり、1ヶ月5百円の傷害保険について、更新できる場合にあっては、基本的考え方としては、1年間（12ヶ月）で6千円となります(注4)。

ただし、この算定方法については、パブリックコメントにおいて、例えば、以下のような運用を認める旨を回答しています。

- 保険期間1年で契約できるものについては、「保険期間を1年とみなして算出した年間保険料」をもって判断可（例えば、1ヶ月5百円の傷害保険について、1年間での契約ができ、かつ、それが5千円以下であれば、標準的手法を用いなくてもよい場合の情報提供が認められます。）
- 保険期間が1年を僅かに超える保険契約については、保険期間を1年に換算した場合の額が5千円以下であるか否かで判断可（例えば、6千円の保険料支払いで保険期間が2年間の傷害保険について、一括で初年度に支払いを行った場合は、標準的手法を用いなくてもよい場合の情報提供方法が認められます。）

（注4）更新ができない保険契約については、1年間あたりの保険料で計算する必要はありません（例えば、国内・海外旅行保険については、旅行期間が保険期間となり、保険期間満了時の更新ができないことが一般的。）。

（参考：パブコメ59、60）

番号	関係箇所（施行規則）	コメントの概要	金融庁の考え方
59	第227条の2第3項第3号ロ	「1年間に支払う保険料の額が5千円以下である保険契約」について、例えば、6千円の保険料の支払いで保険期間が2年間の傷害保険など、1年を超えるよう	保険期間が1年を僅かに超える保険契約については、基本的には、保険期間を1年に換算した場合の額が5千円以下であるか否かで判断することになりま

		な保険契約について、一括で６千円の振込みを行ったような場合については、どのような考え方になるのか。全く、この対象とならないのか。	す。ご提示の、６千円の保険料支払いで保険期間が２年間の傷害保険について、一括で支払いを行った場合は、当該規定の対象になると考えられます。 ただし、保険期間が１年を大幅に超えるなど長期間にわたる保険契約については、当該規定の対象とならないことに留意が必要です。
60	第227条の２第３項第３号ロ	「保険期間が一年未満であって、保険期間を更新することができる保険契約にあっては、一年間当たりの額に換算した額」とあるが、更新することができる保険契約のうち、保険期間１年で契約できるものについては、「保険期間を１年とみなして算出した年間保険料」をもって判断することでよいか。	貴見のとおりです。

Q28

団体保険については、標準的手法を用いなくてもよい場合の情報提供方法でよいとの理解でよいか。

標準的手法を用いなくてもよい場合の保険契約として、「団体保険に係る保険契約」を規定しています。

なお、当該規定の適用範囲は保険契約者（団体）であり、被保険者（団体の構成員）への情報提供については、標準的手法を用いなくてもよい場合の情報提供方法とはなりません。ただし、団体保険の被保険者への情報提供については、別に、情報提供義務の適用除外（保険募集人等から被保険者への情報提供義務が課されない保険契約）として規定している場合もありますので、それを踏まえ対応いただくこととなります。

Q29

「既に締結している保険契約（既契約）の一部の変更をすることを内容とする保険契約」には、満期を迎えた契約の更改契約も該当するとの理解でよいか。

例えば、保険期間１年の損害保険契約について、当該契約が満期を迎えたことにより、当該契約を更改する場合には、基本的には「既契約の一部の変更をすることを内容とする保険契約」に該当するものと考えられます。

ただし、更改契約の内容が従前の契約と比べて大幅に変更されるなど、実質的に新契約であると評価されるような場合には、「既契約の一部の変更をすることを内容とする保険契約」に該当しない点にご留意ください。

（参考：パブコメ64）

番号	関係箇所（施行規則）	コメントの概要	金融庁の考え方
64	第227条の２第３項第３号ニ、第227条の２第７項第２号	「既に締結している保険契約（既契約）の一部の変更をすることを内容とする保険契約」には、満期を迎えた契約の更改契約も該当するとの理解でよいか。	例えば、短期の損害保険契約について、当該契約が満期を迎えたことにより、当該契約を更改する場合には、基本的には「既契約の一部の変更をすることを内容とする保険契約」に該当するものと考えられます。ただし、更改契約の内容が従前の契約と比べて大幅に変更されるなど、実質的に新契約であると評価されるような場合には、「既契約の一部の変更をすることを内容とする保険契約」に該当しない点にご留意ください。

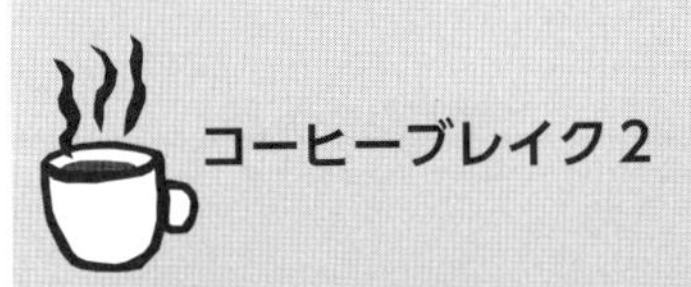

食品安全と保険（牛丼盛りに捧げた青春）

現職に就く前は、私は食品安全部で食中毒対策や輸入食品の安全性審査など食品安全行政を担当していました。食品製造・提供業種には、公的保険の枠組みは存在しないものの、事故が発生しやすい環境にあることから、民間保険商品が広く提供されているところでもあります。

食品安全行政は、自分の人生経験の中でも、とりわけ思い入れのある分野でもありました。もう随分昔の話、私が大学生だった頃。私は、吉野家で大学1年生の時から4年間アルバイトをしていました。時間帯は夜の23時から朝の8時まで。気付けば夜の部の店長になっていました。ゆめうつつに大学に通う日々。

ある日突然事件は起きました。英国産牛肉から見つかったBSE問題です。BSEはイギリスで発症者が出たものの、日本では未だ発症者がいない状況でしたが、日本人の食への信頼が大きく揺らぎ大パニックになりました。そして牛丼屋から牛丼が消えました。看板メニューがなくなり、納豆定食と焼魚定食しか無い牛丼屋になりました。客は消え、誰も来ない状況。楽でよかったと思う反面、日本人の食に対する安全性への意識の高さを痛感しました。

日本人の食の安全性に対する関心は、他国に比べて非常に高いと思います。この点、一般的には、欧米の例を参考に、グローバルスタンダードができあがり、それに各国規制が合わせていく潮流がありますが、何でも世界標準に日本の基準を合わせることは適当でありません。国民性を踏まえ、個々に判断し、必要な規制は守っていく必要があります。

大学時代の大切な青春を「牛丼盛り」に費やしたことに若干の後悔の念がありましたが、将来活かすことができてよかったです。

入省直後のあだ名は「店長」でした（笑）。

第５章　情報提供義務関係　適用除外

Q30

情報提供義務に関し、情報提供を行わないことも許容される保険契約（＝適用除外）にはどのような保険契約があるか。

保険契約者と被保険者が異なる契約において、被保険者に対する情報提供を求める必要性が乏しい一部の場合については、被保険者に対する情報提供義務は、適用除外とされています。つまりは、被保険者に対しては、情報提供義務がかからないため、必ずしも被保険者に対して情報提供義務を果たすための情報提供を行う必要はありません。具体的には、以下の場合が適用除外(＝被保険者に対する情報提供義務は課されない)の対象となります。

①　被保険者の保険料負担が零である場合

②　保険期間が極めて短期間（１ヶ月以内）かつ、被保険者が負担する保険料の額が極めて少額（１千円以下）である場合

③　被保険者に対するイベント・サービス等に付随して提供される場合(加入について被保険者の意思決定を要さず、かつ、主たるイベント・サービス等の提供と関連性を有する保険契約である場合)

④　年金制度等を運営する団体を保険契約者とし、その年金制度等の加入者を被保険者とする保険契約である場合

⑤　団体内での適切な情報提供が期待できる場合（保険業法の適用除外団体、団体（契約者）と構成員（被保険者）との間に「一定の密接性」

がある場合）

まず、①については、例えば、親が子にかける保険（例：学資保険）などが考えられます。親が保険料を負担する場合について、子どもに対し情報提供を求める必要性は乏しいと考えられることから、適用除外としています。

②については、例えば、スキーのリフト券の料金の中に、スキー場で怪我をした場合等に支払われる傷害保険の保険料が含まれているような場合が考えられます。保険期間も利用日に限られており、利用料も少額であり、情報提供義務を課した場合には事業者の側だけでなく、利用者の側にとっても過度な負担となることが考えられることから、適用除外としています。

③については、お祭りの主催者が参加者に付保する傷害保険や、学校やPTAが運動会や遠足に参加する生徒全員に付保する傷害保険などが考えられます。

④については、厚生年金保険法や国民年金法等において、年金積立金の運用手法の一つとして、年金制度等を運営する団体を保険契約者とし、その年金制度等の加入者全員を被保険者とする運用が規定されていることから、こういった場合を適用除外としています。

⑤については、団体と団体の構成員との間に一定の密接な関係が認められる場合には、規定の対象外となるものの、これまでと同じく、団体（契約者）からの必要な情報提供・適切な意向確認を確保するための体制整備が求められること（規則第53条第1項第5号、同第211条の30第5号、同第227条の8）に留意が必要です。

なお、既存契約の一部を変更することを内容とする保険契約については、当該既存契約の一部を変更することに伴い規則227条の2第3項第3号の規定による情報提供の内容に変更すべきものがないときはすべての情報について、また、一部変更すべきものがある場合であっても他の変更する必要がない情報については、保険契約者に対しても被保険者に対しても適用除外の対象となります。

（参考：パブコメ289）

番号	関係箇所（監督指針）	コメントの概要	金融庁の考え方
289	Ⅱ－４－２－２（２）	情報提供義務が適用除外となる場合にはどのような場合があるのか。	保険契約者と被保険者が異なる契約において、被保険者に対する情報提供を求める必要性が乏しい一部の場合については、被保険者に対する情報提供義務は、適用除外とされています。具体的には、以下の場合が適用除外の対象となります。 ・被保険者の保険料負担が零である場合 ・保険期間が極めて短期間（１ヶ月以内）かつ、被保険者が負担する保険料の額が極めて少額（１千円以下）である場合 ・被保険者に対するイベント・サービス等に付随して提供される場合（加入について被保険者の意思決定を要さず、かつ、主たるイベント・サービス等の提供と関連性を有する保険契約である場合）（お祭りの主催者が参加者に付保する傷害保険等） ・公的年金制度等の加入者（年金制度等を運営する団体を保険契約者とし、その年金制度等の加入者

			を被保険者とする保険契約である場合） ・団体内での適切な情報提供が期待できる場合（保険業法の適用除外団体、団体（契約者）と構成員（被保険者）との間に「一定の密接性」がある場合）等 ただし、これまでと同じく、団体（契約者）からの必要な情報提供・適切な意向確認を確保するための体制整備が求められること（規則第53条第１項第５号、同第211条の30第５号、同第227条の８）に留意が必要です。 また、既存契約の一部を変更することを内容とする保険契約については、情報提供の内容に変更すべきものがないときはすべての情報について、一部変更すべきものがある場合であっても他の変更する必要がない情報については、保険契約者に対しても被保険者に対しても適用除外の対象となります。

（参考）保険業法施行規則227条の２

７　法第二百九十四条第一項ただし書に規定する内閣府令で定める場合は、次に掲げる場合とする。

一　次に掲げる保険契約を取り扱う場合（当該保険契約に係る保険契約者以外の者に対する情報の提供に係る場合に限る。）

イ　被保険者（保険契約者以外の者に限る。ロにおいて同じ。）が負担する保険料の額が零である保険契約

ロ　保険期間が一月以内であり、かつ、被保険者が負担する保険料の額が千円以下である保険契約

ハ　被保険者に対する商品の販売若しくは役務の提供又は行事の実施等（以下ハにおいて「主たる商品の販売等」という。）に付随して引き受けられる保険に係る保険契約（当該保険契約への加入に係る被保険者（保険契約者以外の者に限る。）の意思決定を要しないものであって、当該主たる商品の販売等に起因する損害等を対象とするものその他の当該主たる商品の販売等と関連性を有するものに限る。）

ニ　法律に基づき公的年金制度又は共済制度を運営する団体その他法律又は団体が定める規程に基づき年金制度を運営する団体を保険契約者（当該年金制度の資産管理機関（確定拠出年金法第二条第七項第一号ロ（定義）に規定する資産管理機関をいう。）又は同法第六十一条（事務の委託）の規定により事務を委託された者が保険契約者となる場合を含む。）とし、当該年金制度の加入者が被保険者となる保険契約

二　既契約の一部の変更をすることを内容とする保険契約を取り扱う場合であって、次のイ又はロに掲げるとき

イ　当該変更に伴い既契約に係る第三項の規定による情報の提供の内容に変更すべきものがないとき

ロ　当該変更に伴い第三項第三号に掲げる方法により情報の提供を行っているとき（当該変更に係る部分を除く。）

（参考）監督指針

Ⅱ－４－２－２（２）

⑨　情報提供義務の適用除外（規則第227 条の２）

ウ．規則第227 条の2 第7 項第1 号イに規定される保険契約とは、例えば、世帯主が家族に対して保険をかけたうえで、保険料は世帯主が負担する場合や、法人がその被用者を被保険者として保険契約を締結する場合であって保険料を当該法人自身が負担する場合などが考えられる。

（注）明確に被保険者に保険料負担を求めるものではないが、物品等の通常販売価格及び市場価格との比較並びに保険給付のために必要な保険料の額が物品等の価格に占める割合などから、被保険者が負担する実質的な保険料があると解される場合があることに留意する必要がある。

なお、保険法に基づき被保険者の同意が求められる場合には、被保険者に対して、当該同意の可否を判断するに足りる情報が提供される必要があることに留意する必要がある。

エ．主たる商品の販売等に係る販売促進目的の保険商品については、被保険者の意思決定を要さず、当該主たる商品の販売等との関連性を有するものとし

て、保険料等が主たる商品の販売等と比べ、社会通念上、景品（おまけ）程度のものであると考えられるものは、規則第227 条の2 第7 項第1 号ハに掲げる保険契約に該当するものとする。

Q31

被保険者が負担する保険料の額が零であれば、被保険者に対する情報提供は行わないことも許容される（＝適用除外）という理解でよいか。

情報提供義務が適用除外となる保険契約として、被保険者が負担する保険料の額が零である保険契約を規定（規則第227条の２第７項１号イ）しておりますが、これは、実質的に保険料負担が零であることが必要となります。

つまり、明確に被保険者に保険料負担を求めるものでなくても、例えば、カード会費等により、被保険者が負担する実質的な保険料がある場合には、本規定での適用除外にはならないことに留意が必要です(注5)。

（注５）カード発行会社が保険契約者であり、クレジットカード会員を被保険者とする被保険者の意思決定を要さない傷害保険については、規則第227 条の２第７項１号ハが適用される場合がありえます。

（参考：パブコメ104、106）

番号	関係箇所 （施行規則）	コメントの概要	金融庁の考え方
104	第227条の２第７項第１号イ	「被保険者の負担する保険料の額が零である保険契約」という文言があるが、例えば、カード発行会社が保険契約者となり、クレジットカード会員を被保険者とする傷害保険のようにカード会費等を通じて間接的に被保険者に保険料が転嫁され、保険料負担が明示されない場合には、「保険料の額が零」と解してよいか。	明確に被保険者に保険料負担を求めるものでなくても、カード会費等により、被保険者が負担する実質的な保険料がある場合には、規則第227条の２第７項第１号イに基づく適用除外にはならないことに留意が必要です。 なお、ご指摘の場合について、カード発行会社が保険契約者であり、クレジットカード会員を被保険者とする、被保険者の意思決定を要さない傷害保険については、同号ハが適用される場合があることにつきご留意ください。
106	第227条の２第７項	規則第227条の２第７項第１号で、「イ　被保険者が負担する保険料の額が零である保険契約」が加入勧奨に関する情報提供義務の適用対象外とされているが、保険契約においては、保険契約者が保険料を支払うものの、事実上、被保険者が保険契約者に対して保険料の全部又は一部を何らかの形で支払うことによって、実質的に被保険者が保険料の全部又は一部を負担しているという団体保険の形は往々にしてあるものと思われるが、そのような団体保険の実態がある場合	規則第227条の２第７項第１号イに該当するケースとしては、例えば、法人がその被用者を被保険者として保険契約を締結する場合であって保険料を当該法人自身が負担する場合などが考えられますが、ご指摘のように実質的に被保険者が保険料の全部又は一部を負担している場合には、同号には該当しないと考えられます。

		は、規則第227条の２第７項第１号イの「被保険者が負担する保険料の額が零である保険契約」に該当しないことになるのか。	

Q32

監督指針中、「なお、保険法に基づき被保険者の同意が求められる場合には、被保険者に対して、当該同意の可否を判断するに足りる情報が提供される必要があることに留意する必要がある。」とあるが、現行の被保険者同意の実務に追加の対応が求められるものではないとの理解でよいか。

被保険者が負担する保険料の額が零である保険契約については、「保険業法」における情報提供義務については、適用除外となるものの、「保険法」における被保険者同意等の規定については、従前どおり適用されることとなります。

なお、監督指針においては、保険法において被保険者同意が求められる場合の留意点等を規定しておりますが、この対応については、本改正に伴う変更はないことから、これまでと同様に法令・指針に基づいて行っていただくこととなります。

（参考：パブコメ290）

番号	関係箇所（監督指針）	コメントの概要	金融庁の考え方
290	Ⅱ－４－２－２（２）⑨	ウ.（注）において、「なお、保険法に基づき被保険者の同意が求められる場合には、被保険者に対して、当該同意の可否を判断するに足りる情報が提供される必要があることに留意する必要がある。」とあるが、現行の被保険者同意の実務に追加等の対応を求められるものではないとの理解で良いか。	他人の生命の保険契約に係る被保険者同意の確認については、これまでと同様に当指針Ⅱ－４－２－４、Ⅳ－１－16に基づいて対応する必要があります。

Q33

団体保険について、商品の購入を行った場合等に自動的に加入となる場合には被保険者に対する情報提供義務の適用除外となりうるが、他方、加入勧奨を行い、加入するか否かについて意思を仰ぐ場合には、適用除外とならず、被保険者に対する情報提供が必要となるとの理解でよいか。

情報提供義務が適用除外となる保険契約として、被保険者に対するイベント・サービス等に付随して提供される場合（加入について被保険者の意思決定を要さず、かつ、主たるイベント・サービス等の提供と関連性を有する保険契約である場合）を規定しています（規則第227条の２第７項１号ハ）。

これには、先ほど述べた、お祭りの主催者が参加者に付保する傷害保険や、学校やPTAが運動会や遠足に参加する生徒全員に付保する傷害保険のほか、サービス等に付随して提供される場合として、例えば、クレジットカードに加入した場合に自動的に傷害保険の被保険者となる場合や、ランドセルを購入した場合に、自動的に傷害保険の被保険者となる場合などが考えられますが（Ⅱ－４－２－２（２）⑨エに留意）、これは、いずれも、特定のイベント・サービスに参加等した場合に、加入の意思を仰ぐことなく自動的に保険に加入する場合を前提としており、加入の意思を仰ぐ場合にはそもそも適用除外となる保険契約には当たりません。

（参考）監督指針
Ⅱ－４－２－２（２）
⑨エ．主たる商品の販売等に係る販売促進目的の保険商品については、被保険者の意思決定を要さず、当該主たる商品の販売等との関連性を有するものとして、保険料等が主たる商品の販売等と比べ、社会通念上、景品（おまけ）程度のものであると考えられるものは、規則第227条の２第７項第１号ハに掲げる保険契約に該当するものとする。

（参考：パブコメ107）

番号	関係箇所	コメントの概要	金融庁の考え方
107	（施行規則）第227条の2第7項第1号ハ （監督指針）Ⅱ－４－２－２（２）⑨エ Ⅱ－４－２－２（４）	監督指針Ⅱ-4-2-2（4）に記載のクレジットカード等に付随する保険に係る規定に関わらず、年会費無料のクレジットカードは、規則第227条の2第7項第1号ハの規定により、情報提供義務の適用除外と考えてよいか。また、施行規則第227条の6第1項第1号の	カード会社が契約者となり、その会員が被保険者となる団体保険のうち、加入勧奨を行い、被保険者の意思決定があるものについては、規則第227条の2第7項第1号ハ及び規則第227条の6第1項第1号の規定には該当しないことから、適用除外となりません。

		規定により、意向把握・確認義務の適用除外と考えてよいか。 また、年会費有料のクレジットカードについても、監督指針「Ⅱ-4-2-2 (2) ⑨エ」のとおり、「被保険者の意思決定を要さず、当該主たる商品の販売等との関連性を有するものとして、保険料等が主たる商品の販売等と比べ、社会通念上、景品（おまけ）程度のものであると考えられるもの」は、意向把握・確認義務の適用除外と考えてよいか。	上記以外のクレジットカードのサービスに付随して引き受けられる保険契約については、規則第227条の2第7項第1号ハなどの要件を満たす場合に限り、適用除外に該当することに留意が必要です。

Q34

特定保険契約についても、規則227条の2第7項に定める「保険契約者等の保護に欠けるおそれがないもの」に該当する場合には、情報提供義務等の適用除外となるとの理解でよいか。

特定保険契約の締結については、法294条第2項により同条第1項の情報提供義務の適用が除外されており、従来どおり金融商品取引法で求められる情報提供を行うこととなりますが、「その他保険契約者等に参考となるべき情報」（Q.11参照）や、二以上の所属保険会社等を有する保険募集人の比較推奨に係る情報提供等については、特定保険契約の締結についても同様に情報提供を行う必要があります（規則234条の21の

2）。

特定保険契約の締結に係る情報提供義務の適用除外については、従来どおり規則234条の22に定める場合が該当します。同条では規則227条の２第７項第１号に定める被保険者への情報提供が適用除外となる場合に対応する規定はないものの、金融商品取引法第37条の３により契約締結前の書面を交付すべき「顧客」とは実態に即して判断すべきものであり、規則227条の２第７項第１号に定める場合のように顧客保護の観点から被保険者に対する情報提供を求める必要性が乏しい場合については、基本的に、特定保険契約以外の契約の締結や特定保険契約に係る加入勧奨の場合と同様、情報提供義務等の適用除外となります。

Q35

今から募集しようとしている保険において、情報提供義務がどのように課されているか、どのように対応したらよいかは、どう考えたらよいか。

情報提供は、「契約者」と「被保険者」の双方に行うことが原則となります。

そこでまず、保険の「契約者」と「被保険者」が同一であるか、それとも異なるかについて確認してください。契約者と被保険者が同一であれば、契約者に対する情報提供を行えば被保険者に対しても情報提供を行ったことになりますので、「契約者に対する情報提供」が、どのケースに該当するかで判断すればよいこととなります。

「契約者に対する情報提供」は、法令に記載された事項を記載した書面による説明や当該書面の交付を行う「標準ケース」(Q10、Q11参照)と、書面等による情報提供が義務付けられない「標準的手法を用いなくてもよいケース」(Q23参照)の2パターンがあります。

「標準的手法を用いなくてもよいケース」は以下のとおりです。

ア 契約内容の個別性・特殊性が高い場合(事業者向け火災保険、自賠責保険等)

イ 保険料の負担が少額(年間5千円以下)の場合

ウ 団体保険契約において、保険契約者である団体に対して行う情報提供

エ 既存契約の一部変更の場合(変更部分についてのみ)

まず、「標準的手法を用いなくてもよいケース」に該当するかどうか判断し、該当しない場合は、「標準ケース」になります。

(契約者と被保険者が異なる場合)

契約者と被保険者が異なる場合には、被保険者に対する情報提供を考慮に入れなければなりません。

「被保険者に対する情報提供」は、「標準ケース」「標準的手法を用いなくてもよいケース」に加え、「適用除外ケース」(被保険者に対する情報提供義務が課されない。Q30参照)も含めた3パターンがあります。

被保険者に対する情報提供について判断するにあたっては、まず、「適用除外ケース」に該当するかどうか判断することとなります。

「適用除外ケース」は以下のとおりです。

① 被保険者の保険料負担が零である場合:親が子にかける保険等

② 保険期間が極めて短期間(1ヶ月以内)かつ、被保険者が負担する保険料の額が極めて少額(1千円以下)である場合:スキー場の入場者に付保する傷害保険等

③　被保険者に対するイベント・サービス等に付随して提供される場合（加入について被保険者の意思決定を要さず、かつ、主たるイベント・サービス等の提供と関連性を有する保険契約である場合）：お祭りの主催者が参加者に付保する傷害保険等

④　年金制度等を運営する団体を保険契約者とし、その年金制度等の加入者を被保険者とする保険契約である場合

⑤　団体内での適切な情報提供が期待できる場合（保険業法の適用除外団体、団体（契約者）と構成員（被保険者）との間に「一定の密接性」がある場合）

「適用除外ケース」に該当するかどうかを判断するうえでは、「団体が加入勧奨を行う団体保険」であるか、それ以外であるかに分けて考えてみてください。

加入勧奨を行う団体保険の場合には、①②⑤が該当する可能性があります(そのうち、①②が該当するケースは多くないものと考えられます)。⑤に該当する場合には、保険募集人等から被保険者に対する情報提供義務は課されませんが、これまでと同じく、団体（契約者）からの必要な情報提供・適切な意向確認を確保するための体制整備が求められること（規則第53条第１項第５号、同第211条の30第５号、同第227条の８）に留意が必要です。加入勧奨を行う団体保険において、①②⑤のいずれにも該当しない場合には、「標準ケース」「標準的手法を用いなくてもよいケース」のいずれに該当するかについて判断することとなります。

加入勧奨を行う団体保険以外のケース（団体保険でないケースや団体保険であっても被保険者に加入の意思決定を要さないケース）には、①②③④が該当する可能性があります。①②③④のいずれにも該当しない場合には、「標準ケース」「標準的手法を用いなくてもよいケース」のいずれに該当するかについて判断することとなります。

第6章　情報提供義務関係　比較推奨

Q36

今回の保険業法改正で比較推奨販売に関するルールが導入されたと聞いたが、何か変わるのか。比較は行わず、提示・推奨だけする場合も当該規制の対象となるか。

乗合代理店では、保険商品を販売する際に、顧客に複数保険会社の商品を比較し、各商品の特徴等を説明することがあると思います（「比較説明」）。また、乗合代理店は、取扱うことができる複数の保険会社の商品の中から、顧客の意向に応じて絞り込む、もしくは、あらかじめ自身が提示・推奨する商品を決めておく、等により、顧客に特定の保険会社の商品（群）を勧めることもあると思います（「推奨販売」）。乗合代理店が行うこれらの「比較説明」と「推奨販売」を合わせた概念を、「比較推奨販売」としており、今回の保険業法改正においては「比較推奨販売」に関する一定のルールが導入されます。なお、乗合代理店において、「比較説明」も「推奨販売」も行わない様な保険募集は、想像しづらいことから、基本的には原則全ての乗合代理店において、「比較推奨販売」に関する一定のルールに対応する必要があるものと考えられます。

なお、「比較推奨販売」という用語は、法令上・監督指針上では用いられておりませんが、パブコメの回答においては、「比較説明」と「推奨販売」の双方を含む概念として用いておりますので、その点ご留意ください。

比較推奨販売に関する情報提供義務が規定された背景は。

大型保険ショップを中心に、比較推奨販売を行う保険代理店が増加してきたことを踏まえ、基本的な保険募集の場合の情報提供方法に加えて、「複数の保険商品を比較する場合の情報提供の内容」及び「複数の商品から顧客の意向に沿って商品を選別して提案（提示・推奨）する場合・募集人側の理由・基準により特定の商品を提案する場合の情報提供の内容」を規定しております。

従来は、保険代理店は、一つの保険会社の商品を取り扱うケースが主流でしたが、近年は、20や30の保険会社の商品を取り扱う大型の乗合代理店が増加してきました。「複数の保険商品から貴方に最適なものをお勧めします」というようなＰＲなどを行う代理店を見かけることもあったかと思います。これらの代理店については、そのようなＰＲを行いつつも、実は、販売手数料の高い特定の商品しか提示・推奨しない、他の商品については一切言及しないなど、比較推奨販売を行う上で問題があるケースがあるのではないかとの懸念がありました。

このため、比較推奨して販売を行う場合の情報提供内容を情報提供義務の一環として規定することとしたものです。

とりわけ複数の商品から提案を行う場合については、保険募集の実態を踏まえ、「顧客の意向に沿って商品を選別して提案」する場合と「募集人側の理由・基準により特定の商品を提案」する場合にわけて、それぞれの場合の情報提供の内容を規定しています。

（参考１）保険業法施行規則227条の２

２　法第二百九十四条第一項に規定する内閣府令で定めるときは、次に掲げる場合とする。

四　二以上の所属保険会社等を有する保険募集人（一以上の所属保険会社等を有する保険募集人である保険会社等又は外国保険会社等（イ及びロにおいて「保険募集人保険会社等」という。）を含む。ロ、第二百二十七条の十二、第二百二十七条の十四及び第二百三十四条の二十一の二第一項第二号において同じ。）にあっては、次のイからハまでに掲げる場合における当該イからハまでに定める事項の説明

イ　当該所属保険会社等（保険募集人保険会社等にあっては、所属保険会社等又は当該保険募集人保険会社等。第二百二十七条の十二、第二百二十七条の十四第一項及び第二百三十四条の二十一の二第一項第二号イにおいて同じ。）が引き受ける保険に係る一の保険契約の契約内容につき当該保険に係る他の保険契約の契約内容と比較した事項を提供しようとする場合　当該比較に係る事項

ロ　二以上の所属保険会社等（保険募集人保険会社等にあっては、一以上の所属保険会社等及び当該保険募集人保険会社等。）が引き受ける保険（ハ、第二百二十七条の十二、第二百二十七条の十四第二項並びに第二百三十四条の二十一の二第一項第二号ロ及びハにおいて「二以上の所属保険会社等が引き受ける保険」という。）に係る二以上の比較可能な同種の保険契約の中から顧客の意向に沿った保険契約を選別することにより、保険契約の締結又は保険契約への加入をすべき一又は二以上の保険契約（以下「提案契約」という。）の提案をしようとする場合　当該二以上の所属保険会社等を有する保険募集人が取り扱う保険契約のうち顧客の意向に沿った比較可能な同種の保険契約の概要及び当該提案の理由

ハ　二以上の所属保険会社等が引き受ける保険に係る二以上の比較可能な同種の保険契約の中からロの規定による選別をすることなく、提案契約の提案をしようとする場合　当該提案の理由

（参考２）監督指針（Ⅱ－４－２－２）

（５）二以上の所属保険会社等を有する保険募集人においては、以下の点に留意しつつ、規則第227 条の２ 第３ 項第４ 号及び規則第234 条の21 の２ 第１ 項第２ 号に規定する保険契約への加入の提案を行う理由の説明その他二以上の所属保険会社等を有する保険募集人の業務の健全かつ適切な運営を確保するための措置が講じられているかどうかを確認するものとする。

①二以上の所属保険会社等を有する保険募集人が取り扱う商品の中から、顧客の意向に沿った比較可能な商品（保険募集人の把握した顧客の意向に基づき、保険の種別や保障（補償）内容などの商品特性等により、商品の絞込みを行った場合には、当該絞込み後の商品）の概要を明示し、顧客の求めに応じて商品内容を説明しているか。

② 顧客に対し、特定の商品を提示・推奨する際には、当該提示・推奨理由を分かりやすく説明することとしているか。特に、自らの取扱商品のうち顧客の意向に合致している商品の中から、二以上の所属保険会社等を有する保険募集人の判断により、さらに絞込みを行った上で、商品を提示・推奨する場合には、商品特性や保険料水準などの客観的な基準や理由等について、説明を行っているか。

（注１）形式的には商品の推奨理由を客観的に説明しているように装いながら、実質的には、例えば保険代理店の受け取る手数料水準の高い商品に誘導するために商品の絞込みや提示・推奨を行うことのないよう留意する。

（注２）例えば、自らが勧める商品の優位性を示すために他の商品との比較を行う場合には、当該他の商品についても、その全体像や特性について正確に顧客に示すとともに自らが勧める商品の優位性の根拠を説明するなど、顧客が保険契約の契約内容について、正確な判断を行うに必要な事項を包括的に示す必要がある点に留意する（法第300 条第１ 項第６ 号、Ⅱ－４－２－２（９）②参照）。

③ 上記①、②にかかわらず、商品特性や保険料水準などの客観的な基準や理由等に基づくことなく、商品を絞込み又は特定の商品を顧客に提示・推奨する場合には、その基準や理由等（特定の保険会社との資本関係やその他の事務手続・経営方針上の理由を含む。）を説明しているか。

（注）各保険会社間における「公平・中立」を掲げる場合には、商品の絞込みや提示・推奨の基準や理由等として、特定の保険会社との資本関係や手数料の水準その他の事務手続・経営方針などの事情を考慮することのないよう留意する。

Q38

「顧客の意向に沿って商品を選別して提案」する場合及び「募集人側の理由・基準により特定の商品を提案」する場合の情報提供義務が適用されるケースとしては、具体的にどのようなケースが想定されるか。何を情報提供すればよいか。

「顧客の意向に沿って商品を選別して提案」するケースについて。例え

ば、顧客が来店型保険代理店を訪問し、「医療保険がほしい」という意向を示した場合に、当該保険代理店において取扱い可能な医療保険（比較可能な同種の商品）が三つ（３保険会社分）あったとします。この中から、当該保険代理店の保険募集人が、保障内容や保険料水準などの客観的な基準から、顧客の意向を踏まえ、選別して顧客の意向に沿った保険商品の提案を行うケースなどがこれに該当すると考えられます。この場合には、比較可能な同種の商品の概要をパンフレット等を用いて説明するとともに、特定の商品を提案する際には、その商品を提案する理由について説明を行う必要があります。

他方、「募集人側の理由・基準により特定の商品を提案」するケースについて。これは、例えば、当該保険代理店が、特定の保険会社と資本関係がある場合など、あらかじめメインで提案する保険会社が決まっているケースが考えられます。この場合、代理店としては、顧客が「医療保険がほしい」といった場合には、当該資本関係にある保険会社の商品を提案することとなると考えられます。この場合には、その商品を提案する理由について説明する必要があります。

Q39

「推奨理由の説明」とは具体的に何を説明しないといけないか。

「顧客の意向に沿って商品を選別して提案」する場合と「募集人側の理由・基準により特定の商品を提案」する場合の両方に提案理由の説明が求められていますが、前者が顧客の意向に沿って選別しているのに対して、後者は保険代理店側の事情により複数の保険商品から特定の商品の

推奨を行っていることから、当該提案理由については性質が異なるものとなると考えられます。

まず、「顧客の意向に沿って商品を選別して提案」する場合について。この場合の提案理由については、顧客の意向と提案する保険商品がどのように対応しているかについて具体的に説明する必要があります。この点、監督指針では、「商品特性や保険料水準などの客観的な基準や理由等を説明する必要がある」と規定しています。また、同指針の中で「形式的には商品の推奨理由を客観的に説明しているように装いながら、実質的には、例えば保険代理店の受け取る手数料水準の高い商品に誘導するために商品の絞込みや提示・推奨を行うことのないよう留意する。」とされていることにも留意が必要です。

次に、「募集人側の理由・基準により特定の商品を提案」する場合について。この場合の提案理由については、特定の保険商品を提案することとした理由（＝保険代理店側の事情）を説明する必要があります。例えば、当該保険代理店が、特定の保険会社の子会社や系列代理店であることを提案理由とする場合には、当該保険会社との資本関係を、一番保険料の安い商品を提案することを会社の方針としているのであればその旨を、説明する必要があります。

なお、理由については、左記のもののほか、例えば、事務手続や経営方針上の理由などでも構いませんが、いずれにしても、提案理由については、合理的なものである必要があるとともに、顧客に分かりやすく説明する必要があります（注6）。

（注6）推奨理由については、社内規則等において定めることが必要（監督指針Ⅱ-4-2-9（5）④）

（参考：パブコメ90、94、531）

番号	関係箇所	コメントの概要	金融庁の考え方
90	（施行規則）第227条の2第3項第4号ロ、ハ、第234条の21の2第1項第2号ロ、ハ	推奨販売を行う場合に情報提供すべき事項が規定されているが、規則第227条の2第3項第4号ロに規定されている「当該提案の理由」は、数ある同種のラインナップの中から当該商品を選別した理由（絞込みの理由）を含む提案理由であり、同号ハに規定されている「当該提案の理由」とは、求められているレベルが異なるという理解でよいか。 また、同号ハに規定されている「当該提案の理由」については、商品特性に関するものではなく、例えば特定の保険会社との資本関係等を説明することで足りるという理解でよいか。	規則第227条の2第3項第4号ロは、複数の比較可能な同種の保険契約の中から、顧客の意向に沿った保険契約を選別することにより、特定の保険契約の推奨を行うものであり、「当該提案の理由」を説明するにあたっては、当該特定の保険契約が顧客のいかなる意向に対応したものであるかについて、説明される必要があります。 他方、同号ハは、上記選別を行わずに、特定の保険契約の推奨を行う場合の規定であり、同号ハにおける「当該提案の理由」の説明には、例えば、特定の保険会社との資本関係等を説明することも含まれると考えられます。
94	（施行規則）第227条の2第3項第4号ハ	第227条の2第3項第4号ハは、「二以上の所属保険会社等が引き受ける保険に係る二以上の比較可能な同種の保険契約の中からロの規定による選別をすることなく、提案契約の提案をしようとする場合」とあるが、当該規定に該当する場合とは、法第294条の2に基づく意向把握義務で求められるプロセスに従い顧客の意向に沿った保険契約を提案することを前提として、保険ＷＧ報告書の脚注	貴見のとおりです。 なお、貴見ご指摘のＷＧ報告書脚注55は、代理店都合の理由の提示を許容しておりますが、顧客に対して提示されるべき理由は、一定の具体性を有する理由であることを要するものと考えられる点にご留意ください。

		55に示されているような理由により特定の商品（群）のみを提示する場合を指すという理解でよいか。	
531	（監督指針） Ⅱ－4－2－9（5）③	商品特性等の客観的な基準等に基づくことなく、特定の商品のみを推奨する場合にはどのような情報提供が求められるのか。	商品特性や保険料水準などの客観的な基準や理由等に基づくことなく、商品を絞込み又は特定の商品を顧客に提示・推奨する場合には、その基準や理由等（特定の保険会社との資本関係やその他の事務手続・経営方針上の理由を含む。）を説明することが求められます。 例えば、特定の保険会社の系列代理店において、特定の保険会社の商品を提示する場合には、当該代理店が特定の保険会社の系列代理店である旨を説明することで足ります。

（参考）保険募集人の体制整備に関するガイドライン（生命保険協会）	
2．比較推奨販売（比較説明・推奨販売） （3）推奨販売に関する留意点 ア．顧客の意向に沿って商品を選別し、商品を推奨する場合 ①　比較可能な商品の概要明示 乗合代理店は、取り扱う商品のなかから、顧客の意向に基づき比較可能な商品の概要を明示し、顧客の求めに応じて商品内容を説明する必要がある。 なお、保険募集人が把握した顧客の意向に基づき、保障内容などの商品特性等に基づく客観的な商品の絞込みを行った場合には、当該絞込み	○顧客の求めに応じていつでも全商品の提示が可能である旨を明示する場合でも、比較可能な商品の概要明示の代替手段とはならないことに留意する。

後の商品の概要を明示することで足りる。	
また、ある商品が比較可能な商品に該当するかどうかは、顧客の具体的な意向、カバーするリスクの種類および保険給付の内容、商品の特性・類型等を踏まえつつ、個別具体的かつ実質的に判断する必要がある。	○個別具体的な事例に即して判断する必要があるものの、比較推奨販売を適切に行ったうえで保険契約の申込みに至り、申込後に、結果として他の商品も比較可能になった場合（例えば、引受基準緩和型ではない医療保険に保険料割増の条件が付加された結果、引受基準緩和型医療保険が比較可能な商品となった場合など）でも、比較可能な商品の概要明示等の不履行とはみなされない。
（注1）顧客の意向に沿って比較可能な商品を絞り込んだ場合、その絞込みの基準・理由等を分かりやすく説明する必要がある。ただし、既に概要を明示した商品について、さらなる顧客の意向に基づいて絞込みを行った場合は、改めての概要明示は求められない。なお、「取り扱う商品」とは、保険会社から販売を委託された商品を指すが、例えば、社内規則において、 店舗ごとに取り扱う商品を決めている場合には、その範囲内となる。その場合、他店舗では異なる商品を取り扱っていることを説明する必要がある。	○例えば、「医療保険に加入したい」という顧客の意向が示された後、追加的に明らかになった顧客の意向（保険料重視なのか保障内容重視なのか等）に沿って更なる絞込みを行うケースにおいては、必ずしも取り扱う全ての医療保険の概要を明示する必要はなく、当該絞込み後の商品について概要を明示することで足りる。
（注2）比較可能な商品の概要明示にあたっては、「商品名・引受保険会社名」が記載された一覧のみでは不十分であり、商品案内パンフレットにおける商品概要のページ等を用いて、商品内容の全体像が理解できる程度の情報を明示する必要がある。	○比較可能な商品の概要明示について、他の書面と一体の書面を用いて行うことも認められる。 ○銀行等の保険募集指針において求められる情報の提供については、必ずしも、商品の概要明示にはあたらないことに留意する。

（注３）乗合代理店が比較推奨販売を行う際に、販売態勢が整っていない新商品の提示まで求められるものではないが、例えば、顧客からの照会等があった場合には、当該商品を提示しない理由を説明することが望ましい。

②提示・推奨理由の説明

乗合代理店が特定の商品を提示・推奨する際には、顧客に対してその理由を分かりやすく説明する必要がある。

特に、顧客の意向に合致する商品のうち、保険募集人の判断によってさらに絞込みを行ったうえで商品を提示・推奨する場合には、商品特性や保険料水準などの客観的な基準・理由等を説明する必要がある。

（注）比較可能な商品の概要明示を行った後、保険募集人の判断による絞込みを行わず、顧客の判断のみによって加入する商品が特定された場合には、提示・推奨理由の説明は求められない。

特定の商品を提示・推奨する基準・理由等が複数ある場合には、その主たるものを説明する必要がある。

○商品の概要明示に用いる資料の例としては、別紙（概要明示用資料イメージ）を参照するものとする。なお、別紙は、保険業法第300条第１項第６号および監督指針Ⅱ－４－２－２（９）③に照らして、他の商品との比較を行う場合の要件を満たしていないことに留意する。

○別紙の「基本記載項目」以外の項目のうち、保険料、解約返戻金・解約返戻率、配当額等については、適正表示ガイドラインや法令・監督指針も踏まえて、例えば、特定加入条件の下で適用される数値に関して実際よりも著しく優良・有利であるとの誤認を与える表示とならないよう、十分に留意する。

○同じ乗合代理店に所属する複数の保険募集人が、本ガイドラインⅡ．２．に沿った適切な絞込みを行ったうえで、異なる商品を提示・推奨することも否定されない。

また、形式的には客観的な基準・理由等に基づく商品の絞込みや提示・推奨を装いながら、実質的には、例えば乗合代理店が受け取る手数料水準の高い商品に誘導するために商品の絞込みや提示・推奨を行うことがないよう留意する。 （注）乗合代理店が特定の商品を提示・推奨する基準や理由等は、当該代理店が定めるものであり、所属募集人ごと各々の事情に応じた基準・理由等による提示・推奨が許容されるものではない。	○乗合代理店が受け取る手数料については、名目上の「募集手数料」だけでなく、保険会社から支払われる報酬、その他の対価も該当し得るため、個別具体的な事例に即して、該当するかどうかを判断する必要がある。 ○例えば、「人気ランキング」や「資料請求件数ランキング」を謳いつつ、実際には、乗合代理店が受け取る手数料水準の高い商品に誘導するような仕組みとならないよう留意する。

（参考）募集コンプライアンスガイド〔追補版〕（日本損害保険協会）
Q. 自店独自の推奨理由・基準とは、どのような例が考えられますか？ A. 保険募集人が特定の商品を提示する理由等は様々であると考えますが、いずれの場合においても、その理由が合理的なものである必要があるとともに、理由が複数ある場合にはその主たる理由をわかりやすく説明する必要があります。 なお、例えば、以下のように「代理店の経営方針に基づくこと」を説明することなどが考えられます（さらに、経営方針を定めた理由を追加説明することなども考えられます）。 ■「当店は、□□損保・生保の商品を主に取り扱う経営方針である」 ■「当店は、□□損保・生保のグループ会社であるため、□□損保・生保の商品を提案する経営方針である」 ■「当店は、所属保険会社の中で最も事務に精通している●●損保を提案する経営方針である」 ■「当店は、自店での取扱件数が多い▲社の商品をご案内する経営方針である」など

Q. 上記Q＆Aに関連し、推奨理由・基準が合理的か否かの判断として参考になる考え方はありませんか？
A.　推奨理由・基準が合理的か否かは個別具体的に判断することとなりますが、上記Q＆A掲載のように代理店の経営方針に基づくこと（「当店として■■損保の商品を取扱う（経営）方針である」こと）が明確に伝わる理由である必要があり、それを満たしていれば、基本的には許容されると考えられます（注1）。
　ただし、代理店の経営方針に基づくことを明示した場合であっても、少なくとも「虚偽説明がない」、「法令等に抵触しない」ものであることが必要です（注2）（注3）。

（注1）代理店の経営方針であることを明示する場合であっても、顧客に対して提案理由が他の商品に比べて優位であるとの印象を与えかねない理由（「補償内容や付帯サービス等を総合的に勘案し、■■損保をお勧めする方針である」等）は、前記（2）イ．（ア）に該当する可能性があり、該当する場合は商品特性や保険料水準等の客観的な基準や理由等について説明を行う体制整備が必要となります。
（注2）例えば、本来は手数料水準に基づき絞り込んでいるにも関わらず、別の理由を装うことは不適切と考えられます。主たる理由が手数料水準である場合には、そのことを説明する必要があることに留意が必要です。
（注3）例えば、商品に関する事項ではなくとも、保険会社について「○○がＮｏ．1」といった数値を用いて理由を示す場合において、使用した客観的数値等の出所、付された時点、手法等を示さず、また、その意味について十分な説明を行わないこと、一部の数値のみを取り出して全体が優良であるかのように表示することなどは、業法施行規則234条1項4号等に抵触するおそれがあります。

Q40

比較する場合の説明について、現行の禁止行為（法300条）との関係性は。また、乗合代理店は、全ての顧客に対して商品比較を行わなければならないのか。

複数の保険商品を比較する場合には、複数の商品の比較に係る事項を

説明することとしています。比較販売を行う場合については、従前より、法300条1項6号で誤解させる説明や表示を禁止するとともに、一部のみの比較を行わないこと（例：保険内容を全く勘案せず、保険料だけで比べる等）等の留意事項を監督指針において規定しています。このため、本規定に基づき比較に関する事項について説明を行う場合には、当該規定に従って対応することが必要となります。

なお、今回の保険業法改正で、「比較説明」を「行う」場合のルールは定められましたが、乗合代理店が全ての顧客に対し「比較説明」を行うことを求めているものではありません（あくまで比較説明を行う場合の規定です。）。

（参考：パブコメ70、72）

番号	関係箇所（施行規則）	コメントの概要	
70	第227条の2第3項第4号イ	第4号イはどういったケースを想定した規定か。	規則第227条の2第3項第4号イは保険商品の比較そのものを行う場合の規定です。同項は、保険業法第300条第1項第6号に基づき二以上の所属保険会社等を有する保険募集人等が商品比較をする際に行うべきこと等について、情報提供義務としても明確にしたものです。
72	第227条の2第3項第4号イ、第234条の21の2第1項第2号イ	「当該比較に係る事項」とは、法第300条第1項第6号に関する現行の監督指針の規定を踏まえれば、例えば、客観的事実に基づく事項又は数値を表示すること、保険契約の契約内容について、正確な判断を行う	貴見のとおりです。

		に必要な事項を包括的に表示すること等を指しているという理解でよいか。	

（参考）保険募集人の体制整備に関するガイドライン（生命保険協会）	
2．比較推奨販売（比較説明・推奨販売） （2）比較説明に関する留意点 乗合代理店が自ら提示・推奨する商品の優位性を示すために他の商品との比較を行う場合には、保険業法第300条第１項第６号に抵触しないよう、当該他の商品についても、その全体像や特性を正確に顧客に示すとともに、自ら提示・推奨する商品の優位性の根拠を説明するなど、顧客が保険契約の内容について正確な判断を行うために必要な事項を包括的に示す必要がある。 （注）比較可能な商品の概要を明示し、求めに応じて内容を説明している場合や、パンフレットを交付・説明するだけの場合は、監督指針Ⅱ－４－２－２（９）における比較表示には該当しないものの、概要明示の際に、実質的に契約内容を比較した場合には、該当することに留意する。	○他の商品との比較を行う場合には、契約概要など、顧客の正確な判断を行うために必要な事項を表示した書面を利用し、保険業法第300条第１項第６号および監督指針Ⅱ－４－２－２（９）を踏まえて適切に説明を行う必要がある。
乗合代理店は、商品の比較を行うために用いる募集用資料を独自に作成する場合には、十分かつ適切な体制を整備する必要がある。	○乗合代理店が、比較に用いる募集用資料の作成に係る体制を整備するにあたっては、例えば、以下の点に留意する。 ・　適正な表示を確保するための社内規則等を定めるとともに、コンプライアンス担当部門によるリーガルチェック等を含めた十分な審査体制が整備されていること

	・ 審査担当部門は、資料の作成部門に対して十分な牽制機能が働くような体制となっていること（両部門を組織的に分離すること等） ・ 誤記載等の発生、または、これに起因する苦情等があった場合、社内の関連部署や所属保険会社と連携し、解決・改善に向けた適切な対応を行う体制になっていること
体制が整備された乗合代理店が比較に用いる募集用資料を作成した場合でも、保険会社は、監督指針Ⅱ－４－10（適切な表示の確保）や「生命保険商品の募集用の資料等の審査等の体制に関するガイドライン」（以下、「審査体制ガイドライン」という。）、「生命保険商品に関する適正表示ガイドライン」（以下、「適正表示ガイドライン」という。）に基づき、自社引受商品に係る表示部分の適切性についての審査を省略できないことに留意する。 また、保険会社は、乗合代理店の十分かつ適切な体制整備を確保するため、例えば、以下の点に留意して、適切に指導を行う必要がある。 ・比較に用いる募集用資料を作成する場合には、各種法令等を遵守するほか、審査体制ガイドライン、適正表示ガイドラインも参考にする必要があること。また、不適正な表示が行われた場合、保険業法第300条第１項第６号に抵触するおそれがあること ・比較に用いる募集用資料を乗合代理店が独自に作成・使用する場合には、所属保険会社における審査・承認を経る必要があり、また、所属保	○体制が整備された乗合代理店が比較に用いる募集用資料を作成した場合、保険会社は、不合理な審査の遅延等が生じないよう留意する。

険会社が審査・承認する内容は、自社引受商品に係る表示部分に限定されること ・　各保険会社の審査・承認を経た場合でも、募集用資料全体に係る表示の適切性や使用に係る責任は、作成主体である乗合代理店が負うこと	

（参考）募集コンプライアンスガイド〔追補版〕（日本損害保険協会）
Q. 監督指針Ⅱ-4-2-9（5）①に基づき比較可能な商品の概要を明示する行為のみ、あるいは、複数の保険会社作成の見積書やパンフレットをそれぞれ交付したうえで顧客自身に保険商品を選択していただく行為のみであれば、法300条1項6号関連の監督指針Ⅱ-4-2-2（9）に定められている「比較表示」に該当しないという理解でよいでしょうか？ A. 比較可能な商品の概要を明示し、求めに応じて内容説明している場合、あるいは、複数保険会社のパンフレットの交付・説明のみを行う場合には、監督指針Ⅱ-4-2-2（9）に規定のある比較表示には該当しないと考えられます。 　ただし、概要明示の際に、実質的に契約内容を比較した場合には、該当することに留意が必要です。

Q41

比較可能な保険契約の「概要」とは具体的に何を説明すればよいのか。商品の内容を全て漏れなく説明しきる必要があるわけではないとの理解でよいか。

保険募集人は、顧客の意向に沿った比較可能な同種の商品が絞り込まれた段階で、当該同種の商品の概要を明示する必要があります。

その際の「概要」とは、顧客が保険商品を絞り込むための契機となる情報であり、基本的には、商品案内パンフレットにおける商品概要のページを提示するなど、商品内容の全体像が理解できる程度の資料を用いることが考えられます。

（参考：パブコメ82～84、560）

番号	関係箇所	コメントの概要	金融庁の考え方
82	（施行規則）第227条の２第３項第４号	「顧客の意向に沿った比較可能な同種の保険契約の概要」とあるが（施行規則第227条の２第３項４号ロ）、「概要」というのは、具体的にはどのような内容をいうか。	「顧客の意向に沿った比較可能な同種の保険契約の概要」の情報提供は、保険募集人が、二以上の比較可能な同種の保険契約の中から顧客の意向に沿った保険契約を選別する過程において（当該選別は複数回になされることも想定されます）、各選別が終了した場面において、当該選別によっては最終的に除外されなかった範囲の複数の保険契約についてすることが想定されます。 したがって、そこでの「概要」とは、顧客が保険商品を絞り込むための契機となる情報であり、基本的には、保険商品のパンフレットの商品概要に記載している内容を提示することが想定されます。
83	（施行規則）第227条の２第３項第４号	ロについて、明示すべき比較可能な同種の保険契約の概要とは、どのようなものか例示願いたい。	
84	（施行規則）第227条の２第３項第４号	ロについて、対象となる顧客の意向に沿った比較可能な同種の保険契約の概要及び当該提案の理由とは、顧客の意向をアンケート等で比較可能な同種の保険契約を３乃至10程度の複数商品に絞り込みを行った後、概要及び当該提案の理由を説明すれば足りるか。	顧客の意向をアンケート等で聴取し、当該意向に対応した絞り込みを行った場合には、絞り込み後の商品についての概要と、絞り込みの理由（当該アンケート等により把握された、保険商品の選別の基準となる、顧客の具体的な意向）を説明することが必要です。

560	(監督指針)Ⅱ－４－２－９(５)	「顧客の意向に基づき比較可能な商品の概要を示し」とあるが、比較可能な商品を漏れなく、すべて説明するということではないと考えてよいか。 また、医療保険は主契約の多様化、特約の多数化・多様化により、組み合わせによっては、類似した商品設計が可能となるが、その特約部分も含めた比較も漏れなく、すべて説明するということではないと考えてよいか。	保険募集人は、顧客の意向に沿った比較可能な同種の商品が絞り込まれた段階で、当該同種の商品の概要を明示する必要があります。 その際の概要の明示については、商品案内パンフレットにおける商品概要のページなど、商品内容の全体像が理解できる程度の資料を用いることが考えられます。

(参考)募集コンプライアンスガイド〔追補版〕(日本損害保険協会)

Q.「顧客意向に沿って商品を選別し、商品を推奨する場合」に必須となる「顧客の意向に基づき比較可能な商品の概要を明示」とは、「商品名・引受保険会社名」の一覧明示などでも足りるでしょうか?

A.「商品名・引受保険会社名」の一覧明示などでは不十分であり、保険会社のパンフレットにおける商品概要のページなど、商品内容の全体像が理解できる程度の情報を明示する必要があります。

Q42

顧客の意向に沿って絞り込んだ商品の数が多い場合にも、一律に、その時点で「保険契約の概要」の説明を行う必要があるか。

非常に多くの保険会社の商品を取り扱う大型保険代理店においては、顧客の意向が「医療保険がほしい」だけでは比較可能な同種の商品が例えば10を超えるような場合も想定されます。この場合に、この10を超

える商品全てについて概要説明を行った場合には、かえって、顧客の理解を阻害する場合も考えられます。

そのため、このような場合には、さらに、ヒアリングを行い、追加的に明らかになった意向に沿ってさらに絞り込んだ後の商品について「保険契約の概要」の説明を行うことで構いません。

（参考：パブコメ555）

番号	関係箇所（監督指針）	コメントの概要	金融庁の考え方
555	Ⅱ－4－2－9（5）①	「比較可能な商品（保険募集人の把握した顧客の意向に基づき、保険の種別や保障（補償）内容などの商品特性等に基づく客観的な商品の絞込みを行った場合には、当該絞込み後の商品）の概要を明示し」とあるが、例えば、「医療保険に加入したい」という顧客の意向が示された後、保険募集人から顧客に対して保険料重視なのか保障内容重視なのかといったヒアリングを行うこと等を通じ、追加的に明らかになった顧客の意向に沿って更なる絞込みを行った場合には、当該絞込み後の商品について概要を明示することでよいとの理解でよいか。	貴見の場合、必ずしも取り扱う医療保険全ての概要を明示する必要はなく、追加的に明らかになった顧客の意向に沿って更なる絞込みを行った場合には、当該絞込み後の商品について概要を明示することで足ります。

Q43

既に比較可能な保険契約の「概要」を説明している場合には、再度の説明は省略できるか。

一旦、概要説明を行った後に、さらに顧客の意向を聴取し、絞り込みを行う場合や、一旦「選別」→「提案」を行った後に、再度「選別」→「提案」を行う場合など、既に概要を説明している場合には、当該「概要」の説明は省略いただいて構いません。

（参考：パブコメ557）

番号	関係箇所（監督指針）	コメントの概要	金融庁の考え方
557	Ⅱ－4－2－9（5）①	「比較可能な商品（保険募集人の把握した顧客の意向に基づき、保険の種別や保障（補償）内容などの商品特性等に基づく客観的な商品の絞込みを行った場合には、当該絞込み後の商品）の概要を明示し」とあるが、例えば、「医療保険に加入したい」という顧客の意向が示された段階で概要の明示を行った場合、その後、保険募集人から顧客に対して保険料重視なのか保障内容重視なのかといったヒアリングを行うこと等を通じて、更なる顧客の意向に基づく絞込みを行った	Ⅱ－4－2－9（5）①に基づく、概要の明示については、商品案内パンフレットにおける商品概要のページなど、商品内容の全体像が理解できる程度の資料を用いることが考えられ、貴見のようなケースにおいて、既に概要を明示した商品について、更なる顧客の意向に基づいた絞込みが行われた場合は、当該絞込み後の商品の資料を明示することで足ります。

		場合であっても、当該絞込み後の商品について再度の概要明示までは求められていないとの理解でよいか。	

Q44

顧客の判断のみによって保険商品が特定された場合や、顧客の指定のあった商品を提示する場合は、比較推奨販売の規定の対象となるか。

顧客の側から「この保険に加入したい」等の明確な意向が示され、それを受けて当該保険商品を提示する場合（保険募集人による選別や主体的な提案がなされていない場合）には、この規定の適用対象にはなりません。ただし、この場合、比較推奨販売の適用対象にはならなくても、後述の意向把握義務等については果たす必要がありますので、ご留意ください。

（参考：パブコメ89、316）

番号	関係箇所	コメントの概要	金融庁の考え方
89	（施行規則）第227条の２第３項第４号ロ、ハ	「当該提案の理由」とは、保険募集人の判断に基づく保険商品の絞込みの理由という理解でよいか。 なお、上記を踏まえれば、二以上の比較可能な同種の保険契約の中から、保険募	保険募集人による一又は二以上の保険契約の選別・提案がされることがなく、顧客の判断のみにより、顧客から特定の保険会社又は特定の保険商品が指定され、その結果、保険契約の

		集人による一又は二以上の保険契約の選別・提案がされることがなく、顧客の判断のみにより、保険契約の締結又は保険契約への加入の対象となる保険商品が特定された場合には、規則案第227条の2第3項第4号ロおよびハはいずれも適用されないとの理解でよいか。 乗合保険会社の中から、顧客の指定のあった特定の保険会社の商品を提示するような販売方法をとる場合は、「顧客が選別する」ものであって、募集人が選別するものではないため、ロ.ハ. のいずれにも該当しないと理解してよいか。	締結又は保険契約への加入の対象となる保険商品が特定された場合には、規則案第227条の2第3項第4号ロ及びハはいずれも適用されません。
316	(監督指針) Ⅱ－4－2－2（3）	顧客から商品指定で申込要請を受けた場合、顧客利便性を勘案すれば、そのまま申込を受付すべきと考えるが、その場合は、意向把握（例：アンケート）などを省略しても問題ないと考えてよいか。	貴見にあるケースにおいても、Ⅱ－4－2－2（3）に基づき、募集形態を踏まえたうえで、各保険会社等の創意工夫のもと、Ⅱ－4－2－2（3）①ア．～カ．又はこれと同等の方法を用いて適切な意向把握を行う必要があります。 従って、顧客が具体的な加入商品の希望を表明した場合であっても、意向把握を省略することは認められず、また、顧客が、自身で希望した加入商品の内容、特性等を十分に理解した上での意向であるかといった点に留意して、その後の募集プロセスを行う必要があります。

（参考）募集コンプライアンスガイド〔追補版〕（日本損害保険協会）
Q. 顧客が特定の保険会社・特定商品を指定するなど、比較説明・推奨販売を希望しない場合は、規制対象外との理解でよいでしょうか？ A. 顧客が特定の保険会社・特定商品を指定し、その範囲内で保険募集が行われる場合には、監督指針Ⅱ-４-２-９（５）の対象外になると考えます。ただし、当該保険契約の締結にあたっても、意向把握義務に基づく対応が必要なことに留意してください。 Q. 更新（更改）契約の場合は、どうすればよいでしょうか？ A. 通常、保険会社または代理店は、前契約と同じ保険会社の商品をもって更新（更改）契約の提案を行いますが、これに対し顧客が既契約の更新（更改）を希望している場合には、あらためて特定の保険会社の商品を提示・推奨する理由の説明（略）が求められるものではありません。 Q. 自賠責保険の場合は、どうすればよいでしょうか？ A. 自賠責保険は、強制付保かつ業界共通商品であり、比較説明・推奨販売の前提となる「二以上の比較可能な同種の保険契約」には該当しないと考えられます。さらには、意向把握義務の対象外とされていることなども踏まえると、基本的には比較説明・推奨販売に関する体制整備は不要と考えられます。ただし、乗合代理店については取り扱える保険会社の数等を説明する必要があることに留意が必要です。

Q45

顧客の意向に沿った商品のうちから、代理店が取り扱う全ての商品を提示するのでなく、そのうちから、代理店側の事情で選定した複数のお勧め商品を提示するということは可能か。

比較推奨販売を行う乗合代理店の中には、複数の取扱保険商品の中からあらかじめ乗合代理店側の事情で特定の商品群を選定し、主契約程度の意向を聞いた段階で、顧客に「お勧め商品」として提案している場合

があります。

このような運用方法については、必ずしも禁止されるものではありませんが、この場合においては、提案理由は、単に「当社のお勧め商品だからです。」だけでは足りず、保険募集人（代理店）側の事情で特定の商品群を選定していることや、選定の基準・理由等について顧客にわかりやすく説明することが必要となります。

当該規制を設けている背景としては、多くの保険商品を取り扱い、顧客の意向に沿ったベストな商品を提案しているように見せつつも、実態としては、販売手数料の高い一部の商品を提案しているといったことがあるのではないかとの懸念から、顧客に対し、保険募集人等から提案を受けた商品だけでなく、他の取扱商品についても確認する機会を提供する観点から規定しているものです。

そのため、顧客が、保険募集人の提案理由に納得がいかず、「他の商品についても紹介してほしい」との依頼があった場合には、当該他の商品についても説明することが必要となります。極端な話しではありますが、単に、販売手数料が高いからという理由だけで、お勧め商品を選定する場合には、保険募集人は、推奨理由として「（これが、お勧め商品です。）当社としては、販売した場合の手数料が高い商品をお勧め商品として設定しております。」という説明を行うことが必要となります（あくまで、（実質的に）専ら手数料の額のみを選定基準としている場合の極端な例です。）。なお、推奨理由については、社内規則等において定めておく必要があります。

（参考：パブコメ514、515）

番号	関係箇所（監督指針）	コメントの概要	金融庁の考え方
514	Ⅱ－４－２－９（５）	較推奨販売を行う乗合代理店の中には、複数の取扱保険商品の中から予め選定した特定の商品群のみを取扱商品一覧等に記載し、顧客に選択肢として明示している場合がある。 このような場合において、当該取扱商品一覧に記載された商品をベースとして顧客の意向に基づき絞り込んだ比較可能な商品は、指針Ⅱ－４－２－９（５）①で概要を明示することが求められている「比較可能な商品」に該当するという理解でよいか。 また、複数の取扱保険商品の中から取扱商品一覧等に記載する特定の商品群を選定した際の選定理由や基準等は保険募集指針等に記載して顧客に説明する必要があるという理解でよいか。	貴見のケースのように、比較可能な同種の商品が他にあるにも関わらず、取扱商品一覧等にあらかじめ選定した特定の商品群を記載する場合には、Ⅱ－４－２－９（５）③に該当するため、その選定理由等について適切に説明を行う必要があります。そのうえで、その中から顧客の意向に基づき絞込みを行った場合には、Ⅱ－４－２－９（５）①及び②に基づいて概要を明示し、推奨の理由を提示する必要があります。
515	Ⅱ－４－２－９（５）	見込み客に保険商品を３～５社に絞って提示する場合、絞った理由を明確にする（見込み客の意向に基づいている等）、あるいは見込み客の求めに応じていつでも全商品の提示が可能である旨を明示しておけば、必ずしも全商品の提示は必要ないとの解釈でよろしいでしょうか。	保険商品の絞込みを行った基準、理由等を顧客に説明していれば、全商品の提示を行わず、絞込み後の商品のみを提示することが認められますが、そうでない場合は、全商品の提示が必要となります。その場合において、見込み客の求めに応じていつでも全商品の提示が可能である旨を明示し

			ておくことがその代替となるものではありません。

（参考）募集コンプライアンスガイド〔追補版〕（日本損害保険協会）

Q．例えば、所属保険会社数10社から（略）自店独自の経営方針を理由に３社商品に絞り込んだ後、当該３社の商品から（略）顧客意向に沿って商品特性や保険料水準等の客観的基準で１社に絞り込むといったケースではどう対応するべきでしょうか？

A．まず、10社から３社に絞り込んだ自店独自の推奨理由・基準を適切に説明する必要があります。その後、３社の商品の概要を明示するとともに、１社に絞り込んだ商品特性や保険料水準等の客観的な基準や理由等を説明する必要があります（その限りにおいて、10社全ての商品概要を明示する必要まではありません）。

Q46

比較推奨販売の規定の対象となる「二以上の比較可能な同種の保険契約」に該当し得るかどうかは、どのように判断すればよいか。

パブコメにおいては、これに関して、

『ある保険契約が、「二以上の比較可能な同種の保険契約」に該当するかどうかは、保険募集人等が顧客の意向の把握過程において把握しようとする顧客の意向との関係で、一般人の合理的な期待を基準として、当該保険契約が「比較可能な同種」のものと言えるかについて、個別具体的かつ実質的に判断されるべきものです。

その際には、主契約程度の意向の共通性（希望する保険契約が医療保険なのか、自動車保険なのか等）が手がかりとなり得ますが、従前特約で付されていたものが主契約化する傾向や、アカウント型保険のようなものもありますので、最終的には、顧客の具体的な意向、保険契約の対象となるリスクの種類及び保険給付の内容、保険契約の特性・類型等を踏まえつつ、実質的に判断されるべきものと考えられます。』

と回答しています。

例えば、顧客が「医療保険に入りたい。」といった場合には、基本的には、その保険代理店で取り扱う医療保険が「比較可能な同種の保険契約」に該当すると考えられますが、他方で、事前に「保険料の安いのがいい」「先進医療等の保険外診療にも対応しているのがいい」など、これ以外の意向についても把握している場合には、「比較可能な同種の保険契約」の範囲は顧客の意向によって異なってきます。

また、顧客が「入院した際の入院費用が支払われる保険に入りたい」といったような場合には、傷害保険や医療保険、がん保険などがこれに該当すると考えられますが、「比較可能な同種の保険契約」が多すぎて、その時点で概要説明を行った場合には、保険募集人及び顧客の双方にとって負担となるような場合には、一旦、傷害保険や医療保険、がん保険について説明を行い、意向を確認した上で絞り込みを行うといった対応も考えられます。

（参考：パブコメ74～77）

番号	関係箇所（施行規則）	コメントの概要	金融庁の考え方
74	第227条の2第3項第4号	「二以上の比較可能な同種の保険契約」に該当し得るかどうかは、主契約の実質的な保障（補償）内容で判断するという理解でよいか。	ある保険契約が、「二以上の比較可能な同種の保険契約」に該当するかどうかは、保険募集人等が顧客の意向の把握過程において把握しようとする顧客の意向

<table>
<tr><td>75</td><td>第227条の２第３項第４号</td><td>「二以上の比較可能な同種の保険契約の中から顧客の意向に沿った保険契約を選別する」とあるが（施行規則第227条の２第３項４号ロ）、「同種」というのは、具体的にはどのような範囲をいうのか。</td><td rowspan="3">との関係で、一般人の合理的な期待を基準として、当該保険契約が「比較可能な同種」のものと言えるかについて、個別具体的かつ実質的に判断されるべきものです。
その際には、主契約程度の意向の共通性が手がかりとなり得ますが、従前特約で付されていたものが主契約化する傾向や、アカウント型保険のようなものもありますので、最終的には、顧客の具体的な意向、保険契約の対象となるリスクの種類及び保険給付の内容、保険契約の特性・類型等を踏まえつつ、実質的に判断されるべきものと考えられます。</td></tr>
<tr><td>76</td><td>第227条の２第３項第４号</td><td>規則第227条の２第３項第４号ロ記載の「二以上の比較可能な同種の保険契約」に該当するかどうかについて、どのように判断すればよいのか。</td></tr>
<tr><td>77</td><td>第227条の２第３項第４号</td><td>「比較可能な同種の保険契約」における「同種」は保険募集人が定めると考えてよいか。</td></tr>
</table>

（参考）募集コンプライアンスガイド〔追補版〕（日本損害保険協会）

Q.「顧客の意向に基づき比較可能な商品」について、多数の店舗を展開している大型代理店では、店舗によって実際に募集する保険商品が異なる可能性があるが、この場合、取扱商品が少ない店舗では、自店舗で扱っている商品のみを説明すればよいでしょうか？

A. 原則として、保険会社から販売を委託された商品は、すべて取扱可能な商品となります。ただし、例えば、社内規則において店舗に応じて取扱商品を決めている場合には、その範囲内となります。なお、乗合代理店は、これまでも取り扱える保険会社の範囲を説明することが求められていますので、自店舗の取扱商品に限らず、代理店として（他店舗を含め）取扱える保険会社の範囲を説明することが必要です（協会「募集コンプライアンスガイド」の「2. 募集人の権限等に関するお客さまへの説明について」参照）。

Q47

「二以上の所属保険会社等」について、例えば、所属生命保険会社が1社、所属損害保険会社が1社の場合でも、比較・推奨販売に係る規制の適用はあるのか。

生命保険会社、損害保険会社、少額短期保険業者の内訳は問わず、2社以上の所属保険会社等を有する場合には該当する可能性があります。例えば、生命保険会社1社、損害保険会社1社に所属する保険募集人であっても、第三分野（医療保険、介護保険等）においては、比較可能な二以上の同種の保険契約が存在することが想定されます。

他方、パブコメでは、以下のような実質的に同種の保険契約を取り扱っていないような場合についてはこの規制の対象外と回答しています。

① 生保会社1社とペット保険専門の損保会社1社を所属保険会社としており、保険会社の商品認可上、同種の保険契約がない場合（同種の保険契約が存在しない場合）

② 生保会社1社と損保会社1社を所属保険会社としており、保険会社の商品認可上は同種の保険契約（第三分野商品）が存在するが、いずれか一方の保険会社から当該保険契約の取扱いの委託を受けていない場合（実質的に販売できない体制にあるような場合）。

（参考：パブコメ78～81）

番号	関係箇所（施行規則）	コメントの概要	金融庁の考え方
78	第227条の２第３項第４号	「比較可能な同種の保険契約」とあるが、二以上の所属保険会社等を有する保険募集人でも、以下の例のように同種の保険契約（商品）を取り扱っていないような場合は、規則第227条の２第３項第４号の規制は対象外との理解でよいか。 （例） ①生保会社１社とペット保険専門の損保会社１社を所属保険会社としており、保険会社の商品認可上、同種の保険契約がない場合 ②生保会社１社と損保会社１社を所属保険会社としており、保険会社の商品認可上は同種の保険契約（第三分野商品）が存在するが、いずれか一方の保険会社から当該保険契約の取扱いの委託を受けていない場合。	貴見のとおりです。
79	第227条の２第３項第４号	「二以上の所属保険会社等を有する保険募集人」とあるが、生命保険会社、損害保険会社、少額短期保険業者のいずれかについて、それぞれ２社以上の所属保険会社等を有する場合の保険募集人との解釈か、あるいは生命保険会社、損害保険会社、少額短期保険業者の内訳は問わず、２社以上の	生命保険会社、損害保険会社、少額短期保険業者の内訳は問わず、２社以上の所属保険会社等を有する場合には該当する可能性があります。例えば、生命保険会社１社、損害保険会社１社に所属する保険募集人であっても、第三分野においては、比較可能な二以上の同種の保険契約が存在する

		所属保険会社等を有する場合には該当するか。	ことが想定されます。
80	第227条の２第３項第４号	「二以上の所属保険会社等」について、例えば、所属生命保険会社が１社、所属損害保険会社が１社の場合でも、「二以上の所属保険会社」に該当するのか。	
81	第227条の２第３項第４号	ロについて、顧客の意向に沿った比較可能な同種の保険契約とは、第三分野においては生命保険会社、損害保険会社双方の同種の商品も対象となるとの理解でよいか。	

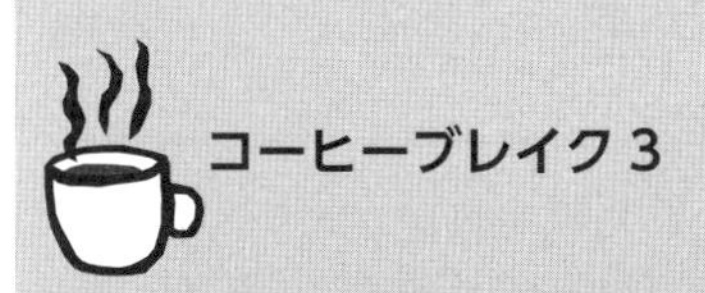

社会の支え合いの仕組み（自助、共助、公助、そして互助）

一般的には、社会の支え合いの仕組みには、「自助・共助・公助」があると言われています。自助は、貯金や健康作りなど、共助は年金保険や医療保険など、公助は福祉サービスなどです。民間保険は、自身で保険料を拠出し、将来に備えるものですので、自助に入るかと思います。国も、生命保険料控除などの形でこれを通じた自助努力を支援しています。

しかしながら、私は、もちろんこれらも重要ですが、この中で生まれてくるものとして「互助」があり、これを育んでいくことこそが、今後のわが国にとって必要なことではないかと考えます。

「互助」とは何か。それは、隣の家の人との支え合い、近所の人との支え合い、街の中での支え合い、ボランティアなどがこれに当たると考えます。一人暮らしのおじいちゃんの健康を隣の家族が気遣う、地域のボランティアが福祉施設で催しをやるなどです。

昭和の時代は近所付き合いがよくあったと言われます。私の出身は、映画「岳」で有名になった剣岳のある富山県立山町の片田舎ですので、今も正月は町内で神社に集まったりと結構町の催しがあったりします。他方、都心を中心にこのような繋がりは時を経るとともに薄くなるばかりです。

日本では、他の方のために何かしたいと思っているものの、そのきっかけがないために、力を持てあましている方が多いと思います。他方、欧米では、社会貢献活動の参加率が高いと聞きます。これは、日曜日に教会に集まる習慣があるためだと聞いたことがあります。定期的に世間話をする機会があり、また、そこで、いろんな活動が生まれるわけです。日本には、溢れるほどの社会で役に立ちたいという潜在的なニーズとパワーがあると思います。これをうまく発揮してもらい、活用していくことこそが、厳しい財政状況の中でも、明るい未来を実現する糸口なのではないかと考えます。

第７章　意向把握義務関係

Q 48

今回の改正法で規定された保険募集の際の意向把握義務とはどのような内容か。何か変わるのか。

今回の保険業法改正により、意向把握から提案商品の説明、意向確認などの一連のプロセスが保険募集の際の「意向把握義務」として新たに求められることとなりました。

具体的には、①顧客の意向を把握する義務、②顧客の意向に沿った保険契約の締結又は保険契約への加入を提案する義務、③顧客の意向に沿った保険契約の内容を説明する義務、④保険契約の締結又は加入に際して、顧客が自らの意向と締結又は加入する保険契約の内容が合致していることを確認する機会を提供する義務を規定しています。

これまでは、保険会社の体制整備義務（法100条の２）の一環として、監督指針において、意向確認書面の使用が定められており、顧客自身が契約締結前の段階で、提案を受けた保険商品と自らのニーズが合致しているかについて、最終確認の機会が設けられていました。これに関して、「最後の意向確認のみでは、必ずしも十分ではないのではないか。」との指摘があり、保険ＷＧ報告書において、上記の趣旨の規定を法令に規定することが適当である旨が盛り込まれました。本規定は、これを踏まえつつ、きめ細かな募集プロセスを実現する観点から新たな保険募集ルールとして設けられたものです。

（参考：パブコメ303）

番号	関係箇所（監督指針）	コメントの概要	金融庁の考え方
303	Ⅱ－４－２－２（３）	保険募集の際の意向把握義務とはどのような規定なのか。	顧客の意向の把握等として、保険を募集する際における顧客意向の把握、当該意向に沿った保険プランの提案、当該意向と当該プランの対応関係についての説明、当該意向と最終的な顧客の意向の比較と相違点の確認を行うことが求められることとなったものです。 これまでは、体制整備の一環として、契約を締結する商品と顧客の意向が合致しているかを確認（意向確認）することなどが求められていましたが、今回の保険業法の改正により、意向の把握から、提案商品の説明、意向確認などの一連のプロセスが顧客の意向の把握等として新たに求められることとなりました。

（参考）保険業法
（顧客の意向の把握等）
第二百九十四条の二　保険会社等若しくは外国保険会社等、これらの役員（保険募集人である者を除く。）、保険募集人又は保険仲立人若しくはその役員若しくは使用人は、保険契約の締結、保険募集又は自らが締結した若しくは保険募集を行った団体保険に係る保険契約に加入することを勧誘する行為その他の当該保険契約に加入させるための行為に関し、顧客の意向を把握し、これに沿った保険契約の締結等（保険契約の締結又は保険契約への加入をいう。以下この条において同じ。）の提案、当該保険契約の内容の説明及び保険契約の締結等に際しての顧客の意向と当該保険契約の内容が合致していることを顧客が確認する機会の提供を行わなければならない。ただし、保険契約者等の保護に欠けるおそれがないものとして内閣府令で定める場合は、この限りでない。

Q 49

意向把握義務が課されない（適用除外となる）保険契約にはどのような保険契約があるか。

意向把握を求める必要性が乏しい一定の場合については、意向把握義務は課されない（適用除外）こととされています。具体的には、以下の場合が適用除外の対象となります。

① そもそも情報提供義務が適用除外とされている保険契約である場合

② 他の法律により加入が義務付けられている保険である場合（自賠責保険）

③ 勤労者財産形成促進法第６条に規定する保険契約である場合

（参考：パブコメ398）

番号	関係箇所（監督指針）	コメントの概要	金融庁の考え方
398	Ⅱ－４－２－２（３）	意向把握義務が適用除外になる場合にはどのような場合があるのか。	意向把握を求める必要性が乏しい一定の場合については、意向把握義務の適用除外とされています。具体的には、以下の場合が適用除外の対象となります。 ① 情報提供義務の適用除外とされている保険契約である場合（契約者と被保険者が異なり、被保険者への情報提供だけが適

			用除外となる場合（契約者への情報提供は必要である場合）には、意向把握についても同様に、被保険者への意向把握だけが適用除外（契約者への意向把握は必要）） ② 他の法律により加入が義務付けられている保険である場合 ③ 勤労者財産形成促進法第６条に規定する保険契約である場合

（参考）保険業法施行規則
（意向の把握等を要しない場合）
第二百二十七条の六　法第二百九十四条の二に規定する内閣府令で定める場合は、次に掲げる場合とする。
一　第二百二十七条の二第七項各号に掲げる場合
二　他の法律の規定により顧客が保険契約の締結又は保険契約への加入を義務付けられている保険契約を取り扱う場合
三　勤労者財産形成促進法第六条（勤労者財産形成貯蓄契約等）に規定する保険契約を取り扱う場合

（参考）監督指針
Ⅱ－４－２－２ 保険契約の募集上の留意点
（３）法第294条の２関係（意向の把握・確認義務）
③　意向把握・確認義務の適用除外（規則第227条の６関係）
既存契約の更新や一部変更の場合において、実質的な変更に該当する場合は、当該変更部分について適切に意向把握・確認を行うものとする。

Q 50

意向把握義務について、「意向把握・確認の方法（どのような方法でやるか）」や「意向把握・確認の対象（何を把握するか）」は何かで決まっているのか。

意向把握義務の内容については、法律において、以下の事項が規定されています。

① 顧客の意向を把握する義務

② 顧客の意向に沿った保険契約の締結又は保険契約への加入を提案する義務

③ 顧客の意向に沿った保険契約の内容を説明する義務

④ 保険契約の締結又は加入に際して、顧客が自らの意向と締結又は加入する保険契約の内容が合致していることを確認する機会を提供する義務

他方、上記の義務をどのように行うか、つまり、「意向把握・確認の方法（どのような方法でやるか）やその対象（何を把握するか）」等については、監督指針Ⅱ-４-２-２（３）において把握・確認方法や把握対象の例示等を示しておりますので、これに沿って、取り扱う商品や募集形態を踏まえたうえで、各保険会社等の創意工夫のもと適切に行っていただくこととなります。

（参考）監督指針
Ⅱ－4－2－2 保険契約の募集上の留意点
（3）法第294条の2関係（意向の把握・確認義務）

保険会社又は保険募集人は、法第294条の2の規定に基づき、顧客の意向を把握し、これに沿った保険契約の締結等の提案、当該保険契約の内容の説明及び保険契約の締結等に際して、顧客の意向と当該保険契約の内容が合致していることを顧客が確認する機会の提供を行っているか。

① 意向把握・確認の方法

意向把握・確認の具体的方法については、取り扱う商品や募集形態を踏まえたうえで、保険会社又は保険募集人の創意工夫により、
以下のア．からカ．又はこれと同等の方法を用いているか。

ア．保険金額や保険料を含めた当該顧客向けの個別プランを説明する前に、当該顧客の意向を把握する。その上で、当該意向に基づいた個別プランを提案し、当該プランについて当該意向とどのように対応しているかも含めて説明する。

その後、最終的な顧客の意向が確定した段階において、その意向と当初把握した主な顧客の意向を比較し、両者が相違している場合にはその相違点を確認する。

（注）例えば、アンケート等により顧客の意向を事前に把握したうえで、当該意向に沿った個別プランを作成し、顧客の意向との関係性をわかりやすく説明する。

その後、最終的な顧客の意向が確定した段階において、その意向と、保険会社又は保険募集人が当初把握した主な顧客の意向との比較を記載したうえで、両者が相違している場合には、その対応箇所や相違点及びその相違が生じた経緯について、わかりやすく説明する。

また、契約締結前の段階において、顧客の最終的な意向と契約の申込みを行おうとする保険契約の内容が合致しているかどうかを確認（＝「意向確認」）する。

イ．保険金額や保険料を含めた当該顧客向けの個別プランを提案する都度、保険会社又は保険募集人が、どのような意向を推定（把握）して当該プランを設計したかの説明を行い、当該プランについて、当該意向とどのように対応しているかも含めて説明する。

その後、最終的な顧客の意向が確定した段階において、その意向と保険会社又は保険募集人が把握した主な顧客の意向を比較し、両者が相違している場合にはその相違点を確認する。

（注）例えば、性別や年齢等の顧客属性や生活環境等に基づき顧客の意向を推定したうえで、保険金額や保険料を含めた個別プランの作成・提案を行う都度、設計書等の顧客に交付する書類の目立つ場所に、保険会社又は保険募集人が推定（把握）した顧客の意向と個別プランの関係性をわかりやすく記載のうえ説明する。

その後、最終的な顧客の意向が確定した段階において、その意向と、保険会社又は保険募集人が事前に把握した主な顧客の意向との比較を記載したうえで、両者が相違している場合には、その対応箇所や相違点及びその相違が生じた経緯について、わかりやすく説明する。

また、契約締結前の段階において、顧客の最終的な意向と契約の申込みを行おうとする保険契約の内容が合致しているかどうかを確認（＝「意向確認」）する。

ウ．　自動車や不動産購入等に伴う補償を望む顧客に対し、主な意向・情報を把握したうえで、個別プランの作成・提案を行い、主な意向と個別プランの比較を記載するとともに、保険会社又は保険募集人が把握した顧客の意向と個別プランの関係性をわかりやすく説明する。

その後、契約締結前の段階において、当該意向と契約の申込みを行おうとする保険契約の内容が合致しているかどうかを確認（＝「意向確認」）する。

エ．　上記ア．からウ．の場合においては、規則第227条の２第３項第３号ロに規定する一年間に支払う保険料の額（保険期間が一年未満であって保険期間の更新をすることができる保険契約にあっては、一年間当たりの額に換算した額）が五千円以下である保険契約における意向把握について、商品内容・特性に応じて適切に行うものとする。

オ．　事業者の事業活動に伴って生ずる損害をてん補する保険契約については、顧客の保険に係る知識の程度や商品特性に応じて適切な意向把握及び意向確認を行うものとする。

カ．　規則第227条の２第２項に定める団体保険の加入勧奨については、Ⅱ－４－２－２（３）④イ．（注）に定める措置を講じるものとする。

②　意向把握・確認の対象

例えば、以下のような顧客の意向に関する情報を把握・確認しているか。

ア．　第一分野の保険商品及び第三分野の保険商品について

（注）変額保険、変額年金保険、外貨建て保険等の投資性商品を含み、海外旅行傷害保険商品及び保険期間が１年以下の傷害保険商品（契約締結に際し、保険契約者又は被保険者が告知すべき重要な事実又は事項に被保険者の現在又は過去における健康状態その他の心身の状況に関する事実又は事項が含まれないものに限る。）を除く。

（ア）どのような分野の保障を望んでいるか。

（死亡した場合の遺族保障、医療保障、医療保障のうちガンなどの特定疾病に備えるための保障、傷害に備えるための保障、介護保障、老後生活資金の準備、資産運用など）

（イ）貯蓄部分を必要としているか。

（ウ）保障期間、保険料、保険金額に関する範囲の希望、優先する事項がある場合はその旨

（注）変額保険、変額年金保険、外貨建て保険等の投資性商品については、例えば、収益獲得を目的に投資する資金の用意があるか、預金とは異なる中長期の投資商品を購入する意思があるか、資産価額が運用成果に応じて変動することを承知しているか、市場リスクを許容しているか、最低保証を求めるか等の投資の意向に関する情報を含む。

なお、市場リスクとは、金利、通貨の価格、金融商品市場における相場その他の指標に係る変動により損失が生ずるおそれをいう。

イ．第二分野の保険商品について

（注）上記イ．に該当する保険商品は、第二分野の保険商品のほか、海外旅行傷害保険商品及び保険期間が１年以下の傷害保険商品（契約締結に際し、保険契約者又は被保険者が告知すべき重要な事実又は事項に被保険者の現在又は過去における健康状態その他の心身の状況に関する事実又は事項が含まれないものに限る。）を含む。

（ア）どのような分野の補償を望んでいるか。

（自動車保険、火災保険などの保険の種類）

（イ）顧客が求める主な補償内容

（注）意向の把握にあたっては、例えば、以下のような情報が考えられる。

・自動車保険については、若年運転者不担保特約、運転者限定特約、車両保険の有無など
・火災保険については、保険の目的、地震保険の付保の有無など
・海外旅行傷害保険については、補償の内容・範囲、渡航者、渡航先、渡航期間など
・保険期間が１年以下の傷害保険については、補償の内容・範囲など

（ウ）補償期間、保険料、保険金額に関する範囲の希望、優先する事項がある場合はその旨

③　意向把握・確認義務の適用除外（規則第227条の６関係）

既存契約の更新や一部変更の場合において、実質的な変更に該当する場合は、当該変更部分について適切に意向把握・確認を行うものとする。

参照　⇒　図10　保険募集の基本的ルールの創設②　（本書51ページ）

Q 51

意向把握義務について、「意向把握・確認の方法」はどのように行えばよいか。必ず対面で把握・確認を行わなければいけないか。

意向把握・確認の方法（どのような方法でやるか）については、監督指針Ⅱ-4-2-2（3）①ア～カにおいて規定しています。具体的には、保険会社又は保険募集人の創意工夫により、取り扱う商品や募集形態を踏まえたうえで、以下のアからカの方法又はこれと同等の方法を用いることとしています。

なお、Ⅱ－4－2－2（3）①ア～カは、全商品・募集形態を通じて満たすべき水準と、その具体的な実務の例示を示しているものであり、実際の実務においては、取り扱う保険商品や募集形態を踏まえたうえで、各保険会社又は保険募集人の創意工夫により適切に行われることが求められます。

意向把握・確認の方法は、必ずしも対面に限られるわけではなく、電話・ＷＥＢ・郵送等の方法を用いることも考えられますが、いずれにせよ以下のアからカの方法又はこれと同等の方法と評価できる方法であることが必要となります。

（参考）監督指針Ⅱ-4-2-2（3）①（抄）

ア．　保険金額や保険料を含めた当該顧客向けの個別プランを説明する前に、当該顧客の意向を把握する。その上で、当該意向に基づいた個別プランを提案し、当該プランについて当該意向とどのように対応しているかも含めて説明する。

その後、最終的な顧客の意向が確定した段階において、その意向と当初把握した主な顧客の意向を比較し、両者が相違している場合にはその相違点を確認する。

（注）例えば、アンケート等により顧客の意向を事前に把握したうえで、当該意向に沿った個別プランを作成し、顧客の意向との関係性をわかりやすく説明する。

その後、最終的な顧客の意向が確定した段階において、その意向と、保険会社又は保険募集人が当初把握した主な顧客の意向との比較を記載したうえで、両者が相違している場合には、その対応箇所や相違点及びその相違が生じた経緯について、わかりやすく説明する。

また、契約締結前の段階において、顧客の最終的な意向と契約の申込みを行おうとする保険契約の内容が合致しているかどうかを確認（＝「意向確認」）する。

イ．　保険金額や保険料を含めた当該顧客向けの個別プランを提案する都度、保険会社又は保険募集人が、どのような意向を推定（把握）して当該プランを設計したかの説明を行い、当該プランについて、当該意向とどのように対応しているかも含めて説明する。

その後、最終的な顧客の意向が確定した段階において、その意向と保険会社又は保険募集人が把握した主な顧客の意向を比較し、両者が相違している場合にはその相違点を確認する。

（注）例えば、性別や年齢等の顧客属性や生活環境等に基づき顧客の意向を推定したうえで、保険金額や保険料を含めた個別プランの作成・提案を行う都度、設計書等の顧客に交付する書類の目立つ場所に、保険会社又は保険募集人が推定（把握）した顧客の意向と個別プランの関係性をわかりやすく記載のうえ説明する。

その後、最終的な顧客の意向が確定した段階において、その意向と、保険会社又は保険募集人が事前に把握した主な顧客の意向との比較を記載したうえで、両者が相違している場合には、その対応箇所や相違点及びその相違が生じた経緯について、わかりやすく説明する。

また、契約締結前の段階において、顧客の最終的な意向と契約の申込みを行おうとする保険契約の内容が合致しているかどうかを確認（=「意向確認」）する。

ウ．自動車や不動産購入等に伴う補償を望む顧客に対し、主な意向・情報を把握したうえで、個別プランの作成・提案を行い、主な意向と個別プランの比較を記載するとともに、保険会社又は保険募集人が把握した顧客の意向と個別プランの関係性をわかりやすく説明する。

その後、契約締結前の段階において、当該意向と契約の申込みを行おうとする保険契約の内容が合致しているかどうかを確認（=「意向確認」）する。

エ．上記ア．からウ．の場合においては、規則第227条の２第３項第３号ロに規定する一年間に支払う保険料の額（保険期間が一年未満であって保険期間の更新をすることができる保険契約にあっては、一年間当たりの額に換算した額）が五千円以下である保険契約における意向把握について、商品内容・特性に応じて適切に行うものとする。

オ．事業者の事業活動に伴って生ずる損害をてん補する保険契約については、顧客の保険に係る知識の程度や商品特性に応じて適切な意向把握及び意向確認を行うものとする。

カ．規則第227条の２第２項に定める団体保険の加入勧奨については、Ⅱ－４－２－２（３）④イ．(注)に定める措置を講じるものとする。

Q 52

監督指針Ⅱ-4-2-2(3)①の「意向把握・確認の方法」について、アからカは主にどのようなケースを想定しているか。

監督指針Ⅱ-4-2-2(3)①アからカでは、「意向把握・確認の方法」について、具体的な実務の例示を規定しています。

まず、アについては、例えば、保険募集代理店に来店した顧客に対して、アンケート等により意向を把握した上で、意向に沿ったプランの提案を行っていく場合が想定されます。

イについては、例えば、保険会社の営業職員が顧客を訪問し、性別や年齢等の顧客属性や生活環境等から意向を推定した上で、プランの提案等を行うなど、ニーズの掘り起こしから行うような場合が想定されます。

他方、ウについては、自動車を購入した者が自動車保険に加入する場合や、不動産を購入した者が火災保険に加入する場合など、加入の動機が明確なものを想定しています。

ア及びイは、いずれも、①意向を把握・推定するプロセス、②意向に沿ったプランの提案を行うプロセス、③把握・推定した意向とプランの関係性を説明するプロセス、④当初の意向と最終的な意向を比較し、相違点や相違が生じた経緯を説明するプロセス、⑤最終的な意向とプランの内容が合致していることを確認するプロセスからなっているのに対して、ウは、④が必ずしも求められていません。

これは、④は、当初の意向が募集プロセスの中で変わった場合には、それで問題ないかについて再度確認を求める趣旨で規定しているものであり、自動車の購入や不動産の購入など、保険契約への加入動機が明らかな場合には意向が変わることはあまり想定されないためです。

他方、エについては1年間に5千円以下の保険契約を、オについては事業者向けの保険契約に係る意向把握・確認の方法を規定しておりますが、いずれも商品特性等に応じて、柔軟な方法を許容することとしています。

最後に、カでは、「規則第227条の2第2項に定める団体保険の加入勧奨については、Ⅱ－4－2－2（3）④イ.（注）に定める措置を講じるものとする」としており、当該注では、意向を確認する機会を確保するための体制整備を求めています。

（参考：パブコメ337、343、353、354）

番号	関係箇所（監督指針）	コメントの概要	金融庁の考え方
337	Ⅱ－4－2－2（3）①	当協会では、Ⅱ－4－2－2（3）①ア.～カ.又はこれらと同等と考えられる意向把握・確認の方法として、商品特性や募集形態等に応じたより具体的な対応例や、留意点等を取りまとめることを検討しているが、プリンシプルベースとされる同義務の趣旨に鑑み、会員各社や保険募集人がその取りまとめた内容に基づき、必要に応じて創意工夫し、業務を遂行することは、本規定を遵守する有効な手段と考えてよいか。	Ⅱ－4－2－2（3）①は、全商品・募集形態を通じて満たすべき水準と、その具体的な実務の例示を規定したものであり、実務においては、保険会社又は保険募集人の創意工夫により適切に行われることが望まれます。なお、貴見のような取組みも、そのために有効な取組みであると考えます。

343	Ⅱ－４－２－２（３）①イ.	Ⅱ－４－２－２（３）①イ．の（注）で､「その後、最終的な顧客の意向が確定した段階において、その意向と、保険会社又は保険募集人が事前に把握した主な顧客の意向との比較を記載したうえで、両者が相違している場合には、その対応箇所や相違点及びその相違が生じた経緯について、わかりやすく説明する。」とあるが、以下の理解でよいか。 （以下略）	「意向把握・確認義務」を履行するうえでの具体的な方法については、Ⅱ－４－２－２（３）に基づき、取り扱う商品や募集形態を踏まえたうえで、各保険会社等の創意工夫のもと、Ⅱ－４－２－２（３）①ア．～カ．又はこれと同等の方法を用いて適切に履行する必要があります。
353	Ⅱ－４－２－２（３）①ウ.	「海外旅行傷害保険」及び「保険期間１年以下の傷害保険」の、①意向把握・確認の方法は、Ⅱ－４－２－２（３）①ウ．に拠ることでよいか確認したい。	貴見にある保険商品の意向把握・確認を行う場合、Ⅱ－４－２－２（３）①ウ．に拠ることも可能と考えられます。
354	Ⅱ－４－２－２（３）①エ.	Ⅱ－４－２－２（３）①エ．では、年間保険料が5,000円以下である保険契約における適切な意向把握については、商品内容・特性に応じた柔軟な方法に拠ることが認められると理解しているが、単に年間保険料が5,000円以下の契約のみではなく、旅行保険などで見られるように、契約条件に応じて一部5,000円超となる契約を含むものであっても、主たる販売プランが5,000円以下である募集形態については、本取扱いの対象となり得るという理解でよいか。	貴見にあるような、主たる販売プランが5,000円以下であるなかに、契約条件に応じて一部5,000円超となるプランが含まれることのみをもって、Ⅱ－４－２－２（３）①エ．に準じた意向把握・確認を行うことが直ちに否定されるものではありません。

Q53

アの「意向把握型」とイの「意向推定型」は同じような内容になっているが、具体的に何がどう違うのか。

「ア：意向把握型」は例えば、保険募集代理店に来店した顧客に対して行う意向把握を、「イ：意向推定型」は、例えば、保険会社の営業職員が顧客を訪問し、ニーズの掘り起こしから行うような場合を想定して規定したものですが、上記で述べたとおり、「ア」と「イ」は求めている大枠のプロセスは同じです。

他方、大枠のプロセスは同じであるものの、想定している営業スタイル・募集チャネルの違いから、監督指針上の規定ぶりに差異を生じさせている点が大きく２点あります。

一つは、「ア：意向把握型」は「個別プランを説明する前に・・・・意向を把握する。その上で・・」となっているのに対して、「イ：意向推定型」は「個別プランを提案する都度・・・どのような意向を推定（把握）して、・・・プランの説明を行い」となっている点です。これは、「ア：意向把握型」の場合には、“個別プランを提案する前に”アンケート等により意向を聞いてくださいということを求めているものです。つまりは、保険募集代理店に来店した顧客に対して何も聞かずにいきなり募集人が提案を始めるのではなく、まずは意向を聞いてくださいということです。他方、「イ：意向推定型」については、ニーズが必ずしも明らかでない方に対して営業を行うわけですから、当初の段階で意向の把握を行うことはできません。そのため、「提案する都度」と規定しているものです。

もう一つは、「当初意向」又は「事前意向」と「最終意向」のたけくらべについて。「ア：意向把握型」は、「当初把握した意向」と「最終意向」とのたけくらべと規定しているのに対して、「イ：意向推定型」は「事前に把握した意向」と「最終意向」とのたけくらべと規定しています。この差異は、上記で述べたのと同様に、アンケート等で最初に一気に把握するのと、ニーズの掘り起こしを含めて少しずつ推定（把握）していくのとの違いです。

Q54

意向把握義務について、「意向把握・確認の対象」は、何か。

意向把握・確認の対象（何を把握するか）については、監督指針Ⅱ-4-2-2（3）②に規定しています。具体的には、例えば、以下のような顧客の意向に関する情報を把握・確認することを求めています。

（参考）監督指針Ⅱ-4-2-2（3）②（抄）

ア．　第一分野の保険商品及び第三分野の保険商品について

（注）変額保険、変額年金保険、外貨建て保険等の投資性商品を含み、海外旅行傷害保険商品及び保険期間が1年以下の傷害保険商品（契約締結に際し、保険契約者又は被保険者が告知すべき重要な事実又は事項に被保険者の現在又は過去における健康状態その他の心身の状況に関する事実又は事項が含まれないものに限る。）を除く。

（ア）どのような分野の保障を望んでいるか。

（死亡した場合の遺族保障、医療保障、医療保障のうちガンなどの特定疾病に備えるための保障、傷害に備えるための保障、介護保障、老後生活資金の準備、資産運用など）

（イ）貯蓄部分を必要としているか。

（ウ）保障期間、保険料、保険金額に関する範囲の希望、優先する事項がある場合はその旨

（注）変額保険、変額年金保険、外貨建て保険等の投資性商品については、例えば、収益獲得を目的に投資する資金の用意があるか、預金とは異なる中長期の投資商品を購入する意思があるか、資産価額が運用成果に応じて変動することを承知しているか、市場リスクを許容しているか、最低保証を求めるか等の投資の意向に関する情報を含む。

なお、市場リスクとは、金利、通貨の価格、金融商品市場における相場その他の指標に係る変動により損失が生ずるおそれをいう。

イ．第二分野の保険商品について

（注）上記イ．に該当する保険商品は、第二分野の保険商品のほか、海外旅行傷害保険商品及び保険期間が１年以下の傷害保険商品（契約締結に際し、保険契約者又は被保険者が告知すべき重要な事実又は事項に被保険者の現在又は過去における健康状態その他の心身の状況に関する事実又は事項が含まれないものに限る。）を含む。

（ア）どのような分野の補償を望んでいるか。

（自動車保険、火災保険などの保険の種類）

（イ）顧客が求める主な補償内容

（注）意向の把握にあたっては、例えば、以下のような情報が考えられる。

・自動車保険については、若年運転者不担保特約、運転者限定特約、車両保険の有無など

・火災保険については、保険の目的、地震保険の付保の有無など

・海外旅行傷害保険については、補償の内容・範囲、渡航者、渡航先、渡航期間など

・保険期間が１年以下の傷害保険については、補償の内容・範囲など

（ウ）補償期間、保険料、保険金額に関する範囲の希望、優先する事項がある場合はその旨

参照　⇒　図11－1～4　意向把握・確認義務について①～④（本書52～55ページ）

Q55

団体保険に係る契約者への意向把握における「意向把握・確認の対象」は、何か。

個人向け保険の場合の意向把握・確認の内容としては、例えば、保障内容や貯蓄部分の有無、保険期間、保険金額などについての個々の意向を把握することが考えられますが、他方、団体保険において、契約者である団体に対し意向を把握・確認する場合には、例えば、顧客が団体に求める機能（企業の福利厚生規定（弔慰金規定等）の給付財源の確保、企業年金制度の資産管理・運用、従業員等の自助努力による保障確保の

機会の提供、住宅ローン等の債権保全および債務者・遺族の生活保障など）を把握・確認することなどが考えられます。

（参考：パブコメ414）

番号	関係箇所（監督指針）	コメントの概要	金融庁の考え方
414	Ⅱ－4－2－2（3）②	「例えば」として、意向把握・確認の対象が例示されているが、団体保険において契約者である団体を顧客とする場合は、顧客の団体保険に求める機能（企業の福利厚生規定（弔慰金規定等）の給付財源の確保、企業年金制度の資産管理・運用、従業員等の自助努力による保障確保の機会の提供、住宅ローン等の債権保全および債務者・遺族の生活保障など）を把握・確認すればよいと理解してよいか。	団体保険の契約者である団体に対して行う意向把握・確認においては、貴見のような方法を採ることも認められるものと考えます。

Q56

意向が明らかな場合には、意向把握の一連のプロセスを省略してもよいか。

意向把握義務は、意向の把握から、提案商品の説明、意向確認などの一連のプロセスを適正に行うことを求めるものです。顧客の意向が明らかな場合や顧客が保険商品の内容を熟知している場合等については一定

各プロセスを柔軟に行うことが許容される場合も考えられますが、募集に当たって、当該プロセスを全て省略できるという状況は想定されません。

例えば、顧客が「○会社の医療保険が、一番保険料が安いと聞いたのでこれに加入したい。」と言った場合であっても、その保険商品の内容・特性等を的確に理解しているかについて説明・確認等を行い、十分に理解した上での意向であるかといった点に留意してその後の募集プロセスを行う必要があります。

（参考：パブコメ304,316）

番号	関係箇所 (監督指針)	コメントの概要	金融庁の考え方
304	Ⅱ－４－２－２（３）	当該項目は、保険募集人の創意工夫とあることから、プリンシプルとして考えてよいか。 意向把握・確認は個別プランの提案ごとに行う必要があるか。意向に合致していることが明らかな場合は、当該プロセスを省略することは可能か。	当規定については、意向把握・確認義務に関して、全商品・募集形態を通じて満たすべき水準と、その具体的な例示をしたものです。 また、保険会社又は保険募集人は、Ⅱ－４－２－２（３）に基づき、取り扱う商品や募集形態を踏まえたうえで、各保険会社等の創意工夫のもと、Ⅱ－４－２－２（３）①ア．～カ．又はこれと同等の方法を用いて適切に履行する必要があり、例えば、一つの意向について合致しているからといって、当該プロセスを全て省略することは原則困難です。

316	Ⅱ－４－２－２（３）	顧客から商品指定で申込要請を受けた場合、顧客利便性を勘案すれば、そのまま申込を受付すべきと考えるが、その場合は、意向把握（例：アンケート）などを省略しても問題ないと考えてよいか。	貴見にあるケースにおいても、Ⅱ－４－２－２（３）に基づき、募集形態を踏まえたうえで、各保険会社等の創意工夫のもと、Ⅱ－４－２－２（３）①ア．～カ．又はこれと同等の方法を用いて適切な意向把握を行う必要があります。 従って、顧客が具体的な加入商品の希望を表明した場合であっても、意向把握を省略することは認められず、また、顧客が、自身で希望した加入商品の内容、特性等を十分に理解した上での意向であるかといった点に留意して、その後の募集プロセスを行う必要があります。

Q57

保険会社と保険募集人の義務として、今回の改正で新設されている意向把握を適切に行うための体制整備とは具体的にどのようなことを想定しているか。

意向把握義務の導入に伴い、保険会社及び保険募集人には、意向把握義務が適正に履行されるための体制整備が求められています（則53条の７、則227条の７）。

その内容については、監督指針Ⅱ-４-２-２（３）④において具体的に規定しており、①意向把握・確認のプロセス等を社内規則等で定めるとともに、②所属する保険募集人に対して適切な教育・管理・指導を実施するほか、③以下「ア」及び「イ」のような体制整備を行うことを求めています。なお、「イ」は、基本的には、従前より、意向確認書面を用いた対応を求める規定を引き継いでいるものですが、「ア」については、今回の改正を受けて新たに規定している内容であり特に留意が必要です。

（参考）監督指針Ⅱ－４－２－２（３）④（抄）

ア．意向把握に係る体制整備

保険会社又は保険募集人のいずれか、又は双方において、意向把握に係る業務の適切な遂行を確認できる措置を講じているか。例えば、適切な方法により、保険募集のプロセスに応じて、意向把握に用いた帳票等（例えば、アンケートや設計書等）であって、Ⅱ－４－２－２（３）①ア．からウ．に規定する顧客の最終的な意向と比較した顧客の意向に係るもの及び最終的な意向に係るものを保存するなどの措置を講じているか。

（注）顧客の意向に関する情報の収集や提供等に際しては、個人情報の保護に関する法律（利用目的の明示や第三者提供に係る同意等）や銀行等の窓口販売における弊害防止措置などの関係法令等を遵守する必要があることに留意する。

イ．意向確認に係る体制整備

規則第53条の７第１項及び規則第227条の７に規定する措置に関し、保険会社又は保険募集人において、契約の申込みを行おうとする保険商品が顧客の意向に合致した内容であることを顧客が確認する機会を確保し、顧客が保険商品を適切に選択・購入することを可能とするため、適切な遂行を確認できる措置を講じているか。Ⅱ－４－２－２（３）①ア．からウ．又はこれと同等の方法を用いる

場合においては、以下の措置を講じているか。(以下略)

(参考) 保険業法施行規則

(社内規則等)

第五十三条の七　保険会社は、法第九十七条 、第九十八条又は第九十九条の規定に基づく業務を営む場合においては、これらの業務の内容及び方法に応じ、顧客の知識、経験、財産の状況及び取引を行う目的を踏まえた重要な事項の顧客への説明その他の健全かつ適切な業務の運営を確保するための措置（書面の交付その他の適切な方法による商品又は取引の内容及びリスクの説明並びに顧客の意向の適切な把握並びに犯罪を防止するための措置を含む。）に関する社内規則等（社内規則その他これに準ずるものをいう。以下この条において同じ。）を定めるとともに、従業員に対する研修その他の当該社内規則等に基づいて業務が運営されるための十分な体制を整備しなければならない。

(社内規則等)

第二百二十七条の七　保険募集人又は保険仲立人は、保険募集の業務（法第二百九十四条の三第一項に規定する保険募集の業務をいう。以下この章において同じ。）を営む場合においては、当該業務の内容及び方法に応じ、顧客の知識、経験、財産の状況及び取引を行う目的を踏まえた重要な事項の顧客への説明その他の健全かつ適切な業務の運営を確保するための措置（書面の交付その他の適切な方法による商品又は取引の内容及びリスクの説明並びに顧客の意向の適切な把握並びに犯罪を防止するための措置を含む。）に関する社内規則等（社内規則その他これに準ずるものをいう。以下この条において同じ。）を定めるとともに、従業員に対する研修その他の当該社内規則等に基づいて業務が運営されるための十分な体制を整備しなければならない。

Q58

意向把握に係る証跡管理としては、意向把握に用いた帳票等以外に何を保存する必要があるか。

意向把握義務が適正に履行されるための体制整備として、監督指針Ⅱ

-４-２-２（３）④において、保険会社又は保険募集人のいずれか、又は双方において、「意向把握に係る業務の適切な遂行を確認できる措置」を講じることを求めています。

具体的には､保険募集の際に使用したアンケートや設計書等であって、①顧客の最終的な意向と当初把握した主な意向とを比較・説明したものと、②顧客の最終的な意向と契約の申し込みを行おうとする保険契約の内容が合致しているか否かを確認したものについて保存する対応を、当該措置の例示として示しています。

「意向把握に係る業務の適切な遂行を確認できる措置」は、必ずしも上記の対応に限られるものではありませんが、当該監督指針に規定している対応を採用する場合には、①及び②が確認できるアンケートや設計書等を適正に保存・管理いただくことが必要となります。

なお、上記①②を一体化した申込書で意向把握･確認を行う場合には、当該申込書を保存・管理することで足ります。

（参考：パブコメ359、360、368、377、378）

番号	関係箇所（監督指針）	コメントの概要	金融庁の考え方
359	Ⅱ－４－２－２（３）④ア.	最終的に保存する帳票等以外に、募集過程で作成される顧客の意向を把握し得る書類等は保存しないことも許容されるという理解で良いか（募集過程で作成された書類等を全て保存しなければならないとするのは、現実的ではない。）。	募集過程で作成された書類全てを保存する必要はなく、Ⅱ－４－２－２（３）④ア．を踏まえて、適切に行う必要があります。
360	Ⅱ－４－２－２（３）④ア.	適切な方法により、保険募集のプロセスに応じて、保存すべきものは、意向把握に用いた帳票等（例えば、	

		設計書とアンケート等）と顧客の最終的な意向決定プロセスにおいて比較した意向、及び最終的な意向を確認したものの多くとも3時点の証跡を保存することで足りるか。 　あわせて、各段階の設計書等は必ずしも保存の必要はないか。	
368	Ⅱ－4－2－2（3）④イ.	損害保険商品はニーズが顕在化しており、提案から契約締結まで短期間で終了するケースも多いことから、ア．の意向把握に係る体制整備とイ．の意向確認に係る体制整備の証跡として保存する書面は同一のものが許容されるという理解でよいか。	貴見のケースについては、 ①主な意向・情報を把握したうえで、個別プランの作成・提案を行い、主な意向と個別プランの比較を記載している資料 ②最終的な意向と申込内容が合致していることを確認する意向確認書面 　①②それぞれが、分離して記載されている形を前提に、同一の書面として構成されていることも許容されると考えます。
377	Ⅱ－4－2－2（3）	保険代理店段階で意向把握帳票が作成された場合に、保険会社が当該帳票を保存することも許容されるという理解で良いか。	保険会社が当該帳票を保存することも許容されます。
378	Ⅱ－4－2－2（3）	監督指針には、「保険会社又は保険募集人のいずれか、又は双方において、」意向把握に係る業務の適切な遂行を確認できる措置を講じているかと規定されているため、「保険会社」「保険募集人」「双方」の3パ	貴見のような保険代理店が意向把握の履歴を保存することになっているケースにおいては、保険会社において意向把握の履歴を残すことまで求めるものではありませんが、保険会社は、保険代理店に対し適切に保

		ターンがあるということになるが、代理店業務委託契約において、保険代理店が保存することになっている場合は、保険代理店がこれを履行しなかったとしても、保険会社としての態勢が整っていなかったということにならないことを確認させていただきたい。 もし、保険会社としての態勢が整っていなかったということになるとすれば、保険会社としては、結局のところ、すべての保険代理店の意向把握の履歴を残しておかなければならないようにも思われるが、そうなると、監督指針が「保険会社又は保険募集人のいずれか、又は双方において、」と定めた趣旨が有名無実化されることから、確認させていただきたい。	存を行うよう求めるなどの態勢を整備する必要があります。

Q59

「当初意向（事前の意向）」と、「最終意向」とのたけくらべについて、「当初意向（事前の意向）」は、どの程度のものを残しておく必要があるか。必ず「設計書の保存」が必要というわけではないとの理解でよいか。

意向把握義務として、今回新たに、最終の意向が固まった段階で、「当初意向（事前の意向）」と「最終意向」との比較を行い、変更点について説明することを求めています。

これは、顧客の中には、保険募集人の提案・説明を聞き、意向が左右されることで、締結する保険契約の内容が当初の意向と異なるものとなってしまうことも想定されるところ、改めて、契約締結前に振り返りの機会を提供いただくことで、顧客が納得の上、契約締結することを期待するものです。

保険募集人の方の説明を聞いたら、保険に入っていないことに焦ってしまい、よく考えずに入ってしまった…。保険に衝動的に入ってしまうケースは少なくありません。例えば、子どもができたので、学資保険に入ろうと思って、来店型ショップにいったところ、「今キャンペーン中なので、ガン保険も一緒にどうですか。」と勧められ、よく考えずに加入してしまった、というケースなど。

さて、ここでいう「当初意向（事前の意向）」とはどの程度のものをいうのか。保険募集人は、どの程度のレベルで比べる必要があるか、また、残しておく必要があるか。これは、募集形態によっても様々と考えますが、手法としては、例えば、募集前に記載してもらったアンケート等と比べることが考えられます。または、アンケートやカウンセリング等の中で聴取した主な意向を、書面・システム等に記載・記録しておき、それと比べることが考えられます。このように、募集スタイルに応じて様々な方法が考えられるものであり、本義務を満たすためには、必ず設計書の保存が必要ということはありません。

また、比較する内容としては、例えば、希望する保険分野の種別（例:死亡保険、医療保険、学資保険等）、貯蓄商品であるか否か、保険期間、優先する事項などが考えられます。優先する事項とは、例えば、「先進医療特約に対応している医療保険がいい」など、保険分野の種別（ここでは医療保険）とは別に顧客の強い意向（こだわり）がある場合の事項をいいます。

Q60

そもそも、意向推定型の場合の事前の意向とはどのタイミングの意向をいうのか。

意向把握型における「当初の意向」は、例えば、顧客が来店型ショップに入店し、アンケート等に回答した内容など、ある程度共通の想定される相場観があるかと思います。他方、意向推定型における「事前の意向」は、どのタイミングの意向をいうのかについて考えます。

先述のとおり、意向推定型は、例えば、営業職員等がまだ意向が明確でない顧客に対して、足繁く通って説明するなど、ニーズの掘り起こしから行うようなケースを想定して規定しているものです。

このため、比較すべき「事前の意向」とは、一定程度、顧客が加入を希望する保険契約の内容が具体化された段階の意向を言います。この具体化された段階の意向を「把握する時期（タイミング）」については、商品特性や募集形態を踏まえ、募集過程のいずれかの時期とすることは可能です。その時期について、社内規則等で定める場合には、商品特性や募集形態に加え、顧客の意向の認識度合いにも十分に配慮した上で、個々の顧客に対して、適切かつ的確な意向把握が可能であると考えられる時期である必要があります。

また、商品特性や募集形態にもよりますが、例えば、「最終的な顧客の意向が確定した段階」の直前等を「把握すべき時期」として定めた場合、適切かつ的確な意向把握は困難なものと考えます。

（参考：パブコメ338）

番号	関係箇所（監督指針）	コメントの概要	金融庁の考え方
338	Ⅱ－4－2－2（3）①イ.	Ⅱ－4－2－2（3）①イ．の（注）で、「その後、最終的な顧客の意向が確定した段階において、その意向と、保険会社又は保険募集人が事前に把握した主な顧客の意向との比較を記載したうえで、両者が相違している場合には、その対応箇所や相違点及びその相違が生じた経緯について、わかりやすく説明する。」とあるが、以下の理解でよいか。 Ⅱ－4－2－2（3）①イ．の方法であっても、募集過程のいずれかの時期に顧客の意向を把握し、当該意向と最終的な顧客意向と	「事前に把握した顧客の意向」に係る「把握すべき時期」については、商品特性や募集形態を踏まえ、募集過程のいずれかの時期とすることは可能です。その時期について、社内規則等で定める場合には、商品特性や募集形態に加え、顧客の意向の認識度合いにも十分に配慮した上で、個々の顧客に対して、適切かつ的確な意向把握が可能であると考えられる時期である必要があります。 なお、商品特性や募集形態にもよりますが、例えば、「最終的な顧客の意向が確定した段階」の直前等を「把

		の比較を実施、両者が相違している場合は、その対応箇所・相違点および相違が生じた経緯を説明することが必要であるとの理解でよいか。 「事前に把握した顧客の意向」に関し、保険会社又は保険募集人は、自社の商品特性や募集形態を踏まえ、募集過程において顧客意向の把握を合理的な一定の時期とする旨を社内規則等で定めることが可能との理解でよいか。	握すべき時期」として定めた場合、適切かつ的確な意向把握は困難なものと考えます。

Q61

意向把握に用いた帳票等については保存期限は決まっていないという理解でよいか。保存方法は、電磁的保存でもよいか。また、帳票等について、顧客の署名や押印は必要か。

意向把握に用いた帳票等の保存期間については、保険契約締結日から、保険会社又は保険募集人が事後的に検証するために適当と考える期間保存することが求められます。

なお、必要に応じ、保存期限や保存方法を見直す必要があるほか、帳票により保存期限が異なる場合も生じると考えます。

保存方法については、意向把握に用いた帳票等を電磁的方法により保存することも認められます。

また、意向把握に用いたアンケートや設計書等については、必ずしも、顧客の署名や押印まで求めるものではありません。

（参考：パブコメ357、358、383～389）

番号	関係箇所（監督指針）	コメントの概要	金融庁の考え方
357	Ⅱ－４－２－２（３）	意向把握書面を作成するとした場合、募集人が、顧客から確認した内容を記載し、その内容を顧客に確認してもらえば足りる（顧客の署名や押印までは必要不可欠ではない）という理解で良いか。	貴見にある場合には、必ずしも顧客の署名や押印まで求めるものではありません。
358	Ⅱ－４－２－２（３）④ア.	意向把握に用いた帳票等は、顧客が作成せず、保険募集人が作成して顧客に確認を求める（顧客の署名や押印を不要とする）体裁のものでも許容されるという理解で良いか。	
383	Ⅱ－４－２－２（３）③ア.	「（略）最終的な意向に係るものを保存するなどの措置を講じているか」とあるが、業務の適切な遂行を確認できる状態であることを前提に「電磁的方法による保存」で差し支えないか。 また、保存期間は最低何年とすれば良いか。	意向把握に用いた帳票等の保存期間については、保険契約締結日から、保険会社又は保険募集人が事後的に検証するために適当と考える期間保存することが求められます。 なお、必要に応じ、保存期限や保存方法を見直す必要があるほか、帳票により保存期限が異なる場合も生じると考えます。 また、意向把握に用いた帳票等を電磁的方法により保存することも認められます。
384	Ⅱ－４－２－２（３）④ア.	Ⅱ－４－２－２（３）④ア．について、アンケートや設計書といった「意向把握に用いた帳票等」の保存期限については、各社が自社の商品特性や募集形態を	

		踏まえ、適切な期間を社内規則等に定めればよいとの理解でよいか。 　また、一旦規定した後でも、適宜見直しを行うことができる、という理解でよいか。 「意向把握に用いた帳票等」については、複数の帳票が存在することが想定されるが、必ずしも全ての帳票を同じ期間保存する必要はないとの理解でよいか。	
385	Ⅱ－４－２－２（３）④	意向把握の適切な遂行を確認できる措置について、意向把握に用いた帳票等を保存する場合の保存期間については、特に定めが設けられていないが、各社が適切な期間を判断し、社内規則等に定めることで差し支えないか確認したい。	
386	Ⅱ－４－２－２　（３）④ア.	意向把握に用いた帳票等の保存期間は、特定保険募集人は保険契約の締結の日から５年間でよいか。	
387	Ⅱ－４－２－２（３）	意向把握帳票の保存期間は、特定保険募集人の場合、保険契約の締結の日から５年間でよいか	
388	Ⅱ－４－２－２（３）④	意向把握のために使用した帳票の保存期間については、特に明示がないが、どのように考えればいいのか確認したい。	
389	Ⅱ－４－２－２（３）	意向把握帳票は、いつまで保存しなければならないのか。	

		保険契約が成約に至った場合でも、保険会社や保険代理店が任意で保存期間を決めて、その期間経過後には廃棄できるという理解で良いか。	

Q62

保険契約が成立しなかった場合には、意向把握帳票等を保存する必要はないという理解でよいか。また、保存は、全営業店分を本部で一括保存する方法でもよいか。

成約に至らなかった顧客に関する「意向把握に用いた帳票等」の保存は、法令上求められるわけではありませんが、個人情報保護法令にも十分留意しつつ、事後的な検証・改善を図る観点から、不成立となった意向把握に用いた書面の一部を保険会社又は保険募集人が適当と考える期間残すことも考えられます。

また、保存は、本部等一カ所で保存することでも構いません。

（参考：パブコメ370、371、382）

番号	関係箇所（監督指針）	コメントの概要	金融庁の考え方
370	Ⅱ－4－2－2（3）④ア.	「意向把握に用いた帳票等」（アンケートや設計書等）は、原本での保存が必要か。電子媒体での保存は	「意向把握に用いた帳票等」は、電子媒体での保存も可能であり、また、本部等一か所で保存することも

		可能か。 「意向把握に用いた帳票等」（アンケートや設計書等）は、営業店での保存が必要か、それとも全営業店分を本部等一か所で保存する方法でも構わないか。	認められます。
371	Ⅱ－４－２－２（３）④ア.	意向把握に用いた帳票等の保存方法に定めはない(原本それ自体を保存せず、原本をスキャンして電磁的な記録として保存することで良い）という理解で良いか。	
382	Ⅱ－４－２－２（３）	保険契約が成立しなかった場合には、意向把握帳票を保存する必要はないという理解で良いか。	成約に至らなかった顧客に関する「意向把握に用いた帳票等」の保存は、法令上求められるわけではありませんが、個人情報保護法令にも十分留意しつつ、事後的な検証・改善を図る観点から、不成立となった意向把握に用いた書面の一部を保険会社又は保険募集人が適当と考える期間残すことも考えられます。

（参考）保険募集人の体制整備に関するガイドライン（生命保険協会）	
5.意向の把握・確認義務 保険会社および保険募集人においては、顧客の意向の把握等に関して、申込みを行おうとする商品が顧客の意向に合致した内容であることを顧客が確認する機会を確保し、顧客が保険商品を適切に選択・購入することを可能とするため、そのプロセス等を社内規則等で定めて、所属する保険募集人に適切な教育・管理・指導を行うとともに、	○保険会社および保険募集人においては、例えば、意向把握・確認に係るプロセス等の有効性や苦情の発生状況を定期的に検証しながら、社内規則等や教育・管理・指導の実施内容について必要に応じて改善していくことが考えられる。 ○乗合代理店が意向把握・確認の主体

以下のような体制を整備する必要がある。

である場合、保険会社は、適切な監査等に加えて、申込みのあった自社商品に係る意向把握・確認が適切であるかを確認することで足りる。

（1）意向把握に係る体制整備

保険会社または保険募集人のいずれか、または双方において、意向把握に係る業務の適切な遂行を確認できる措置を講じる必要がある。そのため、例えば、適切な方法により、保険募集のプロセスに応じて、意向把握に用いた帳票等（例えば、アンケートや設計書等）であって、監督指針Ⅱ－4－2－2（3）①ア．からウ．に規定する顧客の最終的な意向と比較した顧客の意向に係るものおよび最終的な意向に係るものを保存するなどの措置を講じる必要がある。

○意向把握書面と意向確認書面は、それぞれが分離して記載されている形を前提に、同一書面とすることも許容される。

○複数の保険募集人が共同して保険募集を行う場合、意向把握に用いた帳票等の保存は、複数のうち一人の保険募集人が行うことも認められる。

○保険募集人が意向把握に用いた帳票等を保存する場合、保険会社による保存までは求められないが、保険会社は保険募集人に対して適切に保存を行うよう求めるなどの態勢を整備する必要がある。一方で、保険会社が保存する場合、保険募集人による保存までは求められないが、乗合代理店については、複数保険会社の商品を取り扱うことを踏まえて、原則として、当該代理店において保存することが望ましい。なお、意向把握に際して、募集過程で作成された帳票等全てを保存する必要はない。

○当初の把握意向をその時点で帳票等にしておく必要はないが、最終的には帳票等で保存（電子媒体による保存を含む。）するなどの措置を講じる必要がある。

（注1）顧客の意向に関する情報の収集や提供等に際しては、個人情報保護法（利用目的の明示や第三者提供に係る同

意等）や銀行等の窓口販売における弊害防止措置などの関係法令等を遵守する必要がある。 （注２）意向把握に用いた帳票等については、保険契約締結日から、保険会社または保険募集人が事後的に検証するために適当と考える期間保存する必要がある。	○監督指針Ⅱ－４－２－２（３）イ.の方法で設計書を用いて意向把握を行う場合、当該設計書自体についても一定期間保存する必要がある。 ○成約に至らなかった顧客の意向把握に用いた帳票等の保存は、法令上求められるものではないが、個人情報保護法にも十分留意しつつ、事後的な検証・改善を図る観点から、不成立となった意向把握に用いた帳票等の一部を保険会社または保険募集人が適当と考える期間残すことも考えられる。

意向確認書面が必要となる対象範囲については、今回の改正前後で変わっていないとの理解でよいか。

意向確認書面が必要となる対象範囲は、これまでは、改正前監督指針Ⅱ-4-2-2（3）②「サ　意向確認書面の適用範囲」と「シ　意向確認書面の適用範囲外の保険商品における顧客のニーズの確認」で規定しておりました。

「サ」と「シ」については意向把握・確認義務の導入を受け監督指針の規定を整理し直すに当たって削除されておりますが、同時に新監督指針

Ⅱ-4-2-2（3）④において、改めて規定しています。このため、意向確認書面が必要となる対象範囲について、実務上の対応においては、大きな変更はありません。

（参考：パブコメ340、341）

番号	関係箇所（監督指針）	コメントの概要	金融庁の考え方
340	Ⅱ－4－2－2（3）	Ⅱ－4－2－2（3）①オ．に定める事業性の損害保険契約に関する意向把握及び意向確認については、適切に行われる必要があるが、「意向確認書面」の使用は不要であり、同項④意向把握・確認義務に係る体制整備関係の規定の準用にあたっては、各保険仲立人の業務の特性に応じて適切に行われるものとの理解でよいか。	貴見のとおりです。
341	Ⅱ－4－2－2（3）④イ．	①オ．に定める事業性損害保険契約については、「意向確認書面」の作成を求められておらず、保険仲立人の特性に応じ仕様書等の書面の説明・交付により適切な意向確認が行われていれば足りるとの理解でよいか。	貴見のとおりです。

Q 64

ダイレクトメール等を用いた募集手法のうち、顧客との書類等のやりとりが一度に限定される手法（１ＷＡＹ方式）により意向把握（推定）を行うことは可能か。

顧客との書面等のやりとりが一度に限定される販売手法についても、Ⅱ-４-２-２（３）を満たすものであれば、直ちに否定されるものではありませんが、保険契約者等保護の観点から①意向把握の適切性（推定の妥当性）や②保険商品の説明・提案に係る顧客理解の程度、③当初意向と最終的な意向のふりかえりの必要性、④意向確認の確実な実施などに関して、十分に配慮したうえで、創意工夫により適切な保険募集に努めるほか、当手法の実効性を検証し、必要に応じて改善に努める必要があります。

Q 65

既存契約の一部を変更することを内容とする保険契約を取り扱う場合における意向把握・確認は、手続の特性に応じた柔軟な方法での対応が認められるか。

既存契約の一部変更時に、実質的な変更がある場合については、取り

扱う商品や募集形態を踏まえたうえで、各保険会社等の創意工夫のもと、変更の内容、程度に応じて、柔軟に行っていただくことが認められます(実質的な変更がない場合については、必ずしも意向把握・確認は求められません。)。

ここでポイントになってくるのは、「変更の内容がどの程度か」です。保険金額や保険期間、解約返戻金の有無の変更など契約内容の重要な変更がある場合には、当該変更部分について、その内容・程度に応じて適切な方法（Ⅱ-４-２-２（３）①ア．～カ．又はこれらと同様・同程度の方法）で意向把握・確認を行っていただく必要があります。

（参考：パブコメ348、349）

番号	関係箇所（監督指針）	コメントの概要	金融庁の考え方
348	Ⅱ－４－２－２（３）① Ⅱ－４－２－２（３）③	「更新や一部変更」については、Ⅱ－４－２－２（３）③の意向把握・確認義務の適用除外において、「実質的な変更に該当する場合は、当該変更部分について適切に意向把握・確認を行う」とされているが、意向把握・確認の方法については、ア．～ウ．の方法に拠らずとも、エ．～カ．と同様、更新・一部変更の特性を踏まえた適切な方法に拠ることも認められるという理解でよいか。	例えば、一般的には、保険金額、保険期間や解約返戻金有無等の変更は契約内容の重要な変更であり、実質的な変更に該当します。 既存契約の更新や一部変更時に、実質的な変更がある場合については、意向把握・確認を行う必要があります。なお、その際は、Ⅱ－４－２－２（３）①に基づき、取り扱う商品や募集形態を踏まえたうえで、各保険会社等の創意工夫のもと、変更の内容、程度に応じて、Ⅱ－４－２－２（３）①ア．～ウ．ないしはエ．～カ．又はこれと同等の方法を選択の上、適切に履行する必要があります。
349	Ⅱ－４－２－２（３）③	既存契約の更新・一部変更（保全手続）については、顧客からの電話でのお申出に基づき郵送で処理するなど実務上の創意工夫が行わ	

		れていることを踏まえ、情報提供義務において規則案第227条の2第3項第1・2号の標準的方法によらない方法が認められている（同項第3号）。 　本監督指針案においても、Ⅱ－4－2－2（3）③の意向把握・確認の適用除外に規定いただいているとおり、既存契約の更新・一部変更の特性を踏まえ、Ⅱ－4－2－2（3）①ア.イ.の意向把握・確認の方法以外の手続きの特性に応じた適切な方法での対応が認められるとの理解でよいか。	

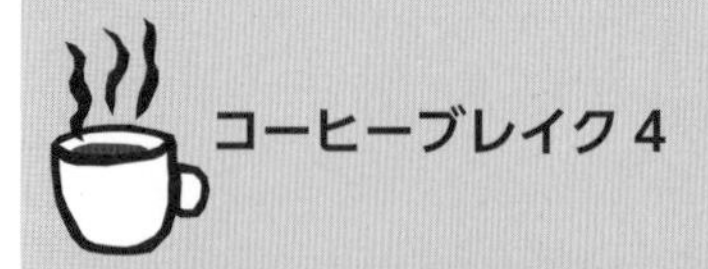

保険会社の海外進出（首長族の村を訪ねて）

私のライフワークは世界のいろんな民族に会いにいくことです。マサイ族（ケニア)、首長族（タイ)、チベット民族、ベルベル民族（北アフリカ）など。とりわけ首長族は、旅行書に場所の記載がなく、タイ北部の街でロングネックロングネックと騒いでいたところ、たまたま首長族の村出身の大学生と友達になり、２日間の山登り・トレッキングを経て、村に連れていってもらうことができました。

首長族は、首が長いわけではなく、鉄の輪を１年に一本ずつ増やしていき、鎖骨を下げることで、首を長く見せているそうです。首と輪は不可分一体になってしまっていて、輪をとると、首が折れて死んでしまうとのことでした。

ではなぜ輪を付けるのか。それは、彼らは、自分達の祖先は龍だと信じており、３年に一度、満月の夜に生まれた女の子に対し、祖先である龍に近づけるために、首が長くなるよう、輪を付けていたからだそうです。しかし時代の流れとともに、習慣は変わっていき、今では、女性は皆付けているんだそうです。

首長族の村では、珍しい外国人ということで、非常に歓迎していただき、首輪を１本いただいて帰ることができました。今では、ゴミと間違われて母親に捨てられてしまったようで見当たりませんが、そこでの経験はよい思い出です。

さて、似て非なる話、いえ、全然違う話。時代の流れ・海外進出の話です。近年、保険会社の海外進出が急速に進んでいます。平成27年も明治安田生命の米国スタンコープ社買収、東京海上ＨＤの米国ＨＣＣインシュアランス買収など巨額の海外Ｍ＆Ａがありました。わが国では、人口減少社会が到来するなか、市場を海外に求める動きは今後も進むと思われます。保険業法でも、24年、26年とＭ＆Ａ関係の改正を行っておりますが、保険会社の海外進出に伴って、引き続き必要な見直しの要否を考えていく必要があります。とりわけ、保険会社・子会社の業務範囲規制については、各国ごとに差があり、同様の規制では、他国との競争上不利になるケースがありえます。この点については、「保険契約者保護」と「保険市場活性化」の両方のバランスをとりつつ、しっかりと考えていきたいと思います。

第８章　体制整備義務関係　一般

Q66

今回の改正で、保険募集人に対する体制整備義務が新たに規定された背景は。

保険業法では、これまで保険会社に対して体制整備義務（法100条の２等）が課されており、保険募集代理店における必要な体制整備は、所属保険会社における管理・指導を通じて確保する建て付けとなっていました。この点、今回の改正においては、従前の所属保険会社における管理・指導に加えて保険募集人自身に対しても保険募集に係る体制整備を求めることとされました。

その背景としては、これまでの保険募集は、一社の保険会社の保険商品を取り扱う専属代理店や乗合代理店であっても乗合社数が少数であるなど、一義的には、販売する保険会社が決まっている、もしくは一部に限られている保険代理店が太宗でした。

しかしながら、近年、顧客ニーズの多様化を受け、数十の保険会社の商品を取り扱う乗合代理店が大幅に増加したことから、保険会社を通じた管理・指導という枠組みのみでは対応が困難であり、また、代理店自身にも体制整備を求めることが適当と考えられるケースが生じました。加えて、今回の法改正において、情報提供義務や意向把握義務など保険募集人自身も行為規制の対象とされました。

これらの保険募集を取り巻く環境の変化に対応し、適切な保険募集を確保する観点から、これまでの所属保険会社等による管理・指導に加えて、保険募集人自身に対してもその業務を適切に行うための体制の整備を求めることとしました。

参照　⇒　図12　保険募集人に対する規制の整備①（本書60ページ）

Q67

体制整備義務が新たに保険募集人に課されることで、保険募集人にはどのような対応が求められるのか。

保険募集人は、業務の規模・特性に応じて、「保険会社に課されている体制整備」に準じた対応を行うことが必要となります。

例えば、以下のような体制整備が法令上の対応として求められることとなります。

① 顧客への重要事項説明等保険募集の業務の適切な運営を確保するための社内規則等の策定、および、保険募集人に対する同社内規則等に基づいた適正な業務運営を確保するための研修の実施（規則第227条の7、監督指針Ⅱ－4－2－9(1)）

② 個人情報取扱いに関する社内規則の策定（規則第227条の9、監督指針Ⅱ－4－2－9(2)）

③ 保険募集の業務（保険募集の業務に密接に関連する業務を含む）を委託する場合の当該委託業務の的確な遂行を確保するための委託先管理（規則第227条の11）

（参考：パブコメ449）

番号	関係箇所 （監督指針）	コメントの概要	金融庁の考え方
449	Ⅱ－4－2－9	体制整備義務が新たに保険募集人に課されることで、保険募集人にはどのような対応が求められるのか。	保険募集人は、業務の規模・特性に応じて、「保険会社に課されている体制整備」に準じた対応を行うことが必要となります。 例えば、以下のような体制整備が法令上の対応として求められることとなります。 ① 顧客への重要事項説明等保険募集の業務の適切な運営を確保するための社内規則等の策定、および、保険募集人に対する同社内規則等に基づいた適正な業務運営を確保するための研修の実施（規則第227条の7、監督指針Ⅱ－4－2－9（1）） ② 個人情報取扱いに関する社内規則の策定（規則第227条の9、監督指針Ⅱ－4－2－9（2）） ③ 保険募集の業務（保険募集の業務に密接に関連する業務を含む）を委託する場合の当該委託業務の的確な遂行を確保するための委託先管理（規則第227条の11）

参照　⇒　図13　保険募集人に対する規制の整備②　（本書61ページ）

（参考）保険業法
（業務運営に関する措置）
第二百九十四条の三　保険募集人は、保険募集の業務（自らが保険募集を行った団体保険に係る保険契約に加入させるための行為に係る業務その他の保険募集の業務に密接に関連する業務を含む。以下この条並びに第三百五条第二項及び第三項において同じ。）に関し、この法律又は他の法律に別段の定めがあるものを除くほか、内閣府令で定めるところにより、①保険募集の業務に係る重要な事項の顧客への説明、②保険募集の業務に関して取得した顧客に関する情報の適正な取扱い、③保険募集の業務を第三者に委託する場合における当該保険募集の業務の的確な遂行、④二以上の所属保険会社等を有する場合における当該所属保険会社等が引き受ける保険に係る一の保険契約の契約内容につき当該保険に係る他の保険契約の契約内容と比較した事項の提供、保険募集人指導事業（他の保険募集人に対し、保険募集の業務の指導に関する基本となるべき事項（当該他の保険募集人が行う保険募集の業務の方法又は条件に関する重要な事項を含むものに限る。）を定めて、継続的に当該他の保険募集人が行う保険募集の業務の指導を行う事業をいう。）を実施する場合における当該指導の実施方針の適正な策定及び当該実施方針に基づく適切な指導⑤その他の健全かつ適切な運営を確保するための措置を講じなければならない。
２　（略）

（参考）保険業法施行規則
（社内規則等）
第二百二十七条の七　保険募集人又は保険仲立人は、保険募集の業務（法第二百九十四条の三第一項に規定する保険募集の業務をいう。以下この章において同じ。）を営む場合においては、当該業務の内容及び方法に応じ、顧客の知識、経験、財産の状況及び取引を行う目的を踏まえた重要な事項の顧客への説明その他の健全かつ適切な業務の運営を確保するための措置（書面の交付その他の適切な方法による商品又は取引の内容及びリスクの説明並びに顧客の意向の適切な把握並びに犯罪を防止するための措置を含む。）に関する社内規則等（社内規則その他これに準ずるものをいう。以下この条において同じ。）を定めるとともに、従業員に対する研修その他の当該社内規則等に基づいて業務が運営されるための十分な体制を整備しなければならない。

（個人顧客情報の安全管理措置等）
第二百二十七条の九　保険募集人又は保険仲立人は、その取り扱う個人である顧客に関する情報の安全管理、従業者の監督及び当該情報の取扱いを委託する場合にはその委託先の監督について、当該情報の漏えい、滅失又は毀損の防止を図るために必要かつ適切な措置を講じなければならない。

（特別の非公開情報の取扱い）
第二百二十七条の十　保険募集人又は保険仲立人は、その業務上取り扱う個人である顧客に関する人種、信条、門地、本籍地、保健医療又は犯罪経歴についての情報その他の特別の非公開情報（その業務上知り得た公表されていない情報をいう。）を、当該業務の適切な運営の確保その他必要と認められる目的以外の目的のために利用しないことを確保するための措置を講じなければならない。

（委託業務の的確な遂行を確保するための措置）
第二百二十七条の十一　保険募集人又は保険仲立人は、保険募集の業務を第三者に委託する場合には、当該委託した業務の実施状況を定期的に又は必要に応じて確認し、必要に応じて改善を求めるなど、当該業務が的確に実施されるために必要な措置を講じなければならない。

（参考）監督指針
Ⅱ－４－２－９　　保険募集人の体制整備義務（法第294条の３関係）
　保険募集人においては、保険募集に関する業務について、業務の健全かつ適切な運営を確保するための措置を講じているか。また、監査等を通じて実態等を把握し、不適切と認められる場合には、適切な措置を講じるとともに改善に向けた態勢整備を図っているか。
（注）保険会社の役員又は使用人及び保険代理店の役員又は使用人については、当該保険会社や保険代理店が募集の適切性を確保する観点から適切な研修・指導などの体制整備をしている場合には、当該指導に従い研修に参加することで基本的に足りるものと考えられる。

（１）保険募集に関する法令等の遵守、保険契約に関する知識、内部事務管理態勢の整備（顧客情報の適正な管理を含む。）等について、社内規則等に定めて、保険募集に従事する役員又は使用人の育成、資質の向上を図るための措置を講じるなど、適切な教育・管理・指導を行っているか。
（２）　顧客情報管理（外部委託先を含む。）については、保険募集人の規模や業務特性に応じて、基本的にⅡ－４－５に準じるものとする。
（３）保険募集人が募集関連行為を募集関連行為従事者に行わせるにあたっての留意点については、Ⅱ－４－２－１（２）を参照するものとする。
（４）保険会社のために保険契約の締結の代理・媒介を行う立場を誤解させるような表示を行っていないか。
　（注）単に「公平・中立」との表示を行った場合には、「保険会社と顧客との間で中立である」と顧客が誤解するおそれがある点に留意する。
（５）～（７）（略）

（8）上記のほか、保険募集人による保険募集管理態勢については、保険募集人の規模や業務特性に応じて、Ⅱ－４－２－１からⅡ－４－２－７に準じて扱うものとする。
（9）保険募集人の体制整備の状況に問題があると認められるときは、必要に応じて法第305 条に基づき報告を求め、重大な問題があると認められる場合には、法第306 条又は法第307 条第1 項に基づき行政処分を行うものとする。

Q68

「保険募集人の規模・特性に応じて」とはどのように考えればよいか。

保険募集人に対する体制整備については、業務の規模・特性に応じて行うことを求めています。つまり、当該代理店が、一社専属代理店かそれとも乗合代理店か、小規模代理店かそれとも大規模展開している代理店か、比較推奨販売等の業務を行っているか否かなどを踏まえて、必要となる体制整備を行っていただく必要があります。

具体的には、例えば、大規模展開している代理店と個人・小規模代理店であれば、役員・従業員等への指導の方法・効果は大きく異なってくると考えられ、業務の規模を踏まえて研修等の内容や方法、頻度等を検討する必要があると考えられます。

また、一社専属の代理店であり、比較推奨販売等の業務を行っていない代理店であれば、基本的には保険会社の指導・監督に従って適切に業務を遂行いただくことで足りると考えられますが、他方、乗合代理店であって比較推奨販売等の独自業務を行っている場合には、保険会社における指導監督に基づく体制整備に加えて、当該独自業務に係る体制整備

（方針の策定や従業員への指導等）を別途行う必要があります。

このように、ひとえに保険募集人といっても多様であり、個々に保険募集人の規模・特性を踏まえて必要となる体制整備を行っていく必要があります。この点、パブコメにおいて、一定、規模・特性に応じた体制整備の考え方を示しています。

（参考：パブコメ459、460、462）

番号	関係箇所（監督指針）	コメントの概要	金融庁の考え方
459	Ⅱ－４－２－９（２）	Ⅱ－４－２－９（２）で、「基本的にⅡ－４－５に準じる」とされている点に関して、Ⅱ－４－５－２では（１）①「組織体制の確立」、④ア.「責任部署を明確化」、⑥「独立した内部監査部門」といった保険会社の規模を念頭においた組織整備に係る項目等も規定されているが、「保険募集人の規模や業務特性に応じて」ということであれば、上記のような組織を代理店の規模を問わず、必ず設ける必要があるという趣旨ではないという理解でよいか。	貴見のとおりです。Ⅱ－４－２－９（２）の顧客情報管理（外部委託先を含む）については、保険募集人の規模や業務特性に応じた体制を整備することを求めているものです。
460	Ⅱ－４－２－９（１）	保険募集人は、（１）の「社内規則」について、所属保険会社の提供するマニュアル等を社内規則として採用し、同社内規則（当該所属保険会社のマニュアル等）に基づいて業務を行うことも認められるという理解でよいか。	（１）の「社内規則」については、保険募集人の規模や特性に応じて、保険会社等のマニュアルやガイドラインを自らの社内規則等と位置付け、使用することも考えられます。

462	Ⅱ－４－２－９	保険募集人の規模が小さい場合、内部監査のみを行う人員を確保することが実務上困難なケースがある。 監督指針Ⅱ－４－２－９柱書の「監査等」は、必ずしも独立した内部監査部門による監査のみを示すものではなく、募集人の規模や業務特性に応じて、業務検証を行う責任者（他部署と兼務）を設置し検証を行うことで足りると理解してよいか。	全ての保険募集人において、必ずしも独立した内部監査部門による監査が求められるものではありませんが、その場合にも、保険募集人の規模・特性に応じ、その態勢のあり方が十分に合理的で、かつ、実効性のあるものである必要があります。

参照　⇒　図14　保険募集人に対する規制の整備③　（本書62ページ）

Q69

保険会社の営業職員や保険代理店の使用人についても体制整備が必要になるのか。

先述のとおり、保険募集人に対する体制整備を新たに求めることとした背景の一つに、保険募集人が今回新たに規定する情報提供義務や意向把握義務等の行為規制の対象になることがあります。そのため、保険会社の営業職員や保険代理店の使用人においても業務の規模・特性に応じた体制整備が必要となります。

具体的には、例えば、生命保険会社において保険募集活動を行う営業職員については、保険会社が募集の適切性を確保する観点から実施する研修に参加するなど、保険会社の指導・監督に従い、適切に業務を実施することで対応することが考えられます。

（参考：パブコメ115、451）

番号	関係箇所	コメントの概要	金融庁の考え方
115	（施行規則）第227条の７等	募集人に求められる体制整備義務に関し、生命保険会社において保険募集活動を行う営業職員については、例えば、保険会社が募集の適切性を確保する観点から適切な研修・指導などの体制整備をしている場合には、当該指導に従い研修に参加することなど、保険会社の指導・監督に従い、適切に業務を実施することで十分な水準を確保していると考えられるとの理解でよいか。	ご質問の、生命保険会社において保険募集活動を行う営業職員については、例えば、保険会社が募集の適切性を確保する観点から実施する研修に参加するなど、保険会社の指導・監督に従い、適切に業務を実施することで対応することが考えられます。
451	（監督指針）Ⅱ－４－２－９	保険会社の営業職員や保険代理店の使用人についても体制整備が必要になるのか。	生命保険会社の営業職員や保険代理店の使用人、損害保険会社の研修生・直販社員も保険募集人の体制整備義務の対象ですが、基本的には、保険会社や保険代理店の教育・管理・指導に従って（保険会社や保険代理店が作成するマニュアルに沿った業務運営、保険会社や保険代理店が実施する研修への参加等）、適正に業務を実施していることが重要です。

Q 70

個人代理店や小規模法人代理店においても体制整備が必要になるのか。

個人代理店や小規模の法人代理店も保険募集人の体制整備義務の対象であり、業務の規模・特性に応じた体制整備が必要となります。ただし、これらの代理店については、基本的には、所属保険会社の指導・監督に従い、適切かつ主体的に業務を実施する体制を整備することで足りると考えられます。

具体的には、例えば、顧客への重要事項説明など保険募集の業務の適切な運営を確保するための社内規則等の策定や個人情報取扱いに関する社内規則の策定等に関しては、独自の社内規則等の策定が難しい場合には、保険会社等のマニュアルやガイドラインを自らの社内規則等と位置付けて使用することも考えられます。

また、従業員の教育に関しては、従業員数が少ないなど、独自に教育のための研修資料の作成等を行うことが過度な負担になるような場合については、例えば、必要に応じて、従業員を所属保険会社が企画する研修に参加させること等により対応することも考えられます。

いずれにしましても、今回の法改正の趣旨をご理解いただき、適切かつ主体的な体制整備を行っていただくようお願いいたします。

（参考：パブコメ452）

番号	関係箇所 （監督指針）	コメントの概要	金融庁の考え方
452	Ⅱ－４－２－９	個人代理店や小規模の法人代理店においても体制整備が必要になるのか。例えば、対応が求められることとなると考えられる、①顧客への重要事項説明等保険募集の業務の適切な運営を確保するための社内規則等の策定、および、保険募集人に対する同社内規則等に基づいた適正な業務運営を確保するための研修の実施や、②個人情報取扱いに関する社内規則の策定、③保険募集の業務（保険募集の業務に密接に関連する業務を含む）を委託する場合の当該委託業務の的確な遂行を確保するための委託先管理、としては、具体的にはどのような対応が求められるのか。	個人代理店や小規模の法人代理店も保険募集人の体制整備義務の対象ですが、所属保険会社の指導・監督に従い適切かつ主体的に業務を実施する体制を整備することで足ります。 例えば、①や②については、独自の社内規則等の策定が難しい場合には、保険会社等のマニュアルやガイドラインを自らの社内規則等と位置付け、使用することも考えられます。また、従業員に対する研修の実施、又は従業員を所属保険会社が企画する研修に参加することを促すことが必要となります。 ③については、委託する業務の内容・範囲にもよりますが、適正な業務遂行が見込める委託先の選定・管理を行うことが必要となります。

（参考）保険募集人の体制整備に関するガイドライン（生命保険協会）	
Ⅱ．各論 １．保険募集人の体制整備義務全般 （１）法令等の遵守等に係る教育・管理・指導 保険募集人は、保険募集に関する法令等の遵守、保険契約に関する知識の確保、内部事務管理態勢の整備（顧客情報の適正な管理を含む。）等	○個人代理店や小規模の法人代理店において、独自の社内規則等の策定が難しい場合には、保険会社等のマニュアルやガイドラインを自らの社

について、社内規則等に定めて、保険募集に従事する役員または使用人の育成、資質の向上を図るための措置を講じるなど、適切な教育・管理・指導を行う必要がある。	内規則等と位置付け、使用することも考えられる。その場合、従業員に対して、研修を実施し、または所属保険会社が企画する研修への参加を促す必要がある。なお、当該マニュアル等に記載されていない業務を行う場合には、保険募集人自身が社内規則等を定め、使用人への教育・管理・指導や、監査等を通じた実態把握・改善に向けた取り組みを行う必要がある。

（参考）募集コンプライアンスガイド〔追補版〕（日本損害保険協会）
Q. 自己点検等の監査については、規模が小さい代理店等では、独立した内部監査部門による監査までが求められるものではないと考えてよいでしょうか？ A. 全ての代理店において、必ずしも独立した内部監査部門による監査が求められるものではありません（例えば、前記（3）イ．(注)のように「代理店主による教育・管理・指導が可能な規模」の場合は、代理店主が監査を実施することも考えられます）。ただし、代理店の規模や業務特性に応じ、その態勢のあり方が十分に合理的で、かつ、実効性のあるものである必要があります。

Q71

顧客情報管理措置については、基本的には、個人情報保護法令で求められている措置を講じることで足りると考えてよいか。

顧客情報管理（外部委託先を含む）については、保険募集人の規模や業務特性に応じた取扱いを求めていますが、個人情報の保護に関する法律等の関係法令等に規定される個人情報が含まれる情報を取り扱う場合には、同法等を遵守いただく必要があります。

（参考：パブコメ116）

番号	関係箇所（施行規則）	コメントの概要	金融庁の考え方
116	第227条の10	個人情報保護法によりセンシティブ情報の管理等が厳格化されているが、それ以上の対応を求めるものではないと考えてよいか。	顧客情報管理（外部委託先を含む）については、保険募集人の規模や業務特性に応じた取扱いを求めていますが、個人情報の保護に関する法律等の関係法令等に規定される個人情報が含まれる情報を取り扱う場合には、同法等を遵守する必要があります。

（参考）保険募集人の体制整備に関するガイドライン（生命保険協会）	
1.保険募集人の体制整備義務全般 （２）顧客情報管理 顧客情報管理（外部委託先を含む。）については、保険募集人の規模や業務特性に応じた体制を整備し、個人情報保護法に則って適切に対応する必要がある。 なお、個人である顧客の情報に係る安全管理措置等については、保険募集人の規模や業務特性に関わらず、当該情報の漏えい、滅失またはき損の防止を図るために、保険募集人において以下の措置を講じることが望ましい。 ・金融分野における個人情報保護に関するガイドライン第10条、第11条および第12条の規定に基づく措置 ・金融分野における個人情報保護に関するガイドラインの安全管理措置等についての実務指針Ⅰ、Ⅱ、Ⅲおよび別添２の規定に基づく措置	

また、保険募集人が、個人情報を他の所属保険会社の保険募集や兼業部門での営業活動等に利用する場合、目的外利用が行われることがないよう、十分に留意する。	

第９章　体制整備義務関係　比較推奨

図18　保険募集人に対する規制の整備

「保険会社」が監督責任を負う従来の規制に加え、「保険募集人」に対し募集実態に応じた体制整備を求める

保険募集人全般	比較推奨販売を行う場合	フランチャイズ展開を行う場合
○ 保険募集人に求める一般的な体制整備として、以下を確保するための措置を規定。 ◆ 顧客への重要事項の説明等、その他健全かつ適正な業務運営 ◆ 顧客情報の適正な取扱い ◆ 保険募集業務を第三者に委託する場合の委託先による的確な業務遂行 ◆ 意向把握に係る業務の適切な遂行を確認できる措置 （意向把握に用いた帳票等（アンケートや設計書等）で、顧客の最終的な意向と比較した顧客の意向に係るもの及び最終的な意向に係るものを保存する等の措置）	○ 複数保険会社の商品の比較推奨販売を行う募集人（来店型保険ショップ等の乗合代理店）には、以下を確保するための措置を規定。 ◆ 顧客が、保険会社の代理店としての立場を誤解することを防止するための措置 （顧客と保険会社との間で「公平・中立」と表示することを禁止） ◆ 特定の商品を提示する場合の提案理由や比較する場合の誤解防止など、適切な商品比較・推奨を行うための措置	○ フランチャイズ展開を行う募集人（例：来店型保険ショップ等の乗合代理店）には、以下を確保するための措置を規定。 ◆ フランチャイザー（本部代理店）とフランチャイジーである保険募集人（他の代理店）との間で、所属保険会社が相違する等、取扱い保険商品が異なることもあるため、顧客が同一の業務を行うものと誤認することを防止するための措置 ◆ フランチャイジーに対する保険募集に係る指導を行う際の適正な実施方針の策定、当該方針に基づき適切な指導を行うための措置、業務実施状況を検証し、必要に応じた改善策を講じるための措置

Q72

比較推奨販売を行う場合に代理店が行う必要のある体制整備とは何をする必要があるのか。

複数の保険会社の商品から、商品比較・推奨販売を行う乗合代理店については、保険募集人一般に対する体制整備に加えて、以下のような措置を講じる必要があります。

① 商品比較・推奨販売を行う際の情報提供（商品比較、商品概要説明、提案理由等）を適切に行う上で必要となる措置

② 顧客が、保険会社の代理店としての立場を誤認することを防止するための措置（＝当該保険募集人が保険会社の委託を受けた者又はその者の再委託を受けた者でないと顧客が誤認することを防止するための適切な措置）

（参考）保険業法施行規則
（二以上の所属保険会社等を有する保険募集人に係る誤認防止）
第二百二十七条の十二　二以上の所属保険会社等を有する保険募集人は、当該所属保険会社等が引き受ける保険に係る一の保険契約の契約内容につき当該保険に係る他の保険契約の契約内容と比較した事項を提供する場合（異なる所属保険会社等が引き受ける保険に係る保険契約の内容を比較する場合に限る。第二百二十七条の十四において同じ。）又は二以上の所属保険会社等が引き受ける保険に係る二以上の比較可能な同種の保険契約の中から提案契約の提案をする場合には、当該保険募集人が保険会社等又は外国保険会社等の委託を受けた者又はその者の再委託を受けた者でないと顧客が誤認することを防止するための適切な措置を講じなければならない。

（契約内容を比較した事項の提供の適切性等を確保するための措置）
第二百二十七条の十四　二以上の所属保険会社等を有する保険募集人は、当該所

属保険会社等が引き受ける保険に係る一の保険契約の契約内容につき当該保険に係る他の保険契約の契約内容と比較した事項を提供する場合には、保険契約者若しくは被保険者又は不特定の者に対して、当該事項であってこれらの者を誤解させるおそれのあるものを告げ、又は表示することを防止するための措置を講じなければならない。

2　二以上の所属保険会社等を有する保険募集人は、二以上の所属保険会社等が引き受ける保険に係る二以上の比較可能な同種の保険契約の中から提案契約の提案をする場合には、当該提案に係る必要な説明を行うことを確保するための措置を講じなければならない。

（参考）監督指針

Ⅱ－４－２－９　　保険募集人の体制整備義務（法第294 条の３ 関係）

（４）保険会社のために保険契約の締結の代理・媒介を行う立場を誤解させるような表示を行っていないか。

（注）単に「公平・中立」との表示を行った場合には、「保険会社と顧客との間で中立である」と顧客が誤解するおそれがある点に留意する。

（５）二以上の所属保険会社等を有する保険募集人（規則第227 条の２ 第３項第４ 号及び規則第234 条の21 の２ 第１ 項第２ 号に規定する二以上の所属保険会社等を有する保険募集人をいう。以下、この（５）において同じ。）においては、以下の点に留意しつつ、規則第227 条の２ 第３ 項第４ 号及び規則第234 条の21 の２ 第１ 項第２ 号に規定する保険契約への加入の提案を行う理由の説明その他二以上の所属保険会社等を有する保険募集人の業務の健全かつ適切な運営を確保するための措置が講じられているかどうかを確認するものとする。

①　二以上の所属保険会社等を有する保険募集人が取り扱う商品の中から、顧客の意向に沿った比較可能な商品（保険募集人の把握した顧客の意向に基づき、保険の種別や保障（補償）内容などの商品特性等により、商品の絞込みを行った場合には、当該絞込み後の商品）の概要を明示し、顧客の求めに応じて商品内容を説明しているか。

②　顧客に対し、特定の商品を提示・推奨する際には、当該提示・推奨理由を分かりやすく説明することとしているか。特に、自らの取扱商品のうち顧客の意向に合致している商品の中から、二以上の所属保険会社等を有する保険募集人の判断により、さらに絞込みを行った上で、商品を提示・推奨する場合には、商品特性や保険料水準などの客観的な基準や理由等について、説明を行っているか。

（注１）形式的には商品の推奨理由を客観的に説明しているように装いながら、実質的には、例えば保険代理店の受け取る手数料水準の高い商品に誘導するために商品の絞込みや提示・推奨を行うことのないよう留意する。

（注２）例えば、自らが勧める商品の優位性を示すために他の商品との比較を行う場合には、当該他の商品についても、その全体像や特性について正確

に顧客に示すとともに自らが勧める商品の優位性の根拠を説明するなど、顧客が保険契約の契約内容について、正確な判断を行うに必要な事項を包括的に示す必要がある点に留意する（法第300 条第1 項第6 号、Ⅱ－4－2－2（9）②参照）。

③ 上記①、②にかかわらず、商品特性や保険料水準などの客観的な基準や理由等に基づくことなく、商品を絞込み又は特定の商品を顧客に提示・推奨する場合には、その基準や理由等（特定の保険会社との資本関係やその他の事務手続・経営方針上の理由を含む。）を説明しているか。

（注）各保険会社間における「公平・中立」を掲げる場合には、商品の絞込みや提示・推奨の基準や理由等として、特定の保険会社との資本関係や手数料の水準その他の事務手続・経営方針などの事情を考慮することのないよう留意する。

④ 上記①から③に基づき、商品の提示・推奨や保険代理店の立場の表示等を適切に行うための措置について、社内規則等において定めたうえで、定期的かつ必要に応じて、その実施状況を確認・検証する態勢が構築されているか。

Q73

「当該保険募集人が保険会社の委託を受けた者又はその者の再委託を受けた者でないと顧客が誤認することを防止するための適切な措置」とあるが、現行法第294条の権限等明示に加えて、新たな明示を求めるものではないとの理解でよいか。

保険業法上、保険会社から独立した存在として、顧客の立場に立って保険募集を行う者として位置づけられている保険仲立人と異なり（法2条25項)、保険代理店はあくまで保険会社から委託を受けて保険募集を行っている者です。

しかしながら、複数の保険会社の商品を取り扱っている乗合代理店の中には、いかにも複数の保険商品の中から、顧客の意向に沿った商品を提案しているように思わせて、実は、一番販売手数料の高い商品を提案しているケースがあるのではないかとの懸念がありました。そのため、保険WG報告書において、顧客にそのような誤解を与えさせないような措置を求めることが適当であるとの記載が盛り込まれました。当該規定は本報告を踏まえたものです。

当該規定は、「保険会社間で公平・中立」等の表示を行わない場合についても、募集の都度、顧客に対して何らかの積極的な明示行為を追加的に行うことを求めるものではありませんが、従業員等を有する保険募集人にあっては、各保険募集人が募集プロセスの過程で顧客の誤認を招くような表示・説明を行うことがないよう教育・指導等を行うことが必要となります。

（参考：パブコメ118、473）

番号	関係箇所	コメントの概要	金融庁の考え方
118	（施行規則）第227条の12	「当該保険募集人が保険会社の委託を受けた者又はその者の再委託を受けた者でないと顧客が誤認することを防止するための適切な措置」とあるが、現行法第294条の権限等明示に加えて、新たな明示を求めるものではないとの理解でよいか。	本改正により、何らかの積極的な明示行為が追加的に求められるものではありませんが、各募集人に対する教育・指導等により、顧客の誤認を招くような表示・説明を行わないようにするための措置が求められます。
473	（監督指針）Ⅱ－４－２－９（５）④	「保険代理店の立場の表示等を適切に行うための措置について、社内規則等において定め」とあるが、保険募集人が「公平・中立」等の表示を特に行っていない場合、新たに保険代理店の立場について表示を行うことは必要ないと考えてよいか。	貴見のとおりです。

（参考）保険募集人の体制整備に関するガイドライン（生命保険協会）	
（４）誤認防止措置（顧客が誤認するおそれがある表示の禁止） 保険募集人は、保険会社のために保険契約の締結の代理または媒介を行う立場を誤認させるような表示を行わないよう留意する。 また、保険募集人は、「所属保険会社の間で公平・中立である」旨の表示の有無に関わらず、保険会社のために保険契約の締結の代理または媒介を行うという自らの立場について明示する必要がある。特に、比較推奨販売を行う乗合代理店においては、自らの立場の表示等を適切に行うための措置を社内規則等に定めたうえで、適切にその実施状況を確認・検証する態勢を構築する必要がある。 なお、比較推奨販売を行う乗合代理店が自らの立場について表示する場合は、以下の点にも留意することが望ましい。 ・所属保険会社のために保険契約の締結の代理または媒介を行う旨の表示が、その他の表示と比較して著しく小さくなっていないか ・自らの立場の表示の近接する場所に、所属保険会社のために保険契約の締結の代理または媒介を行う旨を表示しているか （注１）「所属保険会社の間で公平・中立である」のような表示は否定されるものではないが、その場合には、商品の絞込みや提示・推奨の基準・理由等として、特定の保険会社との資本関係や手数料の水準その他の事務手続・経営方針などの事情を考慮することがないよ	○単に「公平・中立」との表示を行った場合には、「所属保険会社と顧客との間で中立である」と顧客が誤認するおそれがあることに留意する。また、「顧客のために保険募集を行う者」「どの保険会社にも属していない」「保険会社から独立した存在である」といった表示についても、顧客が保険募集人の立場を誤認するおそれがあることに留意する。

う留意する。 （注２）表示内容に関わらず、販売手法、その他の商品説明手法とあいまって、「保険会社と顧客との間で中立である」と誤認させることがないよう留意する。	

（参考）募集コンプライアンスガイド〔追補版〕（日本損害保険協会）
Q.「保険代理店の立場の表示等を適切に行うための措置について、社内規則等において定め」とあるが、保険募集人が「公平・中立」等の表示を特に行っていない場合、新たに保険代理店の立場について表示を行うことは必要ないと考えてよいでしょうか？ A. そのとおりです（従来同様、保険業法第294条の権限明示を果たすことで足ります）。

Q74

「公平・中立」という文言を用いることは、どのような販売手法をとった場合であっても禁止なのか。

「保険会社間で公平・中立であること」のような表示を行うことは必ずしも否定されるものではありませんが、その場合には、表示内容を踏まえ、商品の絞込みや提示・推奨の基準や理由等として、特定の保険会社との資本関係や手数料の水準その他の事務手続・経営方針などの事情を考慮することのないよう留意する必要があります。

（参考：パブコメ468）

番号	関係箇所（監督指針）	コメントの概要	金融庁の考え方
468	Ⅱ－４－２－９（４）	例えば、「（特定の保険会社との資本関係やその他の事務手続・経営方針上の理由がある場合にも関わらず）保険会社間で公平・中立であること」のような表示を行うことは、顧客が誤認するおそれがあると思料するが、見解を確認させていただきたい。	「保険会社間で公平・中立であること」のような表示を行うことは否定されるものではありませんが、その場合には、商品の絞込みや提示・推奨の基準や理由等として、特定の保険会社との資本関係や手数料の水準その他の事務手続・経営方針などの事情を考慮することのないよう留意する必要があります。

Q75

「公平・中立」という文言を用いることは禁止なのか。「お客様最優先」「お客様と一緒に」等のスローガンについてはどうか。

先述の保険代理店の立場の誤解防止のための措置に係る規定について、保険募集代理店が作成している募集文書の中には、キャッチフレーズとして、「お客様最優先」「お客様と一緒に」等のスローガンを記載している場合があります。

当該規定は、このようなキャッチフレーズを使用することを、必ずしも禁止するものではありませんが、販売手法、その他の商品説明手法とあいまって、顧客と保険会社との間で中立であると誤認させることのないよう留意する必要があります。

（参考：パブコメ469）

番号	関係箇所（監督指針）	コメントの概要	金融庁の考え方
469	Ⅱ－４－２－９（４）	保険会社・代理店の方針・スローガン等として、「お客さま最優先」「お客さまと一緒に必要な補償・ライフプランを考えます」などを掲げることは一般的に行われているが、このような保険募集の方針・スタンスを示すことを制限する趣旨ではないという理解でよいか。	貴見のような表示を行うことも考えられますが、販売手法、その他の商品説明手法とあいまって、顧客と保険会社との間で中立であると誤認させることのないよう留意する必要があります。

（参考）募集コンプライアンスガイド〔追補版〕（日本損害保険協会）
Q. 保険会社・代理店の方針・スローガン等として、「お客さま最優先」「お客さまと一緒に必要な補償・ライフプランを考えます」「お客様本位」などを掲げることは一般的に行われているが、このような保険募集の方針・スタンスを示すことを制限する趣旨ではないという理解でよいでしょうか？ A. 例示のような表示を行うことも考えられますが、販売手法、その他の商品説明手法とあいまって、顧客と保険会社との間で中立であると顧客に誤認させることのないよう留意する必要があります。

Q76

代理店が比較推奨販売や募集人指導事業など、保険会社のマニュアルに記載されていないような業務を行う場合には、当該マニュアルに基づいて業務を行うのみでは当該規定を満たしたとはいえず、代理店自身で社内規則等を定め業務を適正に実施する必要があるという理解でよいか。

個人代理店や小規模代理店など、保険募集人の規模や特性によっては、保険会社や生保協会・損保協会等のマニュアル・ガイドライン等を自らの社内規則等と位置付け、使用することも考えられますが、その場合でも、保険商品の比較推奨販売を行う場合など、当該マニュアル等に記載されていないような業務を行う場合には、単に、保険会社や生保協会・損保協会等のマニュアルやガイドラインを自らの社内規則等と位置付け使用するだけでは十分な措置を講じているとはいえません。

そのような場合には、代理店自身において社内規則等を定めるとともに（社内規則は例示であり、形にこだわるものではありません。以下同じ。）、使用人への教育・管理・指導や、監査等を通じた実態把握・改善に向けた取り組みを行う必要があります。

（参考：パブコメ461、465、474）

番号	関係箇所（監督指針）	コメントの概要	金融庁の考え方
461	Ⅱ－4－2－9（1）	代理店が比較推奨販売や募集人指導事業など、所属保険会社のマニュアル等に記載されていないような代理店独自の業務を行っている場合は、所属保険会社のマニュアル等を社内規則等として採用したとしても、当該業務の方法は規定されていないことから、そのような業務については、代理店自身で社内規則等を定め、それに応じた募集人の教育・管理・指導のほか、監査等を通じた実態把握・	保険募集人の規模や特性によっては、保険会社や協会のマニュアルやガイドラインを自らの社内規則等と位置付け使用することも考えられますが、その場合でも、当該マニュアル等に記載されていない業務を行う場合には、保険募集人自身が社内規則等を定め、使用人への教育・管理・指導や、監査等を通じた実態把握・改善に向けた取り組みを行う必要があります。

		改善に向けたＰＤＣＡの取り組みなどを図る必要があるという理解でよいか。	
465	Ⅱ－４－２－９（注）	乗合代理店において、各保険会社から適切な研修・指導を受ける体制整備をしている場合には、当該指導に従い研修に参加することで基本的に足りるものと考えられるという理解で良いか。	乗合代理店におけるⅡ－４－２－９（５）に係る体制整備としては、保険会社による研修・指導を受けることに加えて、乗合代理店自らが適切かつ実効性のある体制を整備する必要があります。
474	Ⅱ－４－２－９（５）	比較推奨を行う場合の保険募集人の体制整備によりどのような対応が求められるのか。個人代理店や小規模の法人代理店はどのような体制整備をすればいいのか。	比較推奨販売を行う保険募集人は、通常求められる体制整備に加えて、適切な比較推奨を行うための体制整備が必要となります。 なお、個人代理店や小規模の法人代理店において、独自の体制整備が難しい場合でも、法令や監督指針を踏まえて、適切かつ主体的に業務を遂行する体制を整備することが必要です。

Q77

監督指針Ⅱ－４－２－９(５)④に「上記①から③に基づき、・・・社内規則等において定めたうえで、定期的かつ必要に応じて、その実施状況を確認・検証する態勢が構築されているか。」とあるが、これは何を求めているのか。

監督指針Ⅱ－４－２－９(５)④において、監督指針Ⅱ－４－２－９(５)「①から③に基づき、商品の提示・推奨や保険代理店の立場の表示等を適切に行うための措置について、社内規則等において定めたうえで、定期的かつ必要に応じて、その実施状況を確認・検証する態勢が構築されていること」を求めています。

これは、比較推奨販売を行う場合にあっては、保険募集人が都度、場当たり的に行うのではなく、事前に実施方法を社内規則等において定めるとともに、その実施状況の適切性を確認・検証し、必要に応じて、改善することを求めています。これは、日々の保険募集に係る業務を、いわゆるＰＤＣＡ（Plan,Do,Check,Action）サイクルにより見直していくことを通じて、一層適切なものとなっていくことを期待しているものです。

そのため、上記の対応を講じるに当たっては、例えば、当該対応の適切性の確認・検証に資する記録や証跡等の保存が必要となります。

（参考：パブコメ562、563）

番号	関係箇所（監督指針）	コメントの概要	金融庁の考え方
562	Ⅱ－４－２－９（５）	複数保険会社の商品から比較推奨して販売する場合に係る措置について、その実施状況を確認・検証する態勢の構築を求められているが、確認・検証を行うにあたり、どのような記録や証跡等が必要になるか例示していただきたい。	比較推奨販売の実施状況の適切性を確認・検証し、必要に応じて、改善することが重要であることから、その適切性の確認・検証に資する記録や証跡等の保存が必要と考えます。
563	Ⅱ－４－２－９（５）④	「社内規則等において定め」との表現があるが、同「社内規則等」とは、細かく形式を限定するものではなく、また、「社内規則」であるので、公表の必要もないと考えられる。 しかしながら、「実施状況の確認・検証する態勢」が求められているので、文書等による明確化や一定程度の継続性を前提としているようにも見える。 どの程度までの態勢整備を求めたものなのか考え方を明らかにしていただきたい。	Ⅱ－４－２－９（５）④は、その具体的な方法、程度や期間等については、商品特性や募集形態を踏まえつつ、Ⅱ－４－２－９（５）①～③を適切に行うことを社内規則等で定めた上で、事後に効率的かつ効果的に確認・検証できる態勢を求めることとしたものです。

（参考）保険募集人の体制整備に関するガイドライン（生命保険協会）	
２．比較推奨販売（比較説明・推奨販売） （４）社内規則等の策定 乗合代理店は、比較推奨販売を適切に行うための措置について、社内規則等において定めたうえで、適切にその実施状況を確認・検証する態	

勢を構築する必要がある。 （注）乗合代理店は、比較推奨販売に係る実施状況の適切性を確認・検証し、必要に応じて改善することが重要であり、適切性の確認・検証に資する記録や証跡等を代理店自身が保存する必要がある。 なお、乗合代理店は、比較推奨販売の手法に応じて、社内規則等に以下のa.～c. に掲げる事項を定める必要がある。 また、社内規則等に定めた以下のa.～c. に掲げる事項や代理店の立場等について、書面による交付または説明、店頭への掲示、ホームページの活用等により顧客に周知することも考えられる。 a.比較可能な商品の概要明示を行ったうえで、客観的な基準・理由等に基づき商品の絞込みまたは特定商品の提示・推奨を行う場合は、その方針、基準・理由等 b. 客観的な基準・理由等に基づくことなく商品の絞込みまたは特定商品の提示・推奨を行う場合は、特定の保険会社との資本関係やその他の事務手続・経営方針上の理由などの合理的な基準・理由等 c. 基本的には比較推奨販売を行わないものの、顧客の求めに応じて例外的に比較推奨販売を行うことがある場合は、その旨	

Q78

客観的な基準や理由等に基づくことなく、特定の商品を提案する場合（＝選別せずに特定の保険商品を提案する場合）についても、社内規則等に何らか規定する必要があるか。

顧客の意向に沿って客観的な基準や理由等に基づき商品の絞込みや商品の提示・推奨を行う場合（「顧客の意向に沿って商品を選別して提案」する場合）には、例えば、どのような視点で・どのような順序で商品の絞り込みを行っていくか（保険料、特約、付帯サービス等）などについて社内規則等に規定することが考えられます。

また、客観的な基準や理由等に基づくことなく募集人側の理由・基準により特定の商品を提示・推奨する場合（「募集人側の理由・基準により特定の商品を提案」する場合）においても、どのような基準や理由等（例：特定の保険会社との資本関係やその他の事務手続・経営方針上の理由）で当該商品をすすめるのかについて規定し、それに基づき、適切に説明を行う必要があります。

（参考：パブコメ82、83、491、537～545、559）

番号	関係箇所	コメントの概要	金融庁の考え方
82	（施行規則）第227条の２第３項第４号	「顧客の意向に沿った比較可能な同種の保険契約の概要」とあるが（施行規則第227条の２第３項４号ロ）、「概要」というのは、具体的にはどのような内容をいうか。	「顧客の意向に沿った比較可能な同種の保険契約の概要」の情報提供は、保険募集人が、二以上の比較可能な同種の保険契約の中から顧客の意向に沿った保険契約を選別する過程において

83	（施行規則）第227条の２第３項第４号	ロについて、明示すべき比較可能な同種の保険契約の概要とは、どのようなものか例示願いたい。	（当該選別は複数回になされることも想定されます）、各選別が終了した場面において、当該選別によっては最終的に除外されなかった範囲の複数の保険契約についてすることが想定されます。 したがって、そこでの「概要」とは、顧客が保険商品を絞り込むための契機となる情報であり、基本的には、保険商品のパンフレットの商品概要に記載している内容を提示することが想定されます。
491	（監督指針）Ⅱ－４－２－９（５）②	例えば、代理店Ａに保険募集人ＢとＣの２名が所属している場合、顧客Ｄの意向を前提に、ＢとＣが代理店Ａ取扱商品の中から、それぞれの判断に基づき絞込みをした結果、顧客Ｄに対し、異なる保険商品を推奨するということも、代理店Ａの定める社内規則等に反しない限り問題ないという理解でよいか。	貴見のケースのように、複数の保険募集人が、Ⅱ－４－２－９（５）に留意した適切な絞込みを行ったうえで、異なる商品を推奨することもありえると考えます。
537	（監督指針）Ⅱ－４－２－９（５）	比較推奨を行う場合においては、提示・推奨の基準や理由については、代理店単位で画一的な基準や理由に限定された一つの方針に限定されるわけではないとの理解でよいか。 その場合、代理店内で各拠点や所属する保険募集人に対する教育・管理・指導が適切に行われている前提	二以上の所属保険会社等を有する保険募集人の場合に、Ⅱ－４－２－９（５）①②に基づき提示・推奨する理由は、顧客の意向に照らして、当保険代理店が定める基準に基づくものであり、「所属募集人ごと各々の事情に応じた基準や理由」による提示・推奨が許容されるものではありませ

		においては、拠点や所属募集人ごと各々の事情に応じた基準や理由による提示・推奨も許容されるとの理解でよいか。 例えば、比較推奨を行うか否かも含め、「所属している個々の保険募集人の判断に委ねる」との組織方針は許容されると考えてよいか。（組織としてのガバナンスが確保されている前提で、各募集人の保有する能力・ノウハウに期待する経営のあり方は認められるのか。）	ん。 一方、Ⅱ－４－２－９（５）③に基づいて販売する保険代理店においては、示される基準や理由は合理的なものである必要があります。 また、その場合において、保険代理店の拠点によって、その基準や理由が異なることも許容され得ると考えますが、その基準や理由が合理的であるとともに、顧客に分かりやすく説明がなされる必要があります。
538	（監督指針）Ⅱ－４－２－９（５）	Ⅱ－４－２－９（５）②及び③における提示・推奨の基準や理由については、代理店は、必ずしもすべての募集人に対し、取り扱う保険契約すべてにおいて一律のものを用いさせなければならないものではなく、適切な教育・管理・指導を前提として、たとえば、募集人が保険契約の選別に用いることができる一または二以上の基準・理由を適切に定め、これを周知・徹底したうえで、募集人の所属する事務所ごと、あるいは個々の募集人の判断により、このように定めた基準や理由の中から個々の保険募集に関する事情に照らして適切なものを選択して用いるといったように、一定範囲の裁量を与えることも	

		許容されると考えてよいか。
539	（監督指針） Ⅱ－４－２－９（５）	比較推奨を行わない場合の理由は、同一代理店の営業拠点毎やマーケット属性別（大企業・中小企業・個人等）に異なっても許容されるとの理解でいいか。（例えば、代理店が他代理店との合併に伴って当該代理店の支店になる場合、それぞれの取引の歴史に応じて、拠点毎に保険会社を決めるようなケースの場合）
540	（監督指針） Ⅱ－４－２－９	保険代理店が採用する保険販売モデルを１つに決定しなければならないという法令上の規制が課されていないことからすると、保険代理店が販売モデルを定めて保険募集人の一挙手一投足を縛る保険募集態勢ではなく、保険募集人ごとの個性を重視して、自らの販売モデル（比較推奨モデルを採用するか否か、比較推奨の方法、意向把握・確認の方法、情報提供の方法）を決めさせる募集態勢も、知識・経験が豊富で自律的に活動することができる高品質な保険募集人を揃えることを前提に、保険代理店がそれぞれの保険募集人の販売モデルを把握し、その内容の適切性を検証のうえで、これを厳格に順守させ、問題があれば改善のための指導を行う態勢が整っていれば、保険募集態勢として

		採用し得ないものではないという理解でよいか。	
541	(監督指針) Ⅱ－4－2－9(5)①	「○○が保障（補償）される」といった「支払事由」「保険事故」に着目した絞込みは、Ⅱ－4－2－9（5）②にいう「客観的な基準や理由」といえるという理解でよいか。	Ⅱ－4－2－9（5）②・③で用いる理由としての適切性については、個々の事案に応じて、用いる理由の客観性や合理性等を踏まえたうえで判断する必要があると考えられます。
542	(監督指針) Ⅱ－4－2－9(5)①	「新しく発売された保険商品」という理由の説明は、Ⅱ－4－2－9（5）②ではなく、Ⅱ－4－2－9（5）③が適用されるという理解で良いか。	
543	(監督指針) Ⅱ－4－2－9(5)①	「取扱い実績が（最も）多い」、「○○ランキングで第1位／高い評価を得ている」という理由の説明は、Ⅱ－4－2－9（5）②ではなく、Ⅱ－4－2－9（5）③が適用されるという理解で良いか。	
544	(監督指針) Ⅱ－4－2－9(5)①	例えば、「人気ランキング」や「資料請求件数ランキング」と謳っているものの、実際には、「保険代理店の受け取る手数料水準の高い商品に誘導するような仕組み」がとられていることが発覚した場合には、この「②」の「注1」に該当する可能性が高いという理解でよいか。	貴見のケースはⅡ－4－2－9（5）②（注1）に該当します。
545	(監督指針) Ⅱ－4－2－9（5）①	「比較可能な商品（省略）の概要を明示し」とあるが、どの程度の内容を明示することが想定されているのか。	例えば、パンフレットにおける商品概要のページなど、商品内容の全体像が理解できる程度の情報を明示

			する必要があります。
559	(監督指針) Ⅱ－４－２－９（５）④	Ⅱ－４－２－９（５）１④に「商品の提示・推奨や保険代理店の立場の表示等を適切に行うための措置について、社内規則等において定めたうえで」とあるが、Ⅱ－４－２－９（５）③にて顧客への説明が求められている「商品特性や保険料水準などの客観的な基準や理由等に基づくことなく、商品を絞込み又は特定の商品を顧客に提示・推奨する場合には、その基準や理由等」の内容を予め社内規則等に定めておくことまで求めるものではないという理解でよいか。	客観的な基準や理由等に基づくことなく商品を絞込み又は特定の商品を顧客に提示・推奨する場合には、社内規則等に規定した基準や理由等を説明する必要があります。

Q79

一義的には、「募集人側の理由・基準により特定の商品を提案」する乗合代理店であるが、一応、他の保険会社の商品も取り扱っており、顧客の要望に応じて「顧客の意向に沿って商品を選別して提案」するケースがある場合には、どのようにする必要があるか。

日頃、「募集人側の理由・基準により特定の商品を提案」する乗合代理店であっても、顧客の要望に応じて「顧客の意向に沿って商品を選別して提案」するケースがある場合には、「募集人側の理由・基準により

特定の商品を提案」する場合に加えて、「顧客の意向に沿って商品を選別して提案」する場合の対応（社内規則等への実施方法の規定等）についても行っていただくことが必要となります。

同種の比較可能な商品を取り扱う代理店である場合には、基本的には、顧客が希望した場合には、顧客の意向に沿って商品を選別して提案するケースが多いのではないかと思います。その場合には、社内規則等には、一義的には、「募集人側の理由・基準により特定の商品を提案」する対応を規定しつつも、顧客が希望した場合に備えて「顧客の意向に沿って商品を選別して提案」するケースの対応についてもあわせて規定していただくことが必要です。

（参考）比較説明・推奨販売方針の例

※あくまでイメージであり、これに限るものではありません。また、必ずしも以下のように独立した方針として定める必要はありません。社内規則の中に盛り込むなど、所属募集人が、提案する商品やマーケット、顧客等ごとにどのような方針・基準に基づいて保険商品を選定し、提示・推奨すればよいか、わかりやすく定め、周知することが重要です。

比較説明・推奨販売方針

年　　月　　日
代理店・事務所名

当社は、二以上の保険会社等の保険商品を取り扱うため、以下のとおり比較説明・推奨販売方針を定め、これに基づき適正に保険募集を行うものとする。

（客観的な基準や理由等に基づき、特定の商品を提示・推奨する場合）

（例）

◇当社は、お客さまの意向に沿った保険商品の中から、商品特性や保険料水準等客観的な基準・理由に基づいて保険商品（引受保険会社）を選定し、提示・推奨する方針とする。

◇当社は、お客さまの意向に沿った保険商品の商品概要の全体像を理解できるようにするためにパンフレットを明示するとともに、お客さまの求めに応じて商品内容を説明する。

◇当社は、提示・推奨する保険商品について、比較説明を行う場合は、比較する商品の全体像やその特性について正確にお客さまに示すとともに、自らが勧める商品の優位性の根拠を説明するなど、お客さまが商品内容について、正確な判断を行うに必要な事項を包括的に示す。
◇当社は、提示・推奨する保険商品に応じて、保険募集人が把握したお客さまの意向の内容及び各意向の程度（強さ）等を踏まえつつ、それぞれ以下（あるいは当社作成の別添シート）の基準に基づいて特定の商品を選定し、その選定の基準や理由についてお客さまにわかりやすく説明する。
＜がん保険＞
第１順位推奨．がんに関する補償（保障）のうち、××補償（保障）（特約）が付帯された商品を提示・推奨する。
第２順位推奨．お客さまが希望する契約条件で保険料水準が優位な商品を提示・推奨する。

＜××保険＞
・・・・・

（客観的な基準や理由等に基づくことなく、特定の商品を提示・推奨する場合）
（例）
◇当社は、お客さまの意向に沿った保険商品の中から、□□保険会社の既存契約件数が一番多く、当社の保険募集人は同保険会社の募集実務に特に精通していると考えることから同保険会社の商品を提示・推奨するとともに、その選定の理由を説明する。
なお、お客さまの求めにより、商品特性や保険料水準等客観的な基準・理由に基づいて保険商品を選定し、提示・推奨する場合は、・・・（上記、「客観的な基準や理由等に基づき、特定の商品を提示・推奨する場合」のように別途方針を記載する）。

（注）実際には、乗合保険会社の中から代理店の経営方針によって（客観的な基準や理由等に基づくことなく）一定の保険会社を選定したうえで、その選定した商品の中から、顧客の意向に沿って客観的な基準や理由等に基づいてさらに絞り込みを行うなど、代理店によって商品選定方法は様々です。また、保険商品やマーケット、顧客属性等に応じて方針が異なる場合もあります。いずれにしましても、これらの規定を定めるにあたっては、代理店の実態にあわせて、定める必要がありますのでご注意ください。
（注）例えば「保険料水準」に基づいて保険商品を選定・推奨する場合、各保険

会社の商品は多様であり、厳密には同一の契約条件とは言い切れず、保険料水準が優位かどうか判断することは難しいケースも少なくないと思われます。このように客観的に優位性の判断が難しいケースでも所属募集人が適切に判断できるよう、各保険商品の詳細内容や契約条件の設定方法などについて十分に募集人を教育するといった態勢整備も重要です。

<table>
<tr><th colspan="2">（参考）保険募集人の体制整備に関するガイドライン（生命保険協会）</th></tr>
<tr><td>2．比較推奨販売（比較説明･推奨販売）
（3）推奨販売に関する留意点
イ．客観的な基準・理由等に基づくことなく特定商品の提示・推奨を行う場合
乗合代理店が、商品特性や保険料水準などの客観的な基準・理由等に基づくことなく、商品を絞込みまたは特定の商品を提示・推奨することも否定されない。ただし、その場合には、合理的な基準・理由等（特定の保険会社との資本関係やその他の事務手続・経営方針上の理由を含む。）を顧客に分かりやすく説明する必要がある。</td><td>○例えば、特定の保険会社の系列代理店において、特定の保険会社の商品を提示・推奨する場合には、当該代理店が系列代理店である旨を説明することで足りる。また、当該代理店、その親会社、系列会社等が特定の保険会社の主要株主である場合等についても、その事実を説明することで足りる。

○他に比較可能な商品があるにも関わらず、取扱商品一覧等にあらかじめ選定した特定の商品群を記載する場合には、その選定理由等を適切に説明する必要がある。そのうえで、顧客の意向に基づき絞込みを行った場合には､本ガイドラインⅡ．2．（3）ア．①および②に基づいて概要を明示し、提示・推奨の基準・理由等を説明する必要がある。

○例えば､本ガイドラインⅡ．2．（3）イ．に沿って一定数まで商品を絞り込んだ後に、本ガイドラインⅡ．2．</td></tr>
</table>

	（3）ア．に沿って顧客の意向および客観的な基準・理由等に基づく絞込みを行い特定の商品を提示・推奨する場合、本ガイドラインⅡ．2．（3）イ．の方法による絞込み後の商品の概要を明示することで足りる。 ○本ガイドラインⅡ．2．（3）イ．に沿って商品を提示・推奨する場合、その基準・理由等が合理的であれば、乗合代理店の店舗や保険募集人ごとに異なることも許容され得る。その場合、店舗や保険募集人ごとの基準・理由等を顧客に分かりやすく説明することに加えて、例えば当該代理店として提示・推奨する商品の範囲を示すなど、顧客の商品選定機会を確保する必要がある。また、当該代理店においては、合理的な基準・理由等の設定、顧客への適切な説明等について、所属する保険募集人に対して教育・管理・指導を行うとともに、実施状況等を確認・検証する必要がある。
（注1）基準・理由等が複数ある場合には、その主たるものを分かりやすく説明する必要がある。 （注2）「所属保険会社間で公平・中立である」ことを表示する場合には、商品の絞込みや提示・推奨の基準・理由等として、特定の保険会社との資本関係や手数料の水準その他の事務手続・経営方針などの事情を考慮することがないよう留意する。	○例えば、主たる理由が手数料水準である場合には、そのことを説明する必要がある。なお、主たる理由が手数料水準であるかどうかは、実態に即して、個別具体的に判断する必要がある。

第10章 体制整備義務関係　フランチャイズ

図19　保険募集人に対する規制の整備

「保険会社」が監督責任を負う従来の規制に加え、「保険募集人」に対し募集実態に応じた体制整備を求める

保険募集人全般	比較推奨販売を行う場合	フランチャイズ展開を行う場合
○ 保険募集人に求める一般的な体制整備として、以下を確保するための措置を規定。 ◆ 顧客への重要事項の説明等、その他健全かつ適正な業務運営 ◆ 顧客情報の適正な取扱い ◆ 保険募集業務を第三者に委託する場合の委託先による的確な業務遂行 ◆ 意向把握に係る業務の適切な遂行を確認できる措置 （意向把握に用いた帳票等（アンケートや設計書等）で、顧客の最終的な意向と比較した顧客の意向に係るもの及び最終的な意向に係るものを保存する等の措置）	○ 複数保険会社の商品の比較推奨販売を行う募集人（来店型保険ショップ等の乗合代理店）には、以下を確保するための措置を規定。 ◆ 顧客が、保険会社の代理店としての立場を誤解することを防止するための措置 （顧客と保険会社との間で「公平・中立」と表示することを禁止） ◆ 特定の商品を提示する場合の提案理由や比較する場合の誤解防止など、適切な商品比較・推奨を行うための措置	○ フランチャイズ展開を行う募集人（例：来店型保険ショップ等の乗合代理店）には、以下を確保するための措置を規定。 ◆ フランチャイザー（本部代理店）とフランチャイジーである保険募集人（他の代理店）との間で、所属保険会社が相違する等、取扱い保険商品が異なることもあるため、顧客が同一の業務を行うものと誤認することを防止するための措置 ◆ フランチャイジーに対する保険募集に係る指導を行う際の適正な実施方針の策定、当該方針に基づき適切な指導を行うための措置、業務実施状況を検証し、必要に応じた改善策を講じるための措置

Q80

フランチャイズ展開を行う場合の体制整備が規定されているが、どのような場合に課されることとなるのか。

近年、来店型の保険ショップなどを中心に、フランチャイズ形式での営業を行う保険代理店が増えてきています。ＴＶのコマーシャルや町中などで普段見かけたり、耳にしたことのある保険代理店もあるかと思います。

フランチャイズ契約とは、一方（フランチャイザー）が自己の商号などを使用する権利や商品・サービスを提供する権利・営業ノウハウを提供し、他方（フランチャイジー）がこれに対して対価を支払うことによって成り立つ事業契約です。

例えば、「ＡＢＣＤ保険代理店」という商号で営業している保険代理店があったとします。そして、ここのやり方で自分も営業したいと考えた者がいた場合には、フランチャイジーである保険募集人はフランチャイザーである保険募集人とフランチャイズ契約を締結し、一定の対価をフランチャイザーである保険募集人に支払うことにより、「ＡＢＣＤ保険代理店」の看板（商号）やサービス手法を使用して営業することが可能となります。

今回の改正法の中で規定された体制整備義務には、フランチャイジーに対してどのように指導を行うかについての実施方針の策定などフランチャイズ展開を行う場合のフランチャイザーである保険募集人に対する体制整備の内容が規定されており、フランチャイズ展開を行う場合には、一般的な体制整備に加えて、別途、フランチャイズ展開を行う場合の体制整備が求められることとなります。

Q 81

フランチャイズ展開を行う場合にフランチャイザーである保険募集人が行う必要のある体制整備とは具体的に何をする必要があるのか。

フランチャイズ展開を行うフランチャイザーである保険募集人は、通常の体制整備に加えて、以下の体制整備が必要となります。

- フランチャイジーである保険募集人における保険募集の業務について、適切に教育・管理・指導を行う態勢を構築し、必要に応じて改善等を求めるなどの措置。例えば、一定の知識・経験を有する者を配置するなど、教育・管理・指導を行うための措置。
- フランチャイジーに対してどのように指導を行うかについての実施方針の策定、フランチャイジーである保険募集人との適正なフランチャイズ契約の締結と適切な指導、フランチャイジーにおける保険募集の業務の実施状況の検証・改善等の措置。(実施方針については、フランチャイズを行う上での留意事項（業務の方法・条件等）を記載することが必要。)
- フランチャイジーである保険募集人において取り扱う保険商品の品揃えが、フランチャイザーである保険募集人が顧客に宣伝しているものと異なる場合には、顧客に対して品揃えの相違点等を説明する等の措置（フランチャイジーである保険募集人がフランチャイザーである保険募集人と同一の業務を行っているものと誤認することを防止するための適切な措置)。

（参考：パブコメ567）

番号	関係箇所（監督指針）	コメントの概要	金融庁の考え方
567	Ⅱ－4－2－9（7）	フランチャイズ展開を行う保険募集人においては、どのような体制整備が必要となるのか。	フランチャイズ展開を行う保険募集人等、保険募集人指導事業を実施する保険募集人は、通常の体制整備に加えて、以下の体制整備が必要となります。 ・フランチャイジーである保険募集人における保険募集の業務について、適切に教育・管理・指導を行う態勢を構築し、必要に応じて改善等を求めるなどの措置。例えば、一定の知識・経験を有する者を配置するなど、教育・管理・指導を行うための措置。 ・フランチャイジーに対してどのように指導を行うかについての実施方針の策定、フランチャイジーである保険募集人との適正なフランチャイズ契約の締結と適切な指導、フランチャイジーにおける保険募集の業務の実施状況の検証・改善等の措置。 なお、実施方針については、フランチャイズを行う上での留意事項（業務の方法・条件等）を記載することが必要となります。

（参考）保険業法施行規則
（自己の商標等の使用を他の保険募集人に許諾した保険募集人に係る誤認防止）
第二百二十七条の十三　自己の商標、商号その他の表示を使用することを他の保険募集人に許諾した保険募集人は、当該他の保険募集人が当該許諾をした保険募集人と同一の業務（保険募集の業務に限る。）を行うものと顧客が誤認することを防止するための適切な措置を講じなければならない。

（保険募集人指導事業の的確な遂行を確保するための措置）
第二百二十七条の十五　保険募集人は、保険募集人指導事業（法第二百九十四条の三第一項に規定する保険募集人指導事業をいう。以下この項において同じ。）を行う場合には、その内容に応じ、次に掲げる措置を講じなければならない。
一　保険募集人指導事業の対象となる他の保険募集人（以下この条において「指導対象保険募集人」という。）に対する指導の実施方針の適正な策定及び当該実施方針に基づく適切な指導を行うための措置
二　指導対象保険募集人における保険募集の業務の実施状況を、定期的に又は必要に応じて確認することにより、指導対象保険募集人が当該保険募集の業務を的確に遂行しているかを検証し、必要に応じ改善させる等の措置
2　指導対象保険募集人に対する指導の実施方針には、次に掲げる事項を記載しなければならない。
一　保険募集の業務の指導に関する事項
二　指導対象保険募集人が行う保険募集の業務の方法及び条件に関する事項

（参考）監督指針
Ⅱ－４－２－９ 保険募集人の体制整備義務（法第294条の３関係）
（６）保険募集人が他人（他の保険募集人を含む。）に対して商号等の使用を許諾している場合には、両者が異なる主体であることや、両者が取り扱う保険商品の品揃えが顧客に宣伝しているものと異なる場合における品揃えの相違点を説明するなど、当該他人が当該保険募集人と同一の事業を行うものと顧客が誤認することを防止するための適切な措置を講じているか。
（７）保険募集人指導事業を行う保険募集人においては、以下のような点に留意しつつ、保険募集の業務の指導に関する基本となるべき事項を定めた実施方針を策定し、保険募集人指導事業の的確な遂行を確保するための措置を講じているか。
（注）保険募集人における保険募集の業務のあり方を規定しないコンサルティング等の業務については、保険募集人指導事業に該当しない点に留意する。
①　指導対象保険募集人における保険募集の業務について、適切に教育・管理・指導を行う態勢を構築し、必要に応じて改善等を求めるなど、規則第227条の15第1項に規定する措置を講じているか。

（注１）保険募集人指導事業を行う場合、例えば、一定の知識・経験を有する者を配置するなど、教育・管理・指導を行う態勢を構築しているか。
（注２）保険募集人指導事業を行う保険募集人が指導対象保険募集人を指導することにより、保険会社による指導対象保険募集人の教育・管理・指導（Ⅱ－４－２－１（４）参照）の責任が免除されるものではない。
従って、保険会社においては、自らが指導対象保険募集人に対して行う教育・管理・指導とあいまって適切な保険募集を行わせる態勢を構築する必要があることに留意する。
② 指導対象保険募集人の指導の実施方針において、規則第227 条の15第２項に規定する事項が記載されているか。

（参考）保険募集人の体制整備に関するガイドライン（生命保険協会）	
４．保険募集人指導事業（フランチャイズ事業等）	
（１）フランチャイザーにおける体制整備 保険募集人指導事業（フランチャイズ事業等）を行う保険募集人（以下、「フランチャイザー」という。）については、通常の保険募集人としての体制整備に加えて、以下の体制を整備する必要がある。	○フランチャイザー・フランチャイジーともに、公正取引委員会の「フランチャイズ・システムに関する独占禁止法上の考え方について」等に十分留意した業務運営を行うことが望ましい。 ○例えば、担当所管を明確にし、担当部署に一定の知識・経験を有する者を配置するなど、適切に教育・管理・指導を行う態勢を構築する必要がある。
（注１）保険募集人における保険募集の業務のあり方を規定しないコンサルティング等の業務については、その名称に関わらず、保険募集人指導事業に該当しないことに留意する。	○「コンサルティング」とは、例えば、店舗レイアウトなどに係るコンサルティングのみを行う場合等が考えられる。
（注２）保険会社との委託契約や保険会社の指示に基づき統括代理店が被統括代理店に行う教育・管理・指導（いわゆる三者間スキーム）については、屋号を共通して使用する場合など、「保険募集人指導事業」に該当し得ること	

に留意する。ただし、その場合であっても、保険募集人指導事業とは目的や内容等が異なることから、必ずしも本ガイドラインⅡ．４．に規定する措置を一律に講じる必要はない。

ア．指導対象保険募集人への指導等

指導対象保険募集人（以下、「フランチャイジー」という。）における保険募集の業務について、適切に教育・管理・指導を行う態勢を構築し、必要に応じて改善等を求めるなどの措置を講じる必要がある。

イ．実施方針の策定等

フランチャイジーに対する指導について実施方針を策定するとともに、フランチャイジーと適切なフランチャイズ契約を締結する必要がある。

○フランチャイザーとフランチャイジー間で所属保険会社が異なる場合は、顧客の誤認等を防止する観点から、フランチャイズ契約において、例えば、以下の項目を定めることが望ましい。

・フランチャイザーとフランチャイジーで取り扱う商品が異なる場合には、フランチャイジーはその旨を顧客に説明すること
・フランチャイジーが法人である場合、フランチャイジーはフランチャイザーと別法人である旨を顧客に説明すること

実施方針については、フランチャイズを行う上での留意事項（業務の方法・条件等）を記載する必要があり、また、実施方針を社内規則等に定めるとともに、保険会社に実施状況を報告することが望ましい。

なお、フランチャイジーにおいては、フランチャイザーが策定する実施方針に則して、適切な保険募集を行う体制を整備する必要がある。

（2）保険会社が行うべき教育・管理・指導 フランチャイザーがフランチャイジーを指導することによって、保険会社によるフランチャイジーへの教育・管理・指導の責任が免除されるものではない。保険会社から保険募集人への直接の教育・管理・指導は不可欠であり、保険会社においては、フランチャイザーが行う教育・管理・指導とあいまって、適切な保険募集を行わせる態勢を構築する必要がある。 また、保険会社においては、保険募集人に教育・指導・管理を行うなかで、適切な保険募集人指導事業を行うことを求めたり、不適切な事象が判明した場合は改善に向けた取組み等を求めることが望ましい。 （注）本来フランチャイジーがフランチャイザーに支払うべき金銭（商標使用料、コンサルティング料等）をフランチャイジーの所属保険会社が支払うケースについては、何らの名義を問わず対価性が無い支払いと判断されるおそれがあることに留意する。	

Q82

自己の商標等の使用を他の保険募集人に許諾した保険募集人（被許諾募集人）に係る誤認防止の措置とは、どのような規定か。

フランチャイズ展開を行っている場合に、フランチャイザーである保険募集人に求められている体制整備として、フランチャイジーである保険募集人がフランチャイザーである保険募集人と同一の業務を行っているものと誤認することを防止するための措置があります。これは、フランチャイジーである保険募集人において取り扱う保険商品の品揃えが、フランチャイザーである保険募集人が顧客に宣伝しているものと異なる場合には、顧客に対して品揃えの相違点等を説明する等の措置を求めるものです。

例えば、仮に、「数十を超える取扱い保険商品から貴方に最適な保険商品を提案します。」等のキャッチフレーズを用いて営業を行っているフランチャイザー代理店があり、他方で、一部のフランチャイジー保険代理店においては、数十の保険商品を取り扱っていなかったとします。

顧客としては、同じ看板（商号）を用いて営業を行っている場合には、商品の品揃え・サービス内容等は同一であると認識することが考えられ、顧客は、上記のサービスが受けられることを期待して保険ショップに来店すると考えられます。そのため、保険募集に際しては、本店舗においては、顧客に商品の品揃え・サービス等が異なることについて説明するなどの対応を行っていただく必要があります。

(参考) 保険募集人の体制整備に関するガイドライン (生命保険協会)	
3. 商号等の使用許諾 　保険募集人が他人 (他の保険募集人を含む。) に対して商号等の使用を許諾している場合には、両者が異なる主体であることや保険商品の品揃えの相違点を説明するなど、当該他人が当該保険募集人と同一の事業を行うものと顧客に誤認させないための適切な措置を講じる必要がある。 (注) 商号等の使用を他人に対して許諾した保険募集人は、当該他人が顧客の誤認防止のための適切な措置を講じているかを確認し、措置が不十分な場合には適切な対応を求める必要がある (最終的には、当該他人に対する商号等の使用の許諾を適切に終了させる措置を含む。)。	

Q83

誤認を防止するための適切な措置について、当該規定はあくまでフランチャイザーである保険募集人に対して適用されるものであり、フランチャイジーである保険募集人に直接的に適用されるものではないとの理解でよいか。

今回の改正において規定されたフランチャイズ展開を行う場合の体制整備義務は、あくまでフランチャイザーである保険募集人に対して求める措置を規定しているものであり、当該規定において、フランチャイジー

である保険募集人に、直接的に当該措置を求めるものではありません。

なお、フランチャイザーである保険募集人は、フランチャイジーである保険募集人が顧客の誤認防止のための適切な措置をとっているかを確認し、措置が適切に取られていない場合には適切な対応を求めることが必要となること（最終的には、被許諾募集人に対する商標等の使用の許諾を適切に終了させる措置を含みます。）にご留意ください。

（参考：パブコメ120、122）

番号	関係箇所（施行規則）	コメントの概要	金融庁の考え方
120	第227条の13	規則第227条の13は、自己の商標等の使用を他の保険募集人に許諾した保険募集人に係る誤認防止を定めているが、逆に、商標等の使用を許諾された保険募集人には、誤認防止に関して遵守すべき定めが設けられていない。この点、商標等の使用を許諾された保険募集人においては、誤認防止策を講じる必要がないという理解でよいか。	規則第227条の13は、商標等の使用の許諾を受けた保険募集人（被許諾募集人）に、ご指摘の措置を求めるものではありません。 なお、商標等の使用を許諾した保険募集人（許諾募集人）は、規則第227条の13に基づき、被許諾募集人が顧客の誤認防止のための適切な措置をとっているかを確認し、措置が適切に取られていない場合には適切な対応を求めることが必要となること（最終的には、被許諾募集人に対する商標等の使用の許諾を適切に終了させる措置を含みます。）にご留意ください。

122	第227条の13	規則第227条の13所定の「顧客が誤認することを防止するための適切な措置」の一態様として、例えば、顧客に対して、（商標許諾を与えた）甲保険代理店と（商標許諾を受けた）乙保険代理店とは別組織であって、品揃えも異なることがわかる趣旨のチラシを配布することは、同条所定の誤認防止策の一つになり得るという理解でよいか。	貴見のとおりです。 なお、顧客保護の観点からは、保険契約の締結に係る顧客の意思決定の前に、なるべく早く顧客がチラシを実際に見ることができるようにすることが望ましい点にご留意ください。

Q84

誤認を防止するための適切な措置については、特段実施のための方法は定められておらず、口頭で顧客に説明することで足りると考えてよいか。

誤認を防止するための適切な措置については、書面性要件が常に求められるものではありません。

例えば、フランチャイジーである保険募集人において取り扱う保険商品の品揃えが、フランチャイザーである保険募集人が顧客に宣伝しているものと異なる場合には、顧客に対して、品揃えの相違点を説明することなど、フランチャイザーとフランチャイジーの保険募集の業務の内容（取扱商品、保険募集の業務の方法又は条件等）が異なることについて誤認を生じさせないための措置が必要となります。

（参考：パブコメ123）

番号	関係箇所（施行規則）	コメントの概要	金融庁の考え方
123	第227条の13	誤認を防止するための適切な措置として、それぞれの役割を口頭で顧客に説明することで足りると考えてよいか。	誤認を防止するための適切な措置については、書面性要件が常に求められるものではありません。 「それぞれの役割」が何を指されているかが不明確ですが、例えば、フランチャイジーにおいて取り扱う保険商品の品揃えが、フランチャイザーが顧客に宣伝しているものと異なる場合には、顧客に対して、品揃えの相違点を説明することなど、フランチャイザーとフランチャイジーの保険募集の業務の内容（取扱商品、保険募集の業務の方法又は条件等）が異なることについて誤認を生じさせないための措置が必要となります。

Q85

不動産事業に関するフランチャイズ展開を行っており、フランチャイザーもフランチャイジーも保険代理店であるが、保険については特段フランチャイザーからの指導等を行っていない。その場合、フランチャイズとはいえ、保険業法に定める保険募集人指導事業の規制の対象外との理解でよいか。

今回の改正法においては、フランチャイズ展開を行う場合のフランチャイザーである保険募集人がフランチャイジーである保険募集人に対して保険募集に係る業務の手法を指導・教育・管理等を行うプロセスを「保険募集人指導事業」として規定しています。

当該保険募集人指導事業は、「他の保険募集人に対し、保険募集の業務の指導に関する基本となるべき事項（当該他の保険募集人が行う保険募集の業務の方法又は条件に関する重要な事項を含むものに限る。）を定めて」指導を行う事業であるとしております（規則第227条の15、法第294条の３）。

ところで、例えば、修理工場のフランチャイズチェーンや不動産事業のフランチャイズチェーンにおいて、たまたまフランチャイザーもフランチャイジーも保険募集人である（保険代理店となっている）ケースが存在しうるものと考えます。この点については、他の保険募集人に対する指導について「保険募集の業務の指導に関する基本となるべき事項」を定めているものではなく、また、指導の内容が「保険募集の業務の方法又は条件に関する重要な事項」を含まない程度のマーケティング手法やセールストークの指導若しくは別事業に関する指導を行うにとどまる場合は、基本的には、「保険募集人指導事業」には該当しないものと考えられます。他方、それが「保険募集の業務の方法又は条件に関する重要な事項」に係るものである場合には、マーケティング手法やセールストークの指導も、「保険募集人指導事業」に該当する場合があるものと考えられます。

いずれにせよ、具体的にどのような場合が「保険募集人指導事業」に該当するかについては、個別具体的な事情に則して判断されるべきものと考えられます。

（参考：パブコメ126）

番号	関係箇所（施行規則）	コメントの概要	金融庁の考え方
126	第227条の15	保険募集の業務以外の業務（自動車販売や整備業など）を主たる業務とし、保険募集の業務を副業とするフランチャイズにおいて、フランチャイザーがフランチャイジーに対して、顧客との接点を強化し売り上げ増につなげるために、「新車販売時には車両保険をお勧めしましょう」、「お客様に自動車保険をお勧めする際は『当店で自動車保険に加入いただけると、加入手続き時点のみならず万一の事故発生時や故障発生時にも便利ですよ』といった話法を使いましょう」といったマーケテイングやセールストークの指導を行うにとどまる場合は、規則第227条の15に規定する「保険募集人指導事業」に該当しないと考えてよいか。	保険募集人指導事業は、「他の保険募集人に対し、保険募集の業務の指導に関する基本となるべき事項（当該他の保険募集人が行う保険募集の業務の方法又は条件に関する重要な事項を含むものに限る。）を定めて」指導を行う事業であるところ（規則第227条の15、法第294条の3）、他の保険募集人に対する指導について「保険募集の業務の指導に関する基本となるべき事項」を定めているものではなく、また、指導の内容が例示のような「保険募集の業務の方法又は条件に関する重要な事項」を含まない程度のマーケティング手法やセールストークの指導を行うにとどまる場合は、基本的には、「保険募集人指導事業」には該当しないものと考えられますが、それが「保険募集の業務の方法又は条件に関する重要な事項」に係るものである場合には、マーケティング手法やセールストークの指導も、「保険募集人指導事業」に該当する場合があるものと考えられます。 いずれにせよ、具体的にどのような場合が「保険募集人指導事業」に該当する

			かについては、個別具体的な事情に則して判断されるべきものと考えられます。

Q86

法人である保険募集人が、当該法人の役職員である保険募集人を指導する業務は、保険募集人指導事業の規制の対象外との理解でよいか。

法人である保険募集人が、自己の事業である保険募集に関して、当該保険募集に従事する自己の役職員である保険募集人に対し、主体的に行う指導は、自己の事業を執り行うための前提行為であり、「事業」（法第294条の3）に該当するとはいえないため、保険募集人指導事業には該当しないと考えられます。

（参考：パブコメ127）

番号	関係箇所（施行規則）	コメントの概要	金融庁の考え方
127	第227条の15	保険募集の業務以外の業務を主たる業務とし、保険募集の業務を副業とするフランチャイズにおいて、フランチャイザーがフランチャイジーに対して、保険募集に関するマニュアル等（保険会社が作成又は監修	規則第227条の15に規定する「保険募集人指導事業」に該当するかどうかは、ご指摘のような法第294条の3の各要件に照らして、個別具体的に判断することになります。なお、「保険募集人指導事業」に該当す

		している場合に限る。）をフランチャイザーの名義で配布する場合が、規則第227条の15に規定する「保険募集人指導事業」に該当するかどうかについては、法第294条の3の各要件に照らして判断されるという理解でよいか。 　その際、例えば、マニュアル等の内容において保険募集の業務の指導に関する基本となるべき事項が記載されているか、マニュアル等の内容についてフランチャイズ契約（同契約の効力が及ぶ別紙や別途合意等のほか、黙示の合意も含む。）上フランチャイジーがフランチャイザーに拘束されているか（マニュアル等の内容に違反している場合にフランチャイザーが契約を解除可能な場合等を含む。）といった「保険募集の業務の指導に関する基本となるべき事項を定めて」いるかや、フランチャイザーとフランチャイジーの間で保険募集について継続的な指導が行なわれているかといった「継続的に保険募集の指導を行う事業」を実施しているかといった法第294条の3に規定する保険募集人指導事業の要件が考慮されるという理解でよいか。	るかどうかは、マニュアル等だけでなく、全ての事情が考慮されるべきことにご留意ください。

図20　必要となる体制整備の内容について

※ 業務ごとに、例えば、以下のような対応が必要となると考えられる。

区　分	項　目	対　象	対応内容
1. 保険募集関係	意向把握・確認義務	全保険募集人	・プロセスを定め保険募集人に対して適切な教育・指導・管理 ・帳簿等の保存（証跡管理）
	比較推奨販売	乗合代理店	・社内規則等で措置を定め、実施状況を定期的に確認・検証
	募集関連行為従事者	該当する保険募集人	・委託先等の顧客紹介業者（リーズ業者等）に対する管理
	社内規則等	全保険代理店	・顧客の知識、経験、財産状況及び取引を行う目的を踏まえた重要な事項の顧客への説明その他の健全かつ適切な業務の運営を確保するための措置に関する社内規則等の制定 ・社内規則等に基づき業務が運営されるための十分な体制を整備
2. 情報管理関係	個人情報の安全管理措置	全保険代理店	・情報漏洩、滅失又は毀損の防止を図るために必要かつ適切な措置
	特別の非公開情報	全保険代理店	・特別の非公開情報を業務の適切な運営の確保その他必要と認められる目的以外の目的のために利用しないことを確保するための措置
3. 外部委託関係	委託業務	該当する保険代理店	・保険募集の業務を第三者に委託する場合の的確に実施されるために必要な措置
4. 表示関係	代理店の誤認防止	全保険代理店	・顧客が保険会社の代理店として立場を誤認することを防止するための措置
4. 表示関係／5. フランチャイズ関係	商号等を他に使用させる場合	該当する保険代理店	・他の保険募集人も同一の業務を行うものと顧客が誤認することを防止するための措置
5. フランチャイズ関係	保険募集人指導事業	該当する保険代理店	・指導を受ける保険代理店に対する指導の実施方針の適正な策定及び当該実施方針に基づく適切な指導
6. 大規模代理店関係	帳簿書類の備付	乗合15社又は乗合2社かつ年間手数料10億円以上	・事務所ごとに、保険契約者ごとかつ所属保険会社ごとに保険契約の締結年月日、保険会社、保険料、手数料等の対価などを記載した帳簿を契約から5年間保存
	事業報告書の提出		・各事業年度ごとに契約取扱、手数料、苦情等の状況等に関する「事業報告書」を作成・提出

Q87

保険募集人指導事業を実施する保険募集人が指導対象保険募集人を指導する場合であっても、保険会社による指導対象保険募集人の教育・管理・指導は引き続き必要なのか。

監督指針Ⅱ－４－２－９（７）①（注２）のとおり、保険募集人指導事業を行う保険募集人の指導により、保険会社における保険募集人への教育・管理・指導の責任が免除されるものではありません。

したがって、保険会社から保険募集人への直接の教育・管理・指導は不可欠であり、保険募集人指導事業を行う保険募集人の指導とあいまって適切な保険募集を行わせる態勢を構築する必要があります。

また、保険会社が保険募集人に対し、適切な保険募集を行うよう教育・管理・指導を行う中で、適切な保険募集人指導事業を行うことを求めたり、不適切な事象が判明した場合は適切な対処等を求めることが望ましいと考えられます。

（参考：パブコメ571、572）

番号	関係箇所（監督指針）	コメントの概要	金融庁の考え方
571	Ⅱ－４－２－９（７）	募集人指導事業に関する業務は、一義的には保険募集人自身に体制整備が求められるものであり、保険会社は、保険募集人に対して、保険募集人指導事業を行う場合の留意点等について、教育・指導を実施するほか、不適切な事象が判明した場合は適切な対処等を行う体制整備が求められるという理解でよいか。	適切な保険募集を行うよう保険募集人に教育・指導・管理を行う中で、適切な保険募集人指導事業を行うことを求めたり、不適切な事象が判明した場合は適切な対処等を求めることが、望ましいと考えられます。
572	Ⅱ－４－２－９（７）	新たに規定された保険募集人の体制整備義務において、保険募集人指導事業に係る規定が新設されているが、保険会社から保険募集人への直接の教育・管理・指導は不可欠であるとの従来の解釈について、変更がないとの理解でよいか。	Ⅱ－４－２－９（７）①（注２）に規定されているとおり、保険募集人指導事業を行う保険募集人の指導により、保険会社における保険募集人への教育・管理・指導の責任が免除されるものではありません。 したがって、保険会社から保険募集人への直接の教育・管理・指導は不可欠であり、保険募集人指導事業を行う保険募集人の指導とあいまって適切な保険募集を行わせる態勢を構築する必要があると考えます。

第 11 章　帳簿書類の備付け・事業報告書の提出関係

Q 88

どのような者が帳簿書類の備付け・事業報告書の提出の規制対象となるのか。該当非該当の要件はどうなっているか。いつの時点で、要件への該当・非該当を判断するのか。

今回の改正法では、複数の保険会社の商品を取り扱う規模の大きな乗合代理店（規模の大きな特定保険募集人）に対して、帳簿書類の作成・保存や事業報告書の提出を新たに求めることとされております。

これは、今回の改正法において、体制整備義務が新たに求められることとなったことを踏まえ、所属保険会社等からの独立性が高いなど、従来の所属保険会社等を通じた態様では募集形態の実態把握が困難な、規模の大きな特定保険募集人について、当局による監督強化の一環として、当該対応を新たに求めることとしたものです。

具体的には、以下のいずれかに該当する場合が当該規定の対象となります。

① 直近の事業年度末における所属する保険会社の数が15 以上の場合

② 所属する保険会社が２以上で直近事業年度の手数料、報酬等の合計額が10 億円以上の場合

なお、①②は、生命保険・損害保険・少額短期保険ごとに判断します。例えば、直近の事業年度末における所属保険会社の数が生命保険会社10 社、損害保険会社５社の場合には①に該当しません。

また、生命保険・損害保険・少額短期保険の３業態のうち、一つでも基準に合致した場合、３業態すべての業態について帳簿書類の作成・保存や事業報告書の提出が必要となります。

（参考：パブコメ132）

番号	関係箇所（施行規則）	コメントの概要	金融庁の考え方
132	第236条の2	帳簿書類の作成・保存や事業報告書の提出が義務付けられる保険募集人の基準は何か。	保険募集人にも体制整備義務が導入されたことに伴い、改正保険業法の施行後は、一部の大規模乗合代理店（改正保険業法第303条にいう「特定保険募集人」）において帳簿書類の作成・保存や事業報告書の提出が必要となります。 具体的には、以下のいずれかに該当する場合が対象となります。 ① 直近の事業年度末における所属する保険会社の数が15以上の場合 ② 所属する保険会社が2以上で直近事業年度の手数料、報酬等の合計額が10億円以上の場合 なお、①②は、生命保険・損害保険・少額短期保険ごとに判断します。例えば、直近の事業年度末における所属保険会社の数が生命保険会社10社、損害保険会社5社の場合には①に該当しません。 また、生命保険・損害保険・少額短期保険の３業態のうち、一つでも基準に合

			致した場合、3業態すべての業態について帳簿書類の作成・保存や事業報告書の提出が必要となります。

参照 ⇒ 図15 保険募集人に対する規制の整備④ (本書65ページ)

帳簿書類はいつから、いつまで保存する必要があるか。

上記のとおり、規模の大きな特定保険募集人への該当・非該当の判断は毎事業年度末の状況で判断することとなります。該当することとなった場合には、事業年度開始以後事業年度末までの間、当該特定保険募集人は、その業務に関する帳簿書類の作成・保存を行う規制の対象となります。

当該帳簿書類の保存は、保険契約締結の日から5年間保存しなければならないこととされています。

> (参考)保険業法
> (帳簿書類の備付け)
> 第三百三条　特定保険募集人(その規模が大きいものとして内閣府令で定めるものに限るものとし、生命保険募集人にあっては生命保険会社の委託を受けた者又はその者の再委託を受けた者に限り、少額短期保険募集人にあっては少額短期保険業者の委託を受けた者又はその者の再委託を受けた者に限る。次条にお

いて同じ。）又は保険仲立人は、内閣府令で定めるところにより、その事務所ごとに、その業務に関する帳簿書類を備え、保険契約者ごとに保険契約の締結の年月日その他の内閣府令で定める事項を記載し、これを保存しなければならない。

（参考）保険業法施行規則
（特定保険募集人又は保険仲立人の業務に関する帳簿書類の保存）
第二百三十七条　特定保険募集人（法第三百三条に規定する特定保険募集人をいう。次条第一項及び第二百三十八条第一項において同じ。）は、保険契約の締結の日から五年間、当該保険契約に係る法第三百三条に規定する帳簿書類を保存しなければならない。

Q90

「保険会社等の数」は、どのように算定すればよいか。また、１法人で複数代理店登録している場合の大規模特定保険募集人該当・非該当判断は拠点ごとでなく、法人単位で行うということでよいか。

「保険会社等の数」については、先述のとおり、事業年度末時点において、代理店委託契約を締結している所属生命保険会社等、所属損害保険会社等、所属少額短期保険業者のそれぞれの数で判断します。

また、「規模の大きな特定保険募集人」の考え方については、主たる事務所と従たる事務所が別個に登録されている場合においては、手数料等の総額の判定にあたっては、一つの法人単位で判断し、主たる事務所である本店の所在する財務局等に提出する必要があります。ただし、別個に登録された事務所ごとに集計したものを束ねて、本店の所在する財務局等に提出することも認められます。

具体的には、例えば、「ＡＢＣＤ保険代理店」という法人があったとして、当該法人が「ＡＢＣＤ保険代理店東京（主たる事務所）」と「ＡＢＣＤ保険代理店大阪」、「ＡＢＣＤ保険代理店福岡」の三つの事務所を有し、それぞれの財務局等に登録している場合にあっては、当該手数料等の総額の判定は法人で合算した上で、当該要件に該当する場合には、主たる事務所（ＡＢＣＤ保険代理店東京）を管轄する財務局等に事業報告書の提出を行うこととなります。

なお、フランチャイズ展開を行っている場合などについて、看板（商号）が同じ保険代理店であっても、法人格が異なる場合には、手数料等の総額の判定はそれぞれで行うこととなります。

（参考：パブコメ144、154）

番号	関係箇所（施行規則）	コメントの概要	金融庁の考え方
144	第236条の２	所属生命保険会社等、所属損害保険会社等、所属少額短期保険業者等の数は、事業年度末における取扱商品の有無を問わず、代理店委託契約を締結していれば含めると考えてよいか。	規則第236条の２に規定する「保険会社等の数」については、事業年度末時点において、代理店委託契約を締結している所属生命保険会社等、所属損害保険会社等、所属少額短期保険業者のそれぞれの数です。
154	第238条	事業報告書への記載項目は、取扱保険商品の月別契約件数等の状況について、保険会社別・商品名別・月別に契約件数・保険料・募集手数料のそれぞれについ	１．について 貴見のケースが必ずしも明確ではありませんが、例えば、主たる事務所と従たる事務所が別個に登録されている場合においては、

		て、新契約・保有契約（損保の場合：更改契約）・合計ごとに報告することを求められているが、これらはあまりにも細微な分類であることから、代理店の負担が過大である。 1．拠点ごとに代理申請保険会社が異なる代理店の場合でも提出する事業報告書は法人単位でよい（代理申請保険会社別に作成した事業報告書を提出する必要はない）との理解でよいか。 2．複数年の記載が求められている箇所があるが、報告対象年度は法施行後のものであって、過去分は不問という理解でよいか。 3．取扱保険商品の月別契約件数等の状況について保険会社別・商品名別・月別に契約件数・保険料・募集手数料のそれぞれについて新契約・保有契約（損保の場合：更改契約）・合計ごとに報告を求められているが、負担が過大なため、例えば取扱高上位5商品のみ報告等、簡素化を図ることを検討していただきたい。	規則第236条の2に規定される手数料等の総額の判定にあたっては、一つの法人単位で判断し、主たる事務所である本店の所在する財務（支）局に提出する必要があります。ただし、別個に登録された事務所ごとに集計したものを束ねて、本店の所在する財務（支）局に提出することも認められます。 2．について 施行日以降、最初に提出する事業報告書等において、仮に過去3事業年度の数値を記載することが困難である場合には、必ずしも記載することを求めるものではありません。 3．について 貴重なご意見として承ります。

Q 91

「手数料、報酬その他の対価の額の総額」には何が含まれるか。

規模の大きな特定保険募集人の該当性を判断する要件の「直近事業年度の手数料、報酬等の合計額が10 億円以上」について、この「手数料、報酬その他の対価の額の総額」に該当するかは個別具体的に判断する必要がありますが、「手数料、報酬その他の対価の額の総額」とは、保険募集に関して当該特定保険募集人が保険会社から収受している全ての金銭（加入勧奨に係る金銭の収受があればそれを含む）を言うものです。

基本的には、保険契約の締結等を行う際に保険会社から支払われる手数料・報酬の総額が考えられますが、これ以外に、もし、保険募集に関して何らかの名目で金銭を収受している場合にはそれも含めた額となります。他方、例えば自動車ディーラーが保険代理店であったとして、所属保険会社に社有車として自動車を販売した際の自動車売買代金は、保険募集に関して収受した金銭ではないことから、「手数料、報酬その他の対価の額の総額」に含まれません。

（参考：パブコメ137、138）

番号	関係箇所（施行規則）	コメントの概要	金融庁の考え方
137	第236条の2	保険会社から収受する金銭のうち、法第303条に規定する特定保険募集人への該当性を判断する「手数料、報酬その他の対価の額の総額」（規則第236条の2）に含まれるものが何かを判定するにあたっては、事業報告書の「記載上の注意」に照らして、保険会社から提供される手数料等支払明細書等に記載されるものを基準に判定すれば良いと理解してよいか。例えば、代理店がマーケティングに際して費用を負担したときに、その実費を保険会社が負担する約束がある場合、保険会社から事後的に支払われるコスト額は、「手数料、報酬その他の対価の額の総額」に含まれないと理解してよいか。	貴見の例示が規則第236条の2に規定する「手数料、報酬その他の対価の額の総額」に該当するかは個別具体的に判断する必要がありますが、「手数料、報酬その他の対価の額の総額」とは、保険募集に関して特定保険募集人が保険会社から収受している全ての金銭（加入勧奨に係る金銭の収受があればそれを含む）を言うものです。
138	第236条の2	「手数料、報酬、その他の対価の額」は、保険会社から提供される手数料の支払い明細書等に記載された数字を転記すればよいのか。例えば代理店が独自に作成した募集帳票の作成費用を保険会社から受領した場合や損害調査の援助に要した費用の弁済を受けたような場合は、業務の対価とは言えないので含まれないとの理解でよいか。	

Q 92

事業年度末で該当しなくなった場合には、従前まで課されていた保存義務はなくなり、事業報告書の提出義務もなくなるという理解でよいか。

事業年度末で要件に該当した場合、規模の大きな特定保険募集人には、事業報告書の提出と、５年間の帳簿書類の作成・保存義務が求められることとなります。

他方、それまで規模の大きい特定保険募集人であったものが、ある事業年度末で要件を満たさなくなった場合には、当該事業年度末から規模の大きい特定保険募集人ではなくなることから、それ以後は、事業報告書の提出や帳簿書類の作成・保存義務は課されないこととなります。なお、この場合には、過去の事業年度に係る５年間の帳簿書類の保存義務についても、これ以降は課されなくなります。

（参考：パブコメ139）

番号	関係箇所（施行規則）	コメントの概要	
139	第236条の2	規模が大きい特定保険募集人は、当該特定保険募集人の事業年度末の乗合会社数および手数料等の額に基づいて該当・非該当を判断することとされているが、当該事業年度末から特定保険募集人となるという理解でよいか（その結果、当該	貴見のとおりです。

		事業年度末の翌日から法第303条に規定する帳簿書類の保存義務が生じ、また、当該事業年度末の翌日から三月以内に法第304条に規定する事業報告書（当該事業年度末に係る事業年度の事業報告書）を作成・提出する必要があるという理解でよいか）。 　また、それまで規模の大きい特定保険募集人であったものが、ある事業年度末で基準を満たさなくなった場合は、当該事業年度末から規模の大きい特定保険募集人ではなくなるという理解でよいか（その結果、当該事業年度末の翌日以降、法第303条に規定する帳簿書類の保存義務が課されず、従前法第303条に基づき保存してきた帳簿書類を引き続き保存する義務も消滅し、また、法第304条に規定する事業報告書（当該事業年度末に係る事業年度の事業報告書）を作成・提出する必要はないという理解でよいか）。	

Q93

帳簿書類の作成・保存とは、具体的にはどのような対応が求められるのか。電磁的保存も可能か。様式は問われないとの認識でよいか。

帳簿書類の保管にあたっては、社内規則等に規定されていれば、紙による保管のほか、電磁的記録により保存することも可能です。

なお、電磁的記録については、「内閣府の所管する金融関連法令に係る民間事業者等が行う書面の保存等における情報通信の技術の利用に関する法律施行規則（平成17年内閣府令第21号）」という法令が定められておりますので、これを踏まえ適切に保存することが必要です。

具体的には、例えば、事務所のパソコンやハードディスクにおける管理、ＣＤ-ＲＯＭにおける管理などが考えられます。

（参考：パブコメ145、146）

番号	関係箇所（施行規則）	コメントの概要	金融庁の考え方
145	第237条、第237条の2	帳簿書類の作成・保存とは、具体的にはどのような対応が求められるのか。	特定保険募集人（改正保険業法第303条にいう「特定保険募集人」）に該当する保険募集人は、事務所ごとに、保険料、手数料等を記載した帳簿書類を作成し、保険契約締結の日から5年間、適切に保存することが必要となります。 なお、帳簿書類の保管にあたっては、社内規則等に規定されていれば、紙による保管のほか、電磁的記録により保存することも可能です。
146	第237条	特定保険募集人は、保険契約の締結の日から5年間、その事務所ごとに、その業務に関する帳簿書類を備え、保険契約者ごとに規則第237条の2に記載している事項を記載し、保存することが求められるが、この帳簿書類は、紙媒体ではなく、電磁的手段で保存することも可能と考えてよいか。	内閣府の所管する金融関連法令に係る民間事業者等が行う書面の保存等における情報通信の技術の利用に関する法律施行規則に基づき、電磁的記録により保存することが可能であり、常時閲覧できる体制が整備されている必要があります。

Q 94

帳簿書類の保存の方法として、例えば、保険募集代理店において、所属保険会社が提供する専用画面で保険契約情報を常時閲覧できるような状態とする等の方法を社内規則等に定めて対応することも許容されるか。

帳簿書類の保存にあたっては、各保険会社と特定保険募集人との間における情報共有などの実務に配慮したうえで、その実務に照らして適当と認められる方法等を社内規則等に定めたうえで、適切に備え置くことを求められます。

先述のとおり、保管方法については、書面による方法だけでなく、法令に基づき電磁的記録による方法をとることも可能です。

また、保険募集代理店において、所属保険会社が提供する専用画面で保険契約情報を常時閲覧できるような状態とする等の方法を社内規則等に定めて対応する場合にあっては、帳簿の備付けが必要とされている事項（規則237条の２第１号から第４号までの情報）が記載されているかについても留意が必要です。

（参考：パブコメ576、577）

番号	関係箇所（監督指針）	コメントの概要	金融庁の考え方
576	Ⅱ－４－２－10	保険募集代理店は所属保険会社が提供する専用画面において保険契約情報を閲覧することが通常であり、適切な情報管理の観点も含	規則第237条の２第１項第１号から第４号に規定する内容を満たすものであれば、適当と認められる保存方法を社内規則等に定めた

		め、帳簿書類備付の方法として、代理店専用画面で保険契約の締結の年月日等の事項を閲覧する等の方法を社内規則等に定めて対応することも認められるとの理解でよいか。	うえで、適切に備え置くことが認められます。
577	Ⅱ－4－2－10	Ⅱ－4－2－10では、「社内規則等に、規則第237条の2第1項に規定する書類の作成及び保存の方法を具体的に定めるものとする。」とあるが、例えば、保険会社から提供された書類（契約リストやデータ等）に、帳簿に記載すべき情報が記載されている場合には、当該書類を保存すれば良く、別途、「書類の作成」の方法は定める必要はないとの理解で良いか また、規則第237条の2第1項第1号～4号に係る事項の帳簿書類として、保険契約申込書を用いる場合、その保存方法として、所属保険会社が保存している申込書について、所属保険会社より遅滞なく当該書面の写しを入手するといった方法を定めることも認められると理解してよいか。	Ⅱ－4－2－10については、各保険会社と特定保険募集人との間における情報共有などの実務に配慮したうえで、その実務に照らして適当と認められる方法等を社内規則等に定めたうえで、適切に備え置くことを求めるものです。 保険契約申込書を用いる場合、契約成立後、所属保険会社から遅滞なく当該書面の写しを入手し、その後適切に保存することにより、常時閲覧できる体制が整備されている場合には、認められることもあります。

Q 95

事業報告書はいつまでに、どこに提出すればよいか。

事業報告書については、事業年度末から３ヶ月以内に提出することとされております。具体的な提出先としては、主たる事務所の所在地を管轄する財務（支）局長宛てに提出いただくこととなります。

（参考）保険業法
（事業報告書の提出）
第三百四条　特定保険募集人又は保険仲立人は、事業年度ごとに、内閣府令で定めるところにより、事業報告書を作成し、毎事業年度経過後三月以内に、これを内閣総理大臣に提出しなければならない。

（参考）保険業法施行令
（保険募集人等に関する権限の財務局長等への委任）
第四十九条　長官権限のうち次に掲げるものは、特定保険募集人の主たる事務所の所在地を管轄する財務局長（当該所在地が福岡財務支局の管轄区域内にある場合にあっては、福岡財務支局長）に委任するものとする。ただし、第七号に掲げる権限は、金融庁長官が自ら行うことを妨げない。
　三　法第二百七十七条第一項及び第三百四条の規定による書類の受理並びに法第二百八十条第一項及び第三百二条の規定による届出の受理

（参考）保険業法施行規則
（特定保険募集人又は保険仲立人の事業報告書の様式等）
第二百三十八条　法第三百四条に規定する事業報告書は、特定保険募集人が法人である場合においては別紙様式第二十五号の二により、個人である場合においては別紙様式第二十五号の三により、保険仲立人が法人である場合においては別紙様式第二十六号により、個人である場合においては別紙様式第二十七号により、それぞれ作成しなければならない。
２　前項の事業報告書を提出しようとするときは、当該事業報告書に、その写し二通を添付して、金融庁長官に提出しなければならない。

Q96

施行日以降最初に提出する事業報告書の記載について、過去３カ年分の実績が把握できていない場合はどうすればよいか。

事業報告書の様式には、過去３事業年度分の実績を記載する欄が設けられていますが、法規定の適用がない場合については、本項目の数値が必ずしも捕捉できていない場合も考えられます。

このため、例えば、本法律の施行日以降、最初に提出する事業報告書等において、仮に過去３事業年度の数値を記載することが困難である場合については、必ずしも記載することを求めるものではありません。

（参考：パブコメ142）

番号	関係箇所（施行規則）	コメントの概要	金融庁の考え方
142	第238条第１項、規則別紙様式第25号の２	事業報告書の別紙では、過去３ヵ年の実績値記載が求められている箇所があるが、報告対象年度は、法施行後のもののみで足り、過去分については不問であるという理解でよいことを、念のため確認させていただきたい。	施行日以降、最初に提出する事業報告書等において、仮に過去３事業年度の数値を記載することが困難である場合には、必ずしも記載することを求めるものではありません。

Q 97

帳簿書類は全ての事務所に備え付ける必要があるのか。事務所の範囲は。本部で作成したものを支店で保管する運用も可能か。

保険募集人が所在する事務所ごとに備付けを行う必要があり、店舗を異にする場合には、それぞれに備え付ける必要があります。この場合の「保険募集人が所在する事務所」とは、保険募集人が使用する事務所の全てではなく、保険募集人が保険募集に関する業務を行う拠点を想定しています。そのため、例えば、山間地域等で営業活動を行うに当たって、一時的に使用しているような事務所等は、これに該当しません。

なお、対応が施行後直ちには困難な場合には、当分の間について、主たる事務所に備え付けることも認められます。また、本部で作成したものを支店で保管することも認められます。

いずれにしても、本規定の趣旨をご理解いただき、施行に向けて、主体的にご対応いただくようお願いします。

（参考：パブコメ147、575）

番号	関係箇所	コメントの概要	金融庁の考え方
147	（施行規則）第237条第1項	法第303条に規定する帳簿書類を備え、保存しなければならない「事務所」とは、規則案別紙様式第25号の2の（5）事務所の状況に列挙すべき事務所と同じという理解でよいか。	法第303条に規定する帳簿書類の備付については、規則別紙様式第25号の2の1.（5）同様、保険募集人が所在する「事務所」ごとに備付けを行う必要があります。

575	（監督指針） Ⅱ－４－２－ 10	当社は特定保険募集人の条件を満たす金融機関代理店であり、各営業部店にて保険の募集行為を行っている。 その場合、帳簿書類の作成・保存は、各営業部店で行う必要があるということか。 本部で作成したもの（電子ファイル又は紙）を支店で確認し、保管するという運用は許容されるか。	保険募集人が所在する事務所ごとに備付けを行う必要があり、店舗を異にする場合には、それぞれに備え付ける必要があります。 ただし、対応が施行後直ちには困難な場合には、当分の間、主たる事務所に備え付けることも認められます。 また、貴見のように、本部で作成したものを支店で保管することも認められます。

Q98

帳簿書類の備付け・事業報告書の提出について、施行後の具体的な対応はどうすればよいか。

帳簿書類の備付け・事業報告書の提出の具体的な流れについて、図21を基に説明します。これは、事業年度が毎年４月１日から３月31日までの保険募集人に係る対応の流れを図示したものです。

まず、帳簿書類の備付けについて説明します。当該保険募集人については、平成28年５月29日の法施行後、初の要件の該当性判断のタイミングは、「平成29年３月31日（判定Ⅰ）」となります。「判定Ⅰ」で規模の大きい保険募集人の要件に該当した場合には、「Ｂ事業年度（平成29年４月１日～平成30年３月31日）」については、その業務に関する帳簿書類の備付けが必要となります。それ以降は、同様に毎事業年度末の要件の該当性を確認し、該当した場合には帳簿書類の備付けが必要となります（帳簿書類の保存期間は５年間)。

他方、事業報告書の提出について説明します。事業報告書の提出については、施行後に開始する事業年度に係る事業報告書から適用する旨の経過措置が設けられており（法附則２条３項)、初の要件の該当性判断のタイミングは､「平成30年３月31日（判定Ⅱ)」となります。「判定Ⅱ」で規模の大きい保険募集人の要件に該当した場合には、事業年度終了後３ヶ月以内（平成30年６月30日）までに「Ｂ事業年度（平成29年４月１日～平成30年３月31日)」に係る事業報告書を財務局（支）局長宛てに提出することが必要となります。それ以降は、同様に毎事業年度末の要件の該当性を確認し、該当した場合には事業報告書の提出が必要となります。

図21　帳簿書類の備付け・事業報告書の提出の具体的流れ

規模の大きな保険募集人は、以下の考え方に基づき、「事業報告書の提出」及び「帳簿書類の備付け」を行うことが必要。

【制度導入後のイメージ（事業年度が３月末の保険募集人の例）】

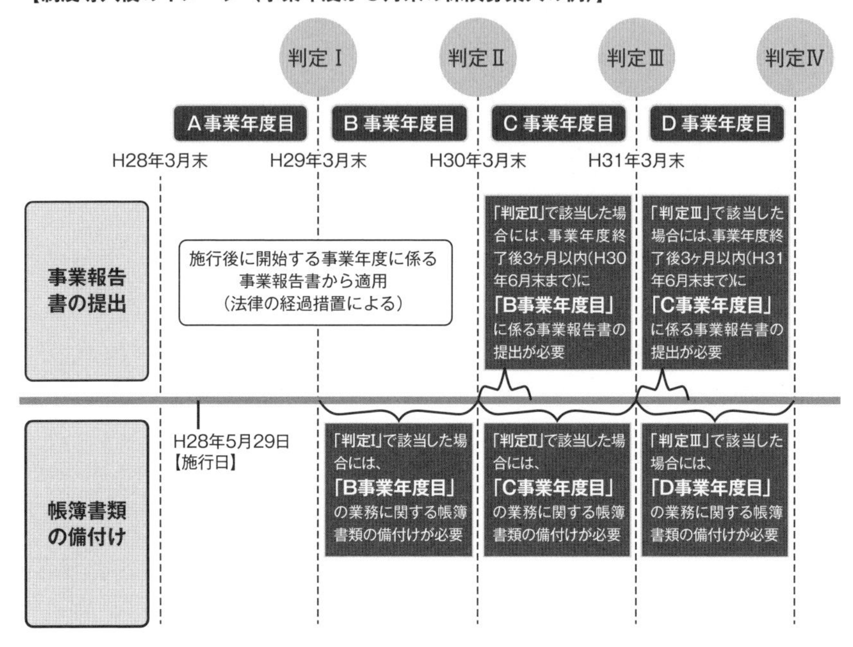

（注）

1．保険募集人の事業年度ごとに判定する。
2．当該保険募集人は事業年度末（判定時）の翌日から、事業報告書の提出義務、及び帳簿書類の備付け義務が課される。
3．帳簿書類の保存期間は５年間。

（参考）改正保険業法 附則
（保険業法の一部改正に伴う経過措置）
第二条　（略）
3　新保険業法第三百四条の規定は、この法律の施行の日以後に開始する事業年度に係る同条の事業報告書について適用する。

（参考）監督指針
Ⅱ－４－２－11　事業報告書
特定保険募集人の事業報告書の記載要領等は、以下のとおりとする。
なお、外国法人の場合は、日本における業務に係るものについて作成するものとする。
（１）別紙様式第25号の２
生命保険、損害保険、少額短期保険いずれかの業態のみ特定保険募集人に該当する場合において、該当していない業態についても、報告の対象となることに留意する。
①「１．事業概要」
ア．「（１）保険代理店登録年月日」欄は、法第276条に規定する金融庁長官の登録を受けた日を記載する。取扱いがないものについては、空欄とする。
イ．「（２）代理申請会社（業者）名」欄において、取扱いがないものについては、空欄とする。
ウ．「（４）役員及び使用人の状況」欄は、期末の状況を記載する。取扱いがないものについては、空欄とする。
エ．「（５）事務所の状況」欄は、保険募集人が所在する事務所について、期末の状況を記載する。
オ．「（６）委託を受けている保険会社数の推移（直近３ヵ年度）」欄は、各期末の状況を記載する。
②「３．保険募集人指導事業の実施状況等」
「（１）加盟店数の推移の状況（直近３ヵ年度）」欄は、保険募集を行っている店数について、各期末の状況を記載する。
③「４．保険募集にかかる苦情の発生件数（直近３ヵ年度）」
原則として保険会社における苦情の定義に基づき、各保険会社等に報告した数について各期末の状況を記載する。
（２）別紙様式第25号の３
上記（１）に準じて取り扱う。
（３）事業報告書の提出先は、管轄財務局長等とする。

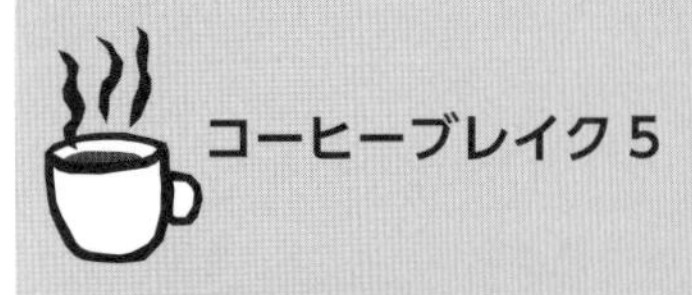

未来のかたちを作る（私がこの仕事を選んだワケ）

某保険会社の商品に「みらいのカタチ」という商品があります。その商品とは何も関係ありませんが、我々の仕事は、社会ニーズを踏まえ、未来のかたちを描き、必要な制度改正を行っていくことだと思っています。では、保険の未来はどうか。自動車は自動運転が一般的になるかもしれません。遺伝子検査により、自分のリスクがわかってしまうかもしれません。将来的には、それらに対応するための改正が必要となるかもしれません。

私が作りたいと思う「未来のかたち」。それは、親のいない子どもが幸せに暮らせる社会を築くことです。これは、私がこの仕事を選んだ理由でもあります。育児放棄、ネグレクトなど、世間では、悲しいニュースが絶えずあります。子どもの人生というのは、親の家庭環境・経済環境によって多分に影響を受けると考えます。大人は性格の不一致を理由に離婚することもできます。他方、子どもは親を選ぶことができません。

育児放棄やネグレクトを受けた子どもたちを守る場所として、児童福祉施設というところがあります。私は千葉県松戸市の児童福祉施設「晴香園」というところで、学習ボランティアのスタッフとして活動しています。正月には餅つきを、秋にはフェスをやるなど、多くのボランティアの方が参加しています。子どもたちの笑顔が多く、社会に開かれており、非常に活気がある施設だと思います。ボランティアという言葉には、何かをしてあげている、という印象がありますが、実際は全く違っていて、子どもたちと遊び･会話することで、逆に、生きる活力をもらっています。

どんな家庭環境の子どもであっても笑顔で生活できる社会を作りたい、それが今の仕事を志した理由でした。未だその業務を担当したことはありませんが、いずれ担当してみたいと思います。そんな「未来のかたち」を作りたいと思います。

第12章　「保険募集」と「募集関連行為」関係

Q99

「保険募集」や「保険募集関連行為」について監督指針において整理がなされているが、その背景は。

保険募集の際には、保険契約者が正しい理解に基づく適切な判断ができるよう適切な説明等が行われることが重要であり、適正かつ公正な保険募集を確保するため、法令上、保険募集が行える主体は当局の登録を受けた保険募集人等に限定されています。

一方、保険募集の現場においては、保険代理店の大型化や募集チャネルの多様化をはじめとする環境の変化の中で、いわゆる比較サイトや紹介行為のように、契約見込客の発掘から契約成立に至るまでの広い意味での保険募集プロセス（広義の保険募集プロセス）のうち、必ずしも保険募集の定義に該当することが明らかでない行為について、保険募集人以外の者が行うケースが増加しています。

この点について、現行の監督指針においては、保険契約の締結の勧誘や勧誘を目的とした商品説明は保険募集に該当すると例示されています。しかし、いわゆる比較サイトや紹介行為等の中には保険商品の説明を行っているものもありますが、当該説明が保険契約の締結の勧誘を目的としたものであるかが不明確な場合もあり、現在のメルクマールのみでは、そのような行為が募集に該当するか否かの判断が難しいケースも存在しました。

このように、保険募集を巡る環境の変化に対して、現在の保険業法やその関連ルールは必ずしも十分に対応しきれていなかったことから、当該整理の必要性が盛り込まれた保険ＷＧ報告書の趣旨を踏まえつつ、募集規制の及ぶ範囲について再整理を行うこととしました。

図22 （参考）「保険募集」と「募集関連行為」について

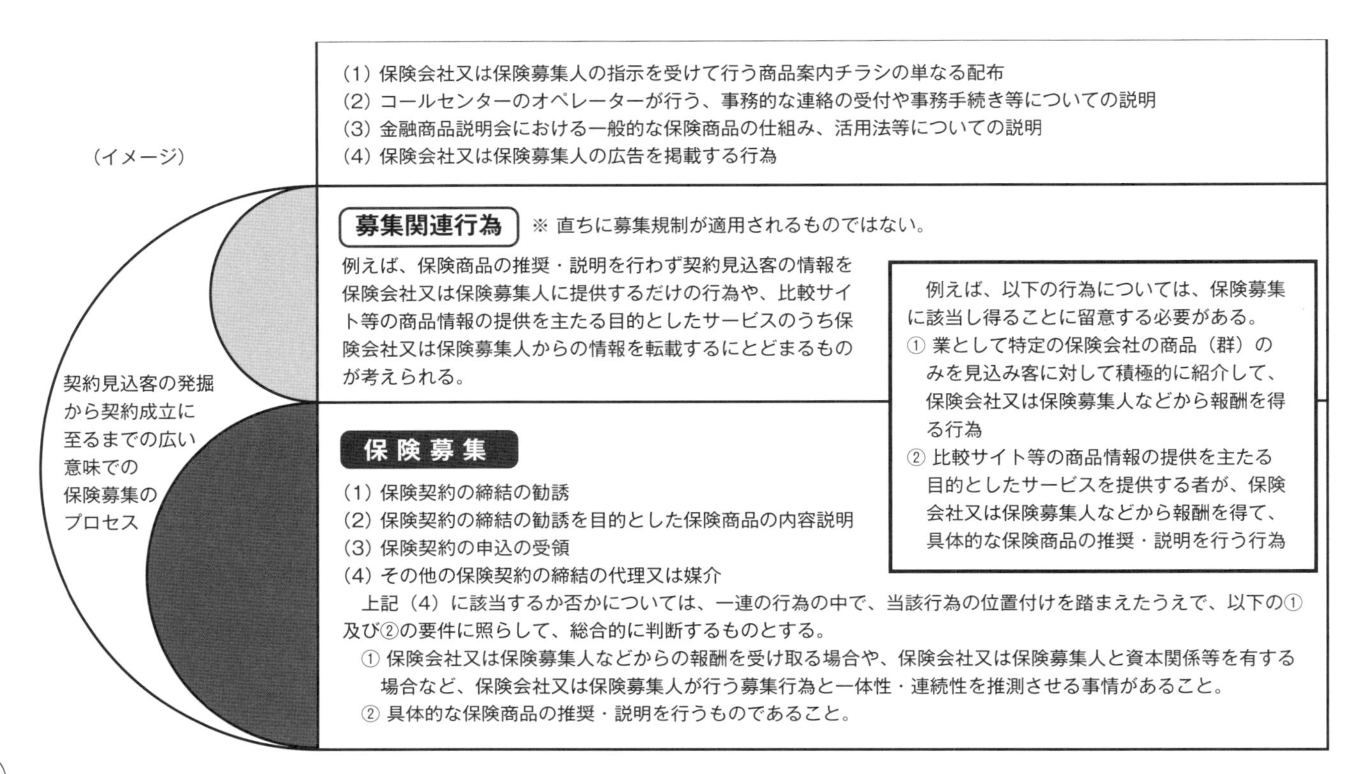

Q100

保険募集の意義についてはどのような明確化が図られたのか。

募集規制が適用される「保険募集」の意義については、監督指針Ⅱ－4－2－1（1）で下記のとおりとされ、エに関して明確化が図られています。

法第2条第26項に規定する保険募集とは、以下のア～エの行為をいう。

ア．保険契約の締結の勧誘

イ．保険契約の締結の勧誘を目的とした保険商品の内容説明

ウ．保険契約の申込の受領

エ．その他の保険契約の締結の代理又は媒介

なお、上記エに該当するか否かについては、一連の行為の中で、当該行為の位置付けを踏まえたうえで、以下の（ア）及び（イ）の要件に照らして、総合的に判断するものとされています。

（ア）保険会社又は保険募集人などからの報酬を受け取る場合や、保険会社又は保険募集人と資本関係等を有する場合など、保険会社又は保険募集人が行う募集行為と一体性・連続性を推測させる事情があること。

（イ）具体的な保険商品の推奨・説明を行うものであること。

これにより、例えば、以下のような行為については、保険業法上の「保険募集」に該当し、保険募集人資格を有しない者は行うことができないこととなります。

① 比較サイト等の商品情報提供サービスを提供する者が、保険会社等

から（保険契約の成約に連動して支払われる等の）報酬を得て具体的な商品説明を行う行為

② 業として特定の保険会社の商品（群）のみを見込み客に対して積極的に紹介して、保険会社等から報酬を得る行為（例えば、監督指針Ⅱ-3-3-1(1)③に抵触するような行為など）

Q101

「募集関連行為」とは具体的にどのような行為なのか。

「募集関連行為」とは、契約見込客の発掘から契約成立に至るまでの広い意味での保険募集のプロセスのうち、「保険募集」に該当しない行為をいいます。

例えば、保険商品の推奨・説明を行わず、契約見込客の情報を保険会社又は保険募集人に提供するだけの行為や、比較サイト等の商品情報の提供を主たる目的としたサービスのうち保険会社又は保険募集人からの情報を転載するにとどまる行為があげられます。

募集関連行為に関しては、直ちに募集規制を受けるものではありません。しかし、保険会社又は保険募集人においては、募集関連行為を第三者に委託し、又は、それに準じる関係に基づいて行わせる場合には、当該募集関連行為を受託した第三者（＝「募集関連行為従事者」）が不適切な行為を行わないよう、例えば、以下の①から③の点に留意して行う必要があります。

① 募集関連行為従事者において、保険募集行為又は特別利益の提供等の募集規制の潜脱につながる行為が行われていないか。

② 募集関連行為従事者が運営する比較サイト等の商品情報の提供を主たる目的としたサービスにおいて、誤った商品説明や特定商品の不適切な評価など、保険募集人が募集行為を行う際に顧客の正しい商品理解を妨げるおそれのある行為を行っていないか。

③ 募集関連行為従事者において、個人情報の第三者への提供に係る顧客同意の取得などの手続が個人情報の保護に関する法律等に基づき、適切に行われているか。

また、保険会社は、保険募集人が募集関連行為を第三者に委託し、又はそれに準じる関係に基づいて行わせている場合には、保険募集人が、その規模や業務特性に応じた適切な委託先管理等を行うよう指導する必要があります。

なお、募集関連行為従事者への支払手数料の設定については、慎重な対応を行う必要があります。例えば、保険募集人が、高額な紹介料やインセンティブ報酬を払って募集関連行為従事者から見込み者の紹介を受ける場合、一般的にそのような報酬体系は募集関連行為従事者が本来行うことができない具体的な保険商品の推奨・説明を行う蓋然性を高めると考えられることに留意が必要です。

（参考）募集関連行為に関するガイドライン（生命保険協会）	
2．募集関連行為に係る基本的考え方 募集関連行為とは、契約見込客の発掘から契約成立に至るまでの広い意味での保険募集プロセスのうち監督指針Ⅱ－４－２－１（１）に照らして保険募集に該当しない行為をいい、例えば、保険商品の推奨・説明を行わず契約見込客の情報を保険会社または保険募集人に提供するだけの行為や、商品情報の提供を主たる目的としたサービス（以下、「比較サイト等」という。）のうち保険会社または保険募集人からの情報を転載するにとどまるものが考えられる。	○「比較サイト」とは、例えば、保障内容や保険料等に係る希望の条件を入力すると、それら条件に基づいた複数の保険会社の商品の比較内容が表示されるインターネットサイト等をいう。
（注）上記のような行為でも、保険募集人が行う場合は、募集行為と一体性・連続性を推測させることから、保険募集に該当し得ることに留意する。	○一連の保険募集プロセスを複数の保険募集人が役割分担し、一方の保険募集人が、当該プロセスの当初の段階で「家計の見直し相談」「ライフプランニング」等を行い、その後、もう一方の保険募集人が継続して募集行為を行う場合については、個別具体的に判断されるものの、両保険募集人の行為はいずれも保険募集に該当し得ることに留意する。 ○保険に関する相談がある顧客または見込客を、営業店の保険募集人が、より保険の専門的知識がある本部所属の保険担当者へ取り次ぐ（トスアップ）場合については、本部における募集行為が、営業店における行為と一連のものとして行われているのであれば、営業店における行為も保険募集に該当し得ることに留意する。
ただし、例えば、以下の行為については、保険募集に該当し得ることに留意する。	○「報酬」には、いかなる体系の報酬でも含まれ得るものと考えられ、例

・業として特定の保険会社の商品（群）のみを見込客に対して積極的に紹介して、保険会社または保険募集人などから報酬を得る行為
・比較サイト等を運営する者が、保険会社または保険募集人などから報酬を得て、具体的な保険商品の推奨・説明を行う行為

えば、使途や換金性が限定されている金券や物品類等の社会通念上妥当なお礼の提供にとどまるものなど、報酬を金銭以外で受け取る場合でも、その実態の経済的な価値や目的等に照らして、総合的に判断する必要がある。また、保険会社または保険募集人以外の第三者を経由して支払われる報酬についても含まれることに留意する。

○比較サイト等に商品情報を掲載したうえで、保険募集人等のサイトに遷移する仕組みを構築して報酬を得る行為については、報酬の多寡や当該サイトの画面構成、具体的な表示内容等を踏まえたうえで、保険募集に該当し得るか、総合的に判断する必要がある。

○一連の行為のなかで、特定の保険会社や保険商品を推奨する意味合いで保険会社名等を告げる行為についても、「具体的な保険商品の推奨・説明を行う行為」に該当し得ることに留意する。

○例えば、税理士、社会保険労務士、ファイナンシャル・プランナーおよびその事務所に勤める職員などが、その顧客や従業員に保険加入を勧め、特定の保険募集人を紹介して、加入実績に応じた報酬を得るなどの行為については、具体的な保険商品の推奨・説明を行っているか否かを判断したうえで、報酬額の水準や商品の推奨・説明の程度などから、保険募集に該当し得るか、総合的に判断する必要がある。

	○「インセンティブ報酬」とは、紹介者数や紹介者の保険契約の募集手数料等に応じて増加する報酬をいい、例えば、保険契約1件あたり定額の紹介料を支払うことは、件数に応じて報酬総額も増加することから、インセンティブ報酬に該当し得ることに留意する。

（参考）募集関連行為に関するガイドライン（生命保険協会）	
3．募集関連行為を第三者に委託する場合の留意点 保険募集人は、募集関連行為を第三者に委託し、またはそれに準じる関係に基づいて行わせる場合には、当該募集関連行為を受託した第三者（募集関連行為従事者）が不適切な行為を行わないよう、保険会社の指導も踏まえつつ、保険募集人の規模や業務特性に応じた適切な委託先管理等を行う必要がある。 （注）保険募集人が保険募集業務そのものを外部委託することは、保険業法第275条第3項に規定する保険募集の再委託に該当するため、原則として許容されないことに留意する。 保険会社においては、保険募集人が募集関連行為を第三者に委託し、またはそれに準じる関係に基づいて行わせている場合には、本ガイドライン3.（1）～（5）を踏まえて、保険募集人がその規模や業務特性に応じた適切な委託先管理等を行うよう指導する必要がある。	○小規模な保険代理店でも、募集関連行為の内容・範囲等に応じた適切な委託先管理を行う必要がある。 ○募集関連行為従事者が個人であるか法人であるかのみをもって、求められる対応に差異を設けるものではないことに留意する。

また、保険会社自身が募集関連行為を第三者に委託し、またはそれに準じる関係に基づいて行わせる場合にも、本ガイドラインの内容を踏まえて、特に本ガイドライン「3．（2）募集規制の潜脱等」には留意しつつ、適切な委託先管理等を行う必要がある。

さらに、保険会社においては、法人等に対して、紹介代理店委託を行うなどにより、紹介料等の名目で対価性のない金銭の支払いその他便宜供与を行っていないか留意する。

（1）委託先の選定・管理

保険募集人は、保険募集人の規模や業務特性に応じて、適正な業務遂行が見込める委託先を選定するとともに、委託先との間で、関係諸法令を踏まえた適切な態勢整備等を確約する旨の契約を締結する必要がある。

○委託先の選定にあたっては、委託業務の内容等に応じて、例えば、以下の点に留意することが望ましい。

・委託先について、委託契約に沿ったサービス等の提供や損害等の負担が確保できる財務・経営内容となっているか、保険募集人のレピュテーション等の観点から問題はないか

・委託業務を保険募集人自身が行った場合に課せられる法令上の義務等の履行に支障が生じる外部委託となっていないか

・委託先における目的外使用の禁止も含めて、顧客等に関する情報管理が整備されており、委託先に守秘義務が課せられているか

・クレーム等について顧客から保険募集人への直接の連絡体制を設けるなど、適切な苦情相談態勢が整備されているか

・委託業務の履行状況等に関して、委託先から保険募集人への定期的なレポートに加えて、必要に応じて適切な情報が迅速に得られる態勢となっているか

	○委託契約の締結にあたっては、委託業務の内容等に応じて、例えば、以下の項目について明確に示されていることが望ましい。 ・提供されるサービスの内容およびレベルならびに解約等の手続き ・委託契約に沿ってサービスが提供されない場合における委託先の責務。委託に関連して発生するおそれがある損害の負担の関係（必要に応じて担保提供等の損害負担の履行確保等の対応を含む。） ・保険募集人が、委託業務およびそれに関する委託先の経営状況に関して委託先より受ける報告の内容 ・金融当局の保険募集人に対する検査・監督上の要請に沿って対応を行う際の取り決め ・その他、本ガイドラインの記載内容や委託業務の内容等に応じた事項
保険募集人は、適正な業務遂行の実効性を確保するため、例えば、保険募集人の規模や業務特性に応じて、外部に委託した募集関連行為についても監査の対象とするなど、継続的な管理・モニタリング等を行う必要がある。	○委託先の管理・モニタリング等を行うにあたっては、委託業務に関する管理者の設置、モニタリング、検証態勢等の社内管理態勢が整備されていることが望ましい。 ○保険募集人は、委託契約に沿ったサービスの提供が行われない場合にも、保険募集人の業務に大きな支障が生じないよう対応を検討していることが望ましい。
（2）募集規制の潜脱等 保険募集人は、募集関連行為従事者が、保険募集に該当する行為や、特別利益の提供等の募集規制の潜脱につながるような不適切な行為を行わないよう、例えば、委託先における募集関連行為の実施状況について、委託時のみ	○募集関連行為従事者が、自らの負担によって自らのビジネスのために行う利益提供でも、特別利益の提供（保険業法第300条第１項第５号）に該当し得ることに留意する。

ならず定期的に確認し、必要に応じて当該実施状況の改善を求めるなど、適切な委託先管理等を行う必要がある。	○例えば、以下のケースについては、募集規制の潜脱につながる行為に該当し得ることに留意する。 ・保険業法第300条、保険業法施行規則第234条に関連して、法人である保険募集人が、自らが募集できない分野の保険商品について、外部の保険代理店等に自社の従業員等を紹介し、紹介手数料等の対価を得るようなケース（報酬の名目が異なるケースも含む。） ・保険業法施行規則212条等に関連して、銀行等の保険募集人が外部の保険代理店等に融資先企業の従業員等を紹介し、紹介手数料等の対価を得るようなケース（報酬の名目が異なるケースも含む。） ・保険業法第282条等に関連して、保険募集人が、状況に応じて保険募集人と募集規制が適用されない募集関連行為従事者の立場を使い分けるようなケース
	○募集関連行為従事者が契約見込客の既加入の保険商品について言及する場合には、保険募集人が募集行為を行う際に顧客の正しい商品理解を妨げるおそれがある行為とならないよう留意する。なお、顧客の正しい商品理解を妨げるおそれがある行為等を行っていた場合には、保険業法第300条違反等にもつながる場合があると考えられる。
（3）比較サイト等の委託 保険募集人は、比較サイト等を運営する募集関連行為従事者が、誤った商品説明や特定の商品に対する不適切な評価など、保険募集人が保険募集を行う際に顧客の正しい商品理解を妨げる	○比較サイト等を運営する第三者に募集関連行為を委託するにあたっては、以下の措置を講じることが望ましい。 ・委託先が行う表示について、保険

おそれがあるような不適切な行為を行わないよう、適切な委託先管理等を行う必要がある。

募集に該当しないようにするなど、適切性を確保するための措置
・委託先が不適切な表示を行っている場合、当該委託先に内容の修正または削除を行わせるための措置(改　善がなされない場合には、当該委託先との契約を解除する等の対応を含む。)
・委託先が、自らの取材等に基づき見解等を表示する場合、当該表示が委託元や委託元の所属保険会社の行う表示である等の誤認を防止するための措置

（4）個人情報の取扱い

保険募集人は、募集関連行為従事者が契約見込客の情報（個人情報）を取得し保険募集人に提供するにあたっては、個人情報保護法等に反するような不適切な行為が行われることがないよう、顧客同意の取得などの手続きが適切に行われているかを確認するなど、適切な委託先管理等を行う必要がある。

なお、個人である顧客の情報に係る安全管理措置等については、保険募集人の規模や業務特性に関わらず、当該情報の漏えい、滅失またはき損の防止を図るために、保険募集人において以下の措置を講じることが望ましい。
・金融分野における個人情報保護に関するガイドライン第10条、第11条および第12条の規定に基づく措置
・金融分野における個人情報保護に関するガイドラインの安全管理措置等についての実務指針Ⅰ、Ⅱ、Ⅲおよび別添2の規定に基づく措置

また、募集関連行為従事者が、個人情報を他の委託元である保険募集人に

○保険募集人が保有する顧客等に関する情報の取扱いを募集関連行為従事者に委託するにあたっては、以下の点に留意することが望ましい。
・委託先管理に係る責任部署を明確化し、委託先における業務の実施状況を定期的または必要に応じてモニタリングする等、委託先において顧客等に関する情報管理が適切に行われていることを確認しているか
・委託先において漏えい事故等が発生した場合に、適切な対応がなされ、速やかに保険募集人に報告される体制になっていることを確認しているか
・委託先を契約解除する場合の個人情報の取扱いルールが整備されていることを確認しているか

提供したり、兼業部門での営業活動に活用する場合、目的外利用が行われることがないよう十分に留意する。	

Q102

募集関連行為従事者への報酬としては、どのような点に留意する必要があるか。

保険募集人が、募集関連行為の一部を委託する場合には、募集関連行為従事者への支払手数料の設定について、慎重に対応いただく必要があります。

例えば、保険募集人が、高額な紹介料やインセンティブ報酬を払って募集関連行為従事者から見込み客の紹介をうける場合、一般的にそのような報酬体系は募集関連行為従事者が本来行うことができない具体的な保険商品の推奨・説明を行う蓋然性を高めると考えることに留意いただくことが必要です。

なお、インセンティブ報酬とは、紹介者や紹介により成約に至った保険契約の手数料等に応じて増加する報酬を指すものです。

（参考）パブコメ245、248～250

番号	関係箇所 （監督指針）	コメントの概要	金融庁の考え方
245	Ⅱ－４－２－１（２）（注）	保険募集人が、見込み客の紹介を行った募集関連行為従事者に対して、保険契約の成立を条件とする紹介料を支払うことがありますが、かかる紹介料が成約した保険の条件等に連動しない一律かつ定額のものであって、かつ、Ⅱ－４－２－１の「高額な紹介料」に該当しない場合は、「インセンティブ報酬」には該当しないという理解でよいか。	保険契約１件あたり定額の紹介料を支払うことは、件数の増加により紹介料総額も増加することから、インセンティブ報酬に該当する場合があると考えます。
248	Ⅱ－４－２－１（２） Ⅱ－４－２－１（２）④（注） Ⅱ－４－２－１（１）（２）	Ⅱ－４－２－１（２）③で、「インセンティブ報酬」という語が登場するが、「成果連動型報酬」と「インセンティブ報酬」とは同義と理解されているのか、考え方をご教示願いたい。 （「インセンティブ報酬」という語の定義は、監督指針上何ら示されているものではないが、一般的な語義としては、インセンティブとは、成功報酬のことを指すのであって、成果の何割という決め方の報酬であるとは限らないと思われる。 そのため、無用な萎縮的効果をもたらすことのないよう、監督指針が念頭に置いている「インセンティブ報酬」という語が、実際にどのようなものを念頭に置いているのかを具体的に明示していただきたい。）	高額な紹介料に該当するか否かについては、Ⅱ－４－２－１（２）（注）の趣旨に鑑み、個別具体的に判断する必要があります。 また、インセンティブ報酬とは、紹介者数や紹介により成約に至った保険契約の手数料等に応じて増加する報酬を指すものと考えます。

249	Ⅱ－4－2－1（2）④（注）	「高額な紹介料」とあるが、どの程度を想定しているのか、明確にしていただきたい。 「インセンティブ報酬」とは、どのような報酬を指しているのか、明確にしていただきたい。保険料や代理店手数料の一定割合を紹介者に対して支払う体系（いわゆる保険料連動制の紹介料）の全てが「インセンティブ報酬」に該当するものではないことを確認させていただきたい。 高額なインセンティブ報酬ではなく、僅かなインセンティブ報酬であっても、ここでいう「インセンティブ報酬」に含む趣旨なのかを明確にしていただきたい。	
250	Ⅱ－4－2－1（1）（2）	募集関連行為に関し、「高額な報酬やインセンティブ報酬」の判断基準については、当局が示すことはなく、業界の自主的取り組みに委ねられているとの理解でよいか。	

（参考）募集関連行為に関するガイドライン（生命保険協会）	
（5）支払手数料の設定 保険募集人は、募集関連行為従事者に支払う手数料の設定について、慎重に対応する必要がある。 例えば、保険募集人が、高額な紹介	 ○「インセンティブ報酬」とは、紹

料やインセンティブ報酬を支払って募集関連行為従事者から見込客の紹介を受ける場合、一般的にそのような報酬体系は、募集関連行為従事者が本来行うことができない具体的な保険商品の推奨・説明を行う蓋然性を高めると考えられることに留意する。	介者数や紹介者の保険契約の募集手数料等に応じて増加する報酬をいい、例えば、保険契約１件あたり定額の紹介料を支払うことは、件数に応じて報酬総額も増加することから、インセンティブ報酬に該当し得ることに留意する。

Q103

募集関連行為に関し、「第三者に委託し、又は、それに準じる関係に基づいて行わせる場合」とは具体的にどのような場合が該当するか。

「第三者に委託し、またはそれに準じる関係に基づいて行わせる場合」とは、委託の名称の如何によるものではなく、第三者に行わせる根拠や第三者が行う行為の内容、その行為に対する報酬の水準等を考慮したうえで両者の関係性を判断する必要があります。例えば、第三者から、契約見込客の情報として定期的に名簿等を購入しているケースについても、委託と同等の行為と考えられることに留意願います。

また、「それに準じる関係」とは、例えば、両者が一定の関係のもとにおいて指図を受ける関係（親会社・子会社の関係等）や、紹介料その他の報酬（金銭等）の支払いが生じる関係などが考えられます。

なお、紹介料その他の報酬（金銭等）を支払わないことのみをもって、「それに準じる関係」に該当しないと直ちに判断できるものではないことに留意が必要です。

（参考：パブコメ261、237～239）

番号	関係箇所（監督指針）	コメントの概要	金融庁の考え方
261	Ⅱ－４－２－１（２）	「第三者に委託し、又はそれに準じる関係に基づいて行わせる場合」とあるが、例えば、既存の顧客等に対し「どなたか紹介いただけませんか」などと見込み客の紹介をお願いするようなものは、これにあたらず、「委託」の名称を用いているかどうかを問わず、一定の行為を継続的に第三者に行わせるもので、その行為に対して報酬を支払うようなものが、これにあたるという理解でよいか。	「第三者に委託し、又はそれに準じる関係に基づいて行わせる場合」とは、委託の名称の如何によるものではありませんが、第三者に行わせる根拠や第三者が行う行為の内容、その行為に対する報酬の水準等を考慮したうえで両者の関係性を判断する必要があると考えます。
237	Ⅱ－４－２－１（２）	「募集関連行為を第三者に委託し、又はそれに準じる関係に基づいて行わせる行為」とありますが、「それに準じる行為」とは、具体的にどのような関係をいうのでしょうか。	例えば、両者が一定の関係のもとにおいて指図を受ける関係（親会社・子会社の関係等）が考えられます。 なお、紹介料その他の報酬（金銭等）を支払わないことのみをもって、「それに準じる関係」に該当しないと直ちに判断できるものではありません。
238	Ⅱ－４－２－１	委託に準ずる関係とは具体的にはどのようなものか。 施行規則第227 条の11では委託に限定している。 例示を示していただきたい。	
239	Ⅱ－４－２－１（２）	「それに準じる関係」とは、具体的にどのような関係を指すのか。 保険募集人が第三者に対して募集関連行為を委託する旨の契約を締結していな	

		い場合であっても、例えば、保険募集人が第三者に対して紹介料その他の報酬（金銭等）を支払う場合は、かかる関係に該当するという理解になるのか。 例えば、保険募集人が第三者に対して紹介料その他の報酬（金銭等）を支払わない場合は、かかる関係に該当しないという理解で良いか。 紹介料その他の報酬（金銭等）を支払わないにもかかわらず、委託先管理等を行わなければならないとするのは、現実的とは思えない。	

Q104

インターネットで、保険会社の広告として、保険会社の商品情報をそのまま転載する場合は、保険募集にも募集関連行為にも該当しないとの理解でよいか。

保険会社又は保険募集人の広告を掲載する行為は、保険募集にも募集関連行為にも該当しません。

ただし、その広告とあわせて、独自の見解として当該商品を推奨する内容を記載している場合には、Ⅱ－４－２－１(１)②ア.とイ.のいずれにも該当するか否かを判断し、Ⅱ－４－２－１(１)②ア．とイ．の両方に該当する場合には、具体的な報酬額の水準や商品の推奨・説明の程度などから募集行為への該当性を総合的に判断し、保険募集に該当しない場合であって、保険会社又は保険募集人において、当該行為を第三者に委託又はそれに準じる関係に基づいて行わせている場合には、募集関連行為従事者の行為に該当することとなります。

（参考：パブコメ221）

番号	関係箇所（監督指針）	コメントの概要	金融庁の考え方
221	Ⅱ－４－２－１（１）	比較サイト等の商品情報の提供を主たる目的としたサービスを提供する者が、保険会社の広告として、当該保険会社の保険商品の情報をそのまま転載する場合は、保険会社の広告を掲載する行為として、募集関連行為にも該当しないとの理解でよいか。また、同広告中、当該保険商品を推奨する内容が記載されていたとしても、広告である以上、募集関連行為にも保険募集にも該当しないとの理解でよいか。	保険会社又は保険募集人の広告を掲載する行為は、保険募集にも募集関連行為にも該当しないと考えます。 ただし、その広告とあわせて、独自の見解として当該商品を推奨する内容を記載している場合には、Ⅱ－４－２－１(１)②ア.とイ.のいずれにも該当するか否かを判断し、Ⅱ－４－２－１(１)②ア．とイ.の両方に該当する場合には、具体的な報酬額の水準や商品の推奨・説明の程度などから募集行為への該当性を総合的に判断し、保険募集に該当しない場合であって、保険会社又は保険募集人において、当該行為を第三者に委託又はそれに準じる関係に基づいて行わせている場合には、募集関連行為従事者の行為に該当するものと考えます。

（参考）監督指針

Ⅱ－４－２－１ 適正な保険募集管理態勢の確立

（１）保険募集の意義

① 法第２条第26 項に規定する保険募集とは、以下のア．からエ．の行為をいう。

ア． 保険契約の締結の勧誘

イ． 保険契約の締結の勧誘を目的とした保険商品の内容説明

ウ． 保険契約の申込の受領

エ． その他の保険契約の締結の代理又は媒介

② なお、上記エ．に該当するか否かについては、一連の行為の中で、当該行為の位置付けを踏まえたうえで、以下のア．及びイ．の要件に照らして、総合的に判断するものとする。

ア． 保険会社又は保険募集人などからの報酬を受け取る場合や、保険会社又は保険募集人と資本関係等を有する場合など、保険会社又は保険募集人が行う募集行為と一体性・連続性を推測させる事情があること。

イ． 具体的な保険商品の推奨・説明を行うものであること。

（２）「募集関連行為」について

契約見込客の発掘から契約成立に至るまでの広い意味での保険募集のプロセスのうち上記（１）に照らして保険募集に該当しない行為（以下、「募集関連行為」という。）については、直ちに募集規制が適用されるものではない。

しかし、保険会社又は保険募集人においては、募集関連行為を第三者に委託し、又はそれに準じる関係に基づいて行わせる場合には、当該募集関連行為を受託した第三者（以下、「募集関連行為従事者」という。）が不適切な行為を行わないよう、例えば、以下の①から③の点に留意しているか。

また、保険会社は、保険募集人が、募集関連行為を第三者に委託し、又はそれに準じる関係に基づいて行わせている場合には、保険募集人がその規模や業務特性に応じた適切な委託先管理等を行うよう指導しているか。

（注１）募集関連行為とは、例えば、保険商品の推奨・説明を行わず契約見込客の情報を保険会社又は保険募集人に提供するだけの行為や、比較サイト等の商品情報の提供を主たる目的としたサービスのうち保険会社又は保険募集人からの情報を転載するにとどまるものが考えられる。

（注２）ただし、例えば、以下の行為については、保険募集に該当し得ることに留意する必要がある。

ア． 業として特定の保険会社の商品（群）のみを見込み客に対して積極的に紹介して、保険会社又は保険募集人などから報酬を得る行為

イ． 比較サイト等の商品情報の提供を主たる目的としたサービスを提供する者が、保険会社又は保険募集人などから報酬を得て、具体的な保険商品の推奨・説明を行う行為

（注３）例えば、以下の行為のみを行う場合には、上記の要件に照らして、基本的に保険募集・募集関連行為のいずれにも該当しないものと考えられる。

ア．　保険会社又は保険募集人の指示を受けて行う商品案内チラシの単なる配布

イ．　コールセンターのオペレーターが行う、事務的な連絡の受付や事務手続き等についての説明

ウ．　金融商品説明会における、一般的な保険商品の仕組み、活用法等についての説明

エ．　保険会社又は保険募集人の広告を掲載する行為

（注４）保険募集人が保険募集業務そのものを外部委託することは、法第275条第３項に規定する保険募集の再委託に該当するため、原則として許容されないことに留意する。

①　募集関連行為従事者において、保険募集行為又は特別利益の提供等の募集規制の潜脱につながる行為が行われていないか。

②　募集関連行為従事者が運営する比較サイト等の商品情報の提供を主たる目的としたサービスにおいて、誤った商品説明や特定商品の不適切な評価など、保険募集人が募集行為を行う際に顧客の正しい商品理解を妨げるおそれのある行為を行っていないか。

③　募集関連行為従事者において、個人情報の第三者への提供に係る顧客同意の取得などの手続が個人情報の保護に関する法律等に基づき、適切に行われているか。

また、募集関連行為従事者への支払手数料の設定について、慎重な対応を行っているか。

（注）例えば、保険募集人が、高額な紹介料やインセンティブ報酬を払って募集関連行為従事者から見込み客の紹介を受ける場合、一般的にそのような報酬体系は募集関連行為従事者が本来行うことができない具体的な保険商品の推奨・説明を行う蓋然性を高めると考えられることに留意する。

（参考）募集コンプライアンスガイド〔追補版〕（日本損害保険協会）

Q.「保険募集関連行為」にとどまらず「保険募集」に該当するような行為の例はありますか？

A.　例えば、以下の行為については、「募集」に該当し得ることに留意する必要があります。

① 業として特定の保険会社の商品（群）のみを見込み客に対して積極的に紹介して、保険会社又は保険募集人などから報酬を得る行為

② 比較サイト等の商品情報の提供を主たる目的としたサービスを提供する者が、保険会社又は保険募集人などから報酬を得て、具体的な保険商品の推奨・説明を行う行為

Q. 明確化された保険募集の要件のひとつに、「具体的な保険商品の推奨・説明を行っているか」とありますが、どのようなことを伝えると同要件にあたることになるのでしょうか？
A. 具体的な保険内容や優位性に触れるものでなければ、単に保険会社名や保険商品・種目名、代理店名に触れたことをもって、ただちに募集行為にあたるものではありません。ただし、一連の行為の中で、特定の保険会社や保険商品を推奨するような意味合いで保険会社名を告げる行為は、「具体的な保険商品の推奨・説明」に該当する可能性がありますので、慎重な対応が必要です（募集関連行為従事者に現金報酬等を伴って見込み客の紹介等を行わせる場合には、特に注意が必要です）。

Q.「保険募集」にも「保険募集関連行為」にも該当しない行為の例はありますか？
A. 保険会社または保険募集人の指示を受けて行う商品案内チラシの単なる配布、コールセンターのオペレーターが行う事務的な連絡の受付や事務手続き等についての説明、金融商品説明会における、一般的な保険商品の仕組み、活用法等についての説明、保険会社または保険募集人の広告を単に掲載するだけの行為等が考えられます。

Q.「募集関連行為従事者」に該当する例として「比較サイト」とありますが、比較サイトとはどのようなものですか？また、該当する例として比較サイトの他にどのようなものが想定されますか？
A. 比較サイトとは、例えば保障（補償）内容や保険料等に係る希望の条件を入力すると複数の保険会社の商品間における、それらの条件に基づいた比較内容が表示されるインターネットサイト等を想定しています。
　また、比較サイトの他には、税理士、社労士、ファイナンシャルプランナー、不動産業者等が、自らの顧客を契約見込客として保険会社や保険募集人に紹介するといったケースが想定されます。
　なお、代理店の広告を単に掲載するだけの行為であれば、保険募集にも募集関連行為にも該当しないと考えられます。ただし、その広告とあわせて、比較サイト等が独自の見解として当該商品を推奨する内容を記載している場合には、前記（1）ア. の①と②のいずれにも該当するか否かを判断し、両方に該当する場合には、具体的な報酬額の水準や商品の推奨・説明の程度等から総合的に判断する必要があることに留意が必要です。

Q.「募集関連行為従事者」への支払手数料の設定について、「慎重な対応」とはどのようなことを指しますか？また「インセンティブ報酬」とはどのようなことでしょうか？
A. 社会通念上の景品程度の範囲内で、現金によらず物品・使途が限定された金券類（図書券やビール券等）の提供にとどまるものであれば問題ありません。

一方、上記を超え、高額な紹介料やインセンティブ報酬を払う場合は、「募集関連行為従事者」が本来行うことができない具体的な保険商品の推奨・説明を行ってしまうことにつながるおそれがあるため、金融庁の監督指針にも留意が必要と明記されています。

また、インセンティブ報酬とは紹介した見込客数や紹介した見込み客の成約保険契約の保険料等に応じて増加する報酬を指すものです。

以上のとおり、物品・使途が限定された金券類の提供にとどまらない場合には、代理店の責任において「慎重な対応」を行うようにしてください。

Q. 損保ビジネスでは、本業や福利厚生制度等に付随して提携代理店に見込客を紹介する事例が見受けられます。これらは、いずれも提携代理店から報酬としての金銭を受け取らずに行われるケースであれば、「第三者に委託等」にまでは至らず、規制の対象外と考えてよいでしょうか？

（例）

□ 保険以外の本業取引顧客に対して、別途同意等を得て、本業に関連するサービス紹介の一環として、付随的に提携先の代理店に紹介を行うケース

□ 福利厚生制度の一環として、企業が対象従業員等の同意等を得て、提携代理店に紹介を行うケース など

A. 報酬としての金銭を受け取らずに行われるケースであっても、その実態の経済的な価値や目的等に照らして、総合的に判断すべきものであると考えられます。ただ、上記で例示されたケースについては、顧客の同意を得たうえで、報酬等も受領せずに行っているケースであり、前記（3）の留意点を逸脱するリスクは小さいと考えられます。

したがって、募集関連行為従事者の管理リスト等の作成や定期的なチェック等によらないまでも、紹介票の用紙等を提携先や親会社等に事前に渡す際に募集行為等の不適切な行為を行わないよう注意喚起したり、紹介票を受領する際に個人情報取扱の同意等を確認することでも足りると考えます。

第13章　テレマーケティング関係

Q105

監督指針において、電話による保険募集上の留意点が定められているが、改正の背景は。何が求められるのか。

保険会社又は保険募集人が行う電話による新規の保険募集等は、非対面であり、また、顧客の予期しないタイミングで行われることから、特にトラブルが発生しやすい特性があります。

このため、当該行為を反復継続的に行う保険会社又は保険募集人は、トラブルの未然防止・早期発見に資する取組みを含めた保険募集方法を具体的に定め、実行するとともに、保険募集人に対して、適切な教育・管理・指導を行うこと、加えて、これらの取組みについて、適切性の検証等を行い、必要に応じて見直しを行うことを求めることとしました。

また、その際の取組みとしては、以下の措置を含めた適切な取組みが求められています。

①　説明すべき内容を定めたトークスクリプト等を整備のうえ、徹底していること。

②　顧客から、今後の電話を拒否する旨の意向があった場合、今後の電話を行わないよう徹底していること。

③　通話内容を記録し・保存していること。

④　苦情等の原因分析及び再発防止策の策定及び周知を行っていること。

⑤　保険募集等を行った者以外の者による通話内容の確認（成約に至らなかったものを含む。）及びその結果を踏まえた対応を行っているか。

なお、本規定については、平成27年５月27日より適用されています。

Q106

どのような保険募集が対象となるのか。既契約者に対して、訪問アポイントを入れる場合等も対象となるか。

電話による保険募集上の留意点に関する規定は、営業職員か代理店かに関わらず、業として反復継続的に電話による新規の保険募集を行っている場合を想定したものです。

なお、基本的には、既契約者に対する単なる訪問アポイント取得等の契約保全や既契約の更新（更改）を目的とした電話については、生保・損保に関わらず、今回の保険業法改正全体の趣旨に該当しない限りは、当規定にある措置を講じるなどの必要はないものと考えられますが、ケースによっては、顧客の予期しないタイミングで行うこともあり得ることから、トラブルの未然防止等に配慮した対応が必要と考えられます。

（参考：パブコメ578、579）

<table>
<tr><th>番号</th><th>関係箇所（監督指針）</th><th>コメントの概要</th><th>金融庁の考え方</th></tr>
<tr><td>578</td><td>Ⅱ－4－4－1－1（5）</td><td>保険会社の営業職員等が、保険募集プロセスの一部として電話にて保険募集を行う場合においては、Ⅱ－4－4－1－1（5）①から⑤で規定される措置を講じる必要はないという理解でよいか。</td><td rowspan="2">当規定は、営業職員か代理店かに関わらず、業として反復継続的に電話による保険募集を行っている場合を想定したものです。
なお、基本的には、既契約者に対する単なる訪問アポイント取得等の契約保全や既契約の更新（更改）を目的とした電話については、生保・損保に関わらず、今回の改正の趣旨に該当しない限りは、当規定にある措置を講じるなどの必要はないものと考えられますが、営業職員等が行う保険募集においても、顧客の予期しないタイミングで行うこともあり得ることから、当規定の趣旨に配慮した対応が必要と考えられます。</td></tr>
<tr><td>579</td><td>Ⅱ－4－4－1－1（5）</td><td>当該規定については、業として反復継続的に電話による保険募集を行うための設備等を構築しているテレマ業者等が主な対象であり、例えば、保険会社の営業職員等が、保険募集プロセスの一部として電話にて保険募集を行う場合については、当該規定の対象外となるという理解でよいか。</td></tr>
</table>

Q107

通話内容の保存期間についての記述がないが、適切性の検討等を行うことが可能と考えられる期間を、保険会社または保険代理店等が判断すればよいという理解でよいか。

通話内容の保存期間については、保険会社又は保険代理店において、

保険募集の適切性等を事後的に確認・検証するために適当と考えられる期間、保存することが必要と考えられます。

（参考：パブコメ601）

番号	関係箇所（監督指針）	コメントの概要	金融庁の考え方
601	Ⅱ－４－４－１－１（５）③	通話内容の保存期間についての記述がないが、適切性の検証等を行うことが可能と考えられる期間を、保険会社または保険代理店等が判断すればよいという理解でよいか。	通話内容の保存期間については、保険会社又は保険代理店において、保険募集の適切性等を事後的に確認・検証するために適当と考えられる期間、保存することが必要と考えられます。

（参考）監督指針
Ⅱ－４－４－１－１ 顧客保護を図るための留意点
（１）～（４）（略）
（５）保険会社又は保険募集人が行う電話による新規の保険募集等（転換及び自らが締結した又は保険募集を行った団体保険に係る保険契約に加入することを勧誘する行為その他の当該保険契約に加入させるための行為を含む。）は、非対面で、顧客の予期しないタイミングで行われること等から、特に苦情等が発生しやすいといった特性等にかんがみ、当該行為を反復継続的に行う保険会社又は保険募集人は、トラブルの未然防止・早期発見に資する取組みを含めた保険募集方法を具体的に定め、実行するとともに、保険募集人に対して、適切な教育・管理・指導を行っているか。
　また、これらの取組みについて、適切性の検証等を行い、必要に応じて見直しを行っているか。
　その際の取組みとしては、以下の措置を含めた適切な取組みがなされているか。
① 説明すべき内容を定めたトークスクリプト等を整備のうえ、徹底していること。
② 顧客から、今後の電話を拒否する旨の意向があった場合、今後の電話を行わないよう徹底していること。
③ 通話内容を記録・保存していること。
④ 苦情等の原因分析及び再発防止策の策定及び周知を行っていること。
⑤ 保険募集等を行った者以外の者による通話内容の確認（成約に至らなかった

ものを含む。）及びその結果を踏まえた対応を行っていること。
（6）顧客情報は法的に許される場合及び顧客自身の同意がある場合を除き、第三者に開示していないか。
（7）貸付先の財務情報など、個別企業に関わる情報についても、厳重かつ慎重に取り扱っているか。

第14章　直接支払いサービス関係

Q108

直接支払いサービスを行う場合の規制が新たに規定された背景は。

保険業法上、もともとサービス提供業者への保険金の直接支払いは特段禁止されているものではありませんでしたが、明示的にこれを行えることを前提とした規定もなかったことから、保険会社における対応は消極的でした。この点、今回新たに情報提供義務等が導入されることを受け、ＷＧ報告書等を踏まえ、直接支払いサービスを提供する場合の情報提供等の内容を規定することとしました。

なお、この規定の対象となる「直接支払いサービス」については、サービス提供業者に保険金を直接支払う場合の全てを対象とするものではありません。この点、法令上は、この規定の適用対象を「当該提携事業者が取り扱う商品等の内容又は水準について説明を行う場合（当該提携事業者が取り扱う商品等の内容又は水準が、保険契約締結に係る判断に重要な影響を及ぼす場合）」としています。

これは、例えば、保険募集時に、保険会社から提携事業者に直接保険金を支払うことに加えて、当該提携事業者を活用した場合には優先的にサービスを提供することなど（例えば、被保険者が要介護認定を受けた場合に、入居一時金として必要となる費用を保険金として支払う。かつ、その提携老人ホームを入所先として選択した場合には当該提携老人ホームの優先入居権を付与する等）、保険金の支払い事由・保険給付の内容以外に、保険会社の提携事業者が提供するサービスの内容・水準に言及する場合のように、当該言及内容が保険商品選択時の重要な判断材料となる場合を規定対象として想定しているものです。

そのため、例えば、海外旅行中に提携医療機関で受診した場合にキャッシュレスで利用できるようなキャッシュレスを主目的とした保険契約等については、当該契約が、提携事業者のサービスの内容・水準に言及して保険募集を行わずに、単にキャッシュレスで利用できる旨のみを説明する程度であれば、基本的には当該規制の対象ではありません。

（参考：パブコメ442、443）

番号	関係箇所（監督指針）	コメントの概要	金融庁の考え方
442	Ⅱ－4－2－8	直接支払いサービスとは何か。	「直接支払いサービス」とは、保険金を受け取るべき者が、保険金を対価として保険会社の提携事業者が取り扱う商品等を購入し又は提供を受けることとした場合に、保険会社が当該商品等の対価として、保険金を受け取るべき者に代わり保険金を当該提携事業者に直接支払うことをいいます。 保険募集等に際し、同サービスを受けられる旨顧客に説明し、かつ、提携事業者が提供するサービスの内容・水準に言及する場合には、情報提供義務の対象として、所定の事項の説明が求められるとともに、保険会社は適切な提携事業者を提示するための体制整備が必要となります。

443	Ⅱ－4－2－8	直接支払いサービスに係る規制は、提携事業者への直接支払いを保険金・給付金の支払いの方法として組み込んだ場合には、一律に適用されるのか。例えば、いわゆるキャッシュレスサービス（ペット保険や海外旅行傷害保険などにおいて提携事業者（医療機関）で治療等を受けた場合、顧客がその費用を立て替えることなく、当該提携事業者に保険会社から直接保険金を支払うサービス）も対象か	今回新たに規制が課されることとなる直接支払いサービスに係る規制は、直接支払いを組み込んだ場合に、直ちに適用されるものではありません（保険金請求時の単なる指図払いの場合は適用対象外です）。 適用対象は、保険金の支払い事由・保険給付の内容以外に、保険会社の提携事業者が提供するサービスの内容・水準に言及して保険募集を行う場合であり、例えば、提携事業者を活用した場合には優先的にサービスを提供するなど、当該言及内容が保険商品選択時の重要な判断材料となる場合です。

Q109

直接支払いサービスを行う場合の規制について、どのような対応が必要となるのか。

直接支払いサービスの対象となる場合には、保険会社又は保険募集人は、保険募集等を行うにあたって、以下の点に留意することとされております。

（1）保険募集時に保険契約者又は被保険者に対して以下に掲げる事項の情報提供が行われているか。

① 保険金を受け取ることができること（提携事業者からの財・サービスの購入や直接支払いサービスの利用が義務づけられないこと）

② 提携事業者の選定基準（提携事業者が決定している場合には、提携事業者の名称も表示する。）

③ 直接支払いサービスを受ける場合において、保険金が財・サービスの対価に満たないときは、顧客が不足分を支払う必要があること（余剰が生じた場合には、余剰分を保険金として受け取ることができること）

④ 当初想定していた財・サービスを提供可能な提携事業者の紹介が困難となる場合として想定されるケース

（2）保険契約者、被保険者、保険金を受け取るべき者又は提携事業者から紹介手数料その他の報酬を得ていないか。

（3）提携事業者との同意のもとで提供する財・サービスの内容・水準や保険金を受け取るべき者が直接支払いサービスを利用した場合の連絡・支払方法などの手続きを定めているか。

（4）提携事業者が提供する財・サービスの質の確認や、問題が発見された場合の提携事業者の入れ替えなど、保険募集時に保険契約者又は被保険者に説明した内容・水準の財・サービスを提供できる提携事業者を紹介できる状態を維持するための措置を講じているか。

（5）保険事故発生時に、提携事業者からの財・サービスの購入や直接支払いサービスを受けることが義務づけられるものではない（保険金を受け取ることができる）旨を、改めて、保険金を受け取るべき者に説明しているか。

（参考：規則53条の12の２、規則227条の２第３項５号、監督指針Ⅱ-4-2-8）

Q110

保険契約者・提携事業者から紹介手数料・報酬を得ていないことが留意事項として列挙されているが、この趣旨は何か。

改正監督指針において、直接支払いサービスにおける紹介手数料その他の報酬を得ていないことを留意事項としている趣旨は、保険会社による他業禁止規制の抵触を防ぐと共に不当な提携事業者等の参入により契約者保護に欠ける事態の発生を防止することにあります。

なお、別途、付随業務であるビジネスマッチング業務として、提携事業者等の紹介を行う場合に、対価性のある手数料等を受領することが一律に当該規定に抵触するものではありません。

（参考：パブコメ444）

番号	関係箇所（監督指針）	コメントの概要	金融庁の考え方
444	Ⅱ－4－2－8（2）	保険契約者・提携事業者等から紹介手数料その他の報酬を得ていないかと規定されている。 保険業法上、直接支払いサービスにおいて、紹介手数料その他の報酬の受領を禁止する旨の直接的な規定はないが、当該監督指針案の規定の趣旨は、保険会社が相当な対価を超えた紹介手数料等を受領する場合、保険業法が規定する他業禁	改正監督指針において、直接支払いサービスにおける紹介手数料その他の報酬を得ていないことを留意事項としている趣旨は、保険会社による他業禁止規制の抵触を防ぐと共に不当な提携事業者等の参入により契約者保護に欠ける事態の発生を防止することにあります。 なお、別途、付随業務であるビジネスマッチング業

		止規制に抵触する（許容される付随業務の範囲を超える）おそれがあるからという理解でよいか。 すなわち、当該規定は、他業禁止規制に鑑み相当な対価を超える手数料等の受領を禁止する趣旨であって、例えばビジネスマッチング業務として、対価性のある手数料等の受領が一律に禁止されているものではないとの理解でよいか。	務として、提携事業者等の紹介を行う場合に、対価性のある手数料等を受領することが一律に当該規定に抵触するものではありません。

Q111

情報提供が必要な項目に「保険金が財・サービスの対価に満たないときは、顧客が不足分を支払う必要があること」とあるが、実損てん補型の保険であり、不足分を支払うことがない場合には、当該項目は不要との理解でよいか。

実損てん補型の保険など、商品の特性上、顧客にとって、不足・余剰が生じる可能性がないことが明らかな場合には、本項目の説明は不要となります。

（参考：パブコメ445）

番号	関係箇所（監督指針）	コメントの概要	金融庁の考え方
445	Ⅱ－4－2－8(1)③	実損をてん補する保険契約であり、保険金が財・サービスの対価に対して不足・余剰が生じる仕組みでない場合には、本項目の説明は必要ないと理解してよいか。	商品の特性上、顧客にとって、不足・余剰が生じる可能性がないことが明らかな場合には、本項目の説明は不要となります。

Q112

保険会社に求められるのは、あくまで提携事業者を紹介できる状態を維持するための措置であり、提携事業者の経営に介入し、直接的に指導することまで求める趣旨ではないとの理解でよいか。

保険会社に、保険募集時に保険契約者又は被保険者に説明した内容・水準の財・サービスを提供できる提携事業者を紹介できる状態を維持するための措置を求める趣旨は、当該サービスが保険金を受け取るべき者に確実に提供される状態を確保することにあります。

保険会社においては、提携事業者に対する指導や折衝を行うことまで求められるものではありませんが、適宜提携事業者が提供する財・サービスの質の確認を行い、問題が発見された場合には、提携事業者の入れ替えを行うことなどにより、財・サービスの内容・水準を維持するための措置を講じる必要があります。

（参考：パブコメ446）

番号	関係箇所（監督指針）	コメントの概要	金融庁の考え方
446	Ⅱ－４－２－８（４）	保険会社自身に求められるのは、あくまで提携事業者を紹介できる状態を維持するための措置であり、財・サービスの内容・水準を確保することではないという理解でよいか。 例えば、提携事業者Ａ，Ｂ，Ｃの３社がある中で、Ａ社の財・サービスの内容が変更され、当初保険会社が説明していた内容でなくなった場合は、Ａ社を提携事業者から外せばよく、Ａ社に対して財・サービスの質を確保するよう指導や折衝が必要ということではないという理解でよいか。	保険会社に、保険募集時に保険契約者又は被保険者に説明した内容・水準の財・サービスを提供できる提携事業者を紹介できる状態を維持するための措置を求める趣旨は、当該サービスが保険金を受け取るべき者に適切に提供される状態を確保することにあります。 保険会社においては、提携事業者に対する指導や折衝を行うことまで求められるものではありませんが、適宜提携事業者が提供する財・サービスの質の確認を行い、問題が発見された場合には、提携事業者の入れ替えを行うことなどにより、財・サービスの内容・水準を維持するための措置を講じる必要があります。

Q113

代替事業者が確保できないことなどにより、サービスの内容を変更せざるを得ない場合には、予め相当な期間をもって契約者に説明のうえで変更・停止を行うことも許容されるか。

当初想定していた水準の財・サービスを提供可能な提携事業者の紹介が困難となる場合として想定されるケースについては、保険募集時の情報提供が義務となっていることに留意する必要があります。

その上で、予見し難いやむを得ない事由により、当初想定していた水準の財・サービスを提供可能な提携事業者の紹介が困難となった場合には、代替事業者がいないかを十分に確認し、顧客に周知を行った上で、サービスを変更・停止することも許容される場合もあると考えられます。

（参考：パブコメ447）

番号	関係箇所（監督指針）	コメントの概要	金融庁の考え方
447	Ⅱ－4－2－8(1)④	例えば、代替事業者が確保できないことなどにより、サービスの内容を変更する場合や停止する場合には、契約更改時または予め相当な期間をもって契約者に説明のうえで変更・停止を行うことも許容されると理解してよいか。	当初想定していた水準の財・サービスを提供可能な提携事業者の紹介が困難となる場合として想定されるケースについては、保険募集時の情報提供が義務となっていることに留意する必要があります。 その上で、予見し難いやむを得ない事由により、当初想定していた水準の財・サービスを提供可能な提携

			事業者の紹介が困難となった場合には、代替事業者がいないかを十分に確認し、顧客に周知を行った上で、サービスを変更・停止することも許容される場合もあると考えられます。

Q114

例えば、ケガや事故に遭い、至急、提携事業者である病院や修理業者の紹介を求める顧客の要望が明らかであるなど、緊急性の高い場合など、保険金直接支払の選択に係る説明を行うことが適当でないケースは、説明を省略することが認められうるとの理解でよいか。

財・サービスの提供に緊急性を有し、かつ、顧客がかかる財・サービスの提供を選択することが客観的に明らかな場合等、社会通念上、当該状況下において、保険金の選択が可能な旨の説明を行うことが期待されない場合には、当該説明を省略することが否定されるものではありません。

（参考：パブコメ448）

番号	関係箇所（監督指針）	コメントの概要	金融庁の考え方
448	Ⅱ－４－２－８（５）	例えば、ケガや事故に遭い、至急、提携事業者である病院や修理業者の紹介を求める顧客の要望が明らかであるなど、緊急性の高い場合など、保険金直接支払の選択に係る説明を行うことが適当でないケースは、説明を省略することが認められうるとの理解でよいか。	財・サービスの提供に緊急性を有し、かつ、顧客がかかる財・サービスの提供を選択することが客観的に明らかな場合等、社会通念上、当該状況下において、保険金の選択が可能な旨の説明を行うことが期待されない場合には、当該説明を省略することが否定されるものではありません。

第15章　今後の流れ

前述のとおり、保険募集に係る募集ルールの整備及び保険募集人に係る体制整備に関する規定は、平成27年5月27日に公布されており、平成28年5月29日から施行されます。施行までの間に保険会社、保険代理店をはじめとして生命保険協会、日本損害保険協会等の各業界において、施行に向けた準備が進められているものと認識しております。

これまでも既に、生命保険協会と日本損害保険協会は共同で今回の法改正のポイントを解説したQ＆A(注7)を作成・公表しているほか、生命保険協会は保険募集や体制整備に関するガイドライン(注8)を、日本損害保険協会は損保業界共通の募集コンプライアンスガイドの追補版(注9)の策定を行っています。これらを踏まえつつ、各保険会社では、既に研修や説明会が行われているものと考えられ、各保険募集人においては、情報提供義務・意向把握義務・体制整備義務の確実な履行が可能となるよう準備を行っていただくことが必要です。

また、比較推奨販売等の業務を行う乗合代理店やフランチャイズ展開を行う保険代理店においては、これに加えて、比較可能な商品の概要説明や推奨理由の説明など比較推奨販売を行うために必要となる体制整備や、適切なフランチャイズ契約を締結するための基本方針の策定、フランチャイジーへの指導など、当該業務を行う上での適切な体制整備を行っていただくことが必要となります。

（注7）生保協会・損保協会Q＆A（生保協会・損保協会HP）【本書参考資料1】
http://www.seiho.or.jp/activity/guideline/pdf/insurance_law_qa.pdf
http://www.sonpo.or.jp/about/guideline/hokengyoho26/index.html

（注８）保険募集人の体制整備に関するガイドライン・募集関連行為に関するガイドライン（生命保険協会）【本書参考資料２、３】
http://www.seiho.or.jp/activity/guideline/

（注９）募集コンプライアンスガイド（追補版）（損保協会ＨＰ）【本書参考資料４】
http://www.sonpo.or.jp/about/guideline/

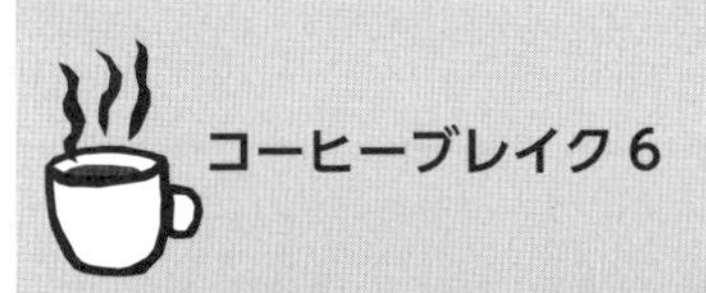

総務企画局企画課保険企画室

私の職場について簡単に紹介させていただきたいと思います。金融庁は、三つの部局からなっています。制度の企画立案を行う総務企画局、金融機関に対し報告徴求・認可等を行う監督局、そして、実際に金融機関等に立入検査を行う検査局です。私は、総務企画局企画課の保険企画室というところに在籍しています。保険企画室は、保険企画室長をトップとする部屋で14人のメンバーがいます。保険商品が預金等の他の金融商品と比べて非常に複雑な仕組みであるためか、何年も担当している方が多いです。着任後しばらくは私も、知識量の違いに焦りを感じました。あとは、非常にメガネ率が高いです。これはなぜだかわかりません。

当室は、今回のような法令改正の他、日々の法令解釈、規制改革、成長戦略、税制改正、銀行窓販、認特・少短、セーフティネットの見直しなど、幅広い業務があり、それぞれに担当があります。

私がいつも心がけていること、それは、制度改正が机上の空論によるものとならないことです。検査局や監督局と異なり、当部局は、保険会社・保険代理店の方と関わる機会は多くありません。そのため、実際の実務に関する話を聞ける機会を非常に重要な機会と考えており、積極的にそのような機会を求めています。

今回の改正に当たっては、多くの保険募集の現場を見てきました。恥ずかしながら、それまで保険への関心が希薄だったこともあり、個人的にも保険を見直すいい機会にもなりました。有名なことわざに「百聞は一見にしかず」との言葉がありますが、まさにそのとおりだと思います。自分の目で見て、聞いて、感じること、考えることが一番重要だと思います。話を聞いているうちに必要性を強く感じてしまい、気づけば、医療保険、死亡保険、終身保険など、色々と入ってしまっていました。近い将来、見直す機会も必要ですね（笑）。

第3部

その他の改正

第１章　３ヶ月以内施行関係

第１節　保険仲立人に関する規制緩和

保険仲立人は、保険募集人と異なり、保険会社による管理・指導が期待できない。そのため、顧客保護を図る観点から、長期の保険契約の媒介を行う場合の認可制や保証金の供託義務、顧客への誠実義務、手数料開示義務など保険募集人にはない規制があった。

今般の法令改正においては、保険仲立人の活用が低調な状況を踏まえ、顧客保護に配慮しつつ、新規参入や既存業者の活性化を促進できるよう(注1)、保険仲立人に関する現行の規制を緩和することを目的として、以下の改正を行っている。

なお、本改正は、平成26年８月29日から施行されている。

（注１）平成26年９月末日時点での保険仲立人の登録数は40である。

(1) 保険仲立人に関する規制緩和①（認可制の廃止）

平成７年改正保険業法においては、保険仲立人制度が初めて導入されることなどに鑑み、保険契約者等の保護に欠けることのないよう、当分の間は、保険仲立人又はその役員・使用人が長期（保険期間５年以上）にわたる保険契約であって保険契約者又は被保険者が個人であるものの締結の媒介を行おうとするときは、内閣総理大臣の認可を受けることが必要とされていた（法附則119条）。当該規定を今般の法改正により廃止することとした。

(2) 保険仲立人に関する規制緩和②（最低保証金額の引下げ）

保険仲立人は、保険募集人と異なり、賠償資力確保の観点から、開業時に最低保証金額4,000万円(注2)、及び過去３事業年度の手数料等の金額（限度額８億円）(注3)を供託等することが義務づけられていた。保険ＷＧ報告等を踏まえ、今回の法令改正にあわせて府令を改正し、最低保証金額を、四4,000万円から2,000万円に引き下げることとした。（政令41条、44条）

（注２）最低保証金額は、現金又は有価証券を法務局に供託するか、金融機関と保証委託契約を締結することが必要。

（注３）保険仲立人は、保険会社等を相手方とした賠償責任保険契約を締結することにより、最低保証金額を除いた保証金の一部について供託しないことができる。

図23　保険仲立人に係る規制緩和（附則第119条関係）

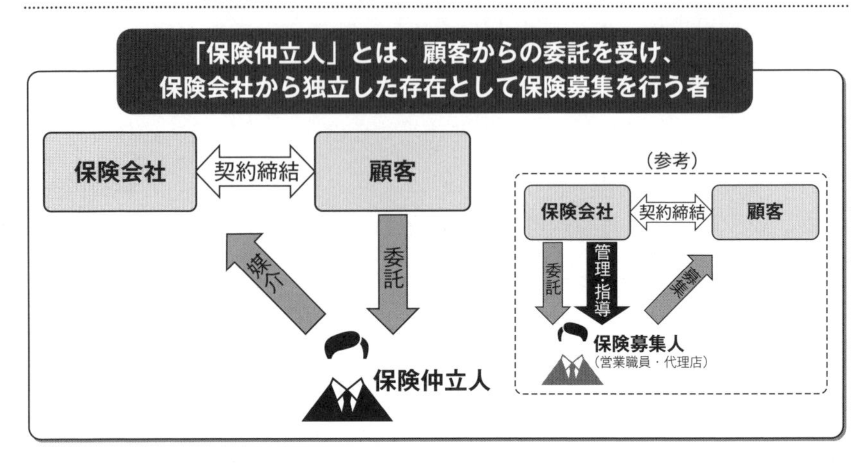

≪改正前≫ ○保険会社による管理・指導が期待できないため、「保険募集人」にはない規制が存在

▶５年以上の保険契約の媒介を行う場合は、「登録」に加え、「認可」が必要

▶保証金（最低４千万円）の供託義務

▶顧客への誠実義務、手数料開示義務

参入障壁や行為規制のため、「保険仲立人」の活用は低調な状況

≪改正後≫ ○顧客保護に配慮しつつ、「保険仲立人」の新規参入や既存業者の活性化を促進できるよう、参入障壁を緩和

▶５年以上の保険契約の媒介を行う場合の「認可」を廃止

▶保証金の最低金額を引下げ［４千万円→２千万円：政令事項］

（注）誠実義務、手数料開示義務は維持

第２章　６ヶ月以内施行関係

今回の改正法では、上記で記載した保険募集に係るルールの整備や保険仲立人に係る規制緩和以外にも、保険会社をとりまく環境変化に対応し、保険市場の活性化を図る観点から様々な改正が行われている。保険ＷＧ報告書等を踏まえ、今回の改正法令で措置されているその他の改正項目について簡単に紹介する。

なお、本改正は、平成26年11月28日に施行されている。

第１節　保険会社の海外展開に係る規制緩和

保険会社の子会社（孫会社を含む。）の範囲は、保険会社の他業禁止の趣旨(注4)や保険会社グループのリスク管理等の観点から、保険会社、銀行、保険業を行う外国の会社等一定の範囲に制限されている。

この点、諸外国の保険会社と日本の保険会社が、外国保険会社の買収において競合する場合、入札時に子会社対象会社以外の会社を売却するとの条件を付けざるを得ない日本の保険会社が不利な状況におかれ、海外市場への進出を阻害する要因となっているとの指摘があった。

これを踏まえ、平成24年に保険業法等の一部を改正する法律（平成24年法律第23号）により、買収した外国保険会社の子会社のうち、既に保有が認められている子会社対象会社以外の会社についても、原則として一定期間内（５年）に限り例外的に保有を認めることとされていた(注5)。

改正法では他制度との並びも踏まえ、買収する外国の会社が保険会社のほか、銀行、証券、信託等の外国金融機関等である場合にも当該

特例の対象として含める規制緩和を行った。(法106条)

(注4) 保険会社の業務範囲の考え方は、保険契約者を保護する観点から、保険会社を保険業に専念させ、他の事業に起因する不測のリスクの波及を回避するため他業禁止が原則となっており、法令において行える業務内容が限定列挙されている。

(注5) 一定期間内にその処分が困難である等の事情が認められる場合には、行政庁の承認等の一定の条件の下で、当該期間を超えての保有を例外的に容認している。

図24 保険会社の海外展開に係る規制緩和(第106条関係)

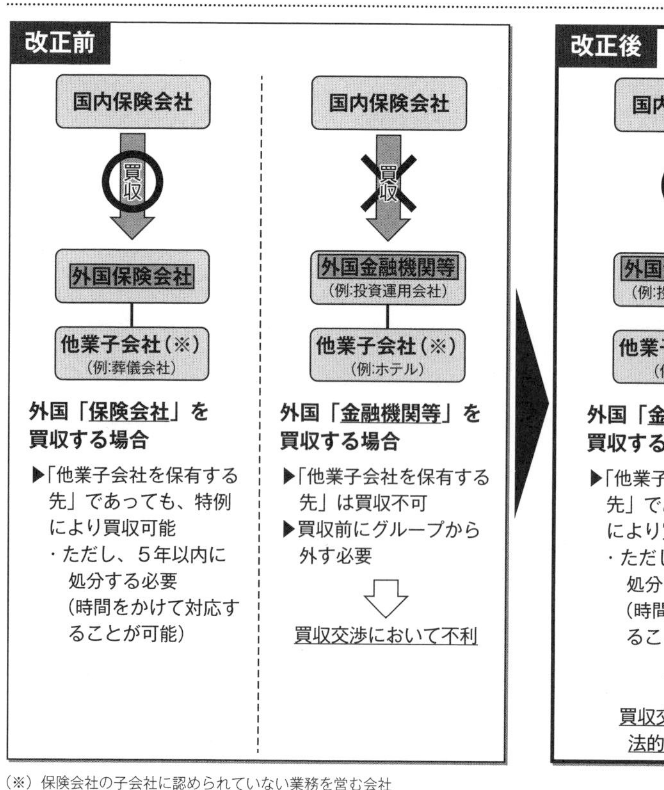

(※) 保険会社の子会社に認められていない業務を営む会社

第2節　運用報告書の電磁的交付方法の多様化

保険業法では、商品内容や商品特性・リスク性に係る一部の説明について、書面による説明・交付を求めているが、顧客の同意を前提として、書面による交付に代えて、電磁的方法による交付（①「CD-ROM」、②「電子メール」、③「ダウンロード」）を許容しているものもある。

この点、保険会社の運用成績によって保険金額が変わる保険については、保険会社は三ヶ月ごとに「運用報告書」を顧客に交付することと規定されており、上記の電磁的方法による交付を許容しているものの一つである。当該規定は、平成25年6月の「金融商品取引法等の一部を改正する法律」（平成25年法律第45号）において措置されたものであるが、その交付の際に使用できる電磁的方法は、保険業法に規定する電磁的方法としたことから、金融商品取引法等の他法における運用報告書の交付義務を履行する際に認められている方法に比べて限定されており、この点について、業界等から規制緩和を望む要望があった。

このため、運用報告書の交付方法については、規制導入の経緯等も踏まえ、金融商品取引法等において認められている方法と同様の範囲まで拡大することとし、内閣府令において、上記①～③に加えて、④「顧客専用ページ（例：ＩＤパスワードによる認証）の閲覧」、⑤「一般に閲覧可能なページ（例：保険会社のホームページ）の閲覧」の方法による交付を追加する改正を行った。（法100条の５、則54条の５）

図25　運用報告書の電磁的交付方法の多様化（第100条の5関係）

▶保険会社の運用成績によって保険金額が変わる保険については、保険会社は3ヶ月毎に「運用報告書」を顧客に交付する必要。
▶「保険業法」の場合、電磁的交付が認められる方法が他業法と比べて限定的。
⇒「金融商品取引法」において認められている方法に合わせる。

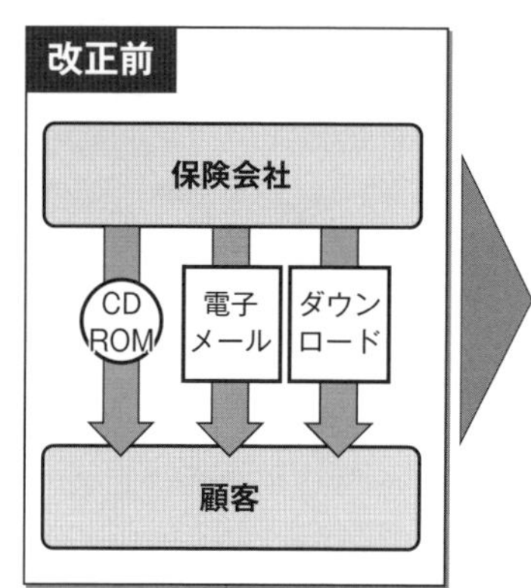

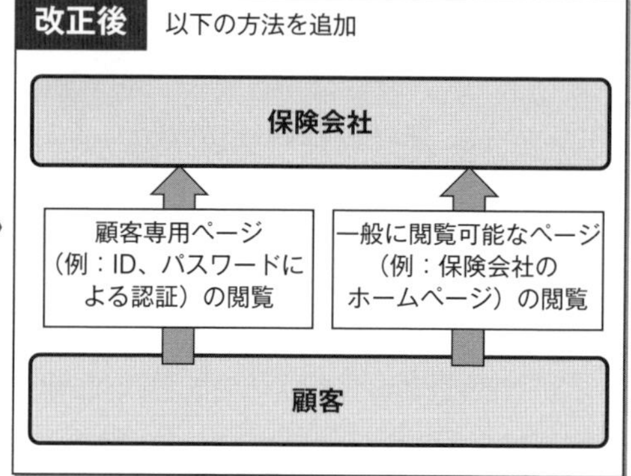

第3節　保険会社の保有する子会社範囲の拡大

現在、保険会社及び子会社の業務範囲に関し、個別の業務を保険会社グループに認めるか否かは、当該業務が保険会社本体の健全性に及ぼす影響を踏まえつつ、利用者利便の向上、保険会社グループの経営の効率化、国際競争力の確保等を勘案した上で、きめ細かく判断していくことが適当であるとされている(注6)。

また、個別業務を保険会社本体・子会社のいずれの業務として認めるかについては、従来の考え方に従い、本来業務との親近性、リスクの同質性、本体へのリスクの波及の程度を勘案し、本来業務との親近性が極めて高いものは保険会社本体の業務として認め、それ以外については、子会社の業務として認めることが適当とされている(同注6)。

今回の保険ＷＧにおいて、業界からのニーズも聞きつつ、保険会社の業務範囲についても議論が行われた。ここでの保険ＷＧ報告書を踏まえ、以下の業務を保険会社の子会社の業務として追加する改正等を行っている。

(注6)「銀行・保険会社グループの業務範囲規制のあり方等について」(平成19年12月18日 金融審議会金融分科会第二部会報告)。

(1) 保育所の運営業務の追加

老人福祉施設等の運営業務については、保険会社の子会社の業務として既に認められているところ。保育所の運営業務については、待機児童の問題等もあり、社会的ニーズ・意義が存在すると考えられるものの、行うことができなかった。

この点について、生保業界から実施したいとの要望があったこと等を踏まえ、今回の保険ＷＧ書において議論がなされ、保険ＷＧ報告ににおいて「保育所の運営業務は、既に子会社の業務として認められている老人福祉施設等の運営業務と、施設において福祉サービスを行うという点において類似性があり、同じく子会社の業務として認められている不動産関係業務との強い関連性もあると考えられるため、保険会社グループの業務として認めて差し支えないと考えられる。」との記載が盛り込まれた。これを踏まえ、今回の法令改正において、保険会社の子会社の業務として、保育所の運営業務を追加する改正を行った。（則56条の２第２項６の２）

(2) 古物競りあっせん業務の追加

損害保険会社等は、自動車保険等の保険契約において、保険代位により破損した自動車又は自動車部品を取得する場合があるところ。破損した自動車等については、古物競りあっせんを営むインターネットオークション会社等に手数料を支払った上で、販売を行っていた。

これに関し、損保業界からの要望があったこと等を踏まえ、今回の保険ＷＧにおいて議論がなされ、保険ＷＧ報告書において「古物競りあっせん（注7）など、一定のニーズがあると考えられる業務については、・・子会社の業務として認めることが適当である。」との記載が盛り込まれた。これを踏まえ、今回の法令改正において、保険会社の子会社の業務として、自動車又は自動車部品に係る古物競りあっせん業を追加する改正を行った。（注8）（則56条の２第２項12の２）

（注７）古物競りあっせん業は古物営業法（昭和24年法令第108号）において規定されており、実施に当たっては、事前に各都道府県の公安委員会への届出が必要。

（注８）金融関連業務として、「自動車修理業者等のあっせん又は紹介に関する業務」が認められている。

図26　保険会社の保有する子会社範囲の拡大

WG報告書の記載内容

「保険商品・サービス提供等の在り方に関するワーキンググループ報告書」（抜粋）

～（略）～保険会社や子会社の業務については、従来認められているものに加えて、保険会社や子会社において現に提供しているサービスと関連性や類似性のある業務や、一体的に提供される場合に利用者利便に資するものについて保険会社グループの業務として認めることが適当である（※1）。このような整理に照らせば、例えば、保育所の運営業務は、既に子会社の業務として認められている老人福祉施設等の運営業務と、施設において福祉サービスを行うという点において類似性があり、同じく子会社の業務として認められている不動産関係業務との強い関連性もあると考えられるため、保険会社グループの業務として認めて差し支えないと考えられる。

その際、個別の業務を保険会社本体・子会社のいずれの業務として認めるかについては、従来の考え方（※2）に従い、本来業務との親近性、リスクの同質性、本体へのリスクの波及の程度を勘案し、本来業務との親近性が極めて高いものは保険会社本体の業務として認め、それ以外については、子会社の業務として認めることが適当である。上記の**保育所の運営業務**については、当該考え方に照らせば、子会社の業務として整理することが適当である。

（※1）介護関連サービスや古物商・古物競りあっせんなど、一定のニーズがあると考えられる業務については、このような整理に基づき問題がないものは子会社の業務として認めることが適当である。

（※2）「銀行・保険会社グループの業務範囲規制のあり方等について」。

第４節　共同保険における契約移転手続に係る特例の導入

保険業法においては、保険契約の移転に際して、保険契約者の保護を図るため、保険契約の移転前においては、移転元保険会社は移転対象となる保険の契約者に対し、当該移転へ異議がある場合には異議を述べられる旨、移転先会社のソルベンシーマージン比率等について「公告」及び「通知」を行う事が求められ、保険契約の移転後においては、移転元保険会社は、保険契約の移転を行ったこと、保険契約の移転に係る手続の経緯等について「公告」を行うことが求められ、移転先保険会社は、移転に係る保険契約者に対して、保険契約の移転を受けたことについて「通知」を行うことが求められている。

一方で、引受割合の低い非幹事会社が契約移転を行う場合は、通知にかかる費用・事務作業面で過重な負担となっており、契約移転を伴う外国保険会社支店の日本法人化やM＆A等の妨げになっているとの指摘を受けていた。

このため、保険契約者の保護に欠けるおそれがないものと認められる場合として、①「共同保険」(注9)の非幹事社であって②引受割合が小さい会社（１割以下）が、③持分の全てを移転する場合には、非幹事会社による保険契約者に対する契約移転に係る「通知」を不要とすることとした。

本特例の導入により、引受割合の低い非幹事会社が契約移転を行う場合は、①保険契約の移転前においては、移転元保険会社は、移転対象となる保険の契約者に対し、当該移転へ異議がある場合には異議を述べられる旨等について「公告」を行うことのみが求められ、②保険契約の移転後においては、移転元保険会社は、保険契約の移転を行ったこと等について「公告」を行うことのみが求められることとなった。（法137条、140条、則88条の４、91条の２）

(注９) 共同保険とは、複数の保険者が共同して一つの保険契約を引き受けるもの。例えば、保険契約者と保険者との取引の関係で複数の保険者に分散して契約する場合や、保険者が倒産した場合のリスクを分散させるために分散して契約する場合がある。それぞれの共同保険者は、保険金額または引受割合に応じて、連帯することなく単独別個に、保険契約上の権利を有し、義務を負うこととなる。

図27　共同保険における契約移転手続に係る特例の導入（第137条、第140条関係）

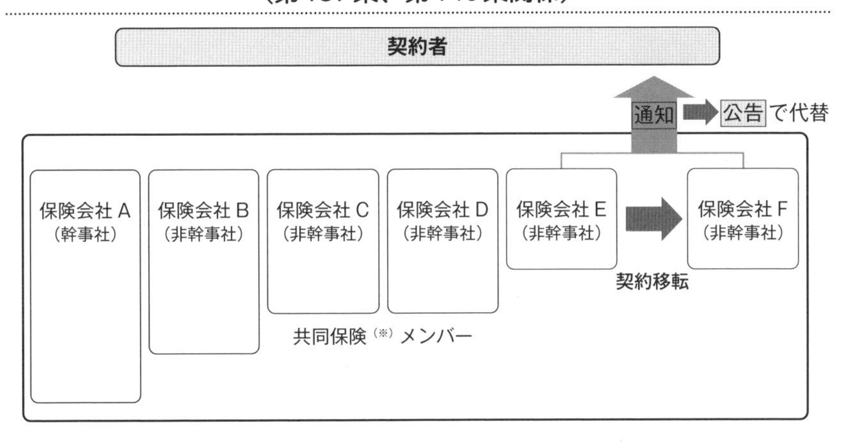

≪改正前≫

○「契約移転」をする場合、保険会社は例外なく全ての契約者に通知が必要

○ 一方で、「共同保険」の場合、引受割合の小さい「非幹事社」には過重な負担

▶保険料収入よりも、通知費用の方が大きくなるようなケースが発生

▶通知すべき契約者の氏名・住所等は「幹事社」が管理

⇨「非幹事社」は、「幹事社」からデータを入手する必要

「外国保険会社支店の日本法人化」や「M＆A」に伴う契約移転をする場合の障壁に

≪改正後≫（第137条、第140条）

引受割合が小さく（10％以下）契約者保護上問題のない「非幹事社」の場合には、個別の「通知」を「公告」で代替可能に

（※）共同保険：複数の保険会社が共同して引き受ける保険。幹事社が契約手続・管理を一元的に実施

第５節　保険会社の子会社ベンチャーキャピタルによるベンチャー企業への投資促進

現行保険業法上、保険会社は、他の事業からのリスク波及を抑制するため、保険会社又はその子会社は合算して、国内の一般事業会社の議決権の10％を超えて議決権を取得し、又は保有することが原則禁止されている（議決権保有制限）。（法107条第１項）

一方で、担保権の行使による議決権の取得など取得自体がやむを得ない場合や、子会社による業務展開が契約者の利便性向上につながるなど保険業法の他の目的にかなう場合については、議決権保有制限の例外が定められている。（法107条７項）

こうした例外の一つとして、ベンチャー企業の育成は、経済発展の原動力の一つとなり、ひいては、「国民経済の健全な発展」（保険業法１条）の目的にも繋がり得ることから、保険会社のベンチャーキャピタル子会社（保険子会社ベンチャーキャピタル）を通じたベンチャー企業への投資が認められている。

他方、ベンチャー企業は、上場に到るまでの間、様々なステージ（創業期、事業拡大期、上場準備期）で複数回の資金調達を行うことが一般的である。その際、リードベンチャーキャピタルは、①自らの出資により資金を供給するのみならず、②他のベンチャーキャピタルの出資の呼び水となり、資金需要を満たすために重要な役割を果たしている[注10]。

一方で、保険子会社ベンチャーキャピタルについては、投資先が成長し、中小企業の規模を超えた（「卒業」した）場合には、10％ルールの特例の対象外となり、本則（10％以上の保有の禁止）が適用されるため、追加出資に応じられなくなるのが実情である。このため、リードベンチャーキャピタルが保険子会社ベンチャーキャピタルである場合には、自らが追加出資できないこととなり、ひいては、他の出資先からの追加出資にも悪影響が及び得ることにつながるため、結果としてベンチャー企業の必要な資金調達に困難をきたしているケースが生じているとの指摘があった。

この点について、金融審議会「新規・成長企業へのリスクマネーの供給のあり方等に関するワーキング・グループ」において議論が行われ、平成25年12月25日の報告書において「リードベンチャーキャピタルとして出資を行っている場合には、出資先が中小企業であるか否かにかかわらず、上場までの間に限り、追加出資に応じることができるよう、特例の要件を緩和することが適当である。」との記載が盛り込まれた。

これを踏まえ、リードベンチャーキャピタルとして出資を行っている場合には、出資先が中小企業であるか否かにかかわらず、上場までの間に限り、追加出資に応じることができるよう、特例の要件を緩和することとした。

具体的には、保険会社の子会社ベンチャーキャピタルがリードベンチャーキャピタルやそれと同様の役割を果たしている場合については、出資先が、中小企業であることを求める要件は撤廃（その他の要件は維持）することとした。（則56条6項）

（注10）筆頭出資者（創業者等を除く）であるベンチャーキャピタルは、リードベンチャーキャピタルと称される。リードベンチャーキャピタルは、通常、ベンチャー企業の成長段階に応じた増資戦略や上場支援などの資金調達・資本政策に関するものを中心に各種のハンズオン支援を行う。リードベンチャーキャピタルは複数存在することもあり（この場合「コー・リード」（co-lead）と呼ばれる）、また、当初はリードベンチャーキャピタルではなかった者が、出資先企業の成長等の状況の変化により、中途からリードベンチャーキャピタルとなることもある等、実態は多様である。リードベンチャーキャピタル以外の他のベンチャーキャ

ピタルは、一般的に、リードベンチャーキャピタルのように追加出資に主導的に関わるのではなく、出資先ベンチャー企業からの要請やリードベンチャーキャピタルの動向に応じて受動的に対応している。

図28　保険子会社VCによるベンチャー企業への投資促進

改正前

▶保険会社は、事業会社の10%以上の議決権を保有することは不可（他業リスクの抑制）。
▶ただし、「子会社であるベンチャーキャピタル」（子会社VC）を通じて「ベンチャー企業」に投資する場合は例外。

【「ベンチャー企業」の主な要件】
・非上場
・事業の新規性（例：創業10年未満で試験研究費等の割合が総収入額の3%超）
・**中小企業**（例：製造業で資本金3億円以下又は従業員300人以下）

▶ベンチャー企業の中には、成長して中小企業要件を満たさなくなる一方で、未だ、上場には至っていない企業が存在。
－この場合、ベンチャー企業は、引き続き、出資をVCに頼らざるを得ない。
▶しかしながら、現行制度の下では、保険子会社VCは、中小企業を「卒業」したベンチャー企業の追加出資には応じることは不可。
－特に、保険子会社VCが「リードVC（注）」の場合、他のVCからの出資にも悪影響。
（他のVCは、リードVCの対応を見た上で、出資の是非を判断することが一般的であるため）
（注）VCの中の筆頭出資者を指し、投資先の経営にも密接に関与。

保険子会社VCがリードVCの場合、
ベンチャー企業に必要な資金調達が困難となるケースが発生

改正後

▶保険子会社VCが「リードVC」の場合には、投資先の中小企業要件を「撤廃」
➡ベンチャー企業は、たとえ中小企業要件を満たさなくなっても、上場まで必要な資金調達が可能に。

資料編

参考資料１

平成26年改正保険業法（２年以内施行）に関するQ＆A

（一般社団法人生命保険協会、一般社団法人日本損害保険協会が、同一の内容で平成27年2月27日に公表したもの。その後、各協会において適宜リバイスが行われている。ここでは、生命保険協会版の目次および総論編のQ＆Aを掲載する。）

本参考資料は、各協会・各社の責任において制作されているものであり、個々の内容について金融庁が審査・監修を行っているものではないことにご留意願います。

平成 27 年 12 月

平成 26 年改正保険業法（２年以内施行）に関するＱ＆Ａ

本Ｑ＆Ａは、保険業法等の一部を改正する法律（平成 26 年法律第 45 号）に基づく改正政令・内閣府令および保険会社向けの総合的な監督指針（以下「監督指針」）が平成 28 年５月 29 日から施行・適用されることから、改正のポイントとなる事項について、平成 27 年５月 27 日に公表された上記政令・内閣府令および監督指針等に基づき、金融庁に確認のうえ取りまとめたものです。

本Ｑ＆Ａは、拘束力を有するものではありませんが、会員各社におきましては関連法令等に則り、本Ｑ＆Ａの内容も参考としつつ、適切な保険募集態勢を構築し、運営することが望ましいと考えられます。

【目次】

Q14. 体制整備義務が新たに保険募集人に課されることで、保険募集人にはどのような対応が求められるのか。

Q15. 保険募集人は規模・特性に応じた体制整備を行う必要があるということだが、どのような対応が求められるのか。

Q16. 保険会社の営業職員や保険代理店の使用人についても体制整備が必要になるのか。

Q17. 個人代理店や小規模の法人代理店においても体制整備が必要になるのか。例えば、上記 Q&A14 で求められている、①顧客への重要事項説明等保険募集の業務の適切な運営を確保するための社内規則等の策定、および、保険募集人に対する同社内規則等に基づいた適正な業務運営を確保するための研修の実施や、②個人情報取扱いに関する社内規則の策定、③保険募集の業務（保険募集の業務に密接に関連する業務を含む）を委託する場合の当該委託業務の的確な遂行を確保するための委託先管理とは具体的にはどのような対応が求められるのか。

Q18. 全ての保険募集人において、保険会社のために保険契約の締結の代理・媒介を行う立場を誤解させるような表示を行ってはいけないのか。

Q19. 比較推奨を行う場合の保険募集人の体制整備によりどのような対応が求められるのか。個人代理店や小規模の法人代理店はどのような体制整備をすればいいのか。

Q20. 原則、顧客の意向に沿った選別を行わないこととしている場合にも、規則第 227 条の 2 第３項第４号ロに係る体制整備が必要となるのか。

Q21. 保険募集人が他人（他の保険募集人を含む。）に対して商号等の使用を許諾している場合のみならず、保険募集人が他の保険募集人にフランチャイズ展開を行う場合においても、両者が同一の事業を行うものと顧客が誤認することを防止するための措置を講じる必要があるとの理解でよいか。

Q22. フランチャイズ展開を行う保険募集人においては、どのような体制整備が必要となるのか。

Q23. 帳簿書類の作成・保存や事業報告書の提出が義務付けられる保険募集人の基準は何か。

Q24. 帳簿書類の作成・保存とは、具体的にはどのような対応が求められるのか。

Q25. 帳簿書類の作成・保存や事業報告書の提出はいつから実施すればいいのか。

<⑤その他の質問>

Q26. 直接支払いサービスとは何か。

Q27. 直接支払いサービスに係る規制は、提携事業者への直接支払いを保険金・給付金の支払いの方法として組み込んだ場合には、一律に適用されるのか。例えば、いわゆるキャッシュレスサービス（ペット保険や海外旅行傷害保険などにおいて提携事業者（医療機関）で治療等を受けた場合、顧客がその費用を立て替えることなく、当該提携事業者に保険会社から直接保険金を支払うサービス）も対象か。

Q28. 保険募集の意義についてはどのような明確化が図られたのか。

Q29. 「募集関連行為」とは具体的にどのような行為なのか。

（２）各論

<①情報提供義務に関する質問>

Q１.（施行規則第 227 条の２第２項第２号、第９号）

2012年３月23日公表のパブコメ回答では、保険業法又は施行令における「一の会社等の役員又は使用人が構成する団体」、「一の国家公務員共済組合又は一の地方公務員共済組合の組合員が構成する団体」には、一定の要件に該当する限り、一般財団法人であっても含まれ得るとする考え方が示されている。この考え方を今後も維持してよいのか。また、規則第227条の２第２項第２号、第９号等においても同様の解釈がなされるものと考えてよいのか。

Ｑ２．（施行規則第227条の２第３項第１号柱書）

「書面を用いて行う説明（当該事項が電磁的記録に記録されているときは、当該記録された事項を電子計算機の映像面へ表示したものを用いて行う説明を含む。）」とあるが、例えばタブレット端末等の画面を用いて行う説明についても認められるとの理解でよいか。

Ｑ３．（施行規則第227条の２第３項第１号ホ、リ、ヲ）

「ホ　保険金額その他の保険契約の引受けに係る条件」に関する事項として、規則第227条の２第３項第７号（特定保険契約については、規則第234条の21の２第１項５号。以下Ｑ３において同じ。）に関する事項も契約概要に記載して顧客宛に交付していれば、規則第227条の２第３項第７号で求められる水準に足りるとの理解でよいか。

「リ　保険契約の解約及び解約による返戻金」に関する事項として、規則第227条の２第３項第８号（特定保険契約については、規則第234条の21の２第１項６号。以下Ｑ３において同じ。）に関する事項も契約概要・注意喚起情報に記載して顧客宛に交付していれば、規則第227条の２第３項第８号で求められる水準に足りるとの理解でよいか。

「ヲ　保険契約者保護機構の行う資金援助等の保険契約者等の保護のための特別の措置等」に関する事項として、規則第227条の２第３項第12号（特定保険契約については、規則第234条の21の２第１項10号。以下Ｑ３において同じ。）に関する事項も契約概要・注意喚起情報に記載して顧客宛に交付していれば、規則第227条の２第３項第12号で求められる水準に足りるとの理解でよいか。

Ｑ４．（施行規則第227条の２第３項第１号）

情報提供が求められる事項として掲げられている規則第227条の２第３項第１号イ～レについて、わかりやすさの観点から、各事項をまとめて記載することや順番を変えて記載することも許容されるとの理解でよいか。

Ｑ５．（施行規則第227条の２第３項第１号）

規則第227条の２第３項第１号に列挙された事項の情報提供については、必要な情報が適切に提供されることが期待できない団体保険に係る加入させるための行為においても適用されるとの理解でよいか。

Ｑ６．（施行規則第227条の２第３項第１号ロ）

情報提供が求められる事項として規則第227条の２第３項第１号ロに掲げられている「保険給付」について、現行監督指針Ⅱ－４－２－２（３）ア等においては「保障（補償）の内容」との文言が用いられていたが、当該記載の変更によって、情報提供が求められる範囲が変わることはないとの理解でよいか。

Ｑ７．（施行規則第227条の２第３項第１号ハ）

規則第227条の２第３項第１号ハに掲げられている「付加することのできる主な特約に関する事項」に関し、平成25年６月の募集文書簡素化に伴う生命保険協会の自主ガイドライン改正において、付加することはできるが、付加されていない特約については、代表的な支払事由、担保内容の制限に関する事項のみでよいとの整理がなされているが、当該生命保険協会の整理に変更はないとの理解でよいか。

Q８．（施行規則第 227 条の２第３項第１号レ）

現行監督指針Ⅱ－４－２－２（３）②イにおいて「（サ）特に法令等で注意喚起することとされている事項」の具体的な項目については、生命保険協会の自主ガイドラインに以下の４点が記載されているが、当該整理に変更はないとの理解でよいか。

①相互会社の社員の権利義務、②信用リスク、③契約転換制度、④乗換え

Q９．（施行規則第 227 条の２第３項第２号）

例えば、特定の保険商品に紐付いておらず、広く契約者を対象としている無料健康相談（顧客が健康に係る悩みを相談したい場合に、専用のフリーダイヤルに電話をかければ、看護師・保健師・助産師等が一般的な範囲で相談に応じてくれるサービス）のような付帯サービスについては、「保険契約の締結又は保険契約に加入することの判断に参考となるべき事項」に該当しないとの理解でよいか。

Q10.（施行規則第 227 条の２第３項第２号）

「保険契約の締結又は保険契約に加入することの判断に参考となるべき事項」に該当する場合の情報提供については、チラシや口頭説明等による情報提供が認められるとの理解でよいか。

Q11.（施行規則第 227 条の２第３項第４号）

生保および損保を所属保険会社とする代理店における比較可能な同種の保険契約に該当し得る第三分野商品の考え方について、例えば、以下の例の考え方でよいか。

（例）

現行で一般的に販売されている「医療保険（病気・怪我による入院日数や手術の種類に応じた定額の保険金を支払うもの）」と「所得補償保険（病気・怪我による就業不能期間中、収入（月額給与）の一定割合で定めた保険金を支払うもの）」は「比較可能な同種の保険契約」にはあたらない。

Q12.（施行規則第 227 条の２第３項第 12 号）

セーフティネットに関しては、規則第 227 条の２第３項第１号ヨに基づく説明及び書面交付において、同項第 12 号に基づき求められる情報提供も合わせてしている場合には、同号に基づき求められる情報提供について、別個に書面交付等により行うことは不要という理解でよいか。

Q13.（施行規則第 227 条の２第３項第 12 号）

規則第 227 条の２第３項第３号に該当する場合には、セーフティネット関連の説明は、適切な方法による説明であればよく、必ずしも書面交付の方法による必要はないとの理解でよいか。

規則第 227 条の２第７項第１号に該当する場合には、被保険者に対し、セーフティネット関連の説明は不要との理解でよいか。

Q14.（施行規則第 227 条の２第４項、第 234 条の 21 の２第２項）

規則第 227 条の２第３項第２号および同項第３号に掲げる事項については、情報提供の方法が問われないことから、明示的に電磁的方法による情報提供が認められる事項として本規定に列挙されていないのであり、電磁的方法による情報提供が認められないという趣旨ではないとの理解でよいか。

Q15.（施行規則第 227 条の２第５項）

「当該保険契約者又は当該被保険者に対し、」とあることから、電磁的方法による情報提供を行う場合には被保険者の同意を取得することが求められているが、例えば、被保険者が負担する保険料の額が零である保険契約等、規則第 227 条の 2 第 7 項第 1 号に基づく被保険者に対する情報提供義務の適用除外に該当する場合には、当該同意の取得は求められないとの理解でよいか。

Q16. （施行規則第 227 条の２第７項第１号ハ）

規則第 227 条の２第７項第１号ハに掲げる保険契約に該当することが想定される商品を確認させていただきたい。

<②保険募集人に対する体制整備義務に関する質問>

Q17. （施行規則第 53 条第１項第４号）

「同項に規定する団体保険をいう。以下別表を除き同じ」とあるのは、法第 294 条第１項で定める「団体保険」と現行規則第 59 条の２関係の実務における「団体保険」とで定義が異なることによるものであり、実務上の影響は生じないという理解でよいか。

Q18. （施行規則第 53 条第１項第４号、第 53 条の７）

規則第 53 条第１項第４号および規則第 53 条の７では、保険契約の締結等における情報提供に関し求められる体制整備にどのような違いがあるのか確認させていただきたい。

Q19. （監督指針Ⅱ-４-２-９（２））

顧客情報管理（ＤＭ発送や顧客情報管理に係るシステムメンテナンス等の外部委託先を含む）については、顧客保護の観点から、個人情報の保護に関する法律やその他関連法令等を踏まえた対応を行う必要があるとの理解でよいか。

Q20. （施行規則第 227 条の 11）

「保険募集の業務を第三者に委託する場合には、」とあるが、法第 275 条３項による保険募集の再委託の原則禁止は前提であるとの理解でよいか。

Q21. （施行規則第 237 条）

「民間事業者が行う書面の保存等における情報通信の技術の利用に関する法律」第３条、第４条および「内閣府の所管する金融関連法令に係る民間事業者等が行う書面の保存等における情報通信の技術の利用に関する法律施行規則」（以下「情報通信技術利用規則」という。）第３条（別表第一を含む。）、第５条（別表第三を含む。）により、他の法令の規定により書面により作成・保存を行なわなければならないとされているもののうち書面の作成・保存に代えて当該書面に係る電磁的記録による作成・保存が認められるものとして、法第 303 条に基づく書面の作成・保存が掲げられている。

したがって、規則第 237 条の２に掲げる事項を記載する法第 303 条に規定する帳簿書類については、情報通信技術利用規則に定める要件を満たす場合には、書面に代えて電磁的記録による作成・保存が認められるとの理解でよいか。

（1）総論

①全般	
Q1．今回の保険業法改正のポイントは何か。	A．今回の改正は主に、2013年6月に公表された金融審議会「保険商品・サービスの提供等の在り方に関するワーキング・グループ　（保険WG）」の報告書を受けたものであり、保険募集ルールの見直しが盛り込まれています。 改正の主なポイントは2つです。 ①保険募集の際の情報提供義務・意向把握義務などの保険募集に係る基本的ルールの創設と、②代理店などの保険募集人に対する体制整備義務の導入です。 ※金融審議会「保険WG」報告書は以下リンク先参照。 http://www.fsa.go.jp/news/24/singi/20130611-2.html
Q2．保険募集の際の基本的ルールの創設とは何か。	A．これまで、法律上定められていた募集規制は、虚偽の説明等、「不適切な行為の禁止」に限定されていました。顧客ニーズの把握に始まり保険契約の締結に至る募集プロセスの各段階におけるきめ細やかな対応の実現に向け、「不適切な行為の禁止」だけでなく、情報提供義務や意向把握義務など、積極的な顧客対応を求める義務を導入するものです。

②情報提供義務に関する質問	
Q3．保険募集の際の情報提供義務とはどのような規定なのか。 （保険業法施行規則（以下「規則」）第227条の2第3項第1号及び第2号、監督指針Ⅱ－4－2－2（2）関係）	A．情報提供義務は、保険募集人等が、保険募集を行う際に、保険契約者・被保険者が保険契約の締結又は加入の適否を判断するのに必要な情報の提供を行うことを求めるものです。 具体的には、以下の事項を提供することが求められます。 ①　顧客が保険商品の内容を理解するために必要な情報 （保険金の支払い条件、保険期間、保険金額等） ②　顧客に対して注意喚起すべき情報 （告知義務の内容、責任開始期、契約の失効、セーフティネット等） ③　その他保険契約者等に参考となるべき情報 （ロードサービス等の主要な付帯サービス、直接支払いサービス等）
Q4．情報提供義務が導入されることで、これまでと何か変わる点はあるのか。 （規則第227条の2第3項第1号及び第2号、監督指針Ⅱ－4－2－2（2）関係）	A．これまで監督指針において「契約概要」・「注意喚起情報」等として提供することを求めていたものを中心に法令上の義務として規定されます。また、法第300条第1項第1号の不告知等に対して罰則が適用される事項の範囲は、「保険契約者又は被保険者の判断に影響を及ぼすこととなる重要な事項」として、従来より限定したものとなっています。
Q5．情報提供義務について、	A．情報提供については、法令上、原則として「契約概要」・「注意喚

法令・指針に規定する「契約概要」・「注意喚起情報」を記載した書面等による情報提供を義務付けない場合にはどのような場合があるのか。 （規則第 227 条の２第３項第３号、監督指針Ⅱ－４－２－２（２）関係）	起情報」を記載した書面等を用いるなどの一律・画一な手法で行うこととされています。一方、保険ＷＧ報告書では、『情報提供義務の一般原則は適用するものの、情報提供の際に標準的な方法によることを求めないもの』との考え方が示されており、法令・指針に規定する「契約概要」・「注意喚起情報」を記載した書面等による情報提供よりも、別個の方法を認めた方がよりわかりやすい説明が期待できる場合や、商品内容が比較的単純で、一律の手法を強制すると過度な負担になると考えられる以下の場合には、一律の手法によらない情報提供を許容することが適当とされています。 ・　契約内容の個別性・特殊性が高い場合（工場の火災保険等の事業者向けの保険等） ・　保険料の負担が少額（年間５千円以下）の場合 ・　団体保険契約において、保険契約者である団体に対して行う情報提供 ・　既存契約の一部変更の場合（変更部分についてのみ）
Ｑ６．情報提供義務が適用除外となる場合にはどのような場合があるのか。 （規則第 227 条の２第２項、規則第 227 条の２第７項、監督指針Ⅱ－４－２－２（２）関係）	Ａ．保険契約者と被保険者が異なる契約において、被保険者に対する情報提供を求める必要性が乏しい一部の場合については、被保険者に対する情報提供義務は、適用除外となっています。具体的には、以下の場合が適用除外の対象となっています。 ・　被保険者の保険料負担が零である場合 ・　保険期間が極めて短期間（１ヶ月以内）かつ、被保険者が負担する保険料の額が極めて少額（１千円以下）である場合 ・　被保険者に対するイベント･サービス等に付随して提供される場合（加入について被保険者の意思決定を要さず、かつ、主たるイベント･サービス等の提供と関連性を有する保険契約である場合）（お祭りの主催者が参加者に付保する傷害保険等） ・　公的年金制度等の加入者（年金制度等を運営する団体を保険契約者とし、その年金制度等の加入者を被保険者とする保険契約である場合） ・　団体内での適切な情報提供が期待できる場合※（保険業法の適用除外団体、団体（契約者）と構成員（被保険者）との間に「一定の密接性」がある場合）等 ※ただし、これまでと同じく、団体（契約者）からの必要な情報提供・適切な意向確認を確保するための体制整備が求められることに留意（規則第 53 条第１項第５号、同第 211 条の 30 第５号、同第 227 条の８） また、既存契約の一部を変更することを内容とする保険契約については、情報提供の内容に変更すべきものがないときはすべての情報について、一部変更すべきものがある場合であっても他の変更する必要がない情報については、保険契約者に対しても被保険者に対

	しても適用除外の対象となります。
Q７．二以上の所属保険会社等を有する保険募集人が比較推奨販売を行う場合にはどのような情報提供が求められるのか。 （規則第 227 条の２第３項第４号、監督指針Ⅱ－４－２－９（５）関係）	A．監督指針Ⅱ－４－２－９（５）では、以下のように定められています。 二以上の所属保険会社等を有する保険募集人（規則第 227 条の２第３項第４号及び規則第 234 条の 21 の２第１項第２号に規定する二以上の所属保険会社等を有する保険募集人をいう。以下、この Q&A７において同じ。）においては、以下の点に留意しつつ、規則第 227 条の２第３項第４号及び規則第 234 条の 21 の２第１項第２号に規定する保険契約への加入の提案を行う理由の説明その他二以上の所属保険会社等を有する保険募集人の業務の健全かつ適切な運営を確保するための措置が講じられているかどうかを確認するものとする。 ①　二以上の所属保険会社等を有する保険募集人が取り扱う商品の中から、顧客の意向に沿った比較可能な商品（保険募集人の把握した顧客の意向に基づき、保険の種別や保障（補償）内容などの商品特性等により、商品の絞込みを行った場合には、当該絞込み後の商品）の概要を明示し、顧客の求めに応じて商品内容を説明しているか。 ②　顧客に対し、特定の商品を提示・推奨する際には、当該提示・推奨理由を分かりやすく説明することとしているか。特に、自らの取扱商品のうち顧客の意向に合致している商品の中から、二以上の所属保険会社等を有する保険募集人の判断により、さらに絞込みを行った上で、商品を提示・推奨する場合には、商品特性や保険料水準などの客観的な基準や理由等について、説明を行っているか。 （注１）　形式的には商品の推奨理由を客観的に説明しているように装いながら、実質的には、例えば保険代理店の受け取る手数料水準の高い商品に誘導するために商品の絞込みや提示・推奨を行うことのないよう留意する。 （注２）　例えば、自らが勧める商品の優位性を示すために他の商品との比較を行う場合には、当該他の商品についても、その全体像や特性について正確に顧客に示すとともに自らが勧める商品の優位性の根拠を説明するなど、顧客が保険契約の契約内容について、正確な判断を行うに必要な事項を包括的に示す必要がある点に留意する（法第 300 条第１項第６号、Ⅱ－４－２－２（９）②参照）。 ③　上記①、②にかかわらず、商品特性や保険料水準などの客観的な基準や理由等に基づくことなく、商品を絞込み又は特定の商品を顧客に提示・推奨する場合には、その基準や理由等（特定の保険会社との資本関係やその他の事務手続・経営方針上の理由を含む。）を説明しているか。

	（注）　各保険会社間における「公平・中立」を掲げる場合には、商品の絞込みや提示・推奨の基準や理由等として、特定の保険会社との資本関係や手数料の水準その他の事務手続・経営方針などの事情を考慮することのないよう留意する。 ④　上記①から③に基づき、商品の提示・推奨や保険代理店の立場の表示等を適切に行うための措置について、社内規則等において定めたうえで、定期的かつ必要に応じて、その実施状況を確認・検証する態勢が構築されているか。
Ｑ８. 商品特性等の客観的な基準等に基づくことなく、特定の商品のみを推奨する場合にはどのような情報提供が求められるのか。 （規則第 227 条の２第３項第４号ハ、監督指針Ⅱ－４－２－９（５）③関係）	Ａ．商品特性や保険料水準などの客観的な基準や理由等に基づくことなく、商品を絞込み又は特定の商品を顧客に提示・推奨する場合には、その基準や理由等（特定の保険会社との資本関係やその他の事務手続・経営方針上の理由を含む。）を説明することが求められます。 例えば、特定の保険会社の系列代理店において、特定の保険会社の商品を提示する場合には、当該代理店が特定の保険会社の系列代理店である旨を説明することで足ります。

③意向把握義務に関する質問	
Ｑ９. 保険募集の際の意向把握義務とはどのような規定なのか。 （監督指針Ⅱ－４－２－２（３）関係）	Ａ．顧客の意向の把握等として、保険を募集する際における顧客意向の把握、当該意向に沿った保険プランの提案、当該意向と当該プランの対応関係についての説明、当該意向と最終的な顧客の意向の比較と相違点の確認を行うことが求められることとなったものです。 これまでは、体制整備の一環として、契約を締結する商品と顧客の意向が合致しているかを確認（意向確認）することなどが求められていましたが、今回の保険業法の改正により、意向の把握から、提案商品の説明、意向確認などの一連のプロセスが顧客の意向の把握等として新たに求められることとなりました。
Ｑ10. 意向把握義務の履行は、具体的にはどのような方法で行う必要があるのか。 （監督指針Ⅱ－４－２－２（３）①関係）	Ａ．監督指針Ⅱ－４－２－２（３）①では、以下のように定められています。 意向把握・確認の具体的方法については、取り扱う商品や募集形態を踏まえたうえで、保険会社又は保険募集人の創意工夫により、以下のア．からカ．又はこれと同等の方法を用いているか。 ア．保険金額や保険料を含めた当該顧客向けの個別プランを説明する前に、当該顧客の意向を把握する。その上で、当該意向に基づいた個別プランを提案し、当該プランについて当該意向とどのように対応しているかも含めて説明する。 その後、最終的な顧客の意向が確定した段階において、その意向と当初把握した主な顧客の意向を比較し、両者が相違している場

合にはその相違点を確認する。

（注） 例えば、アンケート等により顧客の意向を事前に把握したうえで、当該意向に沿った個別プランを作成し、顧客の意向との関係性をわかりやすく説明する。

その後、最終的な顧客の意向が確定した段階において、その意向と、保険会社又は保険募集人が当初把握した主な顧客の意向との比較を記載したうえで、両者が相違している場合には、その対応箇所や相違点及びその相違が生じた経緯について、わかりやすく説明する。

また、契約締結前の段階において、顧客の最終的な意向と契約の申込みを行おうとする保険契約の内容が合致しているかどうかを確認（＝「意向確認」）する。

イ．保険金額や保険料を含めた当該顧客向けの個別プランを提案する都度、保険会社又は保険募集人が、どのような意向を推定（把握）して当該プランを設計したかの説明を行い、当該プランについて、当該意向とどのように対応しているかも含めて説明する。

その後、最終的な顧客の意向が確定した段階において、その意向と保険会社又は保険募集人が把握した主な顧客の意向を比較し、両者が相違している場合にはその相違点を確認する。

（注） 例えば、性別や年齢等の顧客属性や生活環境等に基づき顧客の意向を推定したうえで、保険金額や保険料を含めた個別プランの作成・提案を行う都度、設計書等の顧客に交付する書類の目立つ場所に、保険会社又は保険募集人が推定（把握）した顧客の意向と個別プランの関係性をわかりやすく記載のうえ説明する。

その後、最終的な顧客の意向が確定した段階において、その意向と、保険会社又は保険募集人が事前に把握した主な顧客の意向との比較を記載したうえで、両者が相違している場合には、その対応箇所や相違点及びその相違が生じた経緯について、わかりやすく説明する。

また、契約締結前の段階において、顧客の最終的な意向と契約の申込みを行おうとする保険契約の内容が合致しているかどうかを確認（＝「意向確認」）する。

ウ．自動車や不動産購入等に伴う補償を望む顧客に対し、主な意向・情報を把握したうえで、個別プランの作成・提案を行い、主な意向と個別プランの比較を記載するとともに、保険会社又は保険募集人が把握した顧客の意向と個別プランの関係性をわかりやすく説明する。

その後、契約締結前の段階において、当該意向と契約の申込みを

	行おうとする保険契約の内容が合致しているかどうかを確認（＝「意向確認」）する。 エ．上記ア．からウ．の場合においては、規則第227条の２第３項第３号ロに規定する一年間に支払う保険料の額（保険期間が一年未満であって保険期間の更新をすることができる保険契約にあっては、一年間当たりの額に換算した額）が五千円以下である保険契約における意向把握について、商品内容・特性に応じて適切に行うものとする。 オ．事業者の事業活動に伴って生ずる損害をてん補する保険契約については、顧客の保険に係る知識の程度や商品特性に応じて適切な意向把握及び意向確認を行うものとする。 カ．規則第227条の２第２項に定める団体保険の加入勧奨については、Ⅱ－４－２－２（３）④イ．（注）に定める措置を講じるものとする。
Q11. 意向把握義務が適用除外になる場合にはどのような場合があるのか。 （規則第227条の６、Ⅱ－４－２－２（３）関係）	A．意向把握を求める必要性が乏しい一定の場合については、意向把握義務の適用除外とされています。具体的には、以下の場合が適用除外の対象となります。 ①　情報提供義務の適用除外とされている保険契約である場合 （Q&A６参照。契約者と被保険者が異なり、被保険者への情報提供だけが適用除外となる場合（契約者への情報提供は必要である場合）には、意向把握についても同様に、被保険者への意向把握だけが適用除外（契約者への意向把握は必要）） ②　他の法律により加入が義務付けられている保険である場合 （自賠責保険） ③　勤労者財産形成促進法第６条に規定する保険契約である場合 （個人型財形保険）
Q12. 団体保険における情報提供や意向把握は、保険契約者と被保険者の両方に行う必要があるのか。	A．上記の適用除外（Q&A６およびQ&A11参照）にならない場合には、基本的に、保険契約者と被保険者の両方に情報提供や意向把握を行う必要があります。 団体と構成員との間に一定の密接性が認められ、団体（契約者）から被保険者への適切な情報提供が期待できる場合（Q&A６参照）には、被保険者への情報提供・意向把握に係る義務は適用除外となりますが、団体（契約者）からの必要な情報提供・適切な意向確認を確保するための体制整備が求められることに留意が必要です。

④保険募集人に対する体制整備義務に関する質問	
Q13. 保険募集人に対する体制整備義務が導入された趣旨は何か。	A．これまで法令上の体制整備義務は主に保険会社に対して課されており、代理店等の体制整備は保険会社の教育・管理・指導の下で行う仕組となっていました。 これに関し、今般の保険募集人等に対する積極的行為義務（情報

	提供義務・意向把握義務）の導入や、保険WG報告書等を踏まえ、「保険会社」が監督責任を負う従来の募集人規制に加え、「保険募集人」に対しても、基本的に、業務の規模・特性に応じた体制整備を義務付ける規制を新たに設けるものです。
Q14. 体制整備義務が新たに保険募集人に課されることで、保険募集人にはどのような対応が求められるのか。 （規則第227条の７等、監督指針Ⅱ－４－２－９関係）	A．保険募集人は、業務の規模・特性に応じて、「保険会社に課されている体制整備」に準じた対応を行うことが必要となります。 例えば、以下のような体制整備が法令上の対応として求められることとなります。 ① 顧客への重要事項説明等保険募集の業務の適切な運営を確保するための社内規則等の策定、および、保険募集人に対する同社内規則等に基づいた適正な業務運営を確保するための研修の実施 （規則第227条の７、監督指針Ⅱ－４－２－９（１）） ② 個人情報取扱いに関する社内規則の策定 （規則第227条の９、監督指針Ⅱ－４－２－９（２）） ③ 保険募集の業務（保険募集の業務に密接に関連する業務を含む）を委託する場合の当該委託業務の的確な遂行を確保するための委託先管理 （規則第227条の11）
Q15. 保険募集人は規模・特性に応じた体制整備を行う必要があるということだが、どのような対応が求められるのか。 （監督指針Ⅱ－４－２－９関係）	A．保険募集人には、法令上の体制整備義務が課されることとなります。 今後は、保険募集人においては、自らの規模・特性に応じて、より一層の顧客の信頼を得られるように募集体制等の質の向上に努めていく必要があります。 ただし、保険募集人の規模が小規模であったり、少ない商品数の取扱いであっても、最低限必要な体制整備が求められます。
Q16. 保険会社の営業職員や保険代理店の使用人についても体制整備が必要になるのか。 （監督指針Ⅱ－４－２－９関係）	A．生命保険会社の営業職員や保険代理店の使用人、損害保険会社の研修生・直販社員も保険募集人の体制整備義務の対象ですが、基本的には、保険会社や保険代理店の教育・管理・指導に従って（保険会社や保険代理店が作成するマニュアルに沿った業務運営、保険会社や保険代理店が実施する研修への参加等）、適正に業務を実施していることが重要です。
Q17. 個人代理店や小規模の法人代理店においても体制整備が必要になるのか。例えば、上記Q&A14で求められている、①顧客への重要事項説明等保険募集の業務の適切な運営を確保するための社内規則等の策定、および、保	A．個人代理店や小規模の法人代理店も保険募集人の体制整備義務の対象ですが、所属保険会社の指導・監督に従い適切かつ主体的に業務を実施する体制を整備することで足ります。 例えば、①や②については、独自の社内規則等の策定が難しい場合には、保険会社等のマニュアルやガイドラインを自らの社内規則等と位置づけ、使用することも考えられます。また、従業員に対する研修の実施、又は従業員を所属保険会社が企画する研修に参加することを促すことが必要となります。

険募集人に対する同社内規則等に基づいた適正な業務運営を確保するための研修の実施や、②個人情報取扱いに関する社内規則の策定、③保険募集の業務（保険募集の業務に密接に関連する業務を含む）を委託する場合の当該委託業務の的確な遂行を確保するための委託先管理とは具体的にはどのような対応が求められるのか。 （規則第227条の7等、監督指針Ⅱ－4－2－9関係）	③については、委託する業務の内容・範囲にもよりますが、適正な業務遂行が見込める委託先の選定・管理を行うことが必要となります。
Q18. 全ての保険募集人において、保険会社のために保険契約の締結の代理・媒介を行う立場を誤解させるような表示を行ってはいけないのか。 （規則第227条の12、監督指針Ⅱ－4－2－9（4）関係）	A．単に「公平・中立」との表示を行った場合には、「保険会社と顧客との間で中立である」と顧客が誤解するおそれがある点に留意する必要があります。
Q19. 比較推奨を行う場合の保険募集人の体制整備によりどのような対応が求められるのか。個人代理店や小規模の法人代理店はどのような体制整備をすればいいのか。 （規則第227条の12、規則第227条の14、指針Ⅱ－4－2－9（5）関係）	A．比較推奨販売を行う保険募集人は、上記の体制整備（Q&A14参照）に加えて、適切な商品比較推奨（Q&A７参照）を行うための体制整備が必要となります。 なお、個人代理店や小規模の法人代理店において、独自の体制整備が難しい場合でも、法令や監督指針を踏まえて、適切かつ主体的に業務を遂行する体制を整備することが必要です。
Q20. 原則、顧客の意向に沿った選別を行わないこととしている場合にも、規則第227条の2第3項第4号ロに係る体制整備が必要となるのか。	A．顧客の意向に沿った選別を行う複数の所属保険会社を有する保険募集人は、日常的に適切に顧客の意向に沿った選別を行うために必要な体制整備が求められます。 一方、複数の所属保険会社を有する保険募集人であっても、一切、顧客の意向に沿った選別を行わないこととしている場合には、規則

(規則第227条の12、規則第227条の14、指針Ⅱ-4-2-9(5)関係)	第227条の2第3項第4号ロ.に係る体制整備を行う必要はありませんが、顧客からの求めがあったときに例外的に、顧客の意向に沿った選別を行う場合には、そのために必要な体制整備を行うことが求められます。
Q21. 保険募集人が他人(他の保険募集人を含む。)に対して商号等の使用を許諾している場合のみならず、保険募集人が他の保険募集人にフランチャイズ展開を行う場合においても、両者が同一の事業を行うものと顧客が誤認することを防止するための措置を講じる必要があるとの理解でよいか。 (規則第227条の13、指針Ⅱ-4-2-9(6)関係)	A. フランチャイジーにおいて取り扱う保険商品の品揃えが、フランチャイザーが顧客に宣伝しているものと異なる場合には、顧客に対して、品揃えの相違点を説明することが必要となります。
Q22. フランチャイズ展開を行う保険募集人においては、どのような体制整備が必要となるのか。 (規則第227条の15、指針Ⅱ-4-2-9(7)関係)	A. フランチャイズ展開を行う保険募集人(フランチャイザー)等、保険募集人指導事業※を実施する保険募集人は、上記に加えて、以下の体制整備が必要となります。 ※ 他の保険募集人に対し、保険募集の業務の指導に関する基本となるべき事項(当該他の保険募集人が行う保険募集の業務の方法又は条件に関する重要な事項を含むものに限る。)を定めて、継続的に当該他の保険募集人が行う保険募集の業務の指導を行う事業。改正保険業法第294条の3参照。 ・ フランチャイジーである保険募集人における保険募集の業務について、適切に教育・管理・指導を行う態勢を構築し、必要に応じて改善等を求めるなどの措置 ※ 例えば、一定の知識・経験を有する者を配置するなど、教育・管理・指導を行うための措置 ・ フランチャイジーに対してどのように指導を行うかについての実施方針の策定、フランチャイジーである保険募集人との適正なフランチャイズ契約の締結と適切な指導、フランチャイジーにおける保険募集の業務の実施状況の検証・改善等の措置 ※ 実施方針については、フランチャイズを行う上での留意事項(業務の方法・条件等)を記載することが必要となります。
Q23. 帳簿書類の作成・保存や事業報告書の提出が義務付けられる保険募集人の基準	A. 保険募集人にも体制整備義務が導入されたことに伴い、改正保険業法の施行後は、一部の大規模乗合代理店(改正保険業法第303条にいう「特定保険募集人」)において帳簿書類の作成・保存や事業報

は何か。 （規則第 236 条の２、規則第 237 条、規則第 237 条の２関係）	告書の提出が必要となります。 具体的には、以下のいずれかに該当する場合が対象となります。 ①　直近の事業年度末における所属する生命保険会社の数が 15 以上の場合 ②　所属する生命保険会社が２以上で直近事業年度の手数料、報酬等の合計額が 10 億円以上の場合 ※①②は、生命保険・損害保険・少額短期保険ごとに判断します。例えば、直近の事業年度末における所属保険会社の数が生命保険会社 10 社、損害保険会社５社の場合には①に該当しません。 ※生命保険・損害保険・少額短期保険の３業態のうち、一つでも基準に合致した場合、３業態すべての業態について帳簿書類の作成・保存や事業報告書の提出が必要となります。
Ｑ24. 帳簿書類の作成・保存とは、具体的にはどのような対応が求められるのか。 （規則第 237 条、規則第 237 条の２関係）	Ａ. 特定保険募集人（改正保険業法第 303 条にいう「特定保険募集人」）に該当する保険募集人は、事務所ごとに、保険料、手数料等を記載した帳簿書類を作成し、保険契約締結の日から５年間、適切に保存することが必要となります。 なお、帳簿書類の保管にあたっては、社内規則等に規定されていれば、紙による保管のほか、電磁的記録により保存することも可能です。
Ｑ25. 帳簿書類の作成・保存や事業報告書の提出はいつから実施すればいいのか。 （規則第 236 条の２、規則第 237 条、規則第 237 条の２関係）	Ａ. 特定保険募集人（改正保険業法第 303 条にいう「特定保険募集人」。以下Ｑ25 において同じ。）に該当する保険募集人は、自らの事業年度末の乗合会社数および手数料等の額に基づいて該当するか否かを判断し（Q&A23 参照）、該当する場合は、当該事業年度末から特定保険募集人となります。 その結果、当該事業年度末の翌日から法第 303 条に規定する帳簿書類の保存義務が生じ、また、当該事業年度末の翌日から３か月以内に法第 304 条に規定する事業報告書（当該事業年度末に係る事業年度の事業報告書）を作成・提出する必要があります。 例えば、事業年度末が３月末の代理店の場合、３月末時点の数値等をもって該当するか否かを判断し、４月１日以降取扱う保険契約に関する帳簿書類の保存が必要となるとともに、６月末までに事業報告書を作成・提出することになります。なお、この場合、特定保険募集人に該当するか否かの施行後初の判断時期にあたる平成 29 年３月末において、当該基準に該当する場合、帳簿書類の備付けは、平成 29 年４月から必要となります（保険契約者ごとに保険契約の締結の日から５年間）。 一方、事業報告書の作成・提出は、経過措置により施行後に開始する事業年度に係る事業報告書から必要となります。そのため、上記代理店の例の場合、施行後に開始する最初の事業年度の年度末で

	ある平成30年３月末において、当該基準に該当する場合、平成29年４月から平成30年３月末までの事業年度に係る事業報告書を平成30年４月１日から３か月以内に作成・提出する必要があります。 　また、それまで特定保険募集人であった者が、ある事業年度末で、基準を満たさなくなった場合は、当該事業年度末から、特定保険募集人ではなくなります。 　その結果、当該事業年度末の翌日以降、帳簿書類（それまでに保存してきた帳簿書類を含む）の保存義務がなくなるとともに、事業報告書（当該事業年度末に係る事業年度の事業報告書）を作成・提出する必要もなくなります。

⑤その他の質問	
Q26. 直接支払いサービスとは何か。 （規則第53条の12の２、規則第227条の２第３項第５号、監督指針Ⅱ－４－２－８関係）	A.「直接支払いサービス」とは、保険金を受け取るべき者が、保険金を対価として保険会社の提携事業者が取り扱う商品等を購入し又は提供を受けることとした場合に、保険会社が当該商品等の対価として、保険金を受け取るべき者に代わり保険金を当該提携事業者に直接支払うことをいいます。 　保険募集等に際し、同サービスを受けられる旨顧客に説明し、かつ、提携事業者が提供するサービスの内容・水準に言及する場合には、情報提供義務の対象として、所定の事項の説明が求められるとともに、保険会社は適切な提携事業者を提示するための体制整備が必要となります。
Q27. 直接支払いサービスに係る規制は、提携事業者への直接支払いを保険金・給付金の支払いの方法として組み込んだ場合には、一律に適用されるのか。例えば、いわゆるキャッシュレスサービス（ペット保険や海外旅行傷害保険などにおいて提携事業者（医療機関）で治療等を受けた場合、顧客がその費用を立て替えることなく、当該提携事業者に保険会社から直接保険金を支払うサービス）も対象か。 （規則第53条の12の２、規則	A. 今回新たに規制が課されることとなる直接支払いサービスに係る規制は、直接支払いを組み込んだ場合に、直ちに適用されるものではありません（保険金請求時の単なる指図払いの場合は適用対象外です）。 　適用対象は、保険金の支払い事由・保険給付の内容以外に、保険会社の提携事業者が提供するサービスの内容・水準に言及して保険募集を行う場合であり、例えば、提携事業者を活用した場合には優先的にサービスを提供するなど、当該言及内容が保険商品選択時の重要な判断材料となる場合です。

第227条の２第３項第５号、監督指針Ⅱ－４－２－８関係）	
Q28. 保険募集の意義についてはどのような明確化が図られたのか。 （監督指針Ⅱ－４－２－１（１）関係）	A．募集規制が適用される「保険募集」の意義については、下記のとおりとされ、エに関して明確化が図られています。 法第２条第26項に規定する保険募集とは、以下のア～エの行為をいう。 ア．保険契約の締結の勧誘 イ．保険契約の締結の勧誘を目的とした保険商品の内容説明 ウ．保険契約の申込の受領 エ．その他の保険契約の締結の代理又は媒介 なお、上記エに該当するか否かについては、一連の行為の中で、当該行為の位置付けを踏まえたうえで、以下のア．及びイ．の要件に照らして、総合的に判断するものとする。 ア．保険会社又は保険募集人などからの報酬を受け取る場合や、保険会社又は保険募集人と資本関係等を有する場合など、保険会社又は保険募集人が行う募集行為と一体性・連続性を推測させる事情があること。 イ．具体的な保険商品の推奨・説明を行うものであること。
Q29.「募集関連行為」とは具体的にどのような行為なのか。 （監督指針Ⅱ－４－２－１（２）関係）	A．「募集関連行為」とは、契約見込客の発掘から契約成立に至るまでの広い意味での保険募集のプロセスのうち、保険募集に該当しない行為をいいます。 例えば、保険商品の推奨・説明を行わず、契約見込客の情報を保険会社又は保険募集人に提供するだけの行為や比較サイト等の商品情報の提供を主たる目的としたサービスのうち、保険会社又は保険募集人からの情報を転載するにとどまる行為があげられます。 なお、「募集関連行為」については、直ちに募集規制を受けるものではありません。しかし、保険会社又は保険募集人においては、募集関連行為を第三者に委託し、又は、それに準じる関係に基づいて行わせる場合には、当該募集関連行為を受託した第三者（募集関連行為従事者）が不適切な行為を行わないよう、適切に管理・指導を行う必要があります。 また、例えば、以下の行為については、保険募集に該当し得ることに留意する必要があります。 ア．業として特定の保険会社の商品（群）のみを見込み客に対して積極的に紹介して、保険会社又は保険募集人などから報酬を得る行為 イ．比較サイト等の商品情報の提供を主たる目的としたサービスを提供する者が、保険会社又は保険募集人などから報酬を得て、具体的な保険商品の推奨・説明を行う行為

（2）各論

①情報提供義務に関する質問			
Q１．	施行規則 第227条の２第２項第２号、第９号	・2012年３月23日公表のパブコメ回答では、保険業法又は施行令における「一の会社等の役員又は使用人が構成する団体」、「一の国家公務員共済組合又は一の地方公務員共済組合の組合員が構成する団体」には、一定の要件に該当する限り、一般財団法人であっても含まれ得るとする考え方が示されている。この考え方を今後も維持してよいのか。また、規則第227条の２第２項第２号、第９号等においても同様の解釈がなされるものと考えてよいのか。	Ａ．理解のとおりです。 2012年３月23日公表のパブコメ回答の趣旨が変更されたものとは考えておりません。
Q２．	施行規則 第227条の２第３項第１号柱書	・「書面を用いて行う説明（当該事項が電磁的記録に記録されているときは、当該記録された事項を電子計算機の映像面へ表示したものを用いて行う説明を含む。）」とあるが、例えばタブレット端末等の画面を用いて行う説明についても認められるとの理解でよいか。	Ａ．理解のとおりです。
Q３．	施行規則 第227条の２第３項第１号ホ、リ、ヨ	・「ホ 保険金額その他の保険契約の引受けに係る条件」に関する事項として、規則第227条の２第３項第７号（特定保険契約については、規則第234条の21の２第１項第５号。以下Ｑ３において同じ。）に関する事項も契約概要に記載して顧客宛に交付していれば、規則第227条の２第３項第７号で求められる水準に足りるとの理解でよいか。 ・「リ 保険契約の解約及び解約による返戻金」に関する事項として、規則第227条の２第３項第８号（特定保険契約については、規則第234条の21の２第１項第６号。以下Ｑ３において同じ。）に関する事項も契約概要・注意喚起情報に記載して顧客宛に交付していれば、規則第227条の２第３項第８号で求められる水準に足りるとの理解でよいか。 ・「ヨ 保険契約者保護機構の行う資金援助	Ａ．理解のとおりです。

		等の保険契約者等の保護のための特別の措置等」に関する事項として、規則第 227 条の２第３項第 12 号（特定保険契約については、規則第 234 条の 21 の２第１項第 10 号。以下Ｑ３において同じ。）に関する事項も契約概要・注意喚起情報に記載して顧客宛に交付していれば、規則第 227 条の２第３項第 12 号で求められる水準に足りるとの理解でよいか。	
Ｑ４.	施行規則 第 227 条の２第３項第１号	・情報提供が求められる事項として掲げられている規則第 227 条の２第３項第１号イ～レについて、わかりやすさの観点から、各事項をまとめて記載することや順番を変えて記載することも許容されるとの理解でよいか。	Ａ. 平成 17 年契約概要等導入時の整理を踏まえ、項目区分に則った記載を行うことが適当と考えられます。 順番の入れ替えについては各社の創意工夫の範囲で認められます。
Ｑ５.	施行規則 第 227 条の２第３項第１号	・規則第 227 条の２第３項第１号に列挙された事項の情報提供については、必要な情報が適切に提供されることが期待できない団体保険に係る加入させるための行為においても適用されるとの理解でよいか。	Ａ. 理解のとおりです。 団体保険の加入させるための行為においては、例えば「保険契約の解約」を「被保険者の脱退」等と適宜読み替えます。
Ｑ６.	施行規則 第 227 条の２第３項第１号ロ	・情報提供が求められる事項として規則第 227 条の２第３項第１号ロに掲げられている「保険給付」について、現行監督指針Ⅱ-４-２-２（３）ア等においては「保障（補償）の内容」との文言が用いられていたが、当該記載の変更によって、情報提供が求められる範囲が変わることはないとの理解でよいか。	Ａ. 理解のとおりです。
Ｑ７.	施行規則 第 227 条の２第３項第１号ハ	・規則第 227 条の２第３項第１号ハに掲げられている「付加することのできる主な特約に関する事項」に関し、平成 25 年６月の募集文書簡素化に伴う生命保険協会の自主ガイドライン改正において、付加することはできるが、付加されていない特約については、代表的な支払事由、担保内容の制限に関する事項のみでよいとの整理がなされているが、当該生命保険協会の整理に変更は	Ａ. 理解のとおりです。 （本項目は生命保険協会の整理によるもの）

		ないとの理解でよいか。	
Q８.	施行規則 第227条の２第３項第１号レ	・現行監督指針Ⅱ－４－２－２（３）②イにおいて「（サ）特に法令等で注意喚起することとされている事項」の具体的な項目については、生命保険協会の自主ガイドラインに以下の４点が記載されているが、当該整理に変更はないとの理解でよいか。 ①相互会社の社員の権利義務、②信用リスク、③契約転換制度、④乗換え	Ａ．理解のとおりです。 （本項目は生命保険協会の整理によるもの）
Q９.	施行規則 第227条の２第３項第２号	・例えば、特定の保険商品に紐付いておらず、広く契約者を対象としている無料健康相談（顧客が健康に係る悩みを相談したい場合に、専用のフリーダイヤルに電話をかければ、看護師・保健師・助産師等が一般的な範囲で相談に応じてくれるサービス）のような付帯サービスについては、「保険契約の締結又は保険契約に加入することの判断に参考となるべき事項」に該当しないとの理解でよいか。	Ａ．理解のとおりです。
Q10.	施行規則 第227条の２第３項第２号	・「保険契約の締結又は保険契約に加入することの判断に参考となるべき事項」に該当する場合の情報提供については、チラシや口頭説明等による情報提供が認められるとの理解でよいか。	Ａ．理解のとおりです。
Q11.	施行規則 第227条の２第３項第４号	・生保および損保を所属保険会社とする代理店における比較可能な同種の保険契約に該当し得る第三分野商品の考え方について、例えば、以下の例の考え方でよいか。 （例） 現行で一般的に販売されている「医療保険（病気・怪我による入院日数や手術の種類に応じた定額の保険金を支払うもの）」と「所得補償保険（病気・怪我による就業不能期間中、収入（月額給与）の一定割合で定めた保険金を支払うもの）」は「比較可能な同種の保険契約」にはあたらない。	Ａ．ある保険契約が「比較可能な同種」のものと言えるかは、個別具体的かつ実質的に判断されるべきものであり、その際には、主契約程度の意向の共通性が手がかりとなり得ますが、最終的には、顧客の具体的な意向、保険契約の対象となるリスクの種類及び保険給付の内容、保険契約の特性・類型等を踏まえつつ、実質的に判断されるべきものと考えられます。 現時点における一般的な「医療保険」と「所得補償保険」は、その内容が主契約に

			おいて異なりますし、また、保険給付の内容も異なるものであるため、顧客の意向が十分に具体化されている前提であれば「比較可能な同種の」契約と言えない場合が多いと考えられますが、最終的には、顧客の具体的な意向を踏まえ、個別のケースに応じて実質的に判断する必要があることに留意が必要です。
Q12.	施行規則 第 227 条の２第３項第 12 号	・セーフティネットに関しては、規則第 227 条の２第３項第１号ヨに基づく説明及び書面交付において、同項第 12 号に基づき求められる情報提供も合わせてしている場合には、同号に基づき求められる情報提供について、別個に書面交付等により行うことは不要という理解でよいか。	A．理解のとおりです。
Q13.	施行規則 第 227 条の２第３項第 12 号	・規則第 227 条の２第３項第３号に該当する場合には、セーフティネット関連の説明は、適切な方法による説明であればよく、必ずしも書面交付の方法による必要はないとの理解でよいか。 ・規則第 227 条の２第７項第１号に該当する場合には、被保険者に対し、セーフティネット関連の説明は不要との理解でよいか。	A．理解のとおりです。
Q14.	施行規則 第 227 条の２第４項 第 234 条の 21 の２第２項	・規則第 227 条の２第３項第２号および同項第３号に掲げる事項については、情報提供の方法が問われないことから、明示的に電磁的方法による情報提供が認められる事項として本規定に列挙されていないのであり、電磁的方法による情報提供が認められないという趣旨ではないとの理解でよいか。	A．理解のとおりです。
Q15.	施行規則 第 227 条の２第５項	・「当該保険契約者又は当該被保険者に対し、」とあることから、電磁的方法による情報提供を行う場合には被保険者の同意を取得することが求められているが、例えば、被保険者が負担する保険料の額が零である	A．理解のとおりです。

		保険契約等、規則第 227 条の２第７項第１号に基づく被保険者に対する情報提供義務の適用除外に該当する場合には、当該同意の取得は求められないとの理解でよいか。	
Q16.	施行規則 第 227 条の２第７項第１号ハ	・規則第 227 条の２第７項第１号ハに掲げる保険契約に該当することが想定される商品を確認させていただきたい。	A．例えば、お祭りの主催者が参加者に付保する傷害保険等が該当すると考えられます。
②保険募集人に対する体制整備義務に関する質問			
Q17.	施行規則 第 53 条第１項第４号	・「同項に規定する団体保険をいう。以下別表を除き同じ」とあるのは、法第 294 条第１項で定める「団体保険」と現行規則第 59 条の２関係の実務における「団体保険」とで定義が異なることによるものであり、実務上の影響は生じないという理解でよいか。	A．理解のとおりです。
Q18.	施行規則 第 53 条第１項第４号 第 53 条の７	・規則第 53 条第１項第４号および規則第 53 条の７では、保険契約の締結等における情報提供に関し求められる体制整備にどのような違いがあるのか確認させていただきたい。	A． 法第 294 条第１項の情報提供義務を果たすための体制整備については、現時点では、いずれの規定の内容も異ならないと考えます。
Q19.	監督指針 Ⅱ－４－２－９（２）	・顧客情報管理（ＤＭ発送や顧客情報管理に係るシステムメンテナンス等の外部委託先を含む）については、顧客保護の観点から、個人情報の保護に関する法律やその他関連法令等を踏まえた対応を行う必要があるとの理解でよいか。	A．顧客情報管理（外部委託先を含む）については、保険募集人の規模や業務特性に応じた取扱いを求めていますが、個人情報の保護に関する法律等の関係法令等に規定される個人情報が含まれる情報を取り扱う場合には、同法等を遵守する必要があります。
Q20.	施行規則 第 227 条の 11	・「保険募集の業務を第三者に委託する場合には、」とあるが、法第 275 条第３項による保険募集の再委託の原則禁止は前提であるとの理解でよいか。	A．理解のとおりです。 規則第 227 条の 11 に規定する「保険募集の業務」とは、法第 294 条の３に規定する「保険募集の業務」（保険募集の業務に密接に関連する業務を含み

			ます。）である点にご留意下さい（規則第 227 条の７ご参照）。
Q21.	施行規則 第 237 条	・「民間事業者が行う書面の保存等における情報通信の技術の利用に関する法律」第３条、第４条および「内閣府の所管する金融関連法令に係る民間事業者等が行う書面の保存等における情報通信の技術の利用に関する法律施行規則」（以下「情報通信技術利用規則」という。）第３条（別表第一を含む。）、第５条（別表第三を含む。）により、他の法令の規定により書面により作成・保存を行なわなければならないとされているもののうち書面の作成・保存に代えて当該書面に係る電磁的記録による作成・保存が認められるものとして、法第 303 条に基づく書面の作成・保存が掲げられている。 ・したがって、規則第 237 条の２に掲げる事項を記載する法第 303 条に規定する帳簿書類については、情報通信技術利用規則に定める要件を満たす場合には、書面の作成・保存に代えて電磁的記録による作成・保存が認められるとの理解でよいか。	Ａ．理解のとおりです。

以　上

参考資料2

保険募集人の体制整備に関するガイドライン

平成27年12月3日
一般社団法人　生命保険協会

本参考資料は、各協会・各社の責任において制作されているものであり、個々の内容について金融庁が審査・監修を行っているものではないことにご留意願います。

保険募集人の体制整備に関するガイドライン

本ガイドラインは、保険業法等の一部を改正する法律（平成２６年法律第４５号）において規定された「保険募集人の体制整備義務」に関して、会員各社が保険募集人への適切な指導を行う際の参考の用に供するために策定したものである。本ガイドラインは拘束力を有するものではないが、各社においては自己責任に基づく対応を前提に、関連法令等に則り、本ガイドラインの内容も参考にしつつ、保険募集人の規模や業務特性に応じた適切な指導を行うための体制を確保するよう努めることが望ましい。

なお、本ガイドラインに記載されている字義通りの対応でなくても、保険業法や保険会社向けの総合的な監督指針（以下、「監督指針」という。）等の趣旨から合理的かつ同様の効果が認められるのであれば、その対応を妨げるものではない。

平成２７年１２月３日

生命保険協会

制定　平成２７年１１月１２日
改正　平成２７年１２月３日

目次

Ⅰ．総論

１．本ガイドライン策定の目的

昨今では、銀行や来店型ショップ、インターネットによる保険募集が増加しつつあるなど、保険募集チャネルの多様化が進んでいる。また、保険代理店の大型化が進展してきており、保険会社と保険募集人の関係も、大型の乗合代理店と個々の所属保険会社の関係のように、これまで保険業法等が前提としていた、保険会社が保険募集人の業務の全容を把握し管理・指導を行うといったケースに必ずしも当てはまらない事例が増えつつある。

このような募集形態や保険会社と保険募集人の関係の多様化に伴い、保険募集人独自の判断で複数保険会社商品の比較推奨販売を行ったり、募集に関連する業務の一部をアウトソーシングするようなケースも増えつつある。

これらの状況等を踏まえて、保険業法等の一部を改正する法律（平成２６年法律第４５号）においては、保険会社が監督責任を負う従来の募集人規制に加えて、保険募集人に対する積極的な行為義務（情報提供義務、意向把握・確認義務）が導入されるとともに、規模や業務特性に応じた体制整備を義務付ける規制が新たに設けられた。

本ガイドラインは、保険業法等の改正を踏まえて、「保険募集人の体制整備義務」の基本的考え方や留意点について整理し、会員各社が保険募集人に適切な指導を行う際の参考の用に供するために策定するものである。

２．保険募集人の体制整備義務に係る基本的考え方

保険募集人においては、保険募集に関する業務の健全かつ適切な運営を確保するための措置を講じる必要がある。また、監査等を通じて実態等を把握し、不適切と認められる場合には、適切な措置を講じるとともに改善に向けた態勢整備を図る必要がある。

加えて、保険募集人は、自らの規模や業務特性に応じて、保険会社における体制整備に準じた対応を行い、より一層の顧客の信頼を得られるように募集体制等の質の向上に努めていく必要がある。	○「規模や業務特性に応じて」とは、募集形態や保険募集人の人数、組織的な管理体制の有無、収入保険料などから、個別具体的に判断する必要がある。
なお、保険募集人の規模が小規模であったり、取扱商品数が少ない場合でも、最低限必要な体制整備が求められることに留意する。	○生命保険会社の営業職員や保険代理店の使用人等については、基本的には、保険会社や保険代理店の教育・管理・指導に従って（保険会社や保険代理店が作成するマニュアルに沿った業務運営、保険会社や保険代理店が実施する研修への参加等）、適正に業務を実施することで足りる。
Ⅱ．各論 **1．保険募集人の体制整備義務全般** **（１）法令等の遵守等に係る教育・管理・指導** 保険募集人は、保険募集に関する法令等の遵守、保険契約に関する知識の確保、内部事務管理態勢の整備（顧客情報の適正な管理を含む。）等について、社内規則等に定めて、保険募集に従事する役員または使用人の育成、資質の向上を図るための措置を講じるなど、適切な教育・管理・指導を行う必要がある。	○個人代理店や小規模の法人代理店において、独自の社内規則等の策定が難しい場合には、保険会社等のマニュアルやガイドラインを自らの社内規則等と位置付け、使用することも考えられる。その場合、従業員に対して、研修を実施し、または所属保険会社が企画する研修への参加を促す必要がある。なお、当該マニュアル等に記載されていない業務を行う場合には、保険募集人自身が社内規則等を定め、使用人への教育・管理・指導や、監査等を通じた実態把握・改善に向けた取り組みを行う必要がある。
保険募集人における監査体制については、必ずしも独立した内部監査部門による監査が求められるものではないが、保険募集人の規模や業務特性に応じて、十分かつ適切な体制になっている必要がある。	○比較推奨販売を行う乗合代理店については、法令等の遵守を確保する業務に係る責任者として、当該代理店の規模や業務特性に応じて、保険募集に関する法令面・業務面についての知識等を有する人材を配置することが望ましい。また、内部監査部門にも、当該代理店の規模や業務特性に応じて、同様の人材を配置することが望ましい。
保険会社においては、監査等を通じて、保険募集人が自ら策定・整備したマニュアルや研修の内容、実施状況等の確認を適切に行うとともに、保険募集の実態を把握し、適切な保険募集管理態勢を構築する必要がある。	

（２）顧客情報管理 顧客情報管理（外部委託先を含む。）については、保険募集人の規模や業務特性に応じた体制を整備し、個人情報保護法に則って適切に対応する必要がある。 なお、個人である顧客の情報に係る安全管理措置等については、保険募集人の規模や業務特性に関わらず、当該情報の漏えい、滅失またはき損の防止を図るために、保険募集人において以下の措置を講じることが望ましい。 ・金融分野における個人情報保護に関するガイドライン第１０条、第１１条および第１２条の規定に基づく措置 ・金融分野における個人情報保護に関するガイドラインの安全管理措置等についての実務指針Ⅰ、Ⅱ、Ⅲおよび別添２の規定に基づく措置 また、保険募集人が、個人情報を他の所属保険会社の保険募集や兼業部門での営業活動等に利用する場合、目的外利用が行われることがないよう、十分に留意する。	
（３）募集関連行為従事者に係る留意点 保険募集人が募集関連行為を第三者に委託し、またはそれに準じる関係に基づいて行わせる場合の留意点については、「募集関連行為に関するガイドライン」も参照するものとする。	
（４）誤認防止措置（顧客が誤認するおそれがある表示の禁止） 保険募集人は、保険会社のために保険契約の締結の代理または媒介を行う立場を誤認させるような表示を行わないよう留意する。 また、保険募集人は、「所属保険会社の間で公平・中立である」旨の表示の有無に関わらず、保険会社のために保険契約の締結の代理または媒介を行うという自らの立場について明示する必要がある。特に、比較推奨販売を行う乗合代理店においては、自らの立場の表示等を適切に行うための措置を社内規則等に定めたうえで、適切にその実施状況を確認・検証する態勢を構築する必要がある。	○単に「公平・中立」との表示を行った場合には、「所属保険会社と顧客との間で中立である」と顧客が誤認するおそれがあることに留意する。また、「顧客のために保険募集を行う者」「どの保険会社にも属していない」「保険会社から独立した存在である」といった表示についても、顧客が保険募集人の立場を誤認するおそれがあることに留意する。

3

なお、比較推奨販売を行う乗合代理店が自らの立場について表示する場合は、以下の点にも留意することが望ましい。 ・所属保険会社のために保険契約の締結の代理または媒介を行う旨の表示が、その他の表示と比較して著しく小さくなっていないか ・自らの立場の表示の近接する場所に、所属保険会社のために保険契約の締結の代理または媒介を行う旨を表示しているか （注１）「所属保険会社の間で公平・中立である」のような表示は否定されるものではないが、その場合には、商品の絞込みや提示・推奨の基準・理由等として、特定の保険会社との資本関係や手数料の水準その他の事務手続・経営方針などの事情を考慮することがないよう留意する。 （注２）表示内容に関わらず、販売手法、その他の商品説明手法とあいまって、「保険会社と顧客との間で中立である」と誤認させることがないよう留意する。	
２．比較推奨販売（比較説明・推奨販売） **（１）基本的考え方** 乗合代理店においては、以下の点に留意しつつ、比較推奨販売等の業務の健全かつ適切な運営を確保するための措置を講じる必要がある。そのため、保険会社による研修・指導を受けることに加えて、乗合代理店自らが十分かつ適切な体制を整備する必要がある。	○本ガイドライン「Ⅱ．２．比較推奨販売（比較説明・推奨販売）」における「乗合代理店」とは、生保・損保・少短の内訳を問わず、二以上の所属保険会社等を有する保険募集人をいう。例えば、生保専属・損保専属の代理店においても、比較推奨販売を行う場合には、本ガイドラインⅡ．２．に留意した体制を整備する必要がある。 ○インターネットによる保険募集においても、本ガイドラインⅡ．２．を踏まえた適切な比較推奨販売に係る体制を整備する必要がある。 ○乗合代理店において、募集人ごとや組織（支店・営業部等）ごとに所属保険会社の担当を決めているような場合でも、本ガイドラインⅡ．２．を踏まえた適切な比較推奨販売に係る体制を整備する必要がある。

なお、個人代理店や小規模の法人代理店において独自の体制整備が難しい場合でも、比較推奨販売を行うのであれば、法令や監督指針を踏まえて、適切かつ主体的に業務を遂行する体制を整備する必要がある。 　また、比較推奨販売に係る体制整備は、一義的には当該販売方法を用いた保険募集を行う乗合代理店に対して求められるものであるが、保険会社においても、乗合代理店に対する教育・指導・管理のなかで、適切な比較推奨販売を行うよう求めたり、問題があれば改善策を指示することが望ましい。	
（注１）基本的に比較推奨販売を行わない乗合代理店でも、顧客からの求めがあったときに例外的に比較推奨販売を行う場合には、そのために必要な体制を整備する必要がある。 　なお、比較可能な商品の取扱いがない場合にまで、比較推奨販売を行うことを求めるものではない。また、顧客が特定の保険会社・特定の商品を指定し、その範囲内で保険募集が行われている場合には、本ガイドラインⅡ．２．の対象外になる。 （注２）保険業法第９８条第２項に基づく認可を得て、他の保険会社の業務の代理または事務の代行を行う保険会社についても、社内規則で比較可能な他社商品の販売を行わない旨を定めている場合を除いて、本ガイドラインⅡ．２．の対象となり得ることに留意する。 　なお、客観的な基準・理由等に基づくことなく、比較可能な商品のなかから自社の商品のみを顧客に提示・推奨する際には、「その保険会社の営業職員等である」ことが絞込みの理由であると顧客に分かるように説明する必要がある。 （注３）乗換提案時においては、保険業法第３００条第１項第６号および監督指針Ⅱ－４－２－２（９）を踏まえて適切に説明を行う必要がある。 （注４）保険募集人が、特定の商品が顧客にとって明白に最適であると判断したような場合でも、比較推奨販売のプロセスは省略不可であり、本ガイドラインⅡ．２．（３）ア．またはイ．に沿った募集を行う必要がある。	○乗合代理店が、客観的な基準・理由等に基づき１商品に絞り込んで顧客に提示しているケースでも、比較推奨販売に該当することに留意する。

5

（２）比較説明に関する留意点 乗合代理店が自ら提示・推奨する商品の優位性を示すために他の商品との比較を行う場合には、保険業法第３００条第１項第６号に抵触しないよう、当該他の商品についても、その全体像や特性を正確に顧客に示すとともに、自ら提示・推奨する商品の優位性の根拠を説明するなど、顧客が保険契約の内容について正確な判断を行うために必要な事項を包括的に示す必要がある。 （注）比較可能な商品の概要を明示し、求めに応じて内容を説明している場合や、パンフレットを交付・説明するだけの場合は、監督指針Ⅱ－４－２－２（９）における比較表示には該当しないものの、概要明示の際に、実質的に契約内容を比較した場合には、該当することに留意する。	○他の商品との比較を行う場合には、契約概要など、顧客の正確な判断を行うために必要な事項を表示した書面を利用し、保険業法第３００条第１項第６号および監督指針Ⅱ－４－２－２（９）を踏まえて適切に説明を行う必要がある。
乗合代理店は、商品の比較を行うために用いる募集用資料を独自に作成する場合には、十分かつ適切な体制を整備する必要がある。	○乗合代理店が、比較に用いる募集用資料の作成に係る体制を整備するにあたっては、例えば、以下の点に留意する。 ・適正な表示を確保するための社内規則等を定めるとともに、コンプライアンス担当部門によるリーガルチェック等を含めた十分な審査体制が整備されていること ・審査担当部門は、資料の作成部門に対して十分な牽制機能が働くような体制となっていること（両部門を組織的に分離すること等） ・誤記載等の発生、または、これに起因する苦情等があった場合、社内の関連部署や所属保険会社と連携し、解決・改善に向けた適切な対応を行う体制になっていること
体制が整備された乗合代理店が比較に用いる募集用資料を作成した場合でも、保険会社は、監督指針Ⅱ－４－１０（適切な表示の確保）や「生命保険商品の募集用の資料等の審査等の体制に関するガイドライン」（以下、「審査体制ガイドライン」という。）、「生命保険商品に関する適正表示ガイドライン」（以下、「適正表示ガイドライン」という。）に基づき、自社引受商品に係る表示部分の適切性についての審査を省略できないことに留意する。	○体制が整備された乗合代理店が比較に用いる募集用資料を作成した場合、保険会社は、不合理な審査の遅延等が生じないよう留意する。

また、保険会社は、乗合代理店の十分かつ適切な体制整備を確保するため、例えば、以下の点に留意して、適切に指導を行う必要がある。 ・比較に用いる募集用資料を作成する場合には、各種法令等を遵守するほか、審査体制ガイドライン、適正表示ガイドラインも参考にする必要があること。また、不適正な表示が行われた場合、保険業法第３００条第１項第６号に抵触するおそれがあること ・比較に用いる募集用資料を乗合代理店が独自に作成・使用する場合には、所属保険会社における審査・承認を経る必要があり、また、所属保険会社が審査・承認する内容は、自社引受商品に係る表示部分に限定されること ・各保険会社の審査・承認を経た場合でも、募集用資料全体に係る表示の適切性や使用に係る責任は、作成主体である乗合代理店が負うこと	
（３）推奨販売に関する留意点 **ア．顧客の意向に沿って商品を選別し、商品を推奨する場合** **①比較可能な商品の概要明示** 乗合代理店は、取り扱う商品のなかから、顧客の意向に基づき比較可能な商品の概要を明示し、顧客の求めに応じて商品内容を説明する必要がある。 なお、保険募集人が把握した顧客の意向に基づき、保障内容などの商品特性等に基づく客観的な商品の絞込みを行った場合には、当該絞込み後の商品の概要を明示することで足りる。	○顧客の求めに応じていつでも全商品の提示が可能である旨を明示する場合でも、比較可能な商品の概要明示の代替手段とはならないことに留意する。
また、ある商品が比較可能な商品に該当するかどうかは、顧客の具体的な意向、カバーするリスクの種類および保険給付の内容、商品の特性・類型等を踏まえつつ、個別具体的かつ実質的に判断する必要がある。	○個別具体的な事例に即して判断する必要があるものの、比較推奨販売を適切に行ったうえで保険契約の申込みに至り、申込後に、結果として他の商品も比較可能になった場合（例えば、引受基準緩和型ではない医療保険に保険料割増の条件が付加された結果、引受基準緩和型医療保険が比較可能な商品となった場合など）でも、比較可能な商品の概要明示等の不履行とはみなされない。

（注１）顧客の意向に沿って比較可能な商品を絞り込んだ場合、その絞込みの基準・理由等を分かりやすく説明する必要がある。ただし、既に概要を明示した商品について、さらなる顧客の意向に基づいて絞込みを行った場合は、改めての概要明示は求められない。なお、「取り扱う商品」とは、保険会社から販売を委託された商品を指すが、例えば、社内規則において、店舗ごとに取り扱う商品を決めている場合には、その範囲内となる。その場合、他店舗では異なる商品を取り扱っていることを説明する必要がある。	○例えば、「医療保険に加入したい」という顧客の意向が示された後、追加的に明らかになった顧客の意向（保険料重視なのか保障内容重視なのか等）に沿って更なる絞込みを行うケースにおいては、必ずしも取り扱う全ての医療保険の概要を明示する必要はなく、当該絞込み後の商品について概要を明示することで足りる。
（注２）比較可能な商品の概要明示にあたっては、「商品名・引受保険会社名」が記載された一覧のみでは不十分であり、商品案内パンフレットにおける商品概要のページ等を用いて、商品内容の全体像が理解できる程度の情報を明示する必要がある。	○比較可能な商品の概要明示について、他の書面と一体の書面を用いて行うことも認められる。 ○銀行等の保険募集指針において求められる情報の提供については、必ずしも、商品の概要明示にはあたらないことに留意する。 ○商品の概要明示に用いる資料の例としては、別 紙（概要明示用資料イメージ）を参照するものとする。なお、別 紙は、保険業法第３００条第１項第６号および監督指針Ⅱ－４－２－２（９）③に照らして、他の商品との比較を行う場合の要件を満たしていないことに留意する。 ○別 紙の「基本記載項目」以外の項目のうち、保険料、解約返戻金・解約返戻率、配当額等については、適正表示ガイドラインや法令・監督指針も踏まえて、例えば、特定加入条件の下で適用される数値に関して実際よりも著しく優良・有利であるとの誤認を与える表示とならないよう、十分に留意する。
（注３）乗合代理店が比較推奨販売を行う際に、販売態勢が整っていない新商品の提示まで求められるものではないが、例えば、顧客からの照会等があった場合には、当該商品を提示しない理由を説明することが望ましい。	

②**提示・推奨理由の説明** 乗合代理店が特定の商品を提示・推奨する際には、顧客に対してその理由を分かりやすく説明する必要がある。 特に、顧客の意向に合致する商品のうち、保険募集人の判断によってさらに絞込みを行ったうえで商品を提示・推奨する場合には、商品特性や保険料水準などの客観的な基準・理由等を説明する必要がある。 （注）比較可能な商品の概要明示を行った後、保険募集人の判断による絞込みを行わず、顧客の判断のみによって加入する商品が特定された場合には、提示・推奨理由の説明は求められない。	○同じ乗合代理店に所属する複数の保険募集人が、本ガイドラインⅡ．２．に沿った適切な絞込みを行ったうえで、異なる商品を提示・推奨することも否定されない。
特定の商品を提示・推奨する基準・理由等が複数ある場合には、その主たるものを説明する必要がある。	
また、形式的には客観的な基準・理由等に基づく商品の絞込みや提示・推奨を装いながら、実質的には、例えば乗合代理店が受け取る手数料水準の高い商品に誘導するために商品の絞込みや提示・推奨を行うことがないよう留意する。	○乗合代理店が受け取る手数料については、名目上の「募集手数料」だけでなく、保険会社から支払われる報酬、その他の対価も該当し得るため、個別具体的な事例に即して、該当するかどうかを判断する必要がある。 ○例えば、「人気ランキング」や「資料請求件数ランキング」を謳いつつ、実際には、乗合代理店が受け取る手数料水準の高い商品に誘導するような仕組みとならないよう留意する。
(注)乗合代理店が特定の商品を提示・推奨する基準や理由等は、当該代理店が定めるものであり、所属募集人ごと各々の事情に応じた基準・理由等による提示・推奨が許容されるものではない。	
③**比較可能な商品の範囲の誤認防止措置** 乗合代理店は、取り扱う商品全体または特定商品分野内における実際の取扱商品数よりも多くの商品から選択できるかのような表示を行わないなど、比較可能な商品の範囲について顧客に誤認を与えないための措置を講じることが望ましい。	○例えば、特定の保険種類について取り扱う商品が１商品のみである乗合代理店は、取り扱う全ての保険種類で「複数」の保険会社の商品のなかから選択できるとの誤認を与えるような表示を行わないことが望ましい。

イ．客観的な基準・理由等に基づくことなく特定商品の提示・推奨を行う場合 乗合代理店が、商品特性や保険料水準などの客観的な基準・理由等に基づくことなく、商品を絞込みまたは特定の商品を提示・推奨することも否定されない。ただし、その場合には、合理的な基準・理由等（特定の保険会社との資本関係やその他の事務手続・経営方針上の理由を含む。）を顧客に分かりやすく説明する必要がある。 （注１）基準・理由等が複数ある場合には、その主たるものを分かりやすく説明する必要がある。	○例えば、特定の保険会社の系列代理店において、特定の保険会社の商品を提示・推奨する場合には、当該代理店が系列代理店である旨を説明することで足りる。また、当該代理店、その親会社、系列会社等が特定の保険会社の主要株主である場合等についても、その事実を説明することで足りる。 ○他に比較可能な商品があるにも関わらず、取扱商品一覧等にあらかじめ選定した特定の商品群を記載する場合には、その選定理由等を適切に説明する必要がある。そのうえで、顧客の意向に基づき絞込みを行った場合には、本ガイドラインⅡ．２．（３）ア．①および②に基づいて概要を明示し、提示・推奨の基準・理由等を説明する必要がある。 ○例えば、本ガイドラインⅡ．２．（３）イ．に沿って一定数まで商品を絞り込んだ後に、本ガイドラインⅡ．２．（３）ア．に沿って顧客の意向および客観的な基準・理由等に基づく絞込みを行い特定の商品を提示・推奨する場合、本ガイドラインⅡ．２．（３）イ．の方法による絞込み後の商品の概要を明示することで足りる。 ○本ガイドラインⅡ．２．（３）イ．に沿って商品を提示・推奨する場合、その基準・理由等が合理的であれば、乗合代理店の店舗や保険募集人ごとに異なることも許容され得る。その場合、店舗や保険募集人ごとの基準・理由等を顧客に分かりやすく説明することに加えて、例えば当該代理店として提示・推奨する商品の範囲を示すなど、顧客の商品選定機会を確保する必要がある。また、当該代理店においては、合理的な基準・理由等の設定、顧客への適切な説明等について、所属する保険募集人に対して教育・管理・指導を行うとともに、実施状況等を確認・検証する必要がある。 ○例えば、主たる理由が手数料水準である場合には、そのことを説明する必要がある。なお、主たる理由が手数料水準であるかどうかは、実態に即して、個別具体的に判断する必要がある。

（注２）「所属保険会社間で公平・中立である」ことを表示する場合には、商品の絞込みや提示・推奨の基準・理由等として、特定の保険会社との資本関係や手数料の水準その他の事務手続・経営方針などの事情を考慮することがないよう留意する。

（４）社内規則等の策定

乗合代理店は、比較推奨販売を適切に行うための措置について、社内規則等において定めたうえで、適切にその実施状況を確認・検証する態勢を構築する必要がある。

（注）乗合代理店は、比較推奨販売に係る実施状況の適切性を確認・検証し、必要に応じて改善することが重要であり、適切性の確認・検証に資する記録や証跡等を代理店自身が保存する必要がある。

なお、乗合代理店は、比較推奨販売の手法に応じて、社内規則等に以下のａ．～ｃ．に掲げる事項を定める必要がある。

また、社内規則等に定めた以下のａ．～ｃ．に掲げる事項や代理店の立場等について、書面による交付または説明、店頭への掲示、ホームページの活用等により顧客に周知することも考えられる。

ａ．比較可能な商品の概要明示を行ったうえで、客観的な基準・理由等に基づき商品の絞込みまたは特定商品の提示・推奨を行う場合は、その方針、基準・理由等

ｂ．客観的な基準・理由等に基づくことなく商品の絞込みまたは特定商品の提示・推奨を行う場合は、特定の保険会社との資本関係やその他の事務手続・経営方針上の理由などの合理的な基準・理由等

ｃ．基本的には比較推奨販売を行わないものの、顧客の求めに応じて例外的に比較推奨販売を行うことがある場合は、その旨

3．商号等の使用許諾 保険募集人が他人（他の保険募集人を含む。）に対して商号等の使用を許諾している場合には、両者が異なる主体であることや保険商品の品揃えの相違点を説明するなど、当該他人が当該保険募集人と同一の事業を行うものと顧客に誤認させないための適切な措置を講じる必要がある。 （注）商号等の使用を他人に対して許諾した保険募集人は、当該他人が顧客の誤認防止のための適切な措置を講じているかを確認し、措置が不十分な場合には適切な対応を求める必要がある（最終的には、当該他人に対する商号等の使用の許諾を適切に終了させる措置を含む。）。	
4．保険募集人指導事業（フランチャイズ事業等） **（1）フランチャイザーにおける体制整備** 保険募集人指導事業（フランチャイズ事業等）を行う保険募集人（以下、「フランチャイザー」という。）については、通常の保険募集人としての体制整備に加えて、以下の体制を整備する必要がある。	○フランチャイザー・フランチャイジーともに、公正取引委員会の「フランチャイズ・システムに関する独占禁止法上の考え方について」等に十分留意した業務運営を行うことが望ましい。 ○例えば、担当所管を明確にし、担当部署に一定の知識・経験を有する者を配置するなど、適切に教育・管理・指導を行う態勢を構築する必要がある。
（注１）保険募集人における保険募集の業務のあり方を規定しないコンサルティング等の業務については、その名称に関わらず、保険募集人指導事業に該当しないことに留意する。	○「コンサルティング」とは、例えば、店舗レイアウトなどに係るコンサルティングのみを行う場合等が考えられる。
（注２）保険会社との委託契約や保険会社の指示に基づき統括代理店が被統括代理店に行う教育・管理・指導（いわゆる三者間スキーム）については、屋号を共通して使用する場合など、「保険募集人指導事業」に該当し得ることに留意する。ただし、その場合であっても、保険募集人指導事業とは目的や内容等が異なることから、必ずしも本ガイドラインⅡ．４．に規定する措置を一律に講じる必要はない。	

ア．　指導対象保険募集人への指導等 指導対象保険募集人（以下、「フランチャイジー」という。）における保険募集の業務について、適切に教育・管理・指導を行う態勢を構築し、必要に応じて改善等を求めるなどの措置を講じる必要がある。	
イ．実施方針の策定等 フランチャイジーに対する指導について実施方針を策定するとともに、フランチャイジーと適切なフランチャイズ契約を締結する必要がある。 実施方針については、フランチャイズを行う上での留意事項（業務の方法・条件等）を記載する必要があり、また、実施方針を社内規則等に定めるとともに、保険会社に実施状況を報告することが望ましい。 なお、フランチャイジーにおいては、フランチャイザーが策定する実施方針に則して、適切な保険募集を行う体制を整備する必要がある。	○フランチャイザーとフランチャイジー間で所属保険会社が異なる場合は、顧客の誤認等を防止する観点から、フランチャイズ契約において、例えば、以下の項目を定めることが望ましい。 ・フランチャイザーとフランチャイジーで取り扱う商品が異なる場合には、フランチャイジーはその旨を顧客に説明すること ・フランチャイジーが法人である場合、フランチャイジーはフランチャイザーと別法人である旨を顧客に説明すること
（２）保険会社が行うべき教育・管理・指導 フランチャイザーがフランチャイジーを指導することによって、保険会社によるフランチャイジーへの教育・管理・指導の責任が免除されるものではない。保険会社から保険募集人への直接の教育・管理・指導は不可欠であり、保険会社においては、フランチャイザーが行う教育・管理・指導とあいまって、適切な保険募集を行わせる態勢を構築する必要がある。 また、保険会社においては、保険募集人に教育・指導・管理を行うなかで、適切な保険募集人指導事業を行うことを求めたり、不適切な事象が判明した場合は改善に向けた取組み等を求めることが望ましい。	

（注）本来フランチャイジーがフランチャイザーに支払うべき金銭（商標使用料、コンサルティング料等）をフランチャイジーの所属保険会社が支払うケースについては、何らの名義を問わず対価性が無い支払いと判断されるおそれがあることに留意する。

5．意向の把握・確認義務

保険会社および保険募集人においては、顧客の意向の把握等に関して、申込みを行おうとする商品が顧客の意向に合致した内容であることを顧客が確認する機会を確保し、顧客が保険商品を適切に選択・購入することを可能とするため、そのプロセス等を社内規則等で定めて、所属する保険募集人に適切な教育・管理・指導を行うとともに、以下のような体制を整備する必要がある。

○保険会社および保険募集人においては、例えば、意向把握・確認に係るプロセス等の有効性や苦情の発生状況を定期的に検証しながら、社内規則等や教育・管理・指導の実施内容について必要に応じて改善していくことが考えられる。

○乗合代理店が意向把握・確認の主体である場合、保険会社は、適切な監査等に加えて、申込みのあった自社商品に係る意向把握・確認が適切であるかを確認することで足りる。

（1）意向把握に係る体制整備

保険会社または保険募集人のいずれか、または双方において、意向把握に係る業務の適切な遂行を確認できる措置を講じる必要がある。そのため、例えば、適切な方法により、保険募集のプロセスに応じて、意向把握に用いた帳票等（例えば、アンケートや設計書等）であって、監督指針Ⅱ－４－２－２（３）①ア．からウ．に規定する顧客の最終的な意向と比較した顧客の意向に係るものおよび最終的な意向に係るものを保存するなどの措置を講じる必要がある。

○意向把握書面と意向確認書面は、それぞれが分離して記載されている形を前提に、同一書面とすることも許容される。

○複数の保険募集人が共同して保険募集を行う場合、意向把握に用いた帳票等の保存は、複数のうち一人の保険募集人が行うことも認められる。

○保険募集人が意向把握に用いた帳票等を保存する場合、保険会社による保存までは求められないが、保険会社は保険募集人に対して適切に保存を行うよう求めるなどの態勢を整備する必要がある。一方で、保険会社が保存する場合、保険募集人による保存までは求められないが、乗合代理店については、複数保険会社の商品を取り扱うことを踏まえて、原則として、当該代理店において保存することが望ましい。なお、意向把握に際して、募集過程で作成された帳票等全てを保存する必要はない。

	○当初の把握意向をその時点で帳票等にしておく必要はないが、最終的には帳票等で保存（電子媒体による保存を含む。）するなどの措置を講じる必要がある。
（注１）　顧客の意向に関する情報の収集や提供等に際しては、個人情報保護法（利用目的の明示や第三者提供に係る同意等）や銀行等の窓口販売における弊害防止措置などの関係法令等を遵守する必要がある。 （注２）意向把握に用いた帳票等については、保険契約締結日から、保険会社または保険募集人が事後的に検証するために適当と考える期間保存する必要がある。	○監督指針Ⅱ－４－２－２（３）①イ．の方法で設計書を用いて意向把握を行う場合、当該設計書自体についても一定期間保存する必要がある。 ○成約に至らなかった顧客の意向把握に用いた帳票等の保存は、法令上求められるものではないが、個人情報保護法にも十分留意しつつ、事後的な検証・改善を図る観点から、不成立となった意向把握に用いた帳票等の一部を保険会社または保険募集人が適当と考える期間残すことも考えられる。
（２）意向確認に係る体制整備 保険会社または保険募集人は、契約の申込みを行おうとする保険商品が顧客の意向に合致した内容であることを顧客が確認する機会を確保し、顧客が保険商品を適切に選択・購入することを可能とするため、適切な遂行を確認できる措置を講じる必要がある。	○監督指針Ⅱ－４－２－２（３）①ア．からウ．またはこれと同等の方法を用いる場合に具体的に必要となる措置は、監督指針Ⅱ－４－２－２（３）④イ．（ア）～（サ）を参照する必要がある。
６．その他 上記以外の保険募集管理態勢についても、保険募集人の規模や業務特性に応じて、保険会社に準じた体制を整備する必要がある。 保険募集人の体制整備の状況に問題があると認められるときは、必要に応じて保険業法第３０５　条に基づき報告を求められ、重大な問題があると認められる場合には、同法第３０６条または同法第３０７条第１項に基づき行政処分が行われることに留意する。	○保険募集人が業務の外部委託を行う場合、委託する業務の内容・範囲によるものの、個人代理店や小規模の法人代理店であっても、適正な業務遂行が見込める委託先の選定・管理を行う必要がある。

別　紙

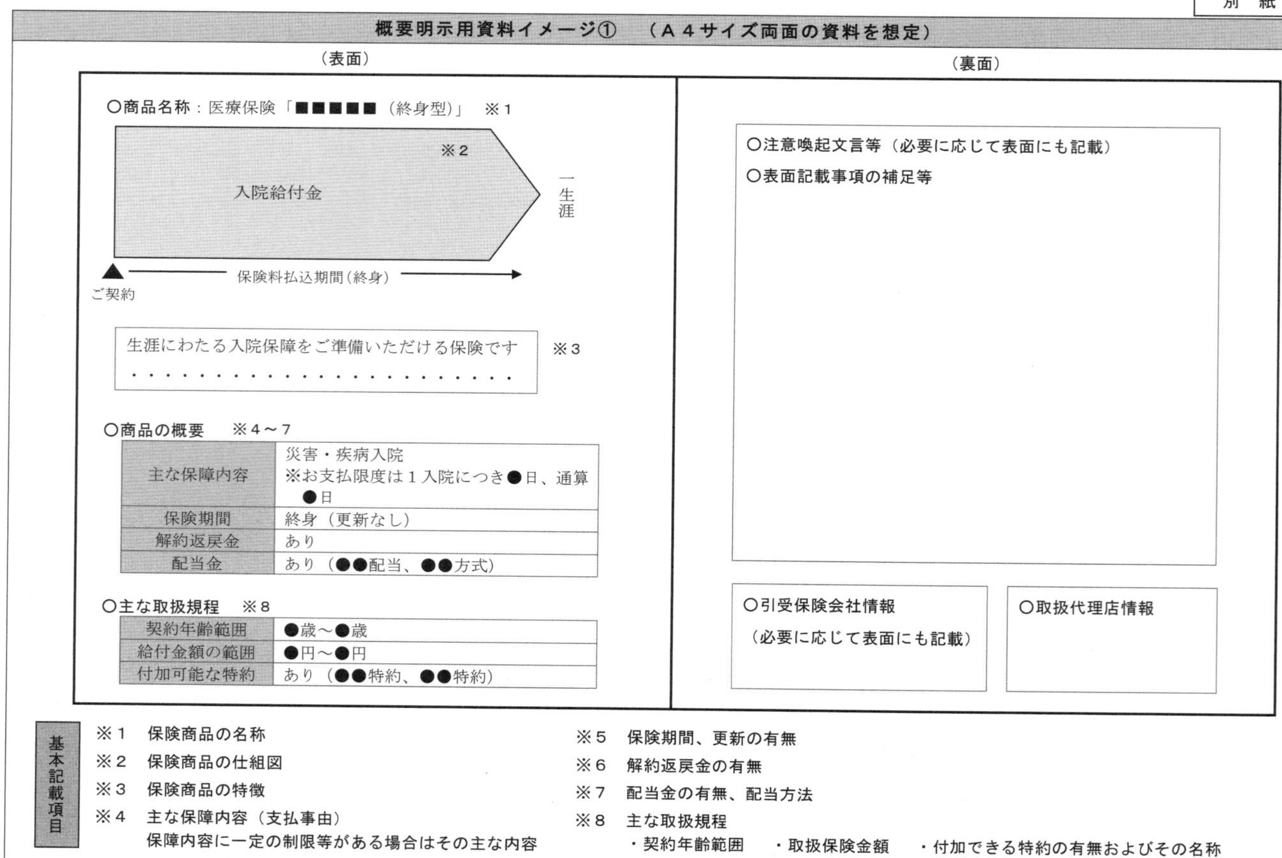

概要明示用資料イメージ①　（Ａ４サイズ両面の資料を想定）

（表面）

○**商品名称**：医療保険「■■■■■（終身型）」　※１

生涯にわたる入院保障をご準備いただける保険です　※３
・・・・・・・・・・・・・・・・・・・・・・・

○**商品の概要**　※４～７

主な保障内容	災害・疾病入院 ※お支払限度は１入院につき●日、通算●日
保険期間	終身（更新なし）
解約返戻金	あり
配当金	あり（●●配当、●●方式）

○**主な取扱規程**　※８

契約年齢範囲	●歳～●歳
給付金額の範囲	●円～●円
付加可能な特約	あり（●●特約、●●特約）

（裏面）

○注意喚起文言等（必要に応じて表面にも記載）
○表面記載事項の補足等

○引受保険会社情報
（必要に応じて表面にも記載）

○取扱代理店情報

基本記載項目

※１　保険商品の名称
※２　保険商品の仕組図
※３　保険商品の特徴
※４　主な保障内容（支払事由）
　　保障内容に一定の制限等がある場合はその主な内容
※５　保険期間、更新の有無
※６　解約返戻金の有無
※７　配当金の有無、配当方法
※８　主な取扱規程
　・契約年齢範囲　・取扱保険金額　・付加できる特約の有無およびその名称

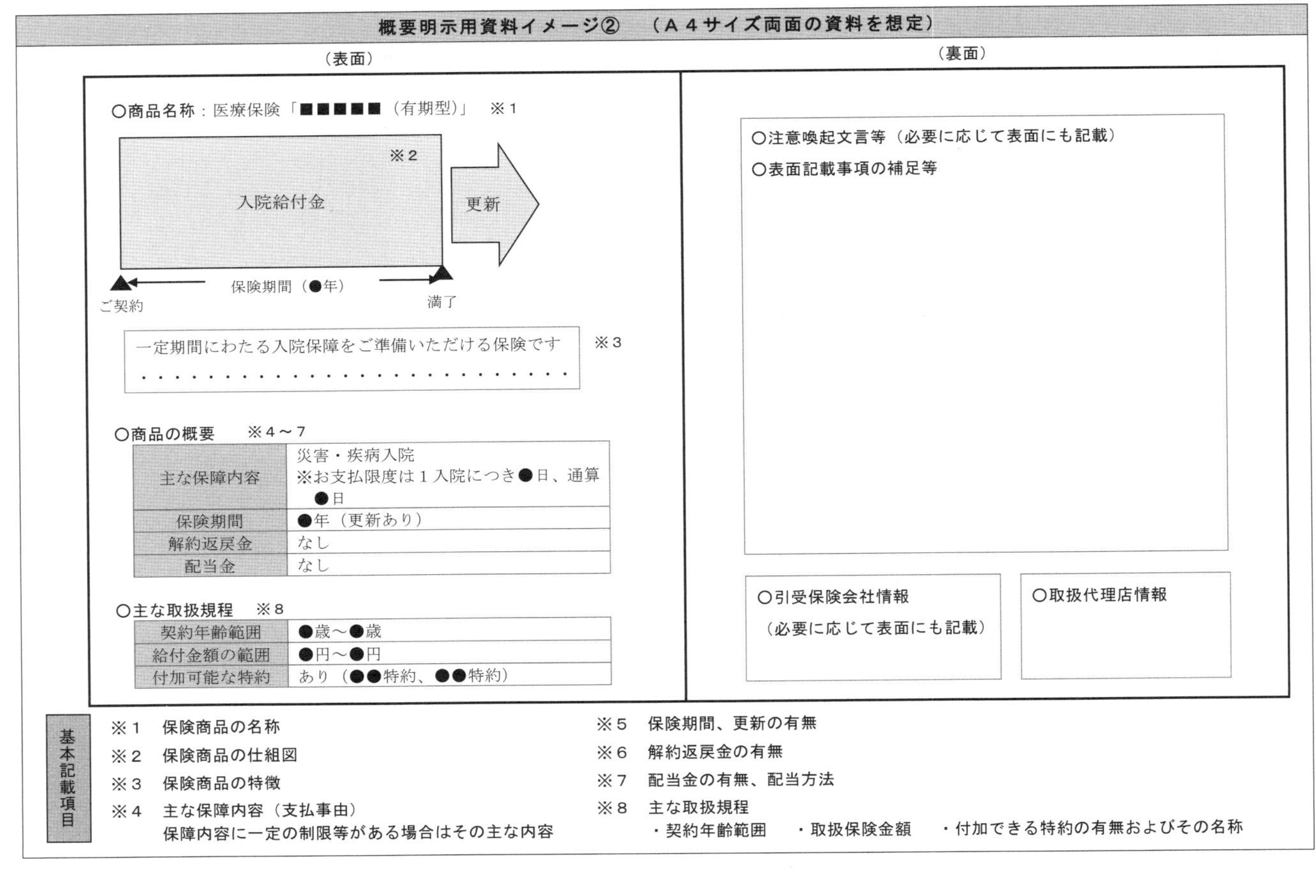

概要明示用資料イメージ②　（Ａ４サイズ両面の資料を想定）

（表面）

○商品名称：医療保険「■■■■■（有期型）」　※１

一定期間にわたる入院保障をご準備いただける保険です　※３
・・・・・・・・・・・・・・・・・・・・・・・・・・

○商品の概要　※４～７

主な保障内容	災害・疾病入院 ※お支払限度は１入院につき●日、通算●日
保険期間	●年（更新あり）
解約返戻金	なし
配当金	なし

○主な取扱規程　※８

契約年齢範囲	●歳～●歳
給付金額の範囲	●円～●円
付加可能な特約	あり（●●特約、●●特約）

（裏面）

○注意喚起文言等（必要に応じて表面にも記載）
○表面記載事項の補足等

○引受保険会社情報
（必要に応じて表面にも記載）

○取扱代理店情報

基本記載項目

※１　保険商品の名称
※２　保険商品の仕組図
※３　保険商品の特徴
※４　主な保障内容（支払事由）
保障内容に一定の制限等がある場合はその主な内容
※５　保険期間、更新の有無
※６　解約返戻金の有無
※７　配当金の有無、配当方法
※８　主な取扱規程
・契約年齢範囲　・取扱保険金額　・付加できる特約の有無およびその名称

17

参考資料3

募集関連行為に関するガイドライン

平成27年12月3日
一般社団法人　生命保険協会

本参考資料は、各協会・各社の責任において制作されているものであり、個々の内容について金融庁が審査・監修を行っているものではないことにご留意願います。

募集関連行為に関するガイドライン

本ガイドラインは、保険会社向けの総合的な監督指針（以下、「監督指針」という。）の一部改正に伴い規定された「募集関連行為」に関して、会員各社が保険募集人・募集関連行為従事者への適切な指導を行う際の参考の用に供するために策定したものである。本ガイドラインは拘束力を有するものではないが、各社においては自己責任に基づく対応を前提に、関連法令等に則り、本ガイドラインの内容も参考にしつつ、保険募集人の規模や業務特性に応じた適切な指導を行うための体制を確保するよう努めることが望ましい。

なお、本ガイドラインに記載されている字義通りの対応でなくても、保険業法や監督指針等の趣旨から合理的かつ同様の効果が認められるのであれば、その対応を妨げるものではない。

平成２７年１２月３日

生命保険協会

制定　平成２７年１２月３日

目次

1．本ガイドラインの策定の目的

保険代理店の大型化や保険募集チャネルの多様化が進むなかで、いわゆる比較サイトや紹介行為のように、契約見込客の発掘から契約成立に至るまでの広い意味での保険募集プロセスのうち、必ずしも保険募集に該当しない行為について、保険募集人以外の者が行うケースが増加している。

○「保険募集」に該当する行為については、別 紙（監督指針Ⅱ－４－２－１（１）保険募集の意義）を参照する。

このような広義の募集プロセスのうち保険募集に該当しない行為（以下、「募集関連行為」という。）については、直ちに募集規制が適用されるものではないものの、保険契約者等の保護の観点から、保険会社または保険募集人においては、募集関連行為を第三者に委託し、またはそれに準じる関係に基づいて行わせる場合には、当該募集関連行為を受託した第三者（以下、「募集関連行為従事者」という。）が不適切な行為を行わないよう、留意する必要がある。

○「第三者に委託し、またはそれに準じる関係に基づいて行わせる場合」とは、委託の名称の如何によるものではなく、第三者に行わせる根拠や第三者が行う行為の内容、その行為に対する報酬の水準等を考慮したうえで両者の関係性を判断する必要がある。例えば、第三者から、契約見込客の情報として定期的に名簿等を購入しているケースについては、個別具体的に判断されるものの、委託と同等の行為に該当し得ることに留意する。

○「それに準じる関係」とは、例えば、両者が一定の関係のもとにおいて指図を受ける関係（親会社・子会社の関係等）などが考えられる。なお、紹介料その他の報酬（金銭等）を支払わないことのみをもって、「それに準じる関係」に該当しないと直ちに判断できるものではないことに留意する。

本ガイドラインは、募集関連行為を第三者に委託する場合の基本的考え方や留意点について整理し、会員各社が保険募集人・募集関連行為従事者に適切な指導を行う際の参考の用に供するために策定するものである。

2．募集関連行為に係る基本的考え方

募集関連行為とは、契約見込客の発掘から契約成立に至るまでの広い意味での保険募集プロセスのうち監督指針Ⅱ－４－２－１（１）に照らして保険募集に該当しない行為をいい、例えば、保険商品の推奨・説明を行わず契約見込客の情報を保険会社または保険募集人に提供するだけの行為や、商品情報の提供を主たる目的としたサービス（以下、「比較サイト等」という。）のうち保険会社または保険募集人からの情報を転載するにとどまるものが考えられる。

○「比較サイト」とは、例えば、保障内容や保険料等に係る希望の条件を入力すると、それら条件に基づいた複数の保険会社の商品の比較内容が表示されるインターネットサイト等をいう。

（注）上記のような行為でも、保険募集人が行う場合は、募集行為と一体性・連続性を推測させることから、保険募集に該当し得ることに留意する。	○一連の保険募集プロセスを複数の保険募集人が役割分担し、一方の保険募集人が、当該プロセスの当初の段階で「家計の見直し相談」「ライフプランニング」等を行い、その後、もう一方の保険募集人が継続して募集行為を行う場合については、個別具体的に判断されるものの、両保険募集人の行為はいずれも保険募集に該当し得ることに留意する。 ○保険に関する相談がある顧客または見込客を、営業店の保険募集人が、より保険の専門的知識がある本部所属の保険担当者へ取り次ぐ（トスアップ）場合については、本部における募集行為が、営業店における行為と一連のものとして行われているのであれば、営業店における行為も保険募集に該当し得ることに留意する。
ただし、例えば、以下の行為については、保険募集に該当し得ることに留意する。 ・業として特定の保険会社の商品（群）のみを見込客に対して積極的に紹介して、保険会社または保険募集人などから報酬を得る行為 ・比較サイト等を運営する者が、保険会社または保険募集人などから報酬を得て、具体的な保険商品の推奨・説明を行う行為	○「報酬」には、いかなる体系の報酬でも含まれ得るものと考えられ、例えば、使途や換金性が限定されている金券や物品類等の社会通念上妥当なお礼の提供にとどまるものなど、報酬を金銭以外で受け取る場合でも、その実態の経済的な価値や目的等に照らして、総合的に判断する必要がある。また、保険会社または保険募集人以外の第三者を経由して支払われる報酬についても含まれることに留意する。 ○比較サイト等に商品情報を掲載したうえで、保険募集人等のサイトに遷移する仕組みを構築して報酬を得る行為については、報酬の多寡や当該サイトの画面構成、具体的な表示内容等を踏まえたうえで、保険募集に該当し得るか、総合的に判断する必要がある。 ○一連の行為のなかで、特定の保険会社や保険商品を推奨する意味合いで保険会社名等を告げる行為についても、「具体的な保険商品の推奨・説明を行う行為」に該当し得ることに留意する。

	○例えば、税理士、社会保険労務士、ファイナンシャル・プランナーおよびその事務所に勤める職員などが、その顧客や従業員に保険加入を勧め、特定の保険募集人を紹介して、加入実績に応じた報酬を得るなどの行為については、具体的な保険商品の推奨・説明を行っているか否かを判断したうえで、報酬額の水準や商品の推奨・説明の程度などから、保険募集に該当し得るか、総合的に判断する必要がある。
<u>３．募集関連行為を第三者に委託する場合の留意点</u> 保険募集人は、募集関連行為を第三者に委託し、またはそれに準じる関係に基づいて行わせる場合には、当該募集関連行為を受託した第三者（募集関連行為従事者）が不適切な行為を行わないよう、保険会社の指導も踏まえつつ、保険募集人の規模や業務特性に応じた適切な委託先管理等を行う必要がある。 （注）保険募集人が保険募集業務そのものを外部委託することは、保険業法第２７５条第３項に規定する保険募集の再委託に該当するため、原則として許容されないことに留意する。 保険会社においては、保険募集人が募集関連行為を第三者に委託し、またはそれに準じる関係に基づいて行わせている場合には、本ガイドライン３．（１）～（５）を踏まえて、保険募集人がその規模や業務特性に応じた適切な委託先管理等を行うよう指導する必要がある。 また、保険会社自身が募集関連行為を第三者に委託し、またはそれに準じる関係に基づいて行わせる場合にも、本ガイドラインの内容を踏まえて、特に本ガイドライン「３．（２）募集規制の潜脱等」には留意しつつ、適切な委託先管理等を行う必要がある。 さらに、保険会社においては、法人等に対して、紹介代理店委託を行うなどにより、紹介料等の名目で対価性のない金銭の支払いその他便宜供与を行っていないか留意する。	○小規模な保険代理店でも、募集関連行為の内容・範囲等に応じた適切な委託先管理を行う必要がある。 ○募集関連行為従事者が個人であるか法人であるかのみをもって、求められる対応に差異を設けるものではないことに留意する。

<table>
<tr>
<td>（１）委託先の選定・管理
保険募集人は、保険募集人の規模や業務特性に応じて、適正な業務遂行が見込める委託先を選定するとともに、委託先との間で、関係諸法令を踏まえた適切な態勢整備等を確約する旨の契約を締結する必要がある。</td>
<td>○委託先の選定にあたっては、委託業務の内容等に応じて、例えば、以下の点に留意することが望ましい。
・委託先について、委託契約に沿ったサービス等の提供や損害等の負担が確保できる財務・経営内容となっているか、保険募集人のレピュテーション等の観点から問題はないか
・委託業務を保険募集人自身が行った場合に課せられる法令上の義務等の履行に支障が生じる外部委託となっていないか
・委託先における目的外使用の禁止も含めて、顧客等に関する情報管理が整備されており、委託先に守秘義務が課せられているか
・クレーム等について顧客から保険募集人への直接の連絡体制を設けるなど、適切な苦情相談態勢が整備されているか
・委託業務の履行状況等に関して、委託先から保険募集人への定期的なレポートに加えて、必要に応じて適切な情報が迅速に得られる態勢となっているか

○委託契約の締結にあたっては、委託業務の内容等に応じて、例えば、以下の項目について明確に示されていることが望ましい。
・提供されるサービスの内容およびレベルならびに解約等の手続き
・委託契約に沿ってサービスが提供されない場合における委託先の責務。委託に関連して発生するおそれがある損害の負担の関係（必要に応じて担保提供等の損害負担の履行確保等の対応を含む。）
・保険募集人が、委託業務およびそれに関する委託先の経営状況に関して委託先より受ける報告の内容
・金融当局の保険募集人に対する検査・監督上の要請に沿って対応を行う際の取り決め
・その他、本ガイドラインの記載内容や委託業務の内容等に応じた事項</td>
</tr>
<tr>
<td>保険募集人は、適正な業務遂行の実効性を確保するため、例えば、保険募集人の規模や業務特性に応じて、外部に委託した募集関連行為についても監査の対象とするなど、継続的な管理・モニタリング等を行う必要がある。</td>
<td>○委託先の管理・モニタリング等を行うにあたっては、委託業務に関する管理者の設置、モニタリング、検証態勢等の社内管理態勢が整備されていることが望ましい。</td>
</tr>
</table>

	○保険募集人は、委託契約に沿ったサービスの提供が行われない場合にも、保険募集人の業務に大きな支障が生じないよう対応を検討していることが望ましい。
（２）募集規制の潜脱等 　保険募集人は、募集関連行為従事者が、保険募集に該当する行為や、特別利益の提供等の募集規制の潜脱につながるような不適切な行為を行わないよう、例えば、委託先における募集関連行為の実施状況について、委託時のみならず定期的に確認し、必要に応じて当該実施状況の改善を求めるなど、適切な委託先管理等を行う必要がある。	○募集関連行為従事者が、自らの負担によって自らのビジネスのために行う利益提供でも、特別利益の提供（保険業法第３００条第１項第５号）に該当し得ることに留意する。 ○例えば、以下のケースについては、募集規制の潜脱につながる行為に該当し得ることに留意する。 ・保険業法第３００条、保険業法施行規則第２３４条に関連して、法人である保険募集人が、自らが募集できない分野の保険商品について、外部の保険代理店等に自社の従業員等を紹介し、紹介手数料等の対価を得るようなケース（報酬の名目が異なるケースも含む。） ・保険業法施行規則２１２条等に関連して、銀行等の保険募集人が外部の保険代理店等に融資先企業の従業員等を紹介し、紹介手数料等の対価を得るようなケース（報酬の名目が異なるケースも含む。） ・保険業法第２８２条等に関連して、保険募集人が、状況に応じて保険募集人と募集規制が適用されない募集関連行為従事者の立場を使い分けるようなケース ○募集関連行為従事者が契約見込客の既加入の保険商品について言及する場合には、保険募集人が募集行為を行う際に顧客の正しい商品理解を妨げるおそれがある行為とならないよう留意する。なお、顧客の正しい商品理解を妨げるおそれがある行為等を行っていた場合には、保険業法第３００条違反等にもつながる場合があると考えられる。

（３）比較サイト等の委託 保険募集人は、比較サイト等を運営する募集関連行為従事者が、誤った商品説明や特定の商品に対する不適切な評価など、保険募集人が保険募集を行う際に顧客の正しい商品理解を妨げるおそれがあるような不適切な行為を行わないよう、適切な委託先管理等を行う必要がある。	○比較サイト等を運営する第三者に募集関連行為を委託するにあたっては、以下の措置を講じることが望ましい。 ・委託先が行う表示について、保険募集に該当しないようにするなど、適切性を確保するための措置 ・委託先が不適切な表示を行っている場合、当該委託先に内容の修正または削除を行わせるための措置（改善がなされない場合には、当該委託先との契約を解除する等の対応を含む。） ・委託先が、自らの取材等に基づき見解等を表示する場合、当該表示が委託元や委託元の所属保険会社の行う表示である等の誤認を防止するための措置
（４）個人情報の取扱い 保険募集人は、募集関連行為従事者が契約見込客の情報（個人情報）を取得し保険募集人に提供するにあたっては、個人情報保護法等に反するような不適切な行為が行われることがないよう、顧客同意の取得などの手続きが適切に行われているかを確認するなど、適切な委託先管理等を行う必要がある。 なお、個人である顧客の情報に係る安全管理措置等については、保険募集人の規模や業務特性に関わらず、当該情報の漏えい、滅失またはき損の防止を図るために、保険募集人において以下の措置を講じることが望ましい。 ・金融分野における個人情報保護に関するガイドライン第１０条、第１１条および第１２条の規定に基づく措置 ・金融分野における個人情報保護に関するガイドラインの安全管理措置等についての実務指針Ⅰ、Ⅱ、Ⅲおよび別添２の規定に基づく措置 また、募集関連行為従事者が、個人情報を他の委託元である保険募集人に提供したり、兼業部門での営業活動に活用する場合、目的外利用が行われることがないよう十分に留意する。	○保険募集人が保有する顧客等に関する情報の取扱いを募集関連行為従事者に委託するにあたっては、以下の点に留意することが望ましい。 ・委託先管理に係る責任部署を明確化し、委託先における業務の実施状況を定期的または必要に応じてモニタリングする等、委託先において顧客等に関する情報管理が適切に行われていることを確認しているか ・委託先において漏えい事故等が発生した場合に、適切な対応がなされ、速やかに保険募集人に報告される体制になっていることを確認しているか ・委託先を契約解除する場合の個人情報の取扱いルールが整備されていることを確認しているか

（5）支払手数料の設定 保険募集人は、募集関連行為従事者に支払う手数料の設定について、慎重に対応する必要がある。 例えば、保険募集人が、高額な紹介料やインセンティブ報酬を支払って募集関連行為従事者から見込客の紹介を受ける場合、一般的にそのような報酬体系は、募集関連行為従事者が本来行うことができない具体的な保険商品の推奨・説明を行う蓋然性を高めると考えられることに留意する。	 ○「インセンティブ報酬」とは、紹介者数や紹介者の保険契約の募集手数料等に応じて増加する報酬をいい、例えば、保険契約１件あたり定額の紹介料を支払うことは、件数に応じて報酬総額も増加することから、インセンティブ報酬に該当し得ることに留意する。

別　紙

監督指針	留意事項
監督指針Ⅱ－４－２－１ **（１）保険募集の意義** ①　保険業法第２条第２６項に規定する保険募集とは、以下のア．からエ．の行為をいう。 ア．保険契約の締結の勧誘 イ．保険契約の締結の勧誘を目的とした保険商品の内容説明 ウ．保険契約の申込の受領 エ．その他の保険契約の締結の代理または媒介	
②　なお、上記エ．に該当するか否かについては、一連の行為の中で、当該行為の位置付けを踏まえたうえで、以下のア．およびイ．の要件に照らして、総合的に判断するものとする。 ア．保険会社または保険募集人などからの報酬を受け取る場合や、保険会社または保険募集人と資本関係等を有する場合など、保険会社または保険募集人が行う募集行為と一体性・連続性を推測させる事情があること。 イ．具体的な保険商品の推奨・説明を行うものであること。	○「資本関係等」には、役職員の出向・派遣などの人的関係、親族関係も含まれ、これらの事情を考慮して（１）②ア．に該当するかどうか判断する必要がある。例えば、平成１０年大蔵省告示第２３８号第１条第１号イからニに掲げる法人に該当するような場合には、一定程度、保険会社または保険募集人が行う募集行為と一体性・連続性を推測させる事情がある場合とみなし得ることに留意する。
（２）「募集関連行為」について <略> （注１）　略 （注２）　略 （注３）例えば、以下の行為のみを行う場合には、上記の要件に照らして、基本的に、保険募集・募集関連行為のいずれにも該当しないものと考えられる。 ア．保険会社または保険募集人の指示を受けて行う商品案内チラシの単なる配布 イ．コールセンターのオペレーターが行う、事務的な連絡の受付や事務手続き等についての説明 ウ．金融商品説明会における、一般的な保険商品の仕組み、活用法等についての説明 エ．保険会社または保険募集人の広告を掲載する行為 （注４）　略 <以降、略>	○単にチラシを設置するのみの行為は（１）②イ．に該当し得ない。しかし、当該チラシを設置する事業者によって当該チラシにある保険商品を推奨・説明するような行為が伴った場合には、それらの行為を個別具体的に見て、（１）②イ．に該当するかどうか判断する必要がある。 ○「保険会社または保険募集人の広告を掲載する行為」において、広告とあわせて、独自の見解として当該商品を推奨する内容を記載している場合には、（１）②ア．とイ．のいずれにも該当するか否かを判断し、その両方に該当する場合には、報酬額の水準や商品の推奨・説明の程度などから募集行為または募集関連行為に該当するかどうか総合的に判断する必要がある。

参考資料４

お客さまからの信頼を高めていくための
募集コンプライアンスガイド［追補版］
改正保険業法（2016年5月29日施行）対応

2015年6月19日
一般社団法人　日本損害保険協会

本参考資料は、各協会・各社の責任において制作されているものであり、個々の内容について金融庁が審査・監修を行っているものではないことにご留意願います。

お客さまからの信頼を高めていくための

募集コンプライアンスガイド［追補版］

改正保険業法（2016 年 5 月 29 日施行）対応

本追補版は、2016 年 5 月 29 日から施行される改正保険業法のポイントを解説するとともに、保険募集人の施行準備の参考となる対応例等をとりまとめた雛形です。本追補版に記載された内容どおりの対応でなくても、その対応を妨げるものではありません。

2015 年 6 月 19 日

一般社団法人日本損害保険協会

はじめに

昨今、少子高齢化の急速な進行などの社会情勢の変化を背景に、お客さまが保険業界や保険会社に対して求めているものが多様化するとともに新しいニーズも出現しています。また、保険の販売形態についても、保険募集チャネルの多様化や保険代理店の大型化なども進展しています。

こうした中、2012 年から金融審議会「保険商品・サービスの提供等の在り方に関するワーキング・グループ」において、必要な情報が簡潔で分かりやすく提供されるための保険募集・販売の在り方等に関する議論が行われました。

当該議論を受け、情報提供義務や意向把握義務の導入といった「保険募集の基本的ルールの創設」と、保険会社が監督責任を負う従来の募集人規制に加えて「保険募集人（代理店）に対する体制整備義務の導入」を柱とする改正保険業法が2014年５月に成立（公布）しました。

その後、2015年５月27日に改正保険業法に対応する保険業法施行規則や保険会社向けの総合的な監督指針も公布・発出され、2016年５月29日から適用が開始されることとなりました。

一般社団法人日本損害保険協会（以下「損保協会」）では、係る改正保険業法、とりわけ「保険募集人（代理店）に対する体制整備義務の導入」に備え、代理店の皆様が、保険業法等の各種法令や所属保険会社のルール、さらには社会一般の規範等を主体的に遵守し、代理店業務の健全かつ適切な運営を確保するための内部管理体制を整備していくために必要な事項を整理し、分かりやすく解説した「募集コンプライアンスガイド[追補版]」を今般作成いたしました。

代理店の皆様が改正保険業法を適切に理解し、かつ主体的に内部管理体制を構築するための一助として、本追補版を積極的にご活用いただきたく存じます。

2015年6月19日

一般社団法人日本損害保険協会

もくじ

1 保険業法改正の全体像

2 保険募集の基本的ルールの創設

3 保険募集人に対する体制整備義務の導入

参考資料

1 保険業法改正の全体像

1-1 全体像

今般の保険業法改正は、保険業界を取り巻く環境変化を受けて、情報提供義務や意向把握義務の導入といった「保険募集の基本的ルールの創設」と、保険会社が監督責任を負う従来の募集人規制に加えて「保険募集人（代理店）に対する体制整備義務の導入」を柱としています。

法改正の背景

保険商品の多様化　**募集チャネルの多様化**　**代理店の大型化**

新ルール・規制の概要

保険募集の基本的ルールの創設

顧客ニーズの把握に始まり保険契約の締結に至る募集プロセスの各段階におけるきめ細かな対応の実現に向け、「積極的な顧客対応」を求める募集規制を導入。

◆「情報提供義務」の導入（法第 294 条）
◆「意向把握義務」の導入（法第 294 条の 2）

保険募集人（代理店）の体制整備義務の導入

大型乗合代理店の増加等を踏まえ、「保険会社」が監督責任を負う従来の募集人規制に加え、「保険募集人」に対し募集の実態に応じた体制整備等を義務付ける規制を導入。

◆保険募集人の体制整備義務の導入（法第 294 条の 3）
◆大規模特定保険募集人の帳簿備付け　など
（法第 303 条,304 条）

1-2 スケジュール

保険業法改正を受けての新ルールの適用開始に向けた主なスケジュールは下表のとおりです。

時期	新ルール適用開始に向けた工程	募集人の対応事項
2014年5月	改正保険業法の成立（23日）・公布（30日）	改正ポイントの把握
2015年2月18日	施行規則、監督指針の改正案の公表 （ﾊﾟﾌﾞﾘｯｸｺﾒﾝﾄ手続の開始）	
2015年5月27日	施行規則の成立・公布、監督指針の発出	対応準備期間 （本追補版等）
2015年6月19日	損保協会「募集ｺﾝﾌﾟﾗｲｱﾝｽｶﾞｲﾄﾞ［追補版］」の確定	
2015年6月以降～	保険会社の各種マニュアルの確定 （帳票・ｼｽﾃﾑ改定ｽｹｼﾞｭｰﾙ等も順次ﾘﾘｰｽ）	
2016年5月29日	改正保険業法の施行 （改正施行規則・改正監督指針の施行・適用も同時）	新ルール適用開始

- 1 -

2 保険募集の基本的ルールの創設

2-1 情報提供義務の導入

(1)基本ルール

情報提供義務は、保険募集人等が、保険募集を行う際に、保険契約者・被保険者が保険契約の締結または加入の適否を判断するのに必要な情報の提供を行うことを求めるものです。

これまで監督指針において「契約概要」「注意喚起情報」として提供することを求められていたもののほか、「その他顧客に参考となるべき情報」の提供が法令上の義務として規定されました。

(注)これまで、法第300条第1項第1号において、虚偽説明や重要事項の不告知等禁止行為に限定されていた募集規制に加え、積極的な顧客対応を求める募集規制として対応を求められるものです。なお、情報提供義務の導入に伴い、不告知について罰則が適用される法第300条第1項第1号の(重要)事項の範囲は、「保険契約者又は被保険者の判断に影響を及ぼすこととなる重要な事項」として、従来より限定したものとなっています。

(2)解説

ア. 情報提供義務の内容

保険募集人等は、保険募集を行う際に、以下の情報の提供が必要となります。

①顧客が保険商品の内容を理解するために必要な情報
(保険金の支払い条件、保険期間、保険金額 など)

②顧客に対して注意喚起すべき情報
(告知義務の内容、責任開始期、契約の失効、セーフティネット など)

③その他保険契約者等に参考となるべき情報
(ロードサービス等の主要な付帯サービス、直接支払いサービス など)

また、情報提供は原則として、後述イ. の例外規定に該当するケースを除き、「契約概要」「注意喚起情報」を記載した書面等を用いるなどの一律・画一な手法で行うこととされています。

イ. 情報提供義務の例外規定

(ア)適用除外

保険契約者と被保険者が異なる契約において、被保険者に対する情報提供を求める必要性が乏しい一部の場合については、被保険者に対する情報提供義務は、適用除外となります。

具体的には、以下の場合が適用除外の対象となります。

主なケース	事例
被保険者が負担する保険料が0である保険契約	・世帯主が家族のために付保する傷害保険（世帯主が保険料を負担） ・法人が従業員に対して付保する傷害保険（法人が保険料を負担）
保険期間が1ヶ月以下かつ被保険者が負担する保険料が1,000円以下の保険契約	・レクリエーション保険
被保険者に対する商品の販売、役務の提供または行事の実施等に付随して締結する保険契約	・お祭りの主催者が入場者に付保する傷害保険
確定拠出年金等、年金制度の運営者が契約者となり、同制度の加入者が被保険者となる保険契約	・年金制度等を運営する団体を保険契約者とし、その年金制度等の加入者を被保険者とする保険契約

また、既に締結している保険契約の一部を変更する場合については、保険契約者・被保険者のいずれに対しても、以下の情報は適用除外の対象となります。

- 情報提供の内容に変更すべきものがないとき→すべての情報
- 情報提供の内容に変更すべきものがあるとき→変更されない情報

（イ）一律の手法によらない情報提供

情報提供は、前記ア. のとおり、原則として、「契約概要」「注意喚起情報」を記載した書面等を用いるなどの一律・画一な手法で行うこととされていますが、以下の場合は、情報提供義務の対象となるものの、一律の手法によらない情報提供も認められます。

・事業者の事業活動に伴って生じる損害をてん補する保険契約、その他契約内容の個別性・特殊性が高い場合（工場の火災保険等の事業者向けの保険等） ・保険料の負担が少額（年間5,000円以下）の場合 ・団体保険契約において、保険契約者である団体に対して行う情報提供 ・既存契約の契約内容変更・更新（更改）の場合（変更部分についてのみ）

ウ. 乗合代理店に求められる情報提供義務（比較説明・推奨販売）

「比較説明・推奨販売」に関しても、その提案方法等に応じた情報提供が求められます。
詳細は、第3－3章を参照してください。

（3）業法施行（2016年5月）に向けた具体的な対応

情報提供は、実務上、現行の重要事項説明書の交付等による説明と同様の方法（協会「募集コンプライアンスガイド」の「4. 重要事項の説明について」参照）が維持されます。

なお、具体的な保険商品ごとの重要事項説明書の改定有無や改定スケジュール等の詳細な情報につきましては、所属保険会社からのご連絡をお待ちください。

(4)留意点

保険募集人は、情報提供が適切に実施されるための体制整備(社内規則等の策定、従業員に対する研修その他の当該社内規則等に基づいて業務が運営されるための十分な体制整備)を図ることが必要です。詳細は第3－1章を参照してください。

■FAQ

Q. 既契約の契約内容変更や、満期更改(継続)のときの情報提供はどのような方法で行えばよいでしょうか?

A. 既契約の内容からの変更箇所について、商品特性や契約手続に応じて、適切な手法を用いて、顧客に対して情報提供を行う必要があります。具体的には、契約内容を変更する場合は、変更依頼書の変更箇所を示すなどの方法で行います。満期更改(継続)の場合は、重要事項説明書を交付することが一般的であり、同書面の交付や更改申込書の変更箇所を示すなどの方法で行います。

Q. 団体契約の被保険者に対しては、どのような対応が必要でしょうか?

A. 団体(契約者)と被保険者に一定程度の密接な関係が認められる団体(企業・官公庁の職域団体等の類別団体等)の契約で、団体(契約者)が被保険者となる者に対して加入勧奨を行う場合は、被保険者への情報提供義務は適用除外となりますが、従来どおり、団体(契約者)から被保険者に対し、保険募集と同程度の情報提供が適切に行われることを確保するための体制整備が求められることに留意が必要です。

団体と被保険者の間に一定の密接性が認められない団体(注)について、団体保険の加入勧奨を行う場合は、代理店および保険会社が被保険者に対する情報提供義務を負います。対象となる団体の範囲や、情報提供の方法等の詳細は、所属保険会社からのご連絡をお待ちください。

(注)監督指針では、カード会社や金融機関が契約者となり、カード会員や預金者を被保険者とする団体保険等が例示されています。

2-2 意向把握義務の導入

(1)基本ルール

意向把握義務とは、保険を募集する際における顧客意向の把握、当該意向に沿った保険プランの提案、当該意向と当該プランの対応関係についての説明、当該意向と最終的な顧客の意向の比較と相違点の確認を行うことを求めるものです。

従来の意向確認(協会「募集コンプライアンスガイド」の「5. 契約引受について」参照)に加え、募集プロセスにおいて、顧客ニーズに合致した保険商品を適切に選択・購入できるようにするための対応が求められます。

(2)解説

ア. 意向把握義務の導入の目的・背景

これまで、保険業法では、体制整備の一環として、契約を締結する商品と顧客の意向が合致しているかを確認(意向確認)することなどが求められていましたが、今回の改正により、意向の把握から、提案商品の説明、意向確認までの一連のプロセス(意向把握・確認)が法令上の「意向把握義務」として新たに求められることになりました。

イ. 意向把握・確認の具体的手法

第二分野(損保)商品(海外旅行傷害保険、保険期間1年以下の傷害保険を含む)の意向把握・確認の具体的手法は、原則として以下の方法となります。

【基本的フロー】

【各フローの概要】

①意向の把握	☑保険金額・保険料を含めた個別プランを説明する前に、お客さまの主な意向・情報を把握します。 ※自動車、不動産購入等に伴う損保商品の提案にあたっては、個別プランの作成に必要な主な意向(年齢条件や運転者の範囲、保険の目的等)や購入した保険の対象等の情報を把握します。
②提案・説明	☑上記①で把握した意向・情報に基づいた個別プランを提案し、顧客の意向とどのように対応しているかを含めてわかりやすく説明します。
③意向と申込内容の合致の確認	☑契約締結前において顧客の意向と契約の申し込みを行おうとする保険契約の内容が合致しているかどうかを確認します(=意向確認)。

(注)第一分野商品、および第三分野商品(海外旅行傷害保険、保険期間1年以下の傷害保険を除く)の意向把握・確認の具体的手法・フローは上記とは異なります。詳細につきましては、所属保険会社からのご連絡をお待ちください。

ウ. 意向把握すべき事項の例

■第一分野商品 ■第三分野商品 （海外旅行傷害保険、保険期間1年以下の傷害保険を除く）	■第二分野商品 ■海外旅行傷害保険、保険期間1年以下の傷害保険
☑どのような分野の保障を望んでいるか ・死亡した場合の遺族への保障 ・医療保障（入院時の費用） ・医療保障のうちガン等の特定疾病に備えるための保障 ・傷害に備えるための保障 ・介護保障 ・老後生活資金の準備 ・資産運用 ☑貯蓄部分を必要としているか ☑保険期間・保険料・保険金額等に関する範囲の希望、優先する事項がある場合は当該事項	☑どのような分野の補償を望んでいるか ・自動車保険、火災保険等の保険種類 ☑顧客が求める主な補償内容 【自動車保険】 ・運転者年齢条件特約の条件 ・運転者限定特約の有無 ・車両保険の有無　など 【火災保険】 ・保険の目的 ・地震保険の有無　など 【海外旅行傷害保険】 ・補償の内容・範囲、渡航者、渡航先、渡航期間など 【保険期間1年以下の傷害保険】 ・補償の内容・範囲　など ☑保険期間・保険料・保険金額等に関する範囲の希望、優先する事項がある場合は当該事項

エ. 意向把握義務の適用除外

意向把握を求める必要性が乏しい一定の場合については、意向把握義務の適用除外となります。具体的には、以下の場合が適用除外の対象となります。

主なケース	事例
情報提供義務の適用除外対象契約	第2－1章（2）イ.（ア）参照 （注）契約者と被保険者が異なり、被保険者への情報提供だけが適用除外となる場合（契約者への情報提供は必要である場合）には、意向把握についても同様に、被保険者への意向把握だけが適用除外（契約者への意向把握は必要）
他の法律により加入を義務付けられている契約	自賠責保険
勤労者財産形成促進法第6条に規定する保険契約	個人型財形保険

(3)業法施行(2016年5月)に向けた具体的な対応

保険会社所定の帳票(申込書、意向確認書面等)(注)に沿って、適切に意向把握・確認を行います。

(注)保険会社では、具体的な保険商品・募集形態・手続き(新規・更新(更改)・変更等)等に応じて、それぞれで用いる申込書等の帳票に沿って手続きを進めることで、意向把握・確認の基本的なフロー(前記イ. 参照)が適切に遂行できるよう、帳票等の見直しを予定しています。

また、意向把握義務の適切な遂行を確認するための措置として、意向把握・確認に用いた保険会社所定の帳票(申込書、意向確認書面等)等を保存するなどの対応が必要となります。

(注)代理店が具体的な保険商品の提案前に、提案する保険会社や商品を検討するために顧客の意向を把握するケース等、保険会社所定の帳票とは別に、代理店独自のアンケート等の帳票により意向把握を行った場合には、当該意向把握に用いたアンケート等の帳票を保存することなどは望ましい対応と考えられます。

なお、具体的な保険商品・募集形態・手続きごとの保険会社所定の帳票類の改定スケジュール等の詳細情報につきましては、所属保険会社からのご連絡をお待ちください。

(4)留意点

■FAQ

Q. 団体契約の被保険者に対しては、どのような対応が必要でしょうか?

A. 情報提供義務と同様、団体(契約者)と被保険者に一定程度の密接な関係が認められる団体(企業・官公庁の職域団体等の類別団体等)の契約で、団体(契約者)が被保険者となる者に対して加入勧奨を行う場合は、被保険者への意向把握義務は適用除外となりますが、従来どおり、団体(契約者)から被保険者に対し、保険募集と同程度の意向確認が適切に行われることを確保するための体制整備が求められることに留意が必要です。

団体と被保険者の間に一定の密接性が認められない団体(注)について、団体保険の加入勧奨を行う場合は、代理店および保険会社が被保険者に対する意向把握義務を負います。対象となる団体の範囲や、意向把握・確認の方法等の詳細は、所属保険会社からのご連絡をお待ちください。

(注)監督指針では、カード会社や金融機関が契約者となり、カード会員や預金者を被保険者とする団体保険等が例示されています。

Q. 新設される意向把握義務において不適切事案が判明した場合はどうなるのでしょうか?

A. 契約者等からの苦情を端緒として、募集時に顧客の意向の把握・確認が不適切であったことが判明したケース等は、保険業法第294条の2に抵触する行為として保険業法施行規則第85条に基づき、不祥事件の届出対象となることに留意が必要です。

3 保険募集人に対する体制整備義務の導入

3-1 代理店の体制整備義務と構築要領

(1)基本ルール

保険募集人(代理店)は、保険募集の業務に関し、①重要事項説明、②顧客情報の適正な取扱い、③委託先管理、**④比較説明・推奨販売**、**⑤保険募集人指導事業**、その他の健全かつ適切な運営を確保するための体制を構築する必要があります(保険業法第294条の3)。

(注)上記①～③は、既に保険会社に対する体制整備義務として存在し、現在も保険会社経由で保険募集人(代理店)は所属保険会社の諸規則に沿った業務運営が求められています(保険業法第100条の2)。なお、今般の業法改正により、保険会社の諸規則の改定(意向把握義務の反映等)も見込まれますので留意が必要です。

他方、上記④⑤は、新たに代理店に対する体制整備が求められたものであり、いわば代理店の「独自業務」となりますので、所属保険会社の定める諸規則をそのまま遵守するだけでは足りないケースが想定されます。

また、上記①～⑤以外の各種法令や規則類についても、これまでどおり代理店が遵守すべき義務は変わるものではありませんが、代理店が自身でこれらの事項を遵守するための体制整備が法令上の義務として課せられることになります。

(2)解説

保険募集人の体制整備義務については、監督指針に具体的な留意点が定められています。

参考 監督指針Ⅱ-4-2-9保険募集人の体制整備義務(法第294条の3関係)の抜粋

保険募集人においては、保険募集に関する業務について、業務の健全かつ適切な運営を確保するための措置を講じているか。また、監査等を通じて実態等を把握し、不適切と認められる場合には、適切な措置を講じるとともに改善に向けた態勢整備を図っているか。

(1) 保険募集に関する法令等の遵守、保険契約に関する知識、内部事務管理態勢の整備(顧客情報の適正な管理を含む。)等について、社内規則等に定めて、保険募集に従事する役員又は使用人の育成、資質の向上を図るための措置を講じるなど、適切な教育・管理・指導を行っているか。

上記監督指針の下線部等を踏まえますと、代理店においては、その規模や業務特性に応じ、保険募集の業務の健全かつ適切な運営を確保するための措置として、以下ア. ～エ. のような体制(いわゆるPDCAサイクル)を構築する必要があると考えられます。

ア. 社内規則等の策定(Plan)

イ. 適切な教育・管理・指導(Do)

ウ. 自己点検等の監査(Check)

エ. 改善に向けた態勢整備(Act)

また、下表は代理店の規模・特性に応じた体制整備イメージを整理したものです。自店の体制整備イメージを把握するとともに、本章(3)(4)を参照のうえ、早期の体制整備完了に努めてください。

＜規模・特性に応じた体制整備のイメージ＞

		特性	
		保険会社の管理・指導の範囲内の業務	独自業務(※2)
規模(※1)	小規模代理店	《従来型の小規模代理店》 ・保険会社のマニュアルを自らの社内規則と位置づけ(※3)、同社内規則等に沿って適切かつ主体的に業務を実施する体制を整備 ・代理店主による従業員に対する教育・管理・指導の実施、自主点検の実施　など	《独自業務を行う小規模代理店》 ・左記の体制を整備 ・独自業務に係る社内規則の策定、その特性に応じ、代理店主による従業員に対する教育・管理・指導の実施(※4)、自主点検の実施　など
	大規模代理店	《右記以外の大規模代理店》 ・保険会社のマニュアルを自らの社内規則と位置づけ(※3)、同社内規則等に沿って適切かつ主体的に業務を実施する体制を整備 ・その規模に応じ、代理店主・管理者等による担当拠点・従業員に対する組織的な教育・管理・指導の実施、自主点検の実施など	《独自業務を行う大規模代理店》 ・左記の体制を整備 ・独自業務に係る社内規則の策定、その規模・特性に応じ、代理店主・管理者等による担当拠点・従業員に対する組織的な教育・管理・指導の実施(※4)、自主点検の実施など

(※1)「規模」については、代理店主のみによる管理が可能な規模を「小規模」、拠点数や募集人数が多く、代理店主以外の者等による管理も必要な規模を「大規模」と表記しています。

(※2)「独自業務」の例としては、複数保険会社商品の比較説明・推奨販売をする場合や、フランチャイズ代理店による保険募集人指導事業等の、所属保険会社のマニュアルに記載のない業務があります。

(※3)代理店独自の社内規則の策定を否定する趣旨ではありません。ただし、「保険会社の管理・指導の範囲内の業務」について代理店独自の社内規則を策定する場合は、各保険会社のマニュアルに反しない内容とすることに留意が必要です。

(※4)例えば、個別商品の説明に加え、商品間比較についても研修等を実施することなどが考えられます。

(3)業法施行(2016年5月)に向けた具体的な対応

当協会では、代理店がその規模や業務特性に応じた内部管理体制を整備するためのサポートツールとして、自己チェック形式の「代理店体制整備準備シート」(巻末資料参照)を作成しました。

「代理店体制整備準備シート」の各STEPと項目に沿って自店の現状(準備状況)を自己チェックし、体制整備未了の項目は対応すべきことを本追補版等で確認のうえ、極力、早期に対応を完了するようにしてください(注)。

(注)業法施行(2016年5月29日)までに形式的に体制を整えるのみならず、PDCAサイクルを有効にまわし、実効性の高い体制を構築するためには、より早期の対応が重要です。極力、前倒しで(例えば2015年12月までに)対応を完了してください。

なお、下記ア．～エ．では、PDCAサイクルを構築するうえでの具体的な考え方を解説しています。
「代理店体制整備準備シート」の各STEPと項目に沿って自己チェックする際に、あわせてご確認ください。

ア．社内規則等の策定（Plan）について

代理店は、業務の健全かつ適切な運営を確保するための社内規則等を策定し、自ら当該社内規則等に沿って業務運営を行う体制が求められます。

ただ、前記（1）にも記載のとおり、保険募集に関する法令等の遵守については、現在も所属保険会社の定める諸規則に沿った業務運営が求められています。したがって、所属保険会社（以下、乗合代理店の場合は、すべての所属保険会社とします）の諸規則に従って業務遂行している場合には、所属保険会社の諸規則を自店の社内規則と位置付けることで足りると考えられます。

（注）代理店独自の社内規則の策定を否定する趣旨ではありません。ただし、「保険会社の管理・指導の範囲内の業務」について代理店独自の社内規則を策定する場合は、各保険会社のマニュアルに反しない内容とすることに留意が必要です。

一方、所属保険会社の諸規則に規定のない「比較説明・推奨販売」や「保険募集人指導事業」等の独自業務を営んでいる場合には、当該独自業務については、代理店独自の社内規則を策定する必要があります。

イ．適切な教育・管理・指導（Do）について

ア．で定めた社内規則等に沿った健全かつ適切な運営を確保するため、代理店内で、所属募集人に対し、適切な教育・管理・指導を行うことが必要です。

「教育・管理・指導」については、一律に「ここまでの教育・管理・指導を行えば大丈夫」といった水準を示すことは困難です。ただ、ベースとなる体制としては、所属保険会社の諸規則に基づき、取得必須とされている各種試験の合格や各種研修への参加を、代理店主から所属募集人に求め、その取得状況や受講状況を管理・指導していくなどの体制が考えられます。

また、形式的な教育・管理・指導に陥ることがないよう、例えば、後述ウ．の自己チェックの取組みを通じて、所属募集人に対する教育・管理・指導を行うような体制も有効と考えられます。

一方で、代理店の規模や業務特性に応じ(注)、所属募集人に対して適切な教育・管理・指導を行うことは、お客さまの信頼に応えるために重要な事項であり、代理店独自の強みにもなり得る極めて大切な取組みと考えられます。下表に当協会が実施する各種試験・教育制度を記載していますので、所属保険会社が提供する任意参加の各種研修や教育メニュー・ツール等とも組合せのうえ、自店の規模や業務特性に応じた適切な教育・管理・指導に積極的に活用ください。

(注)代理店の「規模」に応じた体制整備の考え方として、代理店主による教育・管理・指導が可能な規模か否かが1つの目安になると考えられます。

具体的には、「店主・募集人ともに親族のみで構成される代理店」や「拠点は1か所、かつ、募集人数は店主の目が行き届く程度の人数の代理店」等については、代理店主による教育・管理・指導が可能な「規模」と考えられます。したがって、例えば、所属保険会社が実施するコンプライアンス研修等についても、店主が受講のうえ、所属募集人に周知するような体制も想定されます。

他方、「拠点は1か所、ただし、募集人数は店主のみでは管理が行き届かない大人数の代理店」や「複数の拠点を有し、各拠点長が各拠点に勤務する募集人を管理している代理店」等については、拠点単位や募集人数に応じ、代理店主 以外の管理者を適切な規模で配置し、当該人員に対し業務の遂行に必要な権限を与え、組織的な教育・管理・指導等の体制を整備する必要があると考えられます。

参考 損保協会が実施する各種試験・教育制度

試験・教育制度	解説
損害保険募集人一般試験 「基礎単位」	損害保険の基礎や募集コンプライアンス等に関する知識を修得するための試験であり、この単位に合格しないと、代理店登録または募集人届出ができません。 また、5年ごとに単位を更新する必要があり、有効期限までに単位を更新しなければ、有効期限の翌日から保険募集ができなくなることから、所属するすべての募集人の取得推進、有効期限管理等を行う必要があります。
損害保険募集人一般試験 「商品単位(自動車保険単位・火災保険単位・傷害疾病保険単位)」	自動車保険単位・火災保険単位・傷害疾病保険単位の3単位で構成されており、各保険商品に関する知識を修得するための試験であり、その取扱種目に応じた「商品単位」に合格しないと、当該保険商品の説明等を行うことができません。 また、5年ごとに単位を更新する必要があり、有効期限までに単位を更新しなければ、有効期限の翌日から、当該保険商品を募集できなくなりますので、「基礎単位」とあわせて所属するすべての募集人の取得推進、有効期限管理等を行う必要があります。
損害保険大学課程 専門コース	損害保険の募集に関連の深い分野について、「損保一般試験」基礎単位よりも一層専門的に知識を修得するためのコースです。 本コースでは、「法律」「税務」「社会保険」「リスクマネジメント」「隣接業界」について学習し、お客さまへさらにわかりやすく保険商品の説明ができることを目指します。
損害保険大学課程 コンサルティングコース	「専門コース」の認定取得者が、同コースで修得した知識を踏まえ、お客さまのニーズに応じたコンサルティングを行うことができるように、より実践的な知識・業務スキルを修得するためのコースです。 本コースでは、「代理店・募集人の使命と役割」を再確認したうえで、「コンサルティングの基本と実務」「個人を取り巻くリスクとコンサルティング」「企業を取り巻くリスクとコンサルティング」等について学習し、お客さまに総合的なコンサルティングが行えることを目指します。

ウ. 自己点検等の監査(Check)について

今般の業法改正において、代理店に対する内部管理体制の整備が新たに求められた趣旨に鑑みますと、自己点検等の監査を通じて、自店内の各種ルールの遵守状況を主体的・自律的に自己チェックすることは、最も象徴的かつ重要な改定点と考えられます。

また、代理店の体制整備義務が導入されることに伴い、保険会社による代理店点検・監査のあり方も変わってくるものと思われます。これまでは、代理店が保険会社の諸規則どおりに業務運営を行っているかを、保険会社主体で点検する手法でした。今後は、代理店が自身で定めた諸規則どおりに業務運営を行っているかを、保険会社主体の点検だけではなく、代理店主体で自己チェックすることになると考えられます。

(注) 代理店帳簿点検のように、保険会社主体の点検も引き続き行われることに留意が必要です。

なお、自己チェックのイメージとしては、協会「募集コンプライアンスガイド」の巻末に掲載している「保険募集のコンプライアンスのチェックリスト」や所属保険会社が代理店点検・監査時等に提供する自主点検シート等を活用することなどが考えられます。具体的な活用例として、例えば、代理店は定期的に上記のチェックリスト等を活用した自己チェックを実施し、不備が判明した場合にはただちに改善策を講じるとともに、その経緯等を記録・保存するといった基本的なPDCAサイクルを構築することが考えられます。

また、所属保険会社の諸規則に規定のない「比較説明・推奨販売」や「保険募集人指導事業」等の独自業務を営んでいる場合には、代理店独自の自己点検等の監査を実施する必要があることにご注意ください。

エ．改善に向けた態勢整備（Act）について

所属保険会社の管理・指導の範囲内で実施している業務に関しては、前記ウ．の代理店による自己点検と所属保険会社による点検や監査、あるいは、代理店に寄せられる「苦情」等を通じて判明した不備に対し、確実に改善策を講じ、その経緯等を記録・保存するといった態勢の構築が基本的サイクルになると考えます。

改善策の検討手順としては、点検・監査や「苦情」等を通じて判明した不備の発生原因を把握したうえで、例えば、「社内規則」（Plan）の不備が発生原因と判明した場合には社内規則の見直しを、所属募集人に対する教育体制（Do）が不十分と判断される場合には教育方法の改善等を図ることなどが考えられます。

なお、具体的な改善態勢の記録・保存の方法として、例えば、前記ウ．の自己チェックで活用するチェックリスト等に、判明した不備に対する改善対応を記録する欄も設けることで、「改善に向けた態勢整備」の補助ツールとして有効活用することなども考えられます。

また、所属保険会社の諸規則に規定のない「比較説明・推奨販売」や「保険募集人指導事業」等の独自業務を営んでいる場合には、前記ウ．の自己点検等の監査と同様、代理店の規模・業務特性に応じた独自の改善に向けた態勢整備が必要になります。

（4）留意点

代理店の体制整備義務が導入された以降は、例えば、特定の代理店に対する「苦情」が一定集中して監督当局に寄せられた場合には、監督当局が直接、当該代理店に対して報告を求め、重大な問題があると認められる場合には行政処分が行われる可能性もあります（監督指針Ⅱ-4-2-9(9)）。

監督当局からの報告徴求時には、当該代理店において「苦情に至った原因」の把握が求められ、「代理店主による所属募集人に対する教育はどのように行っていたのか？」など、まさに代理店の体制整備状況の確認が行われることが予想されます。

こうしたケースに備える観点からも、形式的な体制整備にとどまらず、PDCA対応記録を備え、対外的な説明責任を果たせるような実効性のある体制を備えていくことが重要です。

■FAQ

Q. 自己点検等の監査については、規模が小さい代理店等では、独立した内部監査部門による監査までが求められるものではないと考えてよいでしょうか？

A. 全ての代理店において、必ずしも独立した内部監査部門による監査が求められるものではありません(例えば、前記(3)イ.(注)のように「代理店主による教育・管理・指導が可能な規模」の場合は、代理店主が監査を実施することも考えられます)。ただし、代理店の規模や業務特性に応じ、その態勢のあり方が十分に合理的で、かつ、実効性のあるものである必要があります。

Q.「自賠責のみ代理店」についても、一律に「代理店体制整備準備シート」による体制整備が必要でしょうか？

A. 自賠責保険は業界共通商品であり、かつ、比較説明・推奨販売等の独自業務が想定されないことから、これまでと同様に、保険会社の諸規則を自店の規則として位置づけ、これに沿って業務を行うことになります。自賠責保険の商品特性に鑑みますと、一律に「代理店体制整備準備シート」による体制整備が必要というものでもなく、保険会社の指導に従い研修等に参加したり、保険会社による各種代理店監査や点検を通じて、自店の体制を確認することでも基本的に足りると考えます。

Q.「店主のみ代理店」についても、一律に「代理店体制整備準備シート」による体制整備が必要でしょうか？

A.「店主のみ代理店」については、所属募集人に対する教育・管理・指導の必要性がありません。

したがって、その観点においては、一律に「代理店体制整備準備シート」による体制整備が必要というものでもありませんが、保険会社の点検・監査の機会等を通じて、店主自身が「募集関連行為」を第三者に委託等の関係に基づいて行わせていないか、推奨販売時の自店独自の推奨理由・基準を定めているかなどの自己点検を行い、各種規制を遵守していくことが必要と考えられます。

3-2 募集関連行為に係る体制整備

(1)基本ルール

ア.「保険募集」定義の明確化

従来、募集の定義とされていた内容に加え、紹介行為など、保険募集プロセスにおける一部行為が「保険募集」に該当するか否かを、以下の要件に照らして総合的に判断することが明確化されました。(監督指針Ⅱ-4-2-1(1))

①保険募集人が行う募集行為と一体性・連続性を推測させる事情(注)があるか
(注)保険会社又は保険募集人等から報酬を受け取る、資本関係等を有する　など
およびに
②具体的な保険商品の推奨・説明を行っているか

これにより、保険募集人から報酬を受け取ったり、保険募集人と出資関係や人的関係がある者が、具体的な保険商品の説明を行い、加入をすすめるといった行為は、募集行為と判断され募集規制を受けることになります。

(注)なお、「保険会社又は保険募集人と資本関係等を有する」とは、パブリックコメント回答において、「保険会社又は保険募集人との出資関係が25%を超える場合や、役職員の出向・派遣等の人的関係がある場合に、該当性が判断される」旨、示されています。

イ.「募集関連行為」に対する規制の導入

契約見込客の発掘から契約成立に至るまでの広い意味での保険募集プロセスのうち、「保険募集」に該当しない行為が「募集関連行為」と定義されました。

保険募集人が「募集関連行為」を第三者に委託等の関係に基づいて行わせる場合には、当該第三者(以下、「募集関連行為従事者」といいます。)が保険募集に該当する行為に及ぶなど不適切な行為が行われないよう、適切に管理することが求められています。

この規制は、募集関連行為従事者に対する直接の規制ではなく、保険募集人の管理責任を求めるものであり、管理・指導を行う体制の整備が必要です。(監督指針Ⅱ-4-2-1(2)、Ⅱ-4-2-9(3))

「募集関連行為」は「募集行為」には該当しないため募集規制を受けるものではありませんが、募集関連行為従事者が本来行ってはならない「募集行為」を行ってしまった場合、保険募集人の管理責任が問われることになります。

(2)解説

ア. 背景

近年、いわゆる比較サイトや顧客紹介行為のように、広い意味での保険募集プロセスの一部を保険募集人以外の者が行うケースが増加しており、その行為が「保険募集」に当たるかどうかが必ずしも明らかで

ないケースも出現しています。保険募集人以外の者が保険募集(説明等)よりも前に、誤った情報を顧客に与えた場合、後で保険募集人の説明を受けたとしても、その誤解が解消されないことが懸念されることから、「保険募集」の定義の明確化と「募集関連行為」に対する規制が導入されました。

イ.「募集関連行為」とは

契約見込客の発掘から契約成立に至るまでの広い意味での保険募集のプロセスのうち、「保険募集」に該当しない行為を「募集関連行為」といいます。

例えば、「保険商品の推奨・説明を行わず、契約見込客の情報を保険会社または保険募集人に提供するだけの行為」や「比較サイト等の商品情報の提供を主たる目的としたサービスのうち、保険会社または保険募集人からの情報を転載するにとどまるもの」等が該当します。

ウ.「募集関連行為」に対する規制

「募集関連行為」については、直ちに募集規制を受けるものではありません。しかし、保険募集人は、募集関連行為を第三者に委託し、またはそれに準じる関係に基づいて行わせる場合には、募集関連行為従事者が不適切な行為を行わないよう、適切に管理・指導を行う必要があります。

(注)「委託し、またはそれに準じる関係」とは、紹介料その他の報酬(金銭等)を支払う場合や、支払わない場合でも、例えば両者が一定の関係(親会社・子会社の関係等)のもとにおいて指図を受ける関係にあること等が考えられます。

(3)業法施行(2016年5月)に向けた具体的な対応

保険募集人が募集関連行為を第三者に委託等の関係に基づいて行わせる場合には、結果的に募集関連行為従事者が本来行ってはいけない募集行為等を行ってしまう可能性があるため、留意が必要です。募集関連行為従事者に委託等を行う場合には、募集関連行為従事者が不適切な行為を行わないよう、下記の手順等に基づき、適切な管理体制を整備する必要があります。

☑手順1　自店で行っている募集プロセスの実態の確認・把握

募集関連行為を含め自店の全ての募集プロセスを、定期的に確認し、実態を把握します。募集関連行為を第三者に委託等(契約の有無は問いません)していることが確認された場合は手順2に進みます。

(注1)募集関連行為は、代理店として委託等するだけではなく、個々の募集人が委託等するケースも想定されるため、自店に所属するすべての募集人について確認する必要があります。

(注2)募集関連行為の該当性については、個別具体的に判断する必要はあるものの、一般的には、例えば既存の顧客等に対し「どなたか紹介いただけませんか」などと見込み客の紹介をお願いする程度であれば、委託等にまでは至らないと考えられます。

☑手順2　募集関連行為についての実態の確認・把握

手順1で確認されたケースについて、主に次の点について確認します。

■委託等を行っている第三者(募集関連行為従事者)の氏名

■委託等を行っている募集関連行為の具体的な内容

■募集関連行為従事者に支払っている報酬の有無(有の場合は報酬の支払方法)　など

☑手順3　募集関連行為従事者が不適切な行為を行っていないかの管理

以下の留意点に基づき、募集関連行為従事者に不適切な行為を行わせないよう、募集人等への教育・管理・指導を徹底します。

【留意点】

① 募集関連行為従事者が、保険募集に該当するような行為を行っていないか。その他、特別利益の提供等の募集規制の潜脱につながる行為を行っていないか。

② 募集関連行為従事者が運営する比較サイト等の商品情報の提供を主たる目的としたサービスにおいて、誤った商品説明や特定商品の不適切な評価を行うなど、保険募集人が募集行為を行う際に顧客の正しい商品理解を妨げるおそれのある行為を行っていないか。

③ 募集関連行為従事者が、個人情報の第三者への提供に係る顧客同意の取得等の手続きを個人情報の保護に関する法律等に基づいて、適切に行っているか。

☑手順4　募集関連行為従事者との適正な関係の構築

募集関連行為従事者への支払手数料の設定については、不適切な行為を誘発しないよう、以下の留意点に基づき、慎重な対応が必要となります。

【留意点】

例えば、保険募集人が、高額な紹介料やインセンティブ報酬を払って募集関連行為従事者から見込み客の紹介を受ける場合、募集関連行為従事者が本来行うことができない具体的な保険商品の推奨・説明を行う可能性を高めると考えられるため、慎重な対応が求められます。

(注)募集関連行為従事者に対する謝礼は、当該謝礼が募集関連行為者から契約者等に対して「保険料の割引・割戻し」や「特別利益の提供」として提供されることがないよう、社会通念上の景品程度の範囲内で、現金ではなく物品や使途が限定された金券類(図書券やビール券等)を提供するにとどめるのであれば問題はありません。

一方、社会通念上の景品程度の範囲を超えて手数料を支払う場合は、個別のケースに応じて、同手数料の設定が、募集関連行為従事者が保険募集に及ぶインセンティブが働くようなものになりうるかどうかといった検討のほか、募集関連行為に関する教育・指導の状況や、日常の管理体制等も勘案し、不適切な行為を防止する実効性があるといえるような管理体制を整える必要があります。

また、保険募集人は、募集関連行為従事者に対して、上記留意点を含めた指導事項を示した文書や、適切な態勢整備等の確約を求める文書を交付するなどし、不適切な行為を行わないよう指導等するほか、ルールの遵守状況について定期的なチェック等を行い、必要に応じて改善を図っていくといった体制を整備する必要があります。

(4)留意点

■FAQ

Q.「保険募集関連行為」にとどまらず「保険募集」に該当するような行為の例はありますか？

A. 例えば、以下の行為については、「募集」に該当し得ることに留意する必要があります。

① 業として特定の保険会社の商品(群)のみを見込み客に対して積極的に紹介して、保険会社又は保険募集人などから報酬を得る行為

② 比較サイト等の商品情報の提供を主たる目的としたサービスを提供する者が、保険会社又は保険募集人な

どから報酬を得て、具体的な保険商品の推奨・説明を行う行為

Q. 明確化された保険募集の要件のひとつに、「具体的な保険商品の推奨・説明を行っているか」とありますが、どのようなことを伝えると同要件にあたることになるのでしょうか？

A. 具体的な保険内容や優位性に触れるものでなければ、単に保険会社名や保険商品・種目名、代理店名に触れたことをもって、ただちに募集行為にあたるものではありません。ただし、一連の行為の中で、特定の保険会社や保険商品を推奨するような意味合いで保険会社名を告げる行為は、「具体的な保険商品の推奨・説明」に該当する可能性がありますので、慎重な対応が必要です（募集関連行為従事者に現金報酬等を伴って見込み客の紹介等を行わせる場合には、特に注意が必要です）。

Q. 「保険募集」にも「保険募集関連行為」にも該当しない行為の例はありますか？

A. 保険会社または保険募集人の指示を受けて行う商品案内チラシの単なる配布、コールセンターのオペレーターが行う事務的な連絡の受付や事務手続き等についての説明、金融商品説明会における、一般的な保険商品の仕組み、活用法等についての説明、保険会社または保険募集人の広告を単に掲載するだけの行為等が考えられます。

Q. 「募集関連行為従事者」に該当する例として「比較サイト」とありますが、比較サイトとはどのようなものですか？また、該当する例として比較サイトの他にどのようなものが想定されますか？

A. 比較サイトとは、例えば保障（補償）内容や保険料等に係る希望の条件を入力すると複数の保険会社の商品間における、それらの条件に基づいた比較内容が表示されるインターネットサイト等を想定しています。

また、比較サイトの他には、税理士、社労士、ファイナンシャルプランナー、不動産業者等が、自らの顧客を契約見込客として保険会社や保険募集人に紹介するといったケースが想定されます。

なお、代理店の広告を単に掲載するだけの行為であれば、保険募集にも募集関連行為にも該当しないと考えられます。ただし、その広告とあわせて、比較サイト等が独自の見解として当該商品を推奨する内容を記載している場合には、前記（１）ア．の①と②のいずれにも該当するか否かを判断し、両方に該当する場合には、具体的な報酬額の水準や商品の推奨・説明の程度等から総合的に判断する必要があることに留意が必要です。

Q. 「募集関連行為従事者」への支払手数料の設定について、「慎重な対応」とはどのようなことを指しますか？また「インセンティブ報酬」とはどのようなことでしょうか？

A. 社会通念上の景品程度の範囲内で、現金によらず物品・使途が限定された金券類（図書券やビール券等）の提供にとどまるものであれば問題ありません。一方、上記を超え、高額な紹介料やインセンティブ報酬を払う場合は、「募集関連行為従事者」が本来行うことができない具体的な保険商品の推奨・説明を行ってしまうことにつながるおそれがあるため、金融庁の監督指針にも留意が必要と明記されています。

また、インセンティブ報酬とは紹介した見込客数や紹介した見込み客の成約保険契約の保険料等に応じて増加する報酬を指すものです。

以上のとおり、物品・使途が限定された金券類の提供にとどまらない場合には、代理店の責任において「慎重な対応」を行うようにしてください。

Q. 損保ビジネスでは、本業や福利厚生制度等に付随して提携代理店に見込客を紹介する事例が見受けられます。これらは、いずれも提携代理店から報酬としての金銭を受け取らずに行われるケースであれば、「第三者に委

託等」にまでは至らず、規制の対象外と考えてよいでしょうか？
（例）
□保険以外の本業取引顧客に対して、別途同意等を得て、本業に関連するサービス紹介の一環として、付随的に提携先の代理店に紹介を行うケース
□福利厚生制度の一環として、企業が対象従業員等の同意等を得て、提携代理店に紹介を行うケース　など

A. 報酬としての金銭を受け取らずに行われるケースであっても、その実態の経済的な価値や目的等に照らして、総合的に判断すべきものであると考えられます。ただ、上記で例示されたケースについては、顧客の同意を得たうえで、報酬等も受領せずに行っているケースであり、前記（3）の留意点を逸脱するリスクは小さいと考えられます。

したがって、募集関連行為従事者の管理リスト等の作成や定期的なチェック等によらないまでも、紹介票の用紙等を提携先や親会社等に事前に渡す際に募集行為等の不適切な行為を行わないよう注意喚起したり、紹介票を受領する際に個人情報取扱の同意等を確認することでも足りると考えます。

3-3 比較説明あるいは推奨販売に係る体制整備

(1)基本ルール

複数の保険会社の保険商品を販売する代理店(注)は、比較説明・推奨販売を行う場合には、顧客に対し、それぞれ下記の説明を行うとともに、適切に当該説明を行うことを確保するための措置を講じなければなりません。(保険業法第294条、第294条の3、施行規則227条の2第3項第4号、同227条の12,14、監督指針Ⅱ-4-2-9(4)(5))

(注)生保と損保の代理店を兼営する場合、生損共に専属であっても、生損双方の同種の第三分野商品(がん保険等)等を販売する際に限っては、下表ア．イ．の規制対象となります。また、ウ．は、専属・乗合を問わずすべての代理店が規制対象となります。

販売方法等	義務の内容
ア．比較説明を行う場合	比較すべき事項を偏りなく説明するための措置
イ．推奨販売を行う場合	複数保険会社商品から、提案する商品をどのように選別したのかを説明するための措置 (ア)顧客意向に沿って商品を選別し、商品を推奨→候補となる対象商品の概要と推奨理由 (イ)自店独自の推奨理由・基準に沿って商品を選別し、商品を推奨→当該推奨理由
ウ．顧客の誤認防止	代理店が保険会社の委託を受けたものでないと顧客が誤認することを防止するための措置

(2)解説

ア．比較説明を行う場合

比較説明を行う場合には、保険契約者・被保険者または不特定の者に対して、誤解させるおそれのあるものを告げ、または表示することを防止するための措置を講じなければなりません。(施行規則第227条の2第3項第4号イ、同227条の14第1項)

とりわけ、自らが勧める商品の優位性を示すために他の商品との比較を行う場合には、当該他の商品についても、その全体像や特性について正確に顧客に示すとともに自らが勧める商品の優位性の根拠を説明するなど、顧客が保険契約の契約内容について、正確な判断を行うに必要な事項を包括的に示す必要がある点に留意が必要です。(業法300条1項6号、監督指針Ⅱ-4-2-2-(9)、同Ⅱ-4-2-9(5)(注2))

イ．推奨販売を行う場合

(ア)顧客意向に沿って商品を選別し、商品を推奨する場合(注1)

(施行規則第227条の2第3項第4号ロ、同227条の14第2項、監督指針Ⅱ-4-2-9(5)①②)

当該代理店が取り扱う商品の中から、顧客の意向に基づき比較可能な商品(保険募集人の把握した顧客の意向に基づき、保険の種別や補償(保障)内容等の商品特性等に基づく商品の絞込みを行った場合には、当該絞込み後の商品)の概要を明示し、顧客の求めに応じて商品内容を説明する措置を講じなければなりません。

加えて、提案商品を提示・推奨した理由を分かりやすく説明する措置、特に、代理店の判断により、顧客の意向に合致している商品の中からさらに絞込みを行った上で、商品を提示・推奨する場合には、商品特性や保険料水準等の客観的な基準や理由等(注2)について、説明を行う措置を講じなければなりません。

(注1) 当該(ア)の推奨販売を行う際に、同時に前記ア. の比較説明を行う場合はアとイ. (ア)の双方を満たす説明が必要です。

(注2)形式的には客観的な商品の絞込みや提示・推奨を装いながら、実質的には、例えば保険代理店の受け取る手数料水準の高い商品に誘導するために商品の絞込みや提示・推奨を行うことのないよう留意する必要があります。

(イ)自店独自の推奨理由・基準に沿って商品を選別し、商品を推奨する場合

(施行規則第227条の2第3項第4号ハ、同227条の14第2項、監督指針Ⅱ-4-2-9(5)③)

前記(ア)とは異なり、乗合代理店の独自の推奨理由・基準に沿って商品を絞込み、または特定の商品を顧客に提示・推奨する場合には、その基準や理由等(特定の保険会社との資本関係やその他の事務手続・経営方針上の理由を含む)を説明する措置を講じなければなりません。

(注1)各保険会社間における「公平・中立」を掲げる場合には、商品の絞込みや提示・推奨の基準や理由等として、特定の保険会社との資本関係や手数料の水準その他の事務手続・経営方針等の事情を考慮することのないよう留意します。

(注2)通常は当該(イ)の推奨販売を行っている代理店が、顧客要望を受けて例外的に前記ア. の比較説明または(ア)の顧客意向に沿った推奨販売を行う場合には、各々の説明を果たす必要があります。

ウ. 顧客の誤認防止

代理店は、保険会社のために保険契約の締結の代理・媒介を行う立場を誤解させるような表示を行ってはなりません。

特に、単に「公平・中立」との表示を行った場合、「保険会社と顧客との間で中立である」と顧客が誤解するおそれがある点に留意が必要です。(施行規則第227条の12、監督指針Ⅱ-4-2-9(4))

(注)施行規則第 227 条の 12 では乗合代理店が規制対象となっていますが、監督指針Ⅱ-4-2-9(4)では全ての代理店に対する留意事項として示されています。

(3)業法改正(2016 年 5 月)に向けた具体的な対応

複数の保険会社の保険商品を販売する代理店については、自店の比較説明・推奨販売方針によって、求められる体制整備事項が異なります。また、同じ「比較説明・推奨販売」を行う代理店であっても、日常的に複数保険会社の商品の比較説明かつ推奨販売を行っている乗合代理店と、通常は前記(2)イ. (イ)のように自店独自の推奨理由・基準に沿って商品を選別し推奨している乗合代理店が、顧客からの要望を受けたときにのみ例外的に前記(2)イ. (ア)の推奨販売を行う場合とでは、必要となる体制にも差異があると考えられます。

つきましては、次の手順等を参考に、自店方針の確認・決定を行ったうえで、必要な体制を構築する必要があります。

なお、下記手順の確認・決定や体制構築においては、巻末資料の「代理店体制整備準備シート」のうち、「比較説明・推奨販売に関する管理態勢チェックシート」をご活用ください。

☑手順１　自店の比較説明・推奨販売方針の確認・決定

前記（2）ア．およびイ．を参照のうえ、自店の比較説明・推奨販売方針の確認・決定を行います。

なお、前記（2）ウ．を踏まえ、「公平・中立」などの顧客が誤認するおそれのある表示を行っていないことも確認し、万一、行っている場合には表示の見直しを行います。

☑手順2　自店方針を踏まえての社内規則の策定と所属募集人に対する教育・管理・指導

所属保険会社の諸規則に規定のない「比較説明・推奨販売」を行う代理店においては、代理店独自の社内規則を策定し、所属募集人対して教育・管理・指導を行う必要があります。

他方、例えば、前記（2）イ．（イ）のように「自店独自の推奨理由・基準」に沿って推奨販売のみを行うにとどまるような乗合代理店においては、一律に代理店独自の社内規則の策定によらずとも、所属保険会社の諸規則に記載されている比較説明・推奨販売時の汎用的な留意点（業法や監督指針の該当条項に係る留意点）等を自店の社内規則と位置づけて遵守していくことで足りる場合もあると考えられます。

ただし、所属保険会社の諸規則に記載の汎用的な留意点のみをもって、所属保険募集人に対し、実効性のある教育等を行っていると位置づけることは困難と考えられます。そのようなケースでは、独自の社内規則の策定までは行わないものの、「自店独自の推奨理由・基準」を定めたうえで、顧客に説明すべき「自店独自の推奨理由・基準」を記載した社内通達の発信や巻末資料の「代理店体制整備準備シート」の回覧等による社内研修等の実施、あるいは、後述の自己チェック等を通じて、教育・管理・指導を行う必要があります。

☑手順3　自店方針の遵守状況の自己チェック

所属募集人が、自店の方針に沿って比較説明・推奨販売していることを自己チェックします。

☑手順4　不備判明時の改善態勢

自己チェックで不備を把握した場合や顧客苦情等で不備が判明した場合は、すみやかに改善策を講じるとともに、あらためて所属募集人への自店方針の周知徹底や方針見直しの検討を行います。

（4）留意点

■ＦＡＱ

■比較説明

Q．業法改正を踏まえ、複数社商品の比較説明を行う方針とした場合の代理店体制整備義務との関係や、独自作成する比較募集文書と保険会社による募集文書の事前点検との関係はどうなるのでしょうか？

A．パブリックコメントに対する金融庁の考え方として「Ⅱ-4-2-9(5)に基づく比較推奨販売に係る体制整備については、一義的には当該販売方法を用いた保険募集を行う保険募集人に対して求められるもの」、また、比較募集文書については「各種法令を順守する必要があるほか、業界全体で策定している自主ガイドラインも参考に作成する必要があると考えますが、各作成主体の責任において適切に作成、使用される必要がある」旨の回答が公表されました。これを受け各保険会社は、代理店が独自作成する比較募集文書のうち、自社引受商品に係る表示部分の適切性については事前点検を行うものの、比較募集文書全体の表示の適切性については一定の指導を行うにとどまると考えられます。以上のとおり、比較募集文書全体の表示の適格性等については作成主体である代理店が責任を負うこと、とりわけ不適切な表示がなされた場合は業法300条1項6号に抵触するおそれがあることなどに十分留意のうえ、慎重に判断してください。

Q. 監督指針Ⅱ-4-2-9(5)①に基づき比較可能な商品の概要を明示する行為のみ、あるいは、複数の保険会社作成の見積書やパンフレットをそれぞれ交付したうえで顧客自身に保険商品を選択していただく行為のみであれば、法300条1項6号関連の監督指針Ⅱ-4-2-2(9)に定められている「比較表示」に該当しないという理解でよいでしょうか？

A. 比較可能な商品の概要を明示し、求めに応じて内容説明している場合、あるいは、複数保険会社のパンフレットの交付・説明のみを行う場合には、監督指針Ⅱ-4-2-2(9)に規定のある比較表示には該当しないと考えられます。ただし、概要明示の際に、実質的に契約内容を比較した場合には、該当することに留意が必要です。

■推奨販売

Q. 前記（2）イ.（ア）の「顧客の意向に基づき比較可能な商品」について、多数の店舗を展開している大型代理店では、店舗によって実際に募集する保険商品が異なる可能性があるが、この場合、取扱商品が少ない店舗では、自店舗で扱っている商品のみを説明すればよいでしょうか？

A. 原則として、保険会社から販売を委託された商品は、すべて取扱可能な商品となります。ただし、例えば、社内規則において店舗に応じて取扱商品を決めている場合には、その範囲内となります。なお、乗合代理店は、これまでも取り扱える保険会社の範囲を説明することが求められていますので、自店舗の取扱商品に限らず、代理店として（他店舗を含め）取扱える保険会社の範囲を説明することが必要です（協会「募集コンプライアンスガイド」の「2. 募集人の権限等に関するお客さまへの説明について」参照）。

Q. 前記（2）イ.（ア）の「顧客意向に沿って商品を選別し、商品を推奨する場合」に必須となる「顧客の意向に基づき比較可能な商品の概要を明示」とは、「商品名・引受保険会社名」の一覧明示などでも足りるでしょうか？

A.「商品名・引受保険会社名」の一覧明示などでは不十分であり、保険会社のパンフレットにおける商品概要のページなど、商品内容の全体像が理解できる程度の情報を明示する必要があります。

Q. 前記（2）イ.（イ）の自店独自の推奨理由・基準とは、どのような例が考えられますか？

A. 保険募集人が特定の商品を提示する理由等は様々であると考えますが、いずれの場合においても、その理由が合理的なものである必要があるとともに、理由が複数ある場合にはその主たる理由をわかりやすく説明する必要があります。

なお、例えば、以下のように「代理店の経営方針に基づくこと」を説明することなどが考えられます（さらに、経営方針を定めた理由を追加説明することなども考えられます）。

■「当店は、□□損保・生保の商品を主に取り扱う経営方針である」

■「当店は、□□損保・生保のグループ会社であるため、□□損保・生保の商品を提案する経営方針である」

■「当店は、所属保険会社の中で最も事務に精通している●●損保を提案する経営方針である」

■「当店は、自店での取扱件数が多い▲社の商品をご案内する経営方針である」 など

Q. 上記Q＆Aに関連し、推奨理由・基準が合理的か否かの判断として参考になる考え方はありませんか？

A. 推奨理由・基準が合理的か否かは個別具体的に判断することとなりますが、上記Q＆A掲載のように代理店の経営方針に基づくこと（「当店として■■損保の商品を取扱う（経営）方針である」こと）が明確に伝わる理由である必要があり、それを満たしていれば、基本的には許容されると考えられます（注1）。

ただし、代理店の経営方針に基づくことを明示した場合であっても、少なくとも「虚偽説明がない」、「法令等に抵触しない」ものであることが必要です（注2）（注3）。

（注1）代理店の経営方針であることを明示する場合であっても、顧客に対して提案理由が他の商品に比べて優位であるとの

印象を与えかねない理由(「補償内容や付帯サービス等を総合的に勘案し、■■損保をお勧めする方針である」等)は、前記(2)イ.(ア)に該当する可能性があり、該当する場合は商品特性や保険料水準等の客観的な基準や理由等について説明を行う体制整備が必要となります。

(注2)例えば、本来は手数料水準に基づき絞り込んでいるにも関わらず、別の理由を装うことは不適切と考えられます。主たる理由が手数料水準である場合には、そのことを説明する必要があることに留意が必要です。

(注3)例えば、商品に関する事項ではなくとも、保険会社について「○○がNo.1」といった数値を用いて理由を示す場合において、使用した客観的数値等の出所、付された時点、手法等を示さず、また、その意味について十分な説明を行わないこと、一部の数値のみを取り出して全体が優良であるかのように表示することなどは、業法施行規則234条1項4号等に抵触するおそれがあります。

Q. 例えば、所属保険会社数10社から前記(2)イ.(イ)に基づき自店独自の経営方針を理由に3社商品に絞り込んだ後、当該3社の商品から前記(2)イ.(ア)に基づき顧客意向に沿って商品特性や保険料水準等の客観的基準で1社に絞り込むといったケースではどう対応するべきでしょうか?

A. まず、10社から3社に絞り込んだ自店独自の推奨理由・基準を適切に説明する必要があります。その後、3社の商品の概要を明示するとともに、1社に絞り込んだ商品特性や保険料水準等の客観的な基準や理由等を説明する必要があります(その限りにおいて、10社全ての商品概要を明示する必要まではありません)。

Q. 顧客が特定の保険会社・特定商品を指定するなど、比較説明・推奨販売を希望しない場合は、規制対象外との理解でよいでしょうか?

A. 顧客が特定の保険会社・特定商品を指定し、その範囲内で保険募集が行われる場合には、監督指針Ⅱ-4-2-9(5)の対象外になると考えます。ただし、当該保険契約の締結にあたっても、意向把握義務に基づく対応が必要なことに留意してください。

Q. 更新(更改)契約の場合は、どうすればよいでしょうか?

A. 通常、保険会社または代理店は、前契約と同じ保険会社の商品をもって更新(更改)契約の提案を行いますが、これに対し顧客が既契約の更新(更改)を希望している場合には、あらためて特定の保険会社の商品を提示・推奨する理由の説明(前記(2)イ.(ア)(イ)の説明)が求められるものではありません。

Q. 自賠責保険の場合は、どうすればよいでしょうか?

A. 自賠責保険は、強制付保かつ業界共通商品であり、比較説明・推奨販売の前提となる「二以上の比較可能な同種の保険契約」には該当しないと考えられます。さらには、意向把握義務の対象外とされていることなども踏まえると、基本的には比較説明・推奨販売に関する体制整備は不要と考えられます。ただし、乗合代理店については取り扱える保険会社の数等を説明する必要があることに留意が必要です。

■顧客の誤認防止

Q. 保険会社・代理店の方針・スローガン等として、「お客さま最優先」「お客さまと一緒に必要な補償・ライフプランを考えます」「お客様本位」などを掲げることは一般的に行われているが、このような保険募集の方針・スタンスを示すことを制限する趣旨ではないという理解でよいでしょうか?

A. 例示のような表示を行うことも考えられますが、販売手法、その他の商品説明手法とあいまって、顧客と保険会社との間で中立であると顧客に誤認させることのないよう留意する必要があります。

Q.「保険代理店の立場の表示等を適切に行うための措置について、社内規則等において定め」とあるが、保険募集人が「公平・中立」等の表示を特に行っていない場合、新たに保険代理店の立場について表示を行うことは必要ないと考えてよいでしょうか？

A. そのとおりです（従来同様、保険業法第294条の権限明示を果たすことで足ります）。

3-4 フランチャイズ代理店等に係る体制整備

(1)基本ルール

典型的にはフランチャイズ展開を行う保険募集人が対象となりますが、保険募集人(フランチャイザー等)が、指導対象とする他の保険募集人(フランチャイジー等)に対し、保険募集の業務の指導に関する基本となるべき事項(当該他の保険募集人が行う保険募集の業務の方法、または条件に関する重要な事項を含むものに限る。)を定めて、継続的に当該他の保険募集人が行う保険募集の業務の指導を行う事業が「保険募集人指導事業」に該当します。「保険募集人指導事業」を実施する保険募集人は、次のような体制整備が必要となります。(保険業法第294条の3、施行規則第227条の13、第227条の15、監督指針Ⅱ-4-2-9(6)(7))

- ●指導対象保険募集人(フランチャイジー等)における保険募集の業務について、適切に教育・管理・指導を行う態勢を構築し、必要に応じて改善等を求めるなどの措置
- ●指導対象保険募集人(フランチャイジー等)に対してどのように指導を行うかについての実施方針の策定、当該指導対象の保険募集人との適正なフランチャイズ等の契約の締結と適切な指導、実施状況の検証・改善等の措置

(注)保険募集人における保険募集の業務のあり方を規定しないコンサルティング等の業務については、保険募集人指導事業に該当しません。(例:店舗レイアウトに係るコンサルティング等)

(2)解説

ア. 必要な体制整備

■保険募集の業務の指導に関する基本となるべき事項を定めた実施方針を策定
■実施方針に基づく保険募集人指導事業の的確な遂行を確保するための規定等の策定
■指導対象保険募集人における保険募集の業務について、適切に教育・管理・指導を行う態勢の構築
■指導対象保険募集人における保険募集の業務の実施状況の、定期的または必要に応じた確認・検証
■上記の確認・検証に基づき改善を求めるための態勢

(注)上記の対応を実践するためには、例えば、一定の知識・経験を有する者を配置するなど、教育・管理・指導を行う態勢を構築することが求められています。

イ. 指導対象保険募集人の指導の実施方針への記載事項

■保険募集の業務の指導に関する事項
■指導対象保険募集人が行う保険募集の業務の方法及び条件に関する事項

(注)フランチャイズを行う上での留意事項(業務の方法・条件等)を記載することが必要となります。

ウ. 商号等の使用を許諾している場合

両者が異なる主体であることや、両者が取り扱う保険商品の品揃えが顧客に宣伝しているものと異なる場合における品揃えの相違点を説明するなど、当該他人が当該保険募集人と同一の事業を行うものと顧客が誤認することを防止するための適切な体制を整備する必要があります。

3-5 大規模な特定保険募集人に係る体制整備

(1)基本ルール

大規模な特定保険募集人(施行規則236条の2の条件を満たす乗合代理店を指す用語です。)に該当した場合、その事務所ごとに、その業務に関する帳簿書類を備え、保険契約者ごとに保険契約の締結の年月日その他の事項を記載し、これを保存しなければなりません。(保険業法第303条)

また、事業年度ごとに事業報告書を作成し、毎事業年度経過後3か月以内にこれを内閣総理大臣に提出しなければなりません。(保険業法第304条)

＜帳簿備付け・事業報告書の提出が必要となる大規模な特定保険募集人の基準＞

生命保険・損害保険・少額短期保険の業態毎に次のいずれかに該当するか判定(それぞれを合算しない) ●所属する保険会社が 15 社以上 ●事業年度中の手数料収入等の合計額が 10 億円以上(専属代理店を除く)

(注1)対象代理店は、代理店の事業年度末ごとに判定され、施行日(2016 年5月 29 日)以降に迎える最初の事業年度末が判定時期となります。例えば、事業年度末が6月末の代理店の場合、2016 年6月末が最初の判定時期となります。

(注2)生命保険・損害保険・少額短期保険の3業態のうち、どれか一つでも、「基準」のいずれかに該当した場合は、保険業務全体に関する帳簿備付け・報告の義務が生じます。

(注3)主たる事務所と従たる事務所が別個に登録されている代理店においては、所属保険会社数や手数料の総額判定にあたっては、事務所単位ではなく、一つの法人単位で判断します。また、手数料は消費税抜きで判定します。

(2)解説

ア. 業務に関する帳簿書類の保存

大規模な特定保険募集人は、保険契約の締結の日から5年間、当該保険契約に係る帳簿書類を保存し、保険募集人がいる事務所ごとに常時閲覧できる体制を整備しなければなりません。

保存すべき事項は、保険契約者、所属保険会社等ごとに、次の事項となります。

① 保険契約の締結の年月日

② 保険契約の引受けを行う保険会社等又は外国保険会社等の商号又は名称

③ 保険契約に係る保険料

④ 保険募集に関して当該特定保険募集人が受けた手数料、報酬その他の対価の額

(注)大規模な特定募集人に該当することとなった事業年度末の翌日から、帳簿書類の保存が必要となります。例えば、2016 年6月末の事業年度末で該当した場合、2016 年7月1日から帳簿書類を保存しなければなりません。

イ. 事業報告書

大規模な特定保険募集人が監督当局に提出する事業報告書は、所定の様式(保険業法施行規則に掲載)に従って作成しなければなりません。

事業報告書を提出しようとするときは、当該事業報告書に、その写し2通を添付して、管轄財務局長等に提出しなければなりません。また、代理店登録単位(別個登録単位)ごとに各々1 通提出する必要はなく法人単位で1通作成すれば可とされています。

(注)事業報告書は施行日(2016 年5月 29 日)以降に開始する事業年度分から作成し、当該事業年度末の翌日から3か月以内に提出が必要となります。例えば、事業年度末が6月末の代理店の場合、初回は 2017 年6月末に終了する事業年度の事業報告書を 2017 年9月末までに提出することになります。

3-6 テレマーケティング代理店等に係る体制整備

（注）本規制のみ、2015年5月27日から監督指針が適用されています。

（1）基本ルール

いわゆるテレマーケティング代理店等のように、電話による"新規の"保険募集・加入勧奨を反復継続して行う場合には、保険募集方法を具体的に定め、適切な教育・管理・指導およびPDCAを実施することが必要となります。（監督指針Ⅱ-4-4-1-1(5)）

（注）継続契約の電話募集や、勧誘を伴わない単なる事務連絡等は、下記（2）解説の趣旨に該当しない限りはこのルールの対象外と考えられます。ただし、基本的には本ルールの対象外となるようなケースにおいても、電話を用いて手続き・連絡等を行う場合には、苦情等が発生しないよう留意することが重要です。

例：既契約者に対する単なる訪問アポイント取得、既契約内容の説明や保全手続き等、あるいは、既契約の更新（更改）を目的とした電話

（2）解説

新規の保険募集等（注）を電話で行うことは、非対面で、顧客の予期しないタイミングで行われることなどから、特に苦情等が発生しやすいとの指摘を受けています。

そのため、当該行為を反復継続的に行う場合には、トラブルの未然防止・早期発見に資する取組みを含めた保険募集方法を具体的に定め、実行するとともに、保険募集人に対して、適切な教育・管理・指導を行うことが求められました。

また、これらの取組みについて、適切性の検証等を行い、必要に応じて見直しを行うことが必要です。

（注）自らが締結した、または保険募集を行った団体保険に係る保険契約に加入することを勧誘する行為、その他の当該保険契約に加入させるための行為を含みます。

ただし、企業・官公庁の職域団体等の類別団体など、団体と構成員の間に一定の密接性が認められ、団体（契約者）から被保険者への適切な情報提供が期待される団体について電話による加入勧奨を行う場合は本規定の対象とはなりません。

（3）具体的な対応

＜実施すべき取組み＞

① 説明すべき内容を定めたトークスクリプト等を整備のうえ、徹底する。

② 顧客から、今後の電話を拒否する旨の意向があった場合は以降電話しない体制を徹底する。

③ 通話内容を記録・保存する。

④ 苦情等の原因分析及び再発防止策の策定及び周知を行う。

⑤ 電話行為者以外の者による通話内容の確認（成約に至らなかったものを含む。）及びその結果を踏まえた対応を行う。

以上

代理店体制整備準備シート

本シートの位置づけ

☑保険業法改正により、代理店に対し「保険募集の業務に関し、健全かつ適切な運営を確保するための体制整備」を義務付ける規制が導入されます（2016年5月29日適用開始）。
☑本シートは、規制の適用開始に向けて代理店の規模や業務の特性に応じた内部管理体制を整備するための、自己チェック形式の準備シートです。
☑各STEPと項目に沿って自店の現状（準備状況）をチェックし、体制整備未了の項目は、対応すべきことを確認のうえ、極力2015年12月までに（注）対応完了するようにしてください。
☑なお、各チェック項目の根拠となる業法・監督指針やチェックにあたっての考え方については、「募集コンプライアンスガイド［追補版］」第3章をご参照ください。
（注）規制の適用開始（2016年5月）までに、形式的に体制を整えるのみならず、PDCAサイクルを有効にまわし実効性の高い体制を構築するためには、より早期の整備・準備が重要です。

記入要領および記入上の留意点

☑本シートのチェックは、原則として代理店主または保険部門の責任者が実施してください。（本店以外に支店等の出先機関がある場合は、出先機関の責任者に確認するなどして、組織全体で実施できているか確認してください。）
☑本シートは、「共通チェックシート」と「比較説明・推奨販売に関する管理態勢チェックシート」で構成されています。「共通チェックシート」はすべての代理店が対象です。「比較説明・推奨販売に関する管理態勢チェックシート」は該当する代理店のみ実施対象ですので、「共通チェックシート」のSTEP2にて該当するか（否か）ご確認ください。
☑各チェック項目を確認し、自店が該当する項目にチェックします。ただし、「共通チェックシート」のSTEP3および「比較説明・推奨販売に関する管理態勢チェックシート」のSTEP2の「現状（整備・準備の状況）」については、選択肢の中から該当するものを一つをチェックします。
☑すべてのチェック項目の確認が完了したら、チェックシート末尾の「準備状況自己チェック実施日」にチェックした日付と実施者名を記入します（押印でも可）。
☑「共通チェックシート」のSTEP3および「比較説明・推奨販売に関する管理態勢チェックシート」のSTEP2で、「現状（整備・準備の状況）」が「できていない」にチェックした場合は、次のとおり対応してください。
○いつまでにどのように対応するかを策定し、その内容を「要対応事項」に具体的に記入します。（前記の観点から、期限は極力2015年12月末までとしてください）
○「要対応事項」で定めた時期に「要対応事項」に記入したことが実施されていることを確認し、この結果を「対応結果」に記入のうえ、チェックシート下段の「体制整備完了確認日」に、確認した日と確認者名を記入します（押印でも可）。
☑「共通チェックシート」および「比較説明・推奨販売に関する管理態勢チェックシート」すべての項目の対応が完了したことを確認のうえ、以下の欄に確認日、代理店名および代理店主名（または保険部門の責任者）を記入します（押印でも可）。

（注）「共通チェックシート」のSTEP3、および「比較説明・推奨販売に関する管理態勢チェックシート」STEP2の「体制整備・準備状況の確認」は、遅くとも改正保険業法が施行されるまでに体制整備対を完了すべき項目も含まれています。したがって、改正保険業法が施行前のため未対応の場合は、施行までに体制整備が完了予定であるかを確認のうえ、チェックしてください。

本シートの保管

☑本シートは、次回の体制整備に関わる自己点検実施時まで保管ください。

【代理店記入欄】（すべてのチェック項目の対応が完了したことをご確認のうえ記入してください。）

体制整備完了確認日

年　　月　　日

代理店名

代理店コード［　　　　］

代理店主名（または保険部門責任者）

（保険会社使用欄）

共通チェックシート

☑STEP1 規模の確認（どちらか一方にチェック）

⇒ 詳しくは追補版3-1章へ

□	代理店主が、自ら管理責任者としてすべての拠点・募集人に対する教育・管理・指導を行うこととしている。	⇒	各項目のチェック時には、「店主」として整備できているかの観点でチェックしてください。
□	代理店主に加えて、拠点数や募集人数に応じて店主以外の管理責任者等を適切な規模で配置し、組織による教育・管理・指導を行うこととしている。	⇒	各項目のチェック時には、管理責任者等により「組織」として整備できているかの観点でチェックしてください。

☑STEP2 業務特性の確認（該当する項目すべてにチェック）

⇒ 詳しくは追補版3-1章へ

□	乗合代理店である。 （注）生保と損保の代理店を兼営する場合は、生損共に専属であっても、生損双方の同種の第三分野商品（がん保険等）等を販売する際に限っては、「比較説明・推奨販売に関する管理態勢のチェックシート」のチェックが必要です。	⇒	下記「STEP3」に加え、追補版3－3章をご参照のうえ、「比較説明・推奨販売に関する管理態勢のチェックシート」もあわせチェックしてください。
□	募集人指導事業（フランチャイズ）を行っている（改正保険業法施行後に行う予定である）。	⇒	下記「STEP3」に加え、追補版3－4章を参照のうえ自店での体制整備を行ってください。（フランチャイジーである保険募集人に対し適切な教育・管理・指導が求められます。）
□	大規模特定保険募集人に該当する見込みである。	⇒	下記「STEP3」に加え、追補版3－5章を参照のうえ自店での体制整備を行ってください。（所定の事業報告書を作成し、所管財務局長等に毎年報告することが義務付られます。）

☑STEP3 体制整備・準備状況の確認（「所属保険会社の管理・指導の範囲内の業務」について）

⇒ 詳しくは追補版3-1章へ

PDCA	中分類	チェック項目	現状（整備・準備の状況）	追補版参照箇所	要対応事項（いつまでに・どうするか）	対応結果（極力2015年12月までに）
【Plan】社内規則等の策定	規則の策定状況	法令等や保険会社の定めた募集ルールに則して適切に行うことを定めた社内規則等はあるか？	□所属保険会社のマニュアル（※）を代理店の社内規則と位置付けている。 ※重要事項説明、顧客情報管理、外部委託先管理等の募集関連ルールを規定した「募集コンプライアンスガイド」等	3-1 (3)ア		
			□ できていない →「要対応事項」へ			
		その他、業務を適切に運営するために代理店独自で行う規則・ルールの整備について	（任意記入欄）			
【Do】適切な教育・管理・指導	資格取得・管理	保険募集人が募集を行うために必要な資格の取得状況や受講状況の管理ができているか？ ※損保協会の損保一般試験「基礎単位」「商品単位」、所属保険会社の独自資格等	□ できている	3-1 (3)イ		
			□ できていない →「要対応事項」へ			
			□ 該当なし（店主以外の募集人がいない）			
	募集ルールの教育・指導	保険会社が参加必須としている研修等に参加し、代理店内に周知できているか？ ※コンプライアンス研修、商品改定研修、業務連絡会等。後述の自己点検を通じて周知することも可。	□ できている			
			□ できていない →「要対応事項」へ			

共通チェックシート

PDCA	中分類	チェック項目	現状（整備・準備の状況）	追補版参照箇所	要対応事項（いつまでに・どうするか）	対応結果（極力2015年12月までに）
（つづき）【Do】適切な教育・管理・指導	募集関連行為従事者の教育・管理・指導	募集関連行為を第三者に委託等のうえ行わせている場合、募集関連行為従事者が不適切な行為を行わないよう教育・管理・指導できているか？ ※後述の【Check】の自己点検を通じて教育・管理・指導することも可。	□ できている □ できていない →「要対応事項」へ □ 該当なし（募集関連行為を第三者に行わせていない）	3-2		
	その他	その他、業務を適切に運営するために代理店独自に実施する研修について	（任意記入欄）	−		
【Check】自己点検等の監査	ルールの遵守状況の確認	代理店単位のルールが遵守されていることを定期的に監査・点検する体制が整備されているか？ 例：登録・届出や勧誘方針の掲載などの点検。保険会社の点検・監査の際に行う自己点検を、自店の自己点検と位置付けることも可。	□ できている □ できていない →「要対応事項」へ	3-1 (3)ウ		
		募集人単位のルールが遵守されていることを定期的に監査・点検する体制が整備されているか？ 例：重要事項説明や特別利益提供の禁止などの点検。保険会社の点検・監査の際に行う自己点検を、自店の自己点検と位置付けることも可。	□ できている □ できていない →「要対応事項」へ □ 該当なし（店主以外の募集人がいない）			
		その他、業務を適切に運営するために代理店独自に実施する点検	（任意記入欄）			
	お客様の声（苦情）の把握	受付けたお客様の声（苦情等）について、件数推移や原因分析を行う体制が整っているか？	□ できている □ できていない →「要対応事項」へ			
【Act】改善に向けた体制整備	改善計画の策定有無	監査・点検結果やお客さまの声（苦情等）にもとづき、振り返り・改善を図る体制が整っているか？	□ できている □ できていない →「要対応事項」へ	3-1 (3)エ		

準備状況自己チェック実施日	体制整備完了確認日
／　／	／　／
（チェック実施者氏名）	（完了確認者氏名）

本シートの保存期間：次回自己点検まで

比較説明・推奨販売に関する管理態勢チェックシート （「共通シート」のSTEP2の一つ目の項目に該当する場合に自己チェックを実施してください）

☑STEP1 自店の比較説明・推奨販売形態の確認（該当する形態すべてにチェック）

⇒ 詳しくは追補版3-3章へ

□	商品特性や保険料水準などの客観的な基準や理由等に基づいて商品を選別し、特定商品を推奨している。	
□	商品特性や保険料水準などの客観的な基準や理由等に基づくことなく、自店独自の方針に沿って商品を選別し、特定商品を推奨している。（自店独自の方針に沿って乗合全社の商品を顧客に提示している場合を含む）	⇒
□	商品特性や保険料水準などの客観的な基準や理由等に基づくことなく、自店独自の方針に沿って商品を選別した後に、選別後の商品の中から、商品特性や保険料水準などの客観的な基準や理由等に基づいてさらに商品を選別し、特定商品を推奨している。	⇒

【自店独自の推奨方針（商品を選別する基準や理由等）】

（※）事務所や商品分野によって販売方法が異なるなど、1つの選択により難い場合には、実態に応じて複数選択し、必要に応じ右記欄に記入してください。

☑STEP2 体制整備・準備状況の確認（「比較説明・推奨販売」について）

⇒ 詳しくは追補版3-3章へ

PDCA	中分類	チェック項目	現状（整備・準備の状況）	追補版該当箇所	要対応事項（いつまでに・どうするか）	対応結果（2016年5月末まで）
【Plan】社内規則等の策定	規則の策定状況	比較説明・推奨販売に関し、法令等に則して適切に管理・指導することを定めた社内規則等はあるか？	□所属保険会社のマニュアル（※）を代理店の社内規則と位置付け、上記☑STEP1に【自店独自の推奨方針（商品を選別する基準や理由等）】を記載している。 ※比較説明・推奨販売時の汎用的留意点が記載された「募集コンプライアンスガイド」等	3-3 (3)		
			□代理店独自の比較説明・推奨販売の規則を策定している。			
			□ できていない →「要対応事項」へ			
【Do】適切な教育・管理・指導	比較説明の留意点	比較説明を行う場合は、誤解のおそれのある比較表示・説明が行われないよう教育・管理・指導を行っているか？ ※本シート記載の「自店独自の推奨方針」や、社内通達および後述の【Check】の自己点検を通じて周知することも可。	□ できている	3-3 (2)ｱ		
			□ できていない →「要対応事項」へ			
	推奨販売の留意点	自店の推奨方針に関する教育・管理・指導は適切に行われているか？ ※本シート記載の「自店独自の推奨方針」や、社内通達および後述の【Check】の自己点検を通じて周知することも可。	□ できている	3-3 (2)ｲ		
			□ できていない →「要対応事項」へ			
	誤認防止	商品の絞込みや推奨理由として、特定の保険会社との資本関係や手数料の水準等を考慮しながら、顧客等に「公平・中立」の表示を行っていないか。	□ 行っていない	3-3 (2)ｳ		
			□ 行っている →「要対応事項」へ			
【Check】自己点検等の監査	ルールの遵守状況の確認	比較説明・推奨販売ルールが遵守されていることを定期的に監査・点検する体制が整備されているか？ ※保険会社の点検・監査の際に行う自己点検を、自店の自己点検と位置付けることも可。	□ できている	3-3 (3)		
			□ できていない →「要対応事項」へ			
【Act】改善に向けた体制整備	改善計画の策定有無	比較説明・推奨販売に関する監査・点検結果やお客さまの声（苦情等）にもとづき、振り返り・改善を図る体制が整っているか？	□ できている	3-3 (3)		
			□ できていない →「要対応事項」へ			

準備状況自己チェック実施日	体制整備完了確認日
／　／	／　／
（チェック実施者氏名）	（完了確認者氏名）

本シートの保存期間：次回自己点検まで

参考資料5

事例紹介　1

改正保険業法に係る実務対応について

営業職員チャネルにおける保険募集時の対応

日本生命保険相互会社

本参考資料は、各協会・各社の責任において制作されているものであり、個々の内容について金融庁が審査・監修を行っているものではないことにご留意願います。

営業職員チャネルにおける保険募集時の対応

■本社商品販売時の意向把握義務を踏まえた保険募集の実務の変更は、以下の3点
❶当初意向の把握、❷当初意向とプラン内容の関係性説明、❸当初意向と最終意向の比較

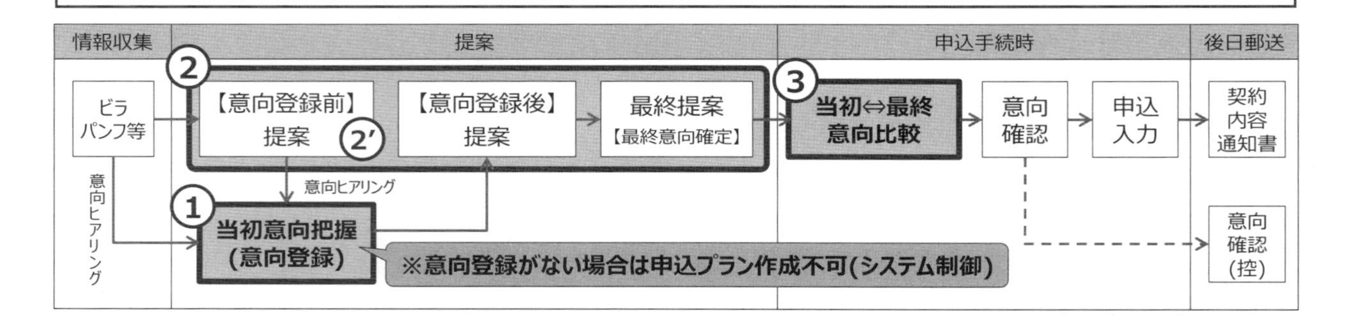

	義務内容(監督指針等)	本社実務対応
①	✓ 提案に際し、極力早い段階で、お客様の意向（=『当初意向』）を把握	✓「死亡」「重い病気・介護」「医療」「将来の資金」に係る『当初意向』をヒアリングし、REVO（携帯端末）へ登録(意向登録) ✓『意向登録画面』の新設
②	✓ 当初意向とプラン内容の関係性説明 2′ ※ 意向登録前は、「営業職員が想定した保障ニーズ」とプランの関係性説明	✓ 提案の都度、関係性を提案書に記載(システム対応)・説明
③	✓ 当初意向と最終意向の比較 ✓ 比較内容の保存	✓『意向比較画面』の新設・説明 ✓ 当該比較画面はシステム保存

参考資料6

事例紹介　2

改正保険業法を踏まえた社内規則の例

募集管理規程（乗合代理店用ひな形）

平成27年11月27日時点
日本生命保険相互会社

本参考資料は、各協会・各社の責任において制作されているものであり、個々の内容について金融庁が審査・監修を行っているものではないことにご留意願います。

Ｈ２７年１１月２７日時点における情報等をもとに作成をしております。今後明らかになる情報等によっては規程案に変更があることをお含みおきください。

募集管理規程（乗合代理店用ひな形）

規程案	備考
第１条（目的） 本規程は、代理店主および使用人が、保険募集および募集関連行為に関する法令等を遵守し、適正な保険募集を実現することを目的とする。なお、法令等とは、保険募集に関連する法令、監督官庁の監督指針・ガイドライン等、所属保険会社が定める規程・マニュアル等、当代理店の社内規程等、および社会的規範をいう。	○当規程は、乗合代理店用の募集管理規程のひな形となっています。
第２条（定義） 「保険募集管理」とは、保険募集に関する法令等の遵守を確保し適正な保険募集を実現するため必要となる管理をいう。	
第３条（乗合代理店） 当代理店は、２以上の所属保険会社等を有する代理店である。２以上の所属保険会社等を有する代理店における保険募集管理を適切に実施するために、代理店主および使用人の業務の健全かつ適切な運営を確保するための措置を講じるものとする。	
第４条（組織） １．代理店主は、保険募集の業務の適正が図られているかについて管理・監督を行うとともに、その適正を確保するための指示、その他所要の措置を決定する。 ２．代理店主は、保険募集管理業務を主管する者として、業務管理責任者を任命する。 ３．代理店主は、各部門の責任者の指名に基づいて、各部門における保険募集の業務に関する法令等遵守の推進者として、コンプライアンス担当者を任命する。 ４．業務管理責任者は、保険募集の業務について、より実務的な立場から、第１項の管理・監督、保険募集に関する法令等遵守に関する情報の収集、管理および分析を行う他、保険募集の業務について、代理店主への報告、コンプライアンスを統括する者等への連絡その他所要の措置を行う。 ５．代理店主は、保険募集の業務に必要な知識水準および保険募集の適正が確保されるよう、使用人に対する教育および研修を推進する者として、教育責任者を任命する。 ６．業務管理責任者および教育責任者は、保険募集の業務に必要な知識水準および保険募集の適正が確保されるよう、前項に掲げる事項、第４項後段に掲げる報告、連絡、その他所要の措置を行う。	○コンプライアンス担当者がいない代理店様は第３項を削除ください。あわせて、項数を修正ください。 ○コンプライアンスを統括する者がいない場合には第４項の文言を削除ください。

規程案	備考
第５条（募集文書等） １．代理店主および使用人が保険募集にあたり使用する新聞広告、印刷物、看板その他保険募集のため、または、保険募集を容易にするために使用される一切の文書等（電磁的記録による場合を含む。以下、「募集文書等」という。）は、各所属保険会社が作成したものでなければならない。ただし、法令等に従い、代理店主および使用人が作成した募集文書等で、各所属保険会社の承諾を得たものは、この限りでない。 ２．募集文書等は、法令等および所属保険会社との間の業務委託契約に従って、使用されなければならない。 ３．募集文書等において当代理店の立場を説明する場合、根拠なくして公平、中立または保険会社の代理店という立場ではないものと誤認させるおそれのある文言を用いてはならない。単に「公平・中立」との表示・説明を行った場合には、「保険会社と顧客（保険募集の相手方をいう。以下、同じ。）との間で中立である」と顧客が誤解するおそれがあるため、このような表示・説明は行ってはならない。	
第６条（勧誘方針） １．代理店主は、営業店舗において勧誘方針を提示する、または、閲覧に供することにより公表しなければならない。 ２．代理店主および使用人は、顧客から勧誘方針の提示の求めがあった場合には、速やかにその提示をするか、顧客が知り得る方法での提供をしなければならない。	
第７条（権限明示） 代理店主および使用人は、保険募集を行うにあたっては、所属保険会社の代理人として保険契約を締結するのか、または媒介をするのか、その権限を明らかにしなければならない。	
第８条（乗換募集） １．代理店主および使用人は、顧客に既契約を解約させて新たな契約の申込みをさせる（以下「乗換募集」という。）場合、そのことに伴う不利益事項を説明しなければならない。 ２．乗換募集に際しては、締結した保険契約が乗換募集によるものかどうかについて記録する等、各所属保険会社の指導に従い、措置を講じる必要がある。	

規程案	備考
第9条（意向把握・確認・証跡管理） <意向把握型> 1．代理店主および使用人は、保険金額や保険料を含めた当該顧客向けの個別の商品を提案・説明する前に、予め当該顧客の意向を把握しなければならない。 2．代理店主および使用人は、顧客に対し個別の商品の提案をするにあたっては、当該顧客の意向との対応関係について説明しなければならない。また、最終的な顧客の意向を確認し、その意向と当初把握した顧客の意向を比較し、両者が相違している場合には、その相違点を確認のうえ、その対応箇所や相違点およびその相違が生じた経緯についてわかりやすく説明しなければならない。 3．代理店主および使用人は、契約締結前の段階において、顧客の最終的な意向と契約の申込みを行おうとする保険契約の内容が合致しているかどうかの意向確認をしなければならない。 4．　第2項にかかる帳票等に関する内容について、適切に記録・保管されなければならない。	○第9条は、監督指針における意向把握のプロセスに係る社内規則となります。 ○意向把握型、意向推定型に応じて、規程を選択ください。
<意向推定型> 1．代理店主および使用人は、保険金額や保険料を含めた当該顧客向けの個別の商品を提案・説明する都度、どのような意向を推定（把握）して当該提案を設計したかの説明を行い、当該顧客の意向との対応関係について説明しなければならない。 2．最終的な顧客意向が確定した段階において、その意向と代理店主および使用人が把握した意向を比較し、両者が相違している場合にはその相違点を確認のうえ、その対応箇所や相違点およびその相違が生じた経緯についてわかりやすく説明しなければならない。 3．代理店主および使用人は、契約締結前の段階において、顧客の最終的な意向と契約の申込みを行おうとする保険契約の内容が合致しているかどうかの意向確認をしなければならない。 4．第2項にかかる帳票等に関する内容について、適切に記録・保管されなければならない。	

H２７年１１月２７日時点における情報等をもとに作成をしております。今後明らかになる情報等によっては規程案に変更があることをお含みおきください。

規程案	備考
第１０条（比較・推奨販売）	○第１０条は、監督指針における比較・推奨販売に係る社内規則となります。 なお、第１０条は「意向による選別」を実施する場合の規程です（意向把握型を前提としています）。他の取扱とする場合、規程を変更する必要があります。 ○また、比較・推奨販売に関する規制について、募集管理規程の中に定めず別途比較・推奨販売専用の規程を定める方法も考えられます。
１．当代理店では、第９条に定める方法により把握した顧客の意向に基づき、当代理店独自に策定するシート *（代理店様毎に取扱が異なる場合があります。）* を用いて絞込みを行う方法により、顧客に商品を提案するものとする。また、このように顧客の意向に基づき絞込んだ商品の中から、代理店主および使用人がさらに絞込みを行い、特定の商品を提示・推奨する場合は、商品特性や保険料水準などの客観的な基準や理由等について、顧客に説明するものとする。	○第１項では、比較・推奨販売方法を定めています。この規程により、「顧客意向による絞込み」を実施する方針を宣言しています。 （監督指針Ⅱ－４－２－９(5)①②）
２．前項の商品を取扱うに際し比較を行うときには、比較する商品について、その全体像やその特性について正確に顧客に示すとともに、自らが勧める商品の優位性の根拠を説明するなど、顧客が商品の内容について、正確な判断を行うに必要な事項を包括的に示すものとする。例えば、保険料の違いだけを説明し、保障（補償）範囲の違いを説明しないといった対応は取ってはならない。	○第２項では、比較に関する留意事項を定めています。 （監督指針Ⅱ－４－２－９(5)②注２）
３．代理店主および使用人は、顧客に対し、第９条に定める方法により把握した顧客の意向に基づき、当代理店独自にシートを策定する	○第３項では、意向による選

規程案	備考
方法により商品の絞込みを実施し、顧客に対して、当該商品について「概要明示資料（仮）」を用いてその概要を明示し、顧客の求めに応じて当該商品の内容を説明しなければならない。 なお、代理店主および使用人は、次の各号に定める取扱を実施するに際しては、第９条に関する意向把握帳票等の所定欄に、次の各号で把握した顧客の意向を記入する必要がある。その上で、顧客に対して、その絞込み後の商品について、「概要明示資料（仮）」を用いてその概要を明示し、顧客の求めに応じて当該商品の内容を説明しなければならない。 ①　第９条に定める方法等により把握した顧客の意向が複数ある場合 ア．第９条に定める方法等により把握した顧客の意向が複数ある場合には、その意向のうち、顧客が最も重視する意向に基づき商品の絞込みを行うことができる。 イ．第９条に定める方法等により把握した顧客の意向が複数ある場合には、それらの意向をすべて満たす商品を提示することができる。 ②　第９条に定める方法により顧客の意向を把握した後、追加的に顧客の意向が明らかになった場合 第９条に定める方法等により顧客の意向を把握した後、追加的に顧客の意向が明らかになった場合には、その追加的に明らかになった顧客の意向も含めて絞込みを行うことができる。なお、追加的に明らかとなった顧客の意向により絞込みを行う際には、商品特性等から１商品に絞り込まれるような場合を除き、一定数に絞込まれた段階で、その複数の商品の概要を示すことが望ましい。	別と比較可能な商品の概要の明示について定めています。 （監督指針Ⅱ－４－２－９(5)①） ○なお書以下では、応用ケースを記載しています。 ①では、意向把握実施時に複数の意向があるときに、顧客が重視する意向をさらに確認する選別方法を定めています。 ②では、意向把握を実施後、ヒアリング等顧客との対話の中で、追加で明らかになった意向による選別方法を定めています。追加的に明らかになった顧客の意向に沿ってさらなる絞込みを行った場合には、当該絞込み後の商品について概要を明示することで足ります。 ただし、商品の概要を示さないままに、商品の絞込みをくりかえすと（例えば一度も複数の商品の概要を明

規程案	備考
	示しないまま、最終的に絞り込んだ一つの商品の概要を示すなど)、顧客としては、自らの意向と商品選択の内容が合致しているかが自身ではわからず、結果として意向に反した商品選別になるおそれもあります。このため、(商品特性等から、一つの商品に絞り込まれるような場合を除き) 一定数に絞り込んだ段階で、商品の概要を示す点に留意する旨記載しています。 ○比較・推奨販売に使用するアンケートが必ずしも意向把握帳票と同紙ではないことを踏まえ、「第9条に関する意向把握帳票等」としています。
4．代理店主および使用人は、前項の取扱を実施した後、顧客に対し、特定の商品を提示・推奨する際には、当該提示・推奨理由を適切に説明しなければならない。前項の取扱を実施した後、代理店主および使用人がさらに絞込みを行う際には、当代理店で策定したシートに記載の基準を用いて、商品特性や保険料水準などの客観的な基準や理由等により絞込みを実施する必要がある。この場合、代理店主および使用人は、顧客に対して、代理店主および使用人が絞込んだ基準や理由等を説明するとともに、第9条に関する意向把握帳票等の所定欄に、当該基準や理由等を記入する必要がある。	○第4項では、意向による絞込を実施した後、募集人の判断で絞込みを実施する場合の取扱を定めています。 (監督指針Ⅱ－4－2－9(5)②)

規程案	備考
なお、本項による取扱を実施する場合には、顧客の意向に沿った絞込みを実施した段階（代理店主および使用人による絞込みを行う前段階）で「概要明示資料（仮）」を用いてその概要を明示する点に留意する必要がある。	募集人の判断による絞込みにつき、客観性を担保できるよう代理店で定めたシートによる項目を基準に実施する前提で定めています。
５．代理店主および使用人は、比較・推奨販売の実施状況の適切性を確認・検証し、必要に応じて改善することを目的として、本条に定める取扱経緯が記載された第９条に関する意向把握帳票等について、適切に保存するものとする。	○第５項では、比較・推奨販売の証跡管理による取扱を定めています。 （監督指針Ⅱ－４－２－９(5)④）
６．第３項①②および第４項の取扱を行う場合には、第１３条に定めるモニタリングに加えて、当代理店で定める方法 *（確認者・確認方法・確認時期等について代理店毎に定める必要があります。）* により、次の視点で業務遂行状況を適切に確認し、問題点・課題があれば改善を実施しなければならないものとする。 ①　第３項①②および第４項により代理店主および使用人が提示・推奨した商品が、適切に絞込みがなされたものであること ②　第４項により代理店主および使用人が提示・推奨した場合に、顧客に、適切にその基準や理由等を説明していること	○第６項では、第３項①②および第４項の取扱を行う場合に、通常のモニタリング（ＰＤＣＡ）とあわせて、追加的に実施しなければならないＰＤＣＡを定めています。 ○①では、顧客意向あるいは募集人判断による絞込みのＰＤＣＡを定めています。 ○②では、提示・推奨理由の説明が適切に実施されているかのＰＤＣＡを定めています。
第１１条（契約内容・重要事項等の情報提供）	

規程案	備考
１．代理店主および使用人は、顧客より保険加入の申し込みを受けるにあたっては、保険契約の内容、リスクその他重要な事項について情報の提供を行わなければならない。 ２．前項の情報の提供を行うためには、契約概要および注意喚起情報等を用いた上での重要事項の説明および交付による他、各所属保険会社との業務委託契約、その他のマニュアルに従って、所定の資料を用いた上で説明または交付しなければならない。	
第１２条（高齢者への募集） 高齢者に対する保険募集にあたっては、各所属保険会社の指導に従い、所定の手続きおよび取組みに関する措置を講じなければならない。	
第１３条（モニタリング） １．業務管理責任者は、保険募集の業務に係る自主点検簿の記入をさせる、記録を閲覧する、当該業務についての苦情発生状況を確認する等の方法によりモニタリングを実施し、当該業務についてその適正が図られているかおよび当該業務の適正性を担保するためのプロセスが有効に機能しているかを確認・検証しなければならない。 ２．業務管理責任者は、前項のモニタリング結果につき、定期的に代理店主に報告しなければならない。 ３．代理店主は、前項の報告に基づくモニタリング結果を踏まえ、業務の適正を確保するため、社内規程等や教育・管理・指導の実施内容等について、必要に応じて改善に向けた所要の措置を決定しなければならない。 ４．モニタリングに係る記録は適切に保管されなければならない。	
第１４条（不適正行為発生時の対応） １．保険募集の業務について、保険募集に関する不適正行為その他各所属保険会社との業務委託契約、その他のマニュアルの内容に従って報告を求められている事実が発生した場合には、使用人は、直ちに業務管理責任者にその事実を報告しなければならない。 ２．業務管理責任者は、前項の事実につき、直ちに代理店主および当該保険募集の業務に関係する保険会社にその事実を報告しなければならない。 ３．業務管理責任者は、前項の報告を受けて保険会社よりなされる調査および報告の求めに従い、使用人、顧客その他の関係者に対する聞き取り調査および証拠その他事実の解明に必要な資料の収集を実施しなければならない。 ４．業務管理責任者は、前項の調査および収集の結果、保険会社より処分が通知された場合には、保険会社との業務委託契約書に定めるところに従って、これを実行しなければならない。 ５．前４項に掲げる事実に関する調査、審議の記録は、適切に保管されなければならない。	

H２７年１１月２７日時点における情報等をもとに作成をしております。今後明らかになる情報等によっては規程案に変更があることをお含みおきください。

規程案	備考
第１５条（教育推進） １．教育責任者は、代理店主の方針に則り、保険募集の業務の適正を確保するために、代理店主および使用人が取得すべき資格、履修すべき研修およびその計画について定めるとともに、必要となる教育および指導の推進をしなければならない。 ２．前項の計画には、保険会社が指定する研修を含ませなければならない。 ３．代理店主および使用人は、第１項の計画に従って、研修を履修しなければならない。 ４．第１項および前項に基づく研修の実施記録は、適切に保管されなければならない。	
第１６条（帳簿書類の特則） １．業務管理責任者は、事業年度末において、次のいずれかに該当する場合には、保険契約の締結の日から５年間、法令等施行後に開始する事業年度開始日から帳簿書類を備え付けなければならない。 ①所属保険会社等のうち生命保険会社および外国生命保険会社等（以下「所属生命保険会社等」という。）の数が１５以上である、または、当該事業年度において２以上の所属生命保険会社等から受けた手数料、報酬その他の対価の額の総額が１０億円以上である ②所属保険会社等のうち損害保険会社および外国損害保険会社等（以下「所属損害保険会社等」という。）の数が１５以上である、または、当該事業年度において２以上の所属損害保険会社等から受けた手数料、報酬その他の対価の額の総額が１０億円以上である ③所属保険会社等のうち少額短期保険業者（以下「所属少額短期保険業者」という。）の数が１５以上である、または、当該事業年度において２以上の所属少額短期保険業者から受けた手数料、報酬その他の対価の額の総額が１０億円以上である ２．業務管理責任者は、帳簿書類には、所属保険会社等ごとに次に定める事項を記載の上作成しなければならない。 ①保険契約の締結の年月日 ②保険契約の引受けを行う保険会社等または外国保険会社等の商号または名称 ③保険契約に係る保険料 ④保険募集に関して受けた手数料、報酬その他の対価の額 ３．業務管理責任者は、前項に定める帳簿書類を、営業店舗の所定の場所に保管しなければならない。 ４．前項に定める保管は、紙のほか、電磁的記録により保管することができるものとする。	
第１７条（改廃） 本規程の改廃は、代理店主の決定によるものとする。	

参考資料７

事例紹介　3

代理店向け説明資料

情報提供義務および意向把握義務について

【2015年11月】

あいおいニッセイ同和損害保険株式会社

本参考資料は、各協会・各社の責任において制作されているものであり、個々の内容について金融庁が審査・監修を行っているものではないことにご留意願います。

＜業法改正＞保険募集の基本的ルール
代理店・扱者さま向け概要書

情報提供義務および意向把握義務について

2015年11月

あいおいニッセイ同和損害保険株式会社

目　次

Ⅰ．「情報提供義務」・「意向把握義務」導入の目的・背景

○『改正保険業法』施行に至る流れ

2012年4月金融審議会

・少子高齢化の急速な進行
・保険ニーズ、販売形態の多様化 等
→「1」、「2」について検討※

「保険WG報告書」
保険募集の際の「情報提供義務」や「意向把握義務」の導入など保険募集に係る基本的ルールの創設が取りまとめられた。
（2013年6月）

2016年5月29日
『改正保険業法』施行

MS&AD
2016年4月1日保険始期契約より新ルール適用開始

※
1.保険契約の多様なニーズに応えるための保険商品やサービスの提供及び保険会社等の業務範囲のあり方
2.必要な情報が簡潔で分かりやすく提供されるための保険募集・販売のあり方

	現行（従来）	『改正保険業法』適用後
情報提供義務	・保険契約の締結・加入の適否判断に、「契約概要」「注意喚起情報」が求められている ※保険業法上は、第300条第1項第1号の禁止規定のみ（虚偽の説明や重要事項の不告知を禁止）	・「契約概要」「注意喚起情報」のほか、「その他顧客に参考となるべき情報（ロードアシスタンスサービス等の主要な付帯サービス）」の提供が法令上の義務として規定された
意向把握義務	・これまで監督指針では、体制整備の一環として、契約を締結する商品とお客さまの意向が合致しているかを確認（意向確認・ニーズ再確認）することが求められている	・意向の把握から、提案商品の説明、意向確認などの一連のプロセス（意向把握・確認）が法令上の義務として規定された

Ⅱ．情報提供義務の果たし方

○ 情報提供義務は、保険募集人等が、保険募集を行う際に、保険契約者・被保険者が「保険契約の締結」または「加入の適否」を判断するのに必要な情報の提供を行うことを求めるものです。
○ 保険業法　第300条第1項第1号において、虚偽説明や重要事項の不告知等禁止行為に限定されていた募集規制に加え、積極的にお客さまに必要な情報を提供することが募集規制として求められます。

1 基本ルール

情報提供は、以下の情報が必要となります。
原則として、これまで同様「重要事項のご説明」を使用して以下の説明を行います。

■ 保険商品の内容を理解するために必要な情報
（保険金の支払い条件、保険期間、保険金額等）
■ 注意喚起すべき情報
（告知義務の内容、責任開始期、契約の失効、セーフティネット等）
■ その他保険契約者等に参考となるべき情報
（ロードアシスタンスサービス等の主要な付帯サービス等）

○ 保険契約者と被保険者が異なる場合は保険契約者を通じて、被保険者に対して情報提供を行います。
○ 従前のとおり、口頭で最低限、以下の点を説明します。
1．読むことが重要
2．保険金をお支払いできない主な場合等
特に不利益な情報の部分が重要
3．中途更改等の場合、不利益になる可能性があること

2 基本ルールによらなくても良い場合

以下の場合は、法令等では、パンフレット、提案書、保険申込書等を使用して情報提供を行うことが認められていますが、保険業法の改正後も、適切に情報提供義務を履行するため、これまで同様に「重要事項のご説明」等を交付して、情報提供を行います。

①事業活動に伴って生じる損害をてん補する保険契約、個別性・特殊性が高い契約の場合※
②年間保険料が5,000円以下の場合
③団体保険契約において、保険契約者である団体に対して行う情報提供の場合
④既契約の更改および一部変更の場合 ☞ P11参照
※自動車保険(フリート、販売車等の包括契約)、企業向け火災保険（タフビズ事業活動総合保険・普通火災保険（一般物件用）・店舗総合保険を除く）、新種保険(除　個人向け)全般、貨物・船舶保険

P2

Ⅱ．情報提供義務の果たし方

3 情報提供義務の適用除外

保険契約者と被保険者が異なる契約において、被保険者に対する情報提供を求める必要性が乏しい一部の場合等については、被保険者に対する情報提供義務は、適用除外となります。具体的には、以下の場合が適用除外の対象になります。

主なケース	事例
被保険者が負担する保険料がない保険契約	・世帯主が家族全員を対象として付保する傷害保険（世帯主が保険料を負担） ・法人が従業員に対して付保する傷害保険（法人が保険料を負担） ・自動車保険の搭乗者保険部分の被保険者（記名被保険者以外の者）
保険期間が１か月以下かつ被保険者が負担する保険料が1,000円以下の保険契約	・レクリエーション傷害保険 ※上記であっても保険料が1,000円を超える場合は、適用除外になりません。
被保険者に対する商品の販売・役務の提供または行事の実施等に付随して締結する保険契約	・行事の主催者が入場者等を対象に付保する傷害保険等 ・クレジットカード等に自動的に付帯される旅行傷害保険
確定拠出年金等、年金制度の運営者が保険契約者となり、加入者が被保険者となる保険契約	・年金制度等を運営する団体を保険契約者として、その年金制度等の加入者を被保険者とする保険契約

（注）他人の生命の保険契約に係る被保険者同意の確認のための情報提供は、これまで同様必要です。

Ⅲ．意向把握義務の基本フロー

○ 意向の把握から、提案商品の説明、意向確認などの一連のプロセス（意向把握・確認）が法令上の「意向把握義務」として新たに求められることになります。

○ 基本フローには、「損保型」、「意向推定型」、「意向把握型」がありますが、当社で取り扱う損害商品については、主に「損保型」または「意向推定型」により、意向の把握や確認を行います。

1 損保型の基本フロー

対象	基本フロー		ポイント
自動車保険、火災保険、新種保険、保険期間1年以下の傷害保険など	<ステップ1> 意向の把握	☑個別プランを説明・提案する前に、お客さまの当初の意向・情報を把握します。	○ <ステップ１>では、個別プランの作成に必要なお客さまの当初の意向（年令条件や運転者の範囲、保険の対象など）に関する情報を把握します。 ○対象商品の募集特性を踏まえ、意向把握型および意向推定型で必要とされている「最終的な意向と当初意向との比較（ふりかえり）」は省略しており、より簡素なプロセスとなっています。
	<ステップ2> 提案・説明	☑上記<ステップ1>で把握した意向・情報に基づいた個別プランを提案し、お客さまの意向にどのように対応しているかを含めてわかりやすく説明します。	
	<ステップ3> 意向と申込内容の合致の確認	☑契約締結前に、お客さまの意向と申し込みをする保険契約の内容が合致しているかを確認します（＝意向確認）。	

P4

Ⅲ．意向把握義務の基本フロー

2 意向推定型の基本フロー

対象	基本フロー		ポイント
所得補償保険、保険期間1年超の傷害保険および積立保険など	<ステップ1> 意向の推定 **（把握）**	☑個別プランを説明・提案する前に、お客さまの当初の意向を**推定（把握）**します。	○性別や年令等のお客さまの属性や生活環境等に基づきお客さまの意向を**推定（把握）**します。 ○「最終的な意向と当初意向との比較 **（ふりかえり）** 」が必要です。
	<ステップ2> 提案・説明	☑上記<ステップ１>で**推定（把握）**した意向に基づいた個別プランを提案し、お客さまの意向と個別プランの関係性をわかりやすく記載の上、説明します。	
	<ステップ3> 最終的な意向と当初意向との比較 **（ふりかえり）**	☑最終的な意向と事前に把握した当初の意向とを比較し、両者が相違している場合には、その対応箇所や相違点およびその相違が生じた経緯について、わかりやすく説明します。	
	<ステップ4> 意向と申込内容の合致の確認	☑契約締結前に、お客さまの意向と申し込みをする保険契約の内容が合致しているかを確認します（＝意向確認）。	

Ⅲ．意向把握義務の基本フロー

3 ＜参考＞意向把握型の基本フロー

対象	基本フロー		ポイント
生命保険など	＜ステップ1＞ 意向の把握	☑個別プランを説明・提案する前に、例えばアンケート等により、お客さまの主な意向を把握します。	○アンケート等によりお客さまの意向を事前に把握する類型です。 ○「最終的な意向と当初意向との比較 **（ふりかえり）** 」が必要です。
	＜ステップ2＞ 提案・説明	☑上記＜ステップ１＞で把握した意向に基づいた個別プランを提案し、お客さまの意向にどのように対応しているかを含めてわかりやすく説明します。	
	＜ステップ3＞ 最終的な意向と当初意向との比較 **（ふりかえり）**	☑最終的な意向と事前に把握した主な意向とを比較し、両者が相違している場合には、その対応箇所や相違点およびその相違が生じた経緯について、わかりやすく説明します。	
	＜ステップ4＞ 意向と申込内容の合致の確認	☑契約締結前に、お客さまの意向と申し込みをする保険契約の内容が合致しているかを確認します（＝意向確認）。	

P6

Ⅳ．意向把握のタイミング

○ お客さまの意向のうち、商品提案に必要となる「当初の意向」は、個別プランの提案前（<ステップ１>）で把握する必要がありますが、それ以外の意向は、その後の募集プロセス（提案・説明）等で把握することもできます。

意向把握のタイミング	把握する意向の例
１．商品の選択を通じて把握できるもの 損害保険商品では、商品を選択いただくことで、把握できる意向となります。	➢ 種目共通　：どのような分野の補償を望んでいるか（自動車保険、火災保険等の保険種類）
２．個別プランの提案前に把握するもの（「当初の意向」） 「<ステップ1>意向の把握」で把握します。	➢ 自動車保険　：運転者年令条件、運転者限定特約の有無 ➢ 火災保険　：保険の対象 ➢ 傷害保険（保険期間1年以下）　：補償の内容・範囲（個人型傷害、家族型傷害、家族型傷害、交通事故傷害の別など） など
３．個別プラン提案後の募集プロセスにおいて把握することができるもの 「<ステップ2>提案・説明」の中で、個別プランの内容や保険料水準等も考慮しながら、把握することができます。	➢ 種目共通　：保険期間・保険料・保険金額等に関する範囲の希望や優先する事項 ➢ 自動車保険：車両保険の有無（要否） ➢ 火災保険　：地震保険の有無（要否） など

Ⅴ.意向把握・確認の方法

1 意向把握・確認の基本的なフロー

○ 意向把握・確認は、「損保型」または「意向推定型」の基本的なフローにもとづいた保険申込書のStepの流れにそって行います。

⇒ 保険申込書について、「当初の意向」の記載欄を設ける、Step欄に意向把握・確認に関する文言を追加する、募集人欄に意向把握・確認を行った募集人氏名を必ず記名する、などの対応を行います。 ☞ P 12～P21 ※

※自動車保険以外は主な意向把握項目と意向把握ポイントの概要を説明します。

2 基本的なフローによらなくてもよい場合

以下①～④については、基本的なフローによらず、以下の方法等により意向把握・確認を行います。

①事業活動に伴って生じる損害をてん補する保険契約	お客さまの保険に係る知識の程度や商品特性に応じた適切な方法で意向把握・確認を行います。
②年間保険料が5,000円以下の場合	パンフレットや重要事項のご説明、保険申込書等を活用し、意向把握・確認を行います。
③団体保険契約において、保険契約者である団体に対して行う場合	お客さまの保険に係る知識の程度や商品特性に応じた適切な方法で意向把握・確認を行います。
④既契約の更改および一部変更の場合	☞ P 11参照

3 意向把握義務の適用除外となる場合

①情報提供義務が適用除外となる場合（注） ☞ P 3参照
②他の法律により加入を義務付けられている契約（例：自賠責保険）
③勤労者財産形成促進法第６条に規定する保険契約（例：個人型財形保険）

（注）保険契約者と被保険者が異なり、被保険者への情報提供だけが適用除外となる場合（保険契約者への情報提供は必要である場合）には、意向把握についても同様に、被保険者への意向把握だけが適用除外（保険契約者への意向把握は必要）

Ⅵ. 意向把握の記録

1 意向把握を記録した帳票の保存について

○ 適切に意向把握を行ったことを記録した帳票（保険申込書など）は事後的な検証のために必要な期間、保険会社または代理店・扱者において保存することが求められます。

2 保存が必要ではないケース

➢ 成約に至らなかったお客さまに関する意向把握に用いた帳票については、保存しておく必要はありません。

3 代理店・扱者における保険申込書（写）の保存期間

保険申込書に意向把握を行ったことを記録している場合であっても、保険申込書は当社で相当の期間を保管しているため、代理店・扱者における保険申込書（写）の保存期間のルールに変更はありません。

Ⅶ．団体保険（加入勧奨）の被保険者に対する情報提供・意向把握

○ 団体保険契約は、団体と被保険者の間に一定の密接な関係が認められるか否かにより、対応方法が異なります。

※ここでいう団体保険契約は、保険契約者以外の被保険者（加入者）が保険料負担（会費等の名目を問いません）をしている契約をいい、明細付等契約、包括契約を含みます。

1 一定の密接な関係が認められる団体※１

○ 保険契約者(団体)から加入する者に対して加入勧奨を行う場合は、代理店・扱者に直接の情報提供義務・意向把握義務は課されません。ただし、情報提供、意向確認が適切に行われるための措置（※２）を講じる必要があります。（現行と同様）

○ 代理店・扱者が、加入勧奨を支援すること（「重要事項のご説明」の交付・商品の内容説明や加入申込票等を回収すること等）は、引き続き認められます。

※１　団体（保険契約者）と構成員（被保険者）の間に一定の密接な関係が認められ、団体から被保険者に対して、必要な情報が提供されることが期待できる団体

※２　募集文書（「重要事項のご説明」）を団体から被保険者に交付する
「重要事項のご説明」に意向確認の要領を記載し、その書面の交付をもってお客さまの意向を確認する　など

2 一定の密接な関係が認められない団体※３

○代理店・扱者に、被保険者（加入者）に対する情報提供義務および意向把握義務が課されます。

※３　団体類別基準に合致しないカード会社や金融機関が保険契約者となり、カード会員や預金者を被保険者とする団体契約等が該当します。

（団体保険契約への対応の詳細については、別途通知でご案内予定です）

P10

Ⅷ. 保険契約の更改と一部変更の場合

1 保険契約の更改の場合

情報提供義務の果たし方

従来どおり「重要事項のご説明」を交付することにより、「契約概要」、「注意喚起情報」、「その他保険契約者等に参考となるべき情報」について情報提供を行います。

意向把握義務の果たし方

更改手続の場合は、次契約におけるお客さまの意向については、前契約の契約内容を通じて把握した意向に沿って、個別プランの提案を行います。（意向把握義務は保険申込書のStep確認の流れに沿って行います）

2 保険契約の一部変更の場合

情報提供義務の果たし方

「契約概要」や「注意喚起情報」に記載されている事項を変更する場合は、変更する事項について、変更届出書の変更箇所を示す等の方法で情報提供を行います。

意向把握義務の果たし方

変更届出書の変更箇所を説明するとともに、確認を促すこと等を通じて意向を把握・確認します。

Ⅸ. 「情報提供義務」・「意向把握義務」の対応概要

「情報提供義務」・「意向把握義務」の導入に伴う改定の概要

<種目共通の「情報提供義務」「意向把握義務」の実務ポイント>

■ 従来どおり、「重要事項のご説明」と「保険申込書」を使うお客さまへの確認の流れは変わりません。

■ 各種目における「意向把握」の項目を「保険申込書」に新設しています。

※事業者向け保険については、その商品特性に応じて意向把握・確認の方法が異なります。

以下、システム導入時期が他種目より早い自動車保険を例に改定概要を記載します。

※各種目の詳細については、12月配布予定の「情報提供義務および意向把握・確認取組マニュアル」（仮称）にて別途ご案内します。

<自動車保険> 保険業法改正を踏まえたご契約のお手続きの具体的な流れ（タフ・クルマの保険の場合）

■「情報提供義務」「意向把握義務」の導入に伴うご契約のお手続きの具体的な流れは以下のとおりです（従来どおり）。

■「意向把握義務」では、自動車保険申込書の記名被保険者の確認で、新設する「当初のご意向」欄にて、「運転者の限定」「運転者年令条件」を確認します。

※特にポイントとなる箇所については、太字・赤枠で記載をしています。

保険業法改正項目	情報提供義務	意向把握義務（保険申込書上のStep欄による意向確認の実施）					
		Step1	Step2	Step3	**Step4**	**保険契約者　最終確認欄**	申込書控交付
対応概要	**重要事項のご説明・交付**	**申込人・記名被保険者の確認**	ご契約のお車の確認	割引・割増、前契約の確認	**補償内容等の確認**	**Step1～4の再確認および重説の説明確認**	意向確認書面として交付
対応のポイント	**お客さまへ説明のうえ重要事項のご説明の交付します。**	**個別プラン作成にあたってお客さまから「当初のご意向（運転者限定、年令条件）」を把握します。**			**把握した意向・情報に基づいたプランを提案し、お客さまの意向とどのように対応しているかを含めわかりやすく説明します。また、あわせて、車両保険の有無についても確認します。**	**契約締結前にお客さまの意向と契約の申し込みをおこなう保険契約の内容が合致しているかどうかを確認します。**	

P13参照

P14～P16参照

主な改定点

■ 情報提供義務への対応として、「重要事項のご説明」に「ロードサービス」に関する記載等を追加

■ 情報提供義務を確実に果たすため、「重要事項のご説明(フリート)」を廃止し、「重要事項のご説明(汎用)」に統合

■ 意向把握義務への対応として、プラン提案前に「運転者の限定」「運転者年令条件」に関するお客さまの意向を把握するための「当初のご意向」欄を新設

■ 明細付契約の増車時に新たに情報提供義務（重要事項のご説明の交付）への対応を実施（全車両一括特約付き契約への増車の場合は除く）

■ ノンフリート明細付契約の「増車」の場合は、情報提供義務に加えて、意向把握義務への対応も実施

Ⅸ.【自動車保険】「情報提供義務」「意向把握義務」の対応概要 1

<情報提供義務のポイント>

- 契約時では、これまでと同様にお客さまに「重要事項のご説明」を説明のうえ交付
- 契約時に加えて、明細付契約の増車（全車両一括特約付きの契約を除く）の場合にも、「重要事項のご説明」を説明・交付

1.重要事項のご説明の改定

情報提供義務への対応として、以下のとおり改定を実施します。

（1）情報提供義務の対象の被保険者として車両保険を付帯する場合の車両所有者を追加

（2）その他保険契約者等に参考となるべき情報として、「ロードアシスタンスサービス」の概要を追加

（3）情報提供義務を確実に果たすため、「重要事項のご説明(フリート)」を廃止し、「重要事項のご説明（汎用）」に統合

	情報提供義務への対応の改定項目
（1）	車両所有者（車両保険を付帯する場合）の追加
（2）	ロードアシスタンスサービスの追加

2.重要事項のご説明の交付の対象

今回の保険業法改正で、従来から提供を実施している契約に加えて、明細付契約の「増車」（全車両一括特約付きの契約を除く）の場合にも説明・交付が義務化されます。

<保険業法改正前後の「重要事項のご説明」の交付対象対比>

対象	改正前	改正後
新規契約（包括契約以外※1）	対象	対象
継続契約（包括契約以外※1）	対象	対象
ノンフリート明細付契約の増車	対象外	対象
全車両一括特約以外のフリート契約の増車※2	対象外	対象

※1 包括契約（販売車・整備受託等）は、重説の交付に準じた対応を行うため、「契約概要」を新たに作成します。

※2 全車両一括特約の付帯されたフリート契約の増車は、始期日と同じ約款が適用されることから情報提供義務は発生しません。

⇒上記対応を実施するため、AD1での変更届出書作成時に「重要事項のご説明」の印刷を可能とします。

「重要事項のご説明」の交付を行わない場合は、情報提供義務違反となるため、確実な交付を実施してください。

Ⅸ．【自動車保険】「情報提供義務」「意向把握義務」の対応概要 2

＜意向把握義務のポイント①＞

- 「意向把握義務」は、保険申込書のStep欄にそって「意向の把握」⇒「提案・説明」⇒「意向と申込内容の合致の確認」を実施
- 意向確認後には、お客さまへ「自動車保険申込書控」を意向確認書面として交付

1.当初のご意向の把握・記録が必要な契約

フリート契約、包括契約等以外の契約について「当初のご意向」の把握・記録が必要となります。

	対象契約
(1)当初のご意向の記載が必須	下記（２）以外のすべての契約
(2)当初のご意向の記載が任意※	フリート契約、包括契約、教習車、レンタカー

※「運転者の限定」「運転者年令条件」は対象外ですが、お客さまから当初のご意向が示された場合、任意で記入・入力することができます。

2.保険申込書の主な改定

意向把握義務への対応として、以下の改定を実施します。

（１）保険申込書上のStep1にプラン提案前に把握する「運転者の限定」「運転者年令条件」の当初のご意向欄を新設します。

（２）保険申込書上のStep4の文言について意向把握義務の趣旨にそった内容に改定します。

※自動車保険申込書見本はP16参照

（自動車保険申込書見本については開発中のものとなります）

項目		改定・ポイント等
(1)	当初のご意向	「運転者の限定」「年令条件」の対象車種の把握は必須となります。 なお、把握時に意向が決まっていない場合は「未定」、各特約の対象外車種については「対象外」を選択することができます。 当初のご意向　ご契約にあたり、当社が把握(一部推定を含む場合があります)しました運転者の限定、年令条件に関するお客さまのご意向は以下のとおりです。ご契約内容は本申込書のStep4でご確認ください。　▲運転者の限定 4F3　▲運転者年令条件 4F2 ※継続契約の場合、前契約の内容を更改申込書に表示します。
(2)	保険申込書上のStep4	車両保険のセット有無の確認等の趣旨にそって以下のとおり文言を追加 また、以下のプランは、当社で把握したお客さまの情報・ご意向に基づき作成しています。特に、特約や車両保険のセット要否等の補償内容について、ご意向にそった内容となっているかご確認ください。

契約時の「意向把握義務」は、保険申込書上のStep欄にそって確実な対応を実施してください。

P14

Ⅸ.【自動車保険】「情報提供義務」「意向把握義務」の対応概要３

＜意向把握義務のポイント②＞

3.変更届出書の主な改定

ノンフリートの明細付契約の増車時に意向把握義務を果たすために以下の改定を実施します。
（１）「運転者の限定」「運転者年令条件」の当初のご意向欄を新設します。
（２）意向確認を実施するため、各変更項目欄に文言を修正。
（３）保険契約者の最終確認を実施するため、最終確認欄を追加。
（４）「重要事項のご説明」を受領した旨を含む保険契約者のご署名欄の文言を追加。

＜自動車保険変更届出書見本＞

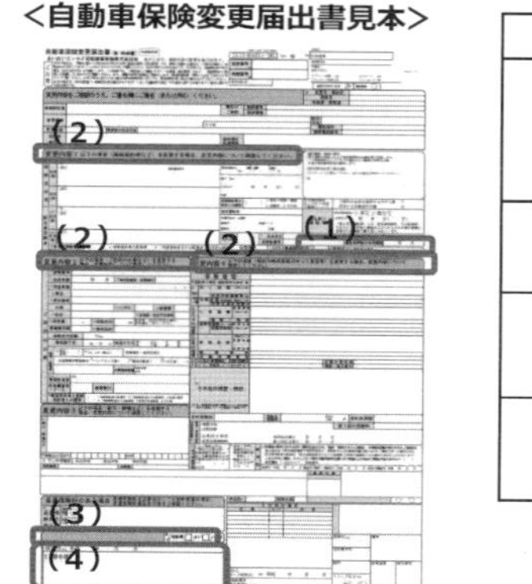

項目		改定・ポイント等
(1)	当初のご意向	「運転者の限定」「運転者年令条件」の当初のご意向欄を新設します。 当初のご意向　▲運転者の限定　▲運転者年令条件
(2)	各変更項目の確認	変更した項目について、正しい内容となっているか確認を促す文言を追加しています。
(3)	最終確認欄	変更内容１～４の内容が意向にそった内容か再確認をします。 変更内容1～4の内容がすべてご意向にそった内容になっていることを再度ご確認いただきましたか？ ＊ご確認欄 □はい □いいえ
(4)	ご署名欄	明細付契約の増車時に契約時と同様に重要事項のご説明の受領および意向確認を実施するための文言を追加します。

※自動車保険変更届出書見本については開発中のものとなります。

4.その他留意点

■募集人氏名の記載（記名）の徹底

意向把握義務は、保険契約時に確認をした顧客の意向と申込みを行う保険契約の内容が合致していることを確認している保険申込書控を意向確認書面として交付することとされています。
その意向確認書面に、書面の作成責任者を明らかにする必要があることから、募集人氏名の記載（記名）の徹底をお願いします。

増車時の「意向把握義務」は、変更確認欄にそって確実な対応を実施してください。

Ⅸ.【自動車保険】「情報提供義務」「意向把握義務」の対応概要4

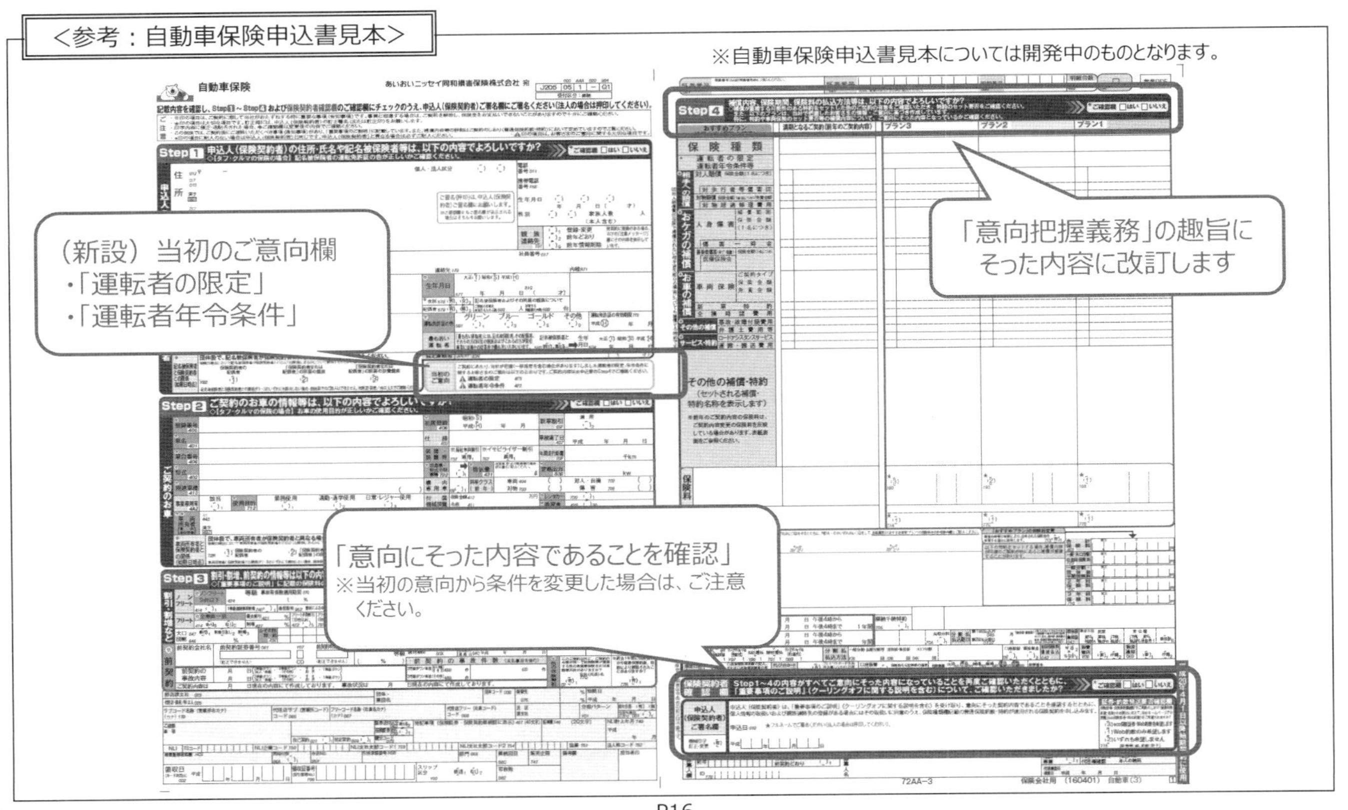

Ⅸ.【自動車保険】「情報提供義務」「意向把握義務」の対応概要5

<参考：自動車かんたんモード画面見本>

※自動車かんたんモード画面見本については開発中のものとなります。

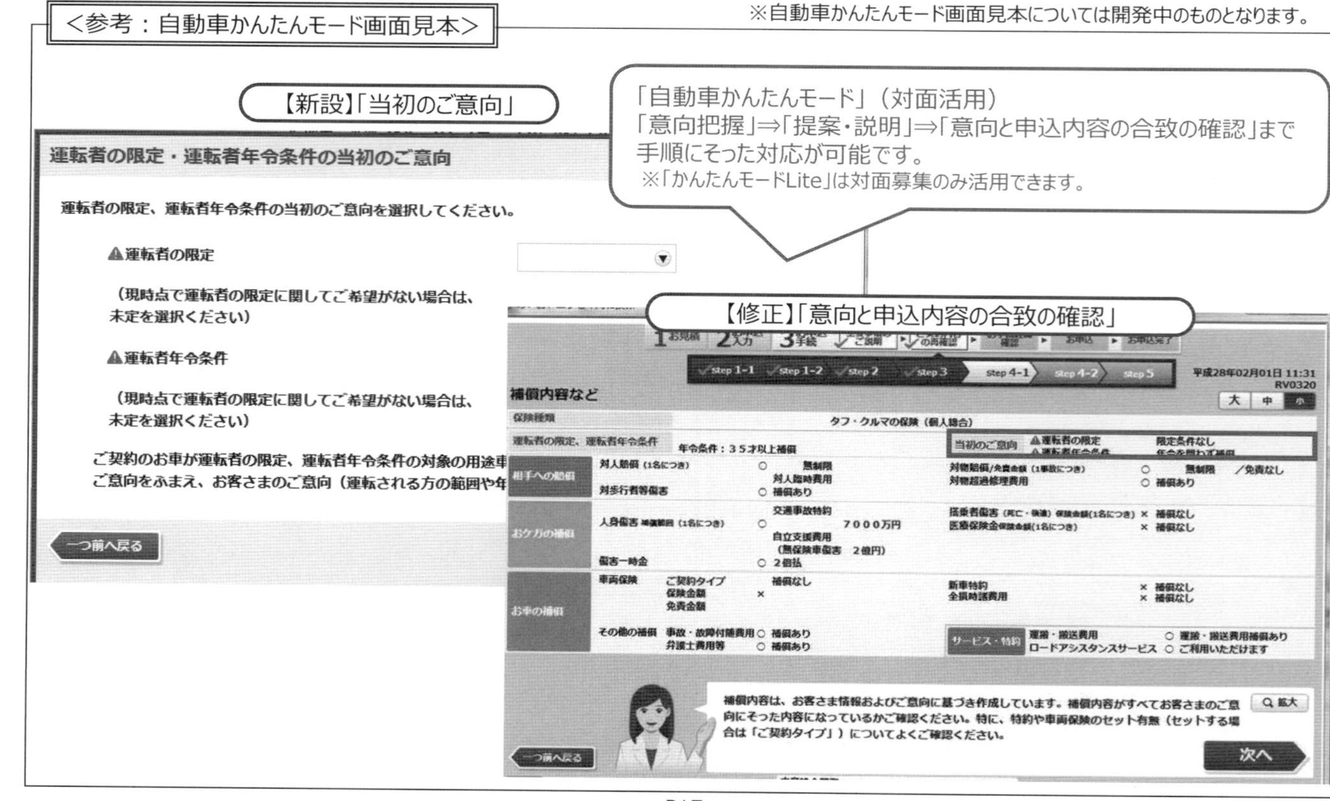

X.【火災保険・積立火災保険】意向把握義務の対応概要（種目・商品別ポイント）

【ポイント／留意事項等】

- 火災保険においては、契約申込時にお客さまの補償ニーズを明確化するために、補償を望む「保険の対象（当初意向）」と「建物形態・用法（所有か賃貸）」の確認を行います。
- 「保険の対象（当初意向）」は今回新設された項目で、これを確認いただくことによりお客さまのご意向を明確に把握することが可能となります。
  また、従来からある「建物形態・用法」は、必須項目となりますので、ご注意ください。
- お客さまのご意向を把握したうえで、契約プラン作成・提案を行い、その後、契約締結段階において当該ご意向と契約内容が合致してるかの確認（意向確認）をしてください。

意向把握項目および帯質問（タフ・住まいの保険の場合）

【主な意向把握項目】（個別プランの提案前に把握する当初の意向）
①保険の対象（当初意向）・建物　・家財　・その他
②建物形態・用法
※①は新設項目、②は既存の項目

Step1	申込人(保険契約者)の住所・氏名や、記名被保険者等は、以下の内容でよろしいですか?
Step2	建物情報・建物契約に含まれる物・地震保険割引・他の保険契約等は、以下の内容でよろしいですか?また、保険の対象の評価額をご確認いただきましたか?　（保険の対象となるのは、居住用建物または家財です。）
Step3	保険期間や保険料の払込方法等は、以下の内容でよろしいですか?
Step4	契約プラン・保険金額や、地震保険のご加入の有無等は、以下の内容でよろしいですか? また、補償の重複する可能性のある特約をセットした他のご契約の有無をご確認いただき、特約のセット要否をご確認ください。 当社で把握したお客さまの情報およびご意向に基づき作成しています。特に、補償内容やセットされる特約等について、ご意向にそった内容となっているかご確認ください。

P18

X．【傷害保険（新種保険）】意向把握義務の対応概要（種目・商品別ポイント）

【ポイント／留意事項等】

- 傷害保険では事前に把握したお客さまの意向に沿った商品の提案となっているかを確認するため、Ｓｔｅｐ1として意向把握項目を新設しています。
- 事前に把握したお客さまの意向に基づき契約プランを作成・提案し、Ｓｔｅｐ5でその契約プランが意向に沿った内容になっているかを確認します。
- 個人分野の賠償責任保険についても傷害保険と同様の意向把握・確認を行います。
  なお、所得補償保険等の疾病を補償する商品（長期医療を含む）の意向把握・確認は積立傷害保険に準じた方法となります。

意向把握項目および帯質問（タフ・ケガの保険の場合）

【主な意向把握項目】（個別プランの提案前に把握する当初の意向）

○ 保険契約の主な補償内容

Ｓｔｅｐ1	ご契約にあたり、当社で把握（一部推定を含む場合があります。）しましたお客さまのご意向は「ケガにより死亡された場合、後遺障害が発生した場合、入院・手術された場合等に補償する保険」です。お客さまのご意向に間違いございませんか？
Ｓｔｅｐ2	申込人（保険契約者）・被保険者（本人型以外の場合は被保険者本人）の氏名、生年月日、年令、性別等は、以下の内容でよろしいですか？
Ｓｔｅｐ3	他の保険契約等、保険金請求歴について、以下の内容でよろしいですか？ 他の保険契約等については、あり・なしに必ず○印をお付けください。
Ｓｔｅｐ4	保険期間、保険料の払込方法等は、以下の内容でよろしいですか？
Ｓｔｅｐ5	傷害事故の範囲、被保険者の範囲、補償内容、保険金額、保険料等は、以下の内容でよろしいですか？ また、補償の重複する可能性のある特約をセットした他のご契約の有無をご確認いただき、特約のセット要否をご確認ください。 以下のご契約プランは、当社で把握したお客さまの情報およびご意向に基づき作成しています。特に、特約等の補償内容について、ご意向にそった内容となっているかご確認ください。

Ｘ．【積立傷害保険】意向把握義務の対応概要（種目・商品別ポイント）

【ポイント／留意事項等】

- 積立傷害保険は、Ｓｔｅｐ１でお客さまの当初意向が「ケガを補償する満期返れい金つきの保険」であることを把握（推定）します。
  この意向をもとに作成した契約プランであることをお客さまに説明し、満期返れい金、傷害事故の範囲、被保険者の範囲、補償内容、保険金額、払込方法、保険期間、保険料等について、意向にそった内容であるか確認します。
- Ｓｔｅｐ６で、当初意向（主な補償の種類と満返金）と最終的な意向に相違がないか、また、補償内容・保険金額等の意向を確認します。
- 契約締結時には、お客さまの最終的な意向と申込み内容が合致していることを確認します。

意向把握項目および帯質問（タフ・ケガの保険　積立タイプ　の場合）

【主な意向把握項目】（個別プランの提案前に把握する当初の意向）

○ 主な補償の種類（ケガによる死亡、後遺障害、入院、手術等の補償）および満期返れい金があること

Ｓｔｅｐ１	ご契約にあたり、当社で把握（一部推定を含む場合があります。）しましたお客さまのご意向は「ケガにより死亡された場合、後遺障害が発生した場合、入院・手術された場合等に補償し、満期返れい金がある保険」です。 お客さまのご意向に間違いございませんか？
Ｓｔｅｐ２	申込人（保険契約者）・被保険者（本人）の氏名、生年月日、年令、性別等は、以下の内容でよろしいですか？
Ｓｔｅｐ３	他の保険契約等、保険金請求歴について、以下の内容でよろしいですか？
Ｓｔｅｐ４	保険期間、保険料の払込方法等は、以下の内容でよろしいですか？
Ｓｔｅｐ５	満期返れい金、傷害事故の範囲、被保険者の範囲、補償内容、保険金額、保険料等は、以下の内容でよろしいですか？
Ｓｔｅｐ６ （意向の振返り）	・既にご意向をうかがっている場合には、先に記入しておりますので、その場合には、内容に誤りがないことをご確認ください。 ・右記「主に希望される補償の種類について記載されているもの以外のご希望」や「補償内容・保険金額・保険期間・保険料等について強く希望される事項」がございましたら、ご提案内容の見直しを行いますので募集人までお申し出ください。

※Ｓｔｅｐ文言は、保険商品により異なるため概要を表記しています。帳票改訂後、申込書で確認してください。

P20

X.【事業者向け保険】意向把握義務の果たし方（種目・商品別ポイント）

【種目に応じた意向把握ポイント】

○ お客さまの保険に係る知識の程度や商品特性に応じた適切な方法による「意向把握および意向確認」を行います。

【対象】
企業系火災／物系新種／賠責（個賠を除く）費用技術／保証・信用／貨物・船舶

（留意事項）
○家電延長補償(動総）、二輪盗難補償（盗難）など任意付帯の商品付帯契約については、団体保険に準じた方法によるものとします。
○タフビズ事業活動総合保険、普通火災保険(一般物件用)、店舗総合保険は、タフ・住まいの保険と同様に意向把握を行います(火災保険欄参照)。

意向把握方法	○ 商品概要を記載したパンフレットや企画書等を用いてお客さまが必要とする補償をヒアリングするなどして適切な保険商品の提案を通じて、お客さまの意向等を把握します。
意向確認方法	○ 契約する商品がお客さまの意向に沿っているか、申込書等に記載した契約内容とお客さまの意向が合致しているかを確認します。 ○ お客さまから、意向に沿った契約内容であることを確認するため、申込人（保険契約者）ご署名欄に署名または記名・押印をいただきます。
募集人欄記載	○ 意向把握・確認における正しいプロセスを通じて、お客さまの意向を把握・確認したうえで契約締結した旨、署名または記名します。

番外コラム
座談会：最近耳にする話題から

小森（小森智洋保険企画室課長補佐）
高橋（高橋将文保険企画係長）
太田（太田有紀保険機構係長）
石田（当職）

石田：保険関係のことで、最近よく耳にすることとしてはどんなことがありますか。また、今後、どのような対応が必要となってくると思いますか。

高橋：最近よく耳にするトピックとしては、ドローンがあるかと思います。ドローンは、法整備等の問題がある一方で、市場は今後も大きく伸びてくると見込まれています。そんな中、保険会社からドローンが損傷した際の保険が販売されました。近い将来、ピザや寿司などの出前がドローンで届ける時代が到来するといわれていたりと、この分野の保険は今後大きく伸びるような気がしています。

石田：ドローンは、現在は、遠隔での操作が必要だけど、近い将来自動飛行するようにできるんじゃないかといわれています。また、自動走行といえば、自動車は自動運転のものが一般的な時代が近く到来する気がします。いきなり全部が自動運転になるのでなく、過渡期は、自動運転のものと、手動のものが混在するんだと思います。この点、現在の自動車保険は、事故を起こすリスクの高い運転者の方の保険料が割高になる仕組になっているけれど、自動運転になった場合は、その線引きが難しくなりそうですね。

小森：不妊治療の保険商品が金融審ＷＧで議論されており、逆選択・モラルハザードへの対応や保険料算出の難しさなどの課題があるものの一定の合理性が認められるとされています。少子高齢化社会を見据えては、子どもがほしいのに持てない方への支援という観点からは社会的ニーズもあると思います。これらの課題をクリアする必要があるので、採算面からはどの程度、保険会社に開発するインセンティブがあるかわからないですが、社会貢献の観点からも積極的に検討していただきたいと思います。

石田：科学技術の進歩に伴って、対応が必要となってくる分野も多いですね。不妊治療は悩んでいる方もおられる一方で、今一歩とっつきにくい印象があります。不妊治療への公的補助は、厚生労働省の方でも検討がなされています。行政の側での整備が進むことで、より身近になってくる効果もあるかもしれませんね。

高橋：科学技術の進歩といえば、遺伝子検査が今後一般化してくる可能性があります。欧米では、広く普及していることもあり、遺伝子情報の利用を法令で明示的に制限している国もあります。また、先日、厚労省で「ゲノム情報を用いた医療等の実用化推進タスクフォース」が開催されています。遺伝子情報により将来病気になるリスクなどがわかってしまう時代になった場合には、医療保険やガン保険、死亡保険など多くの保険商品に影響が出ることと思いますが、どのような対応が必要となるか考えていく必要があるかと思います。

太田：保険会社の海外進出は現在も急速に進んできていますが、今後も一層進むと考えます。日本は、人口減社会に入っていきますから、市場を外国に求めていくことになると思います。今回の改正でも、Ｍ＆Ａ時の子会社保有の特例を定めた改正がなされていますが、現在の保険業法は、このように海外進出が本格化する社会を想定して規定がなされているかというと十分でない面もあると思います。保険契約者の保護とのバランスにも配慮しつつですが、保険会社の海外競争力の強化の観点から、見直す点がないか考えていく必要があるかと思います。

石田：色々ありますね。こう考えてくると課題は山積みですね。

終わりに

最後に、本改正を担当した立場から、今回の改正を総括したいと思います。

保険募集に係る募集ルールの整備及び保険募集人に係る体制整備については、内閣府令・監督指針改正（案）について、平成27年2月18日から3月19日までの30日間、パブリックコメントを行い、約650件もの御意見をいただきました。

まずは、改めて今回の改正に係る影響の大きさを認識しました。そして、ここで寄せられた意見や消費者からの声、業界からの意見等一つ一つを確認していく中で、今回の改正内容を歓迎する声も多く寄せられていると感じました。

具体的には、募集の際の適正な運営を確保する上での非常に有用な改正であるとの声を多くいただくとともに、保険会社・保険代理店からは、今回の改正を契機に、これを好機ととらまえて社内の体制を再構築したいといった声もありました。本改正を通じて保険募集に係るきめ細かな対応が実現するとともに、保険募集を行う際の体制整備が図られることにより、保険募集の信頼性が一層向上するものと確信しています。

さて、本改正に係る法令の整備を踏まえつつ、保険会社、代理店等において施行に向けた具体的な準備が進められていることと存じます。これまでの記載の中で改正の趣旨等について長々と説明させていただきましたが、いずれにしても、本改正により、実際に、保険募集の実務が適切に見直されなければ意味がありません。保険会社や代理店等において確実な準備が行われることにより円滑な施行が図られるよう、引き続き、今後の動向を注視していきたいと思います。

また、募集に係る基本的ルールの創設や保険募集人に係る規制の整備以外の改正についても、保険ＷＧ報告書を踏まえつつ、前に述べたような社会ニーズに対応するための改正や海外展開に係る規制緩和など多くの改正事項を盛り込んでおり、これにより、保険市場の一層の活性化が図られるものと考えます。

国家財政は厳しい状況にあり、社会保障の重点化・効率化が進められる中､民間保険の果たす役割は今後も大きくなっていくものと考えます。保険会社やその関係者等が適切な業務運営を行い、国民の自己への備え（自助）を適切に支援していくことで、ひいては少子高齢化社会への対策の一翼を担うとともに、金融業の発展を通じた経済の活性化に寄与することを期待します。

【本書の作成に当たりご協力いただいた皆様】

生命保険協会　尾崎義夫　様

中村健　様

菊野和洋　様

梅崎知恵　様

日本損害保険協会　森満昭宏　様

松垣元彦　様

渡邉俊之　様

古田一志　様

岩永智彦　様

保険代理店協議会　南條徳男　様

日本損害保険代理業協会　野元敏昭　様

日本少額短期保険協会　岩渕めぐみ　様

日本保険仲立人協会　石井伸夫　様

金融庁総務企画局企画課保険企画室　飯田浩司様

小森智洋様

高橋将史様

石田　勝士（いしだ　まさし）

金融庁総務企画局企画課保険企画室　課長補佐（平成28年1月現在）

平成19年厚生労働省入省。金沢大学経済学部（碇山財政学ゼミ）卒。
富山県出身。
求職者支援法の制定をはじめ、雇用保険・介護保険制度等の改正を担当。
平成26年7月より現職。

なるほど保険業法 平成26年保険業法改正の解説
～保険販売の新ルールとその対応～

石田　勝士　著
2016年2月12日　初版発行

発行所　㈱保険毎日新聞社
〒101-0032 東京都千代田区岩本町1－4－7
TEL03-3865-1401／FAX03-3865-1431
URL http://www.homai.co.jp
発行人　真鍋幸充
編集　森川正晴
デザイン　中尾剛（有限会社アズ）
カバーデザイン　塚原善亮
印刷・製本　有限会社アズ

ISBN 978-4-89293-269-4 C2032
Printed in Japan
